◇ 21 世纪经济学类管理学类专业主干课程系列教材

国际货物运输与保险

（第 2 次修订本）

张苗　白云　主编

温素霞　贾娟　冯晓宁　王宁　副主编

清华大学出版社

北京交通大学出版社

·北京·

内 容 简 介

国际货物运输与保险是对外贸易不可缺少的组成部分，为国家经济建设和对外经贸不断发展提供了有力的支持，发挥了重要的服务和保障作用。作为一门独立完整的学科，国际货物运输与保险又具有应用性、实践性、操作性强的特点。本书内容注重学科特点和课程前后搭配的要求，从我国国际运输与保险发展现状出发，结合实际业务操作规范及国际贸易相关知识，并参考国内外有关教材、成果，理论联系实际，通俗易懂，准确实用。

本书每章开头提出学习目标和学习要点，便于读者把握难点重点，每章后附有案例分析和思考题，以帮助读者理解和掌握。本书分为前后两部分：第一部分为国际货物运输，主要对国际货物运输相关原理和实务知识做了详细的阐述，可以帮助读者了解或掌握国际运输的作用与特点、有关国际规则，运输业务的基本流程，各种运输方式的特点、运费计算和运输单据的业务操作等，从而合理有效地安排国际货物运输事宜；第二部分为国际货物运输保险，系统介绍保险的基础理论，国际运输中的各种风险和损失，保险的原则和保障范围，我国海运保险险别和伦敦保险协会保险险别，陆运、空运、邮运保险，保险实务操作等内容。通过学习，可以帮助读者将有关理论及实践操作技巧运用到国际保险案例分析和实际工作中，防范国际运输风险，提高企业经济效益。

图书在版编目（CIP）数据

国际货物运输与保险/张苗，白云主编. —北京：清华大学出版社；北京交通大学出版社，2009.12（2022.7重印）

（21世纪经济学类管理学类专业主干课程系列教材）

ISBN 978 - 7 - 81123 - 981 - 2

Ⅰ. ① 国…　Ⅱ. ① 张…　② 白…　Ⅲ. ① 国际运输：货物运输　② 国际运输：货物运输-运输保险　Ⅳ. ① F511.41　② F840.63

中国版本图书馆 CIP 数据核字（2009）第 219959 号

责任编辑：赵彩云

出版发行：清 华 大 学 出 版 社　邮编：100084　电话：010 - 62776969　http：//www.tup.com.cn
　　　　　北京交通大学出版社　邮编：100044　电话：010 - 51686414　http：//press.bjtu.edu.cn

印　刷　者：北京时代华都印刷有限公司

经　　销：全国新华书店

开　　本：185×260　印张：18.25　字数：462 千字

版　　次：2010 年 1 月第 1 版　2021 年 1 月第 2 次修订　2022 年 7 月第 12 次印刷

书　　号：ISBN 978 - 7 - 81123 - 981 - 2/F・572

印　　数：25 001～26 000 册　定价：49.00 元

本书如有质量问题，请向北京交通大学出版社质监组反映。对您的意见和批评，我们表示欢迎和感谢。

投诉电话：010 - 51686043，51686008；传真：010 - 62225406；E-mail：press@bjtu.edu.cn。

前 言

　　为了适应我国对外贸易运输与保险事业快速、持续增长，为社会培养更多专业人才的需要，我们根据长期的工作实践经验及教学中所积累的知识，并参阅有关资料，编写了这本《国际货物运输与保险》。

　　在国际贸易中，运输与保险相辅相成，不可或缺，是进出口业务流程中的两个重要环节。 因此，本书内容分为运输与保险两部分，遵循"体系完整合理，从概述到具体"的一般思路，突出了实务性和适用性。

　　本书可作为高等院校外经贸专业及相关专业的教材，也可供从事实际业务人员及广大爱好者学习参考之用。 其主要特色如下。

　　1. 与时俱进，结合外贸运输和保险领域的最新形势，充分吸收近年来已有的教学、科研成果，反映出近年国际运输与保险业务的规则、规程和操作办法，为有关业务人员和学生提供有价值的参考。

　　2. 结构合理，体系简明完整，重点突出，内容充实全面。 本书囊括国际运输与保险业务操作的各个环节，重点突出了海运和海运保险的内容。 各章节内容安排适当，前后跳跃性小，逻辑性强，适合教学。

　　3. 理论联系实际，注重操作性。 本书不但有运输与保险基本原理的介绍，更加注重实际工作的需要，对运输与保险的业务流程以及各种单据的填写制作都进行了阐述。

　　4. 图文并茂、案例新颖，具有代表性。 本书部分章节加入适当的图片和案例，每一个图片和案例都是编写教师和广大学生经过多次讨论、优化筛选后保留下来的，具有非常强的代表性，增强了可读性，对有关知识的解释更加形象生动。

　　5. 在每章开头归纳学习要点，章后布置思考作业。 课后习题对于学生的课外强化提高是十分必要的，科学的习题设计既能帮助学生掌握重点，加深理解，又可以提高学生的学习兴趣，开阔视野并养成积极思考的学习习惯。

　　6. 注重对学生双语应用能力的培养，本书为各章重要术语、主要条款和国际惯例提供英文译文并要求学生掌握，为强化专业英语的训练提供帮助。

　　本书由张苗、白云担任主编，编写分工为：温素霞（第一章、第二章、第三章）、白云（第四章、第五章）、张苗（第六章、第七章、第八章）、王宁（第九章）、贾娟（第十章、第十一章、第十二章）、冯晓宁（第十三章、第十四章、第十五章）。 最后由张苗、白云负责统稿、修改和审定。

　　本书在编写过程中，广泛参考了近年来出版的有关著作、刊物和资料，也得到了一些业内专家和热心单位的帮助支持，在此一并表示感谢。

　　由于时间仓促，加之编者水平所限，书中尚有需要改进完善之处，希望广大读者批评指正。

编　者

目　录

第一章

【学习目标】

本章主要讲述国际货物运输的基础知识以及我国对外贸易运输的主要运输方式、运输组织机构、国际货运代理以及与合理运输相关的一些内容。通过学习，要求学生了解我国对外贸易运输发展的概况，理解合理运输的内涵，掌握国际货物运输的主要运输方式及其特点、国际货运代理的作用、种类，以及如何选择和使用货运代理。通过对本章基础知识的学习，为以后各章的学习打下基础。

【学习要点】

1. 国际货物运输的含义、特点和作用；
2. 国际货运代理人的含义、性质、作用和种类；
3. 怎样进行合理运输。

国际货物运输概论

第一节 国际货物运输概述

一、国际货物运输的含义

运输是指借助于运输工具将人或货物在空间上进行位置移动，以期实现物流的空间效用。运输就其运送对象来说，分为货物运输和旅客运输；而从货物运输来说，又可按地域划分为国内货物运输和国际货物运输两大类。

国际货物运输，就是在国家与国家、国家与地区之间的运输。国际货物运输是国际贸易的一个重要环节。在国际贸易中，没有运输，国际间商品的交换是不可能实现的。在贸易合同达成以后，只有通过运输，按照约定的时间、地点和条件把商品交给对方，合同才算履行完毕。

国际货物运输又可分为国际贸易物资运输和非贸易物资（如展览品、个人行李、办公用品、援外物资等）运输两种。由于国际货物运输中的非贸易物资的运输往往只是贸易物资运输部门的附带业务，所以，国际货物运输通常被称为国际贸易运输，从一国来说，就是对外贸易运输，简称外贸运输，如图1-1所示。

图1-1　运输分类图

二、国际货物运输的性质

在国际贸易中，商品的价格包含着商品的运价，商品的运价在商品的价格中占有较大的比重，一般来说，约占10%；在有的商品中，要占到30%～40%。商品的运价也和商品的生产价格一样，随着市场供求关系变化而围绕着价值上下波动。商品的运价随着商品的物质形态一起进入国际市场中交换，商品运价的变化直接影响到国际贸易商品价格的变化。而国际货物运输的主要对象又是国际贸易商品，所以可以说，国际货物运输就是一种国际贸易，只不过它用于交换的不是物质形态的商品，而是一种特殊的商品，即货物的位移。所谓商品运价，就是它的交换价格。

由此可以得出这样一个结论：从贸易的角度来说，国际货物运输就是一种无形的国际贸易。

三、国际货物运输的特点

国际货物运输是国家与国家、国家与地区之间的运输，与国内货物运输相比，它具有以下几个主要特点。

（一）国际货物运输是中间环节很多的长途运输

国际货物运输是国家与国家、国家与地区之间的运输，一般来说，运输的距离都比较长，往往需要使用多种运输工具，通过多次装卸搬运，要经过许多中间环节，如转船、变换运输方式等，经由不同的地区和国家，要适应各国不同的法规和规定。其中任何一个环节发生问题，都会影响整个运输过程，这就要求我们做好组织、环环紧扣，避免在某环节上出现脱节现象，给运输带来损失。

(二) 国际货物运输涉及面广，情况复杂多变

国际货物运输涉及国内外许多部门，需要与不同国家和地区的货主、交通运输、商检机构、保险公司、银行或其他金融机构、海关、港口以及各种中间代理商等打交道。同时，由于各个国家和地区的法律、政策规定不一，贸易、运输习惯和经营做法不同，金融货币制度的差异，加之政治、经济和自然条件的变化，都会对国际货物运输产生较大的影响。

(三) 国际货物运输的时间性强

按时装运进出口货物，及时将货物运至目的地，对履行进出口贸易合同、满足商品竞争市场的需求、提高市场竞争能力、及时结汇，都有着重大意义。特别是一些鲜活商品、季节性商品和敏感性强的商品，更要求迅速运输，不失时机地组织供应，才有利于提高出口商品的竞争能力，有利于巩固和扩大销售市场。因此，国际货物运输必须加强时间观念，争时间、抢速度，以快取胜。

(四) 国际货物运输的风险较大

由于在国际货物运输中环节多，运输距离长，涉及面广，情况复杂多变，加之时间性又很强，在运输沿途国际形势的变化、社会的动乱，各种自然灾害和意外事故的发生，以及战乱、封锁禁运或海盗活动等，都可能直接或间接地影响到国际货物运输，导致严重后果，因此，国际货物运输的风险较大。为了转嫁运输过程中的风险损失，各种进出口货物和运输工具，都需要办理运输保险。

(五) 国际货物运输是一项政策性很强的涉外活动

国际货物运输是国际贸易的一个组成部分，在组织货物运的过程中，需要经常同国外发生直接或间接的广泛的业务联系，这种联系不仅是经济上的，也常常会涉及国际间的政治问题，是一项政策性很强的涉外活动。因此，国际货物运输既是一项经济活动，也是一项重要的外事活动，这就要求我们不仅要用经济观点去办理各项业务，而且要有政策观念，按照我国对外政策的要求从事国际运输业务。

四、国际货物运输的地位和作用

国际贸易的发展要求运输业的规模与其相适应，而运输业的发展又会促进国际贸易的发展。

(一) 国际货物运输是国际贸易不可缺少的重要环节

国际贸易合同签订后，只有通过运输，才能将合同中的货物按照约定的时间交到约定地点，收货人收到货物，交易才算最后完成，所以运输是国际贸易环节中重要的一环。

(二) 国际货物运输能够促进国际贸易的发展

国际贸易的产生和发展与国际货物运输紧密相连。随着世界贸易额的不断增长，国际贸易市场竞争愈来愈激烈，进口商对交货时间、运输速度、运输质量、运输费用等更为重视，这些无疑是对国际货物运输提出的更高要求。为了适应国际贸易的发展，人们不断改进和采用现代化的运输工具，并采用科学的运输管理模式。运输能力的提高，缩短了运输时间，加速了货物的周转速度，增加了运载量，降低了运输成本，减少了货运损失，使国际贸易中的运输质量不断提高，有力地促进了国际贸易的发展。

（三）国际货物运输能够促进交通运输的发展

交通运输分为国内运输和国际运输两部分，国际货物运输是交通运输的重要分支。由于国际贸易市场日趋激烈，迫使各国的外贸运输部门根据形势的要求，及时采用和引进国外先进的运输、组织技术，改进内部管理，开辟新的运输渠道，加速交通运输的改进与发展。

（四）国际货物运输能够增加国家外汇收入

国际货物运输是一种无形的国际贸易，它交换的是一种特殊的商品——运输服务。为此，对于一个国家而言，提供的运输服务越多，国际货运的规模越大，效益就越高，就能获得更多的外汇收入，进而增加本国的外汇储备。

五、国际货物运输的任务

国际货物运输的基本任务就是根据国家有关的方针政策，合理地运用各种运输方式和运输工具，多快好省地完成进出口货物的运输任务，具体包括以下几方面内容。

（一）按时、按质、按量地完成进出口货物的运输

国际贸易合同签订后，只有通过运输，及时将进口货物运进来，将出口货物运出去，商品的流通才能实现，贸易合同才能履行。"按时"就是根据贸易合同的装运期和交货期的条款的规定履行合同；"按质"就是按照贸易合同质量条款的要求履行合同；"按量"就是尽可能地减少货损货差，保证贸易合同中货物数量条款的履行。如果违反了上述合同条款，就构成了违约，有可能导致赔偿、罚款等严重的法律后果。因此，必须重合同、守信用，保证按时、按质、按量完成国际货物运输任务，保证国际贸易合同的履行。

（二）节省运杂费用，提高经济效益

由于国际货物运输是国际贸易的重要组成部分，而且运输的距离长，环节较多，各项运杂费用开支较大，故节省运杂费用的潜力也比较大，途径也比较多。因此，从事国际货物运输的企业和部门应该不断地改善经营管理，节省运杂费用，提高企业的经济效益和社会效益。

（三）认真贯彻国家对外政策

国际货物运输是国家涉外活动的一个重要组成部分，它的另一个任务就是在平等互利的基础上，密切配合外交活动，切实贯彻国家各项对外政策。

六、国际货物运输的要求

（一）选择最佳的运输路线和最优的运输方案，组织合理运输

所谓合理运输，就是按照货物的特点和合理流向以及运输条件，选择最恰当的运输工具，走最少的里程，经最少的环节，用最少的运力，花最少的费用，以最短的时间，把货物运到目的地，获得最佳效益。

（二）树立系统观念，加强与有关部门配合协作，努力实现系统效益和社会效益

在国际货物运输工作的安排中，要切实加强与货主、运输企业、商检、海关、银行、港口、船代和货代等部门之间的联系，相互配合、密切协作，充分调动各方面的积

极性，形成全局系统观念，共同完成国际货物运输任务。

（三）树立为货主服务的观念，实现"安全、迅速、准确、节省、方便"的要求

（1）安全。由于国际货物运输涉及面较广，环节较多，所以风险较大，这就要求我们特别注意运输工具和货物的安全，尽量避免事故，确保货物能安全运达目的地。

（2）迅速。按照合同约定的时间交货，关系到重合同、守信用的原则问题。因此，应加快装卸及运输速度，尽量缩短商品在途时间，以满足国内外市场的需要。

（3）准确。把运输工作做细，防止发生错发、错运、错交以及单货不符、单证不符等事故，力争正确无误地完成对外贸易运输任务。

（4）节省。降低国际贸易商品流通费用的主要途径是节省运杂费用。因此，在国际货物运输工作中，要积极组织各种方式的合理运输，节约人力、物力和财力，以降低运输成本和节省运杂费用。

（5）方便。国际货物运输工作应把货主的利益放在首位，改进经营作风和管理方法，多为货主着想，不断提高服务质量，尽量给货主提供便利。

上述五项要求是有机联系的整体，是国际货物运输工作的基本方针。

第二节 国际货物运输方式

在国际货物运输中，涉及的运输方式很多，包括海洋运输、铁路运输、航空运输、内河运输、邮包运输、公路运输、管道运输、大陆桥运输以及由各种运输方式组合的国际多式联运等，如图1-2所示。现把几种主要的运输方式简单做一介绍。

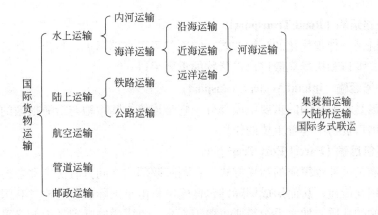

图1-2 国际货物运输方式

一、海洋运输（Ocean Transport）

在国际货物运输中，运用最广泛的是海洋运输。目前，海运量在国际货物运输总量中占80％以上。海洋运输之所以被如此广泛采用，是因为它与其他国际货物运输方式相比，主要有以下明显的优点。

（1）通过能力大。海洋运输可以利用四通八达的天然航道，它不像火车、汽车受轨道和道路限制，故其通过能力很大。

（2）运量大。海洋运输船舶的运输能力，远远大于铁路运输车辆。如一艘万吨船舶的载重量一般相当于 250～300 个车皮的载重量。

（3）运费低。按照规模经济的观点，因为运量大，航程远，分摊于每货运吨的运输成本就少，因此运价相对低廉。

海洋运输虽有上述优点，但也存在不足之处。例如，海洋运输受气候和自然条件的影响较大，航期不易准确，而且风险较大。此外，海洋运输的速度也相对较低。

二、铁路运输（Rail Transport）

在国际货物运输中，铁路运输是仅次于海洋运输的主要运输方式，海洋运输的进出口货物，也大多是靠铁路运输进行货物的集中和分散的。

铁路运输有许多优点，一般不受气候条件的影响，可保障全年正常运输，而且运量较大，速度较快，有高度的连续性，运转过程中可能遭遇的风险也较小。办理铁路货运手续比海洋运输简单，而且发货人和收货人可以在就近的始发站（装运站）和目的站办理托运和提货手续。

三、航空运输（Air Transport）

航空运输是一种现代化的运输方式，它与海洋运输、铁路运输相比，具有运输速度快、货运质量高、不受地面条件的限制等优点，最适宜运送急需物资、鲜活商品、精密仪器和贵重物品。

四、公路、内河和邮政运输

（一）公路运输（Road Transport）

公路运输是一种现代化的运输方式，它不仅可以直接运进或运出对外贸易货物，而且也是车站、港口和机场集散进出口货物的重要手段。

（二）内河运输（Inland Water Transport）

内河运输是水上运输的重要组成部分，它是连接内陆腹地与沿海地区的纽带，在运输和集散进出口货物中起着重要的作用。

（三）邮包运输（Parcel Post Transport）

邮包运输是一种较简便的运输方式。各国邮政部门之间订有协定和合约，各国的邮件包裹可以相互传递，从而形成国际邮包运输网。由于国际邮包运输具有国际多式联运和门到门运输的性质，加之手续简便，费用不高，也成为国际贸易中普遍采用的运输方式之一。

五、集装箱运输和国际多式联运

（一）集装箱运输（Container Transport）

集装箱运输是以集装箱为集合包装和运输单位，进行货物运输的现代化运输方式。它适用于海洋运输、铁路运输及国际多式联运等。

（二）国际多式联运（International Multimodal Transport）

国际多式联运是在集装箱运输的基础上产生和发展起来的一种综合性的连贯运输方

式，它一般是以集装箱为媒介，把海、陆、空各种传统的单一运输方式有机结合起来，组成一种国际间的连贯运输。

第三节　国际货物运输组织

一、国际货物运输的当事人

国际货物运输的当事人主要有三方：承运人、货主和货运代理人。

（一）承运人（Carrier）

承运人是指专门经营水上、铁路、公路和航空等客货运输业务的交通运输部门。它们都以拥有运载工具为特征，为社会提供实际运输服务，是货物运输工作中的承运人。如轮船公司、铁路或公路运输公司、航空公司等。

（二）货主（Cargo Owner）

货主是指专门经营进出口商品业务的外贸部门或进出口商。他们是运输合同中的托运人或收货人。为了履行外贸合同，货主需办理进出口商品的运输，委托承运人运输货物。

（三）货运代理人（Freight Forwarder）

货运代理人是指根据货主的要求，代办货物运输业务的机构。有的代理承运人向货主揽货，有的代理货主向承运人办理托运，有的兼营两方面的业务。他们在托运人和承运人之间起着桥梁作用。

除了以上三方当事人之外，国际货物运输还与海关、商检、保险、银行以及包装、仓储等部门有着极为密切的关系。

二、我国外贸运输的组织机构

我国外贸运输的组织机构，基本上由交通运输部门（承运人）、外经贸部门或进出口公司（托运人、收货人）、自营出口权企业以及货运代理三个方面构成，如图1-3所示。

货主(托运人,收货人) {
　商务部所属各专业总公司
　地方外贸专业公司
　从事外经贸业务的其他企业
}

货运代理人 {
　商务部所属中国对外贸易运输(集团)总公司及其分支机构
　商务部批准的其他货运代理公司
}

承运人 {
　水上运输：中国远洋物流有限公司、中国经贸船务公司、地方轮船公司、长江航运公司、珠江航运公司及中外合资、合营轮船公司
　铁路运输：铁路管理总局和各地分局
　公路运输：公路局和运输公司
　航空运输：中国民航总局所属各航空公司及地方民航公司
　邮政运输：中国邮电总局和各地分局
}

图1-3　我国外贸运输的组织机构

第四节　我国对外贸易运输的发展

新中国成立初期，我国没有远洋货轮，没有建立班轮航线，海运进出口货物主要通过外轮运输。直到 1956 年，我国才以租用的期租船首次开辟了班轮航线。随着我国对外贸易的发展，海运进出口货运量逐步增加，我国的远洋船队也从无到有，逐年发展。世界主要发达国家和世界前 20 位国际集装箱班轮公司均在我国设立了独资、合资公司或办事机构。无船承运人、国际船舶代理企业、船舶管理公司快速发展，服务质量和水平明显提高。我国各主要港口已开辟通往世界各国、各地区的集装箱班轮航线。近年来，尽管受到全球经济环境持续恶化，国际贸易量、海运量增速下调的不利影响，我国对外贸易水路运输仍然保持平稳发展的势头，据《2012 年公路水路交通运输行业发展统计公报》和《全球港口发展报告（2012）》，截至 2012 年，全国拥有水上运输船舶 17.86 万艘，净载重量 22 848.62 万吨，增长 7.5%，集装箱箱位 157.36 万 TEU，增长 6.7%，全年全国港口完成货物吞吐量 107.76 亿吨，比上年增长 7.3%，全国港口完成外贸货物吞吐量 30.56 亿吨，比上年增长 9.7%，其中，沿海港口完成 27.86 亿吨，内河港口完成 2.71 亿吨，分别增长 9.5% 和 12.0%，我国货物吞吐量超过亿吨的港口由上年的 26 个增加到 29 个，在全球货物吞吐量前 20 大港口中，我国占了 13 个。全国港口完成集装箱吞吐量 1.77 亿 TEU，比上年增长 8.4%，其中，沿海港口完成 1.58 亿 TEU，内河港口完成 1950 万 TEU，比上年分别增长 8.0% 和 12.3%，我国集装箱吞吐量超过 100 万 TEU 的港口由上年的 19 个增加到 22 个，在全球集装箱吞吐量前 20 大港口中，我国占了 10 个。

铁路运输是仅次于海洋运输的运输方式，承担着集中和分散海运进出口货物的任务。铁路运输曾经在我国对外贸易中起着举足轻重的作用。在 20 世纪 50 年代，我国进出口货运量的 50% 都是通过铁路运输的，目前从进出口货运量来说，我国的铁路运输在几种运输方式中居第二位。

随着我国与世界各国交往日益频繁，国际航空市场逐步拓展。据《2012 年民航行业发展统计公报》，2012 年，在世界经济不景气的情况下，我国国际航空主要运输指标保持平稳较快增长。截至 2012 年底，我国定期航班国内通航城市已达 178 个（不含香港、澳门、台湾）。我国航空公司国际定期航班通航 52 个国家的 121 个城市，定期航班通航香港的内地城市 40 个，通航澳门的内地城市 7 个，通航台湾地区的大陆城市 38 个，我国与其他国家或地区签订双边航空运输协定 114 个，我国共有运输航空公司 46 家，开辟了港澳台航线 99 条，国际航线 381 条，我国事实上已经成为名副其实的航空大国。

公路运输也在国际货物运输中起重要作用，特别是在对港澳地区的进出口运输以及对周边国家的边境贸易运输中效果突出。

管道运输起步较晚，自 1970 年以来，为了适应石油出口贸易的需要，我国修建了各大油田至主要出口港的输油管道，并与朝鲜共同建成了丹东至新义州的输油管道，以便于中朝两国进行石油贸易。管道运输以其运量大、占地少、便于管理、易于远程监控以及运费低廉等特点，成为国际石油和天然气运输的重要途径。

对外贸易的发展促进了对外贸易运输的发展，外贸运输能力的增强又为对外贸易的扩大提供了保障。总之，我国已形成了包括海运、铁路、航空、公路、内河和管道等运输方式的较为完整的对外贸易运输体系，各种运输方式相互配合，共同承担着我国对外贸易运输任务，促进了我国对外贸易的发展。

第五节　国际货运代理

国际货物运输是一项业务范围广、头绪多而且情况复杂的工作，任何一个运输承运人或货主不可能亲自处理每一项具体运输业务，不少工作需要委托代理人代为办理。

一、国际货运代理人

国际货运代理人是指接受进出口货物收货人、发货人和承运人的委托，以委托人的名义或者以自己的名义，为委托人办理国际货物运输及相关业务并收取服务报酬的企业。

货运代理主要是接受货主委托，办理有关货物报关、交接、仓储、调拨、检验、包装、转运、租船和订舱等业务。货主与他们的关系是委托与被委托的关系。在办理代理业务时，他们是以货主的代理人身份对货主负责并按代理业务的项目和提供的劳务向货主收取代理费。

货运代理是为货主提供服务的，并根据服务项目从货主那里获得劳务报酬。他们接受货主的委托，代办各种运输事项，往往比货主亲自办理更为方便、有利。货代还可以以自己的名义承运货物，将货主托运的小批量货物集中起来，以大批量货载向船公司租船、订舱，争取优惠运价。这样不但可以使货主减少运费支出，也可以使货代获得差价利益，而船公司从取得稳定货载考虑，也常愿意给货代以一定的优惠。

国际上从事国际货运代理的一般都是经营运输多年，精通业务，经验比较丰富，而且熟悉各种运输的手续和规章制度的企业。它们与交通运输部门以及贸易、银行、保险、海关等有着广泛的联系和密切的关系，从而具有有利条件为委托人代办各种运输事项。

二、国际货运代理的经营范围

国际货运代理企业经营范围主要包括：
（1）揽货、订舱、托运、仓储、包装；
（2）货物监装、监卸、中转，集装箱拼装拆箱、分拨、中转及相关的短途运输服务；
（3）报关、报检、报验、保险；
（4）制单、结算运杂费；
（5）展品、物品及过境货物运输代理；
（6）国际多式联运、集运（含集装箱拼箱）；
（7）国际快递（不含私人信函）；
（8）运输咨询服务。

三、国际货运代理企业的种类

在实际业务中，有些国际货运代理向专业化方向发展，专注于某一领域的服务；有些国际货运代理则向多元化方向发展，兼办多项业务。较常见的货运代理主要有以下

9

几类。

(1) 租船订舱代理。

(2) 货物报关代理。

(3) 转运及理货代理。其办事机构一般设在中转站及港口。

(4) 储存代理。包括货物保管、整理、包装以及保险等业务。

(5) 集装箱代理。包括装箱、拆箱、转运、分拨以及集装箱租赁和维修等业务。

(6) 多式联运代理。不管一票货物运输经过多少种运输方式，转运多少次，多式联运代理必须对全程运输（包括转运）负总的责任。无论是在国内还是国外，对多式联运代理的资格认定都比其他代理要严格一些。

(7) 货物装卸代理。

四、国际货运代理的作用

(一) 组织协调

国际货运代理人凭借其拥有的运输知识和其他相关知识，组织运输活动，设计运输路线，选择运输方式和承运人（或货主），协调货主、承运人及其他相关人员和部门的关系，可以节省委托人时间和精力，节省费用，降低成本。

(二) 专业服务

国际货运代理人利用自身专业知识和经验，为委托人提供货物的承揽、交运、拼装、集运、接卸等服务，为委托人办理报关报验、保险等手续，国际货运代理人通过向委托人提供各种专业服务，为委托人安排国际货物运输中每一环节的业务或全程各个环节的业务，手续简单方便。可以使委托人不必在自己不熟悉的业务领域花费更多的精力和心思，有助于提高委托人的工作效率。

(三) 沟通控制

国际货运代理人拥有广泛的业务关系、发达的服务网络、先进的信息技术手段，可以随时保持货物运输关系人之间，货物运输关系人与其他有关企业、部门的有效沟通，对货物运输的全过程进行准确跟踪和控制，保证货物安全、及时运抵目的地，顺利办理相关手续，并应委托人的要求提供全过程的信息服务及其他相关服务。

(四) 咨询顾问

国际货运代理人可以就货物的包装、储存、装卸和照管，货物的运输方式、运输路线和运输费用，货物的保险、进出口单证和价款的结算，领事、海关、商检、卫检、动植检、进出口管制等有关当局的要求等向委托人提出明确、具体的咨询意见，协助委托人设计、选择适当处理方案，避免、减少不必要的风险、周折和浪费。

(五) 降低成本

国际货运代理人凭借自身优势，为委托人选择货物的最佳运输路线、运输方式，最佳仓储保管人、装卸作业人和保险人，争取公平、合理的费率，甚至可以通过集运效应使所有相关各方受益，从而降低货物运输关系人的业务成本，提高业务效益。

(六) 资金融通

国际货运代理人可以代替收、发货人支付有关费用、税金，提前与承运人、仓储保管人、装卸作业人结算有关费用，凭借自己的实力和信誉向承运人、仓储保管人、装卸作业人及银行、海关当局提供费用、税金担保或风险担保，可以帮助委托人融通资金，减少资金占压，提高资金利用效率。

五、我国国际货运代理人的类型

(一) 中外运及其控股或合营的企业

其特点是：

(1) 一业为主，多种经营；

(2) 拥有一个四通八达的运输网络，为参与国际分工创造了条件；

(3) 资产雄厚，有实力参加市场竞争；

(4) 人力资源丰厚，有一大批精通业务的专门人才。

(二) 船公司、航空公司、铁路等部门设立的货运代理

它们是运输业的主代理，如中国远洋运输（集团）总公司。其特点是：

(1) 在运价、方便货主方面有竞争力；

(2) 在捕捉与反馈航运信息上有优势。

(三) 由原专业、工贸总公司组建的国际货代公司

其特点是：

(1) 在货源、制单方面有优势；

(2) 经营规模小，管理水平低；

(3) 专业人才缺乏，市场开拓能力差。

(四) 专业化类型的货代公司

其特点是：一般专长于存储等运输相关业务。

(五) 中外合资货代公司

由国外的一些船公司、货代行、实业公司与国内大的外贸、运输公司合资创办。其特点是：

(1) 资本雄厚，规模化经营显著；

(2) 网络化经营具有一定水平；

(3) 人员素质和管理水平较高，服务具有竞争力。

(六) 非法货代

未具备外经贸部颁发的国际货运代理资格《批准证书》的货代均属非法货代。

第六节　合理运输

一、合理运输的概念

合理运输是指从物流系统的总体目标出发，通过选择合理的运输方式和运输线路，即运用系统理论及系统工程原理和方法，选择合理的运输路线和运输工具，以最短的路径、最少的环节、最快的速度和最少的劳动消耗，组织好运输活动。

二、运输方式的合理选择

合理选择运输方式就是合理利用各种运输方式，以确保运输的高效、准时、经济、安全（见表 1-1）。

表 1-1　五大运输方式的特点及适用范围

运输方式	优点	缺点	主要运输对象
水运	1. 运量大 2. 成本低 3. 适于超长、超宽、笨重的货物运输	1. 运输速度慢 2. 港口装卸费用较高 3. 受天气影响较大 4. 运输的准确性和安全性较差	长途的低价值大宗货物，比如，矿产品、大宗散装货、化工产品、远洋集装箱等
铁路	1. 运量较大 2. 运费负担较小 3. 轨道运输，事故相对少 4. 铁路运输网完善，可运达各地 5. 受自然和天气影响小，运输准确性较高	1. 近距离运输费用高 2. 不适合紧急运输要求 3. 由于需要配车编组，中途停留时间较长 4. 非沿线目的地需汽车转运 5. 装卸次数多，货损率较高	长途、大量、低价商品，比如，重工业产品及原料、制造业产品及原料、农产品等
航空	1. 运输速度快 2. 安全性高	1. 运费高 2. 重量和体积受限 3. 可达性差 4. 受气候条件限制	通常适用于高价、易腐烂或急需的商品
公路	1. 可以进行门到门运输 2. 适合于近距离运输，较经济 3. 使用灵活，可以满足多种需要 4. 输送时包装简单、经济	1. 装载量小，不适合大量运输 2. 长距离运输运费较高 3. 环境污染较严重 4. 燃料消耗大	短距离具有高价值的加工制造产品和日用消费品，比如，纺织和皮革制品、橡胶制品、通信产品、零部件等
管道	1. 运量大 2. 运输安全可靠 3. 连续性强	1. 灵活性差 2. 仅适用于特定货物	石油、天然气

选择运输方式时需要考虑以下因素：

（1）运输方式的速度问题；

（2）运输费用问题；

（3）各种可选运输方式的合理组合问题。

运输方式或运输工具的选择，应该是在综合考虑上述各种因素后，寻求运输费用与保管费用最低的运输方式或运输工具。

就运输成本而言，航空运输的成本最高，公路次之，海上运输成本最低。就运输速度而言，航空最高，每小时最高可达 1 400 公里；其次是汽车运输，40～60 公里/小时；铁路机车 32～46 公里/小时；海船 18～28 公里/小时；内河机动船最低，7～20 公里/小时。

在选择运输方式上，除考虑运输成本和运行速度外，还要考虑商品的性质、数量、运输距离、客户的具体要求、风险程度等多方面因素。比如，鲜货商品要求争取时间，贵重物品体积小但需要保险系数高，在这种情况下，采取航空运输最为适宜；对中转环节多的可利用集装箱以加速中转并避免货物的损坏；对样品和宣传品可利用航邮；对大宗货物可租赁整条船舶。当然，如果单纯是为客户提供服务，一切应以客户的要求来安排。我国过去在选择运输方式和运输工具方面已积累了一些经验。如从东欧进口货物，利用陆运较海运既节省时间又节省运费；而对东欧出口的大宗货物，如大米、水泥等，以海运出口较为便宜。

三、运输路径的合理化

组织合理的运输路径就是通过合理的安排和筹划，使得每次运输或每批次的运输在运送路径、流程等方面达到最佳或接近最佳，以使货物运输到达准时、经济、安全。

将货物从甲地运往乙地，除上述的运输方式和运输工具外，还面临着运输路线的选择问题，因为在这两地之间会有许多种运输路线，有的是需要中途转运，有的则可直接到达。就常识而言，两点之间，直线最短，因而在一般情况下，安排直达运输，既可节省运输费用，减少货损货差，又可以缩短运输时间。所以在签订买卖合同时，就需要详细了解可供选择的运输路线和各自的收费标准。此外，还要掌握运输工具的班次，以保证如期履约。如果现实条件下的确不能利用直达的运输路线，就需要选择适当的中转地点，了解中转的额外费用和中转所需要的时间。如果承运人不负责安排中转，自己还应妥善委托中转地的代理人负责中转事宜。

对出口货物的装卸港口，在签订贸易合同时也要谨慎，一般应选择有班轮航线经常挂靠、自然条件好、装卸设备齐全、收费较低的港口。至于进口货物的卸货港，应根据货物的流向、用户的所在地来考虑，如安排得当，对于减少在港停滞、满足用户需要关系重大；对出口货物的装货港，应以靠近产地或供货地为原则，以减轻内地发运的困难；对东欧的陆运出口，应根据需要决定从满洲里、绥芬河还是从二连浩特国境站出口。

四、不合理运输的表现和类型

在各种物资的流通过程中，经常会看到各种怪现象：同一票货物在同一运输线路上往返倒运；由甲地可直达乙地的货物在中途卸载；铁路沿线地区长途运输使用汽车，而短途运输反而使用火车……造成这些现象的原因十分复杂，除了国家运输条件紧张因素外，突出的问题是计划管理人员素质不高，各部门信息不能沟通或配合不当。由此造成的迂回运输、对流运输、重复运输、往返运输等，都是不合理运输的表现形式。在对外贸易运输工作中，不合理运输可以归纳为以下几种类型。

（1）生产、加工、包装、仓储选点布局不合理，造成迂回、过远运输。

（2）在收购货源和集运货物时，不同程度的地区封锁和地方保护主义，以及行政性的条块分割，增加了不必要的储运环节。

（3）对外签订的进出口合同中缺乏考虑，一是运输条款中选择港口不当，二是对货源的产地和发运情况了解不够，这样就必然导致履约上的困难和运输费用的增加。

（4）货物和运输工具以及运输方式不配套，如宜陆从水、宜水从陆、不必要的长途汽运、没有充分利用直达车船、快运列车等情况都会偏离合理运输的目标。货物与运输工具不相适应又会造成运输容积的浪费和可能的货损。

（5）出口货物在产地检验不严，或在单证不齐的情况下盲目发运，货到口岸不能及时出口，以致压车、压船、压库，结果就地处理或原货退回造成无效运输、往返运输。

（6）计划调度不当，增加不必要的中转环节，造成迂回运输。

（7）由于车船调配不当，一方面有货无车（船）而另一方面有车（船）无货、车船等货，造成货物积压，车辆非生产时间增加，使运力不能得到充分发挥。

（8）出口包装不合理，装运时配载不当造成货物的损耗和运输容积的浪费。

上述类型的不合理运输，不仅存在于外贸运输工作中，在内贸运输中也屡见不鲜，这不仅增加了不必要的运输路程及中转环节，延长在途时间，浪费了运输能力，影响了商品质量，增加经营成本，甚至影响了出口商品的对外成交、合同履行和商品及时供应市场，对外贸发展极为不利。

【案例导读】

中国远洋运输集团总公司介绍

1961年4月27日，"中国远洋运输公司"在北京宣告成立。1992年12月25日，国家计委、国家体改委、国务院经贸办批准"中国远洋运输总公司"更名为"中国远洋运输（集团）总公司"，同意以中国远洋运输（集团）总公司为核心企业，组建"中国远洋运输集团"（简称中远集团）。1993年2月16日中远集团在北京宣告成立。2002年年初，中远集团整合物流资源，成立了中国远洋物流公司，标志着中远由全球承运人向以航运为依托的全球物流经营人的历史性转变，依托完善的全球海陆空联运、现代化大型仓储基地、快速准确的信息传递和高质量运输服务，迅速确立在国际国内物流业的领先地位。

中远集团是以航运和物流为主业的跨国企业集团。在致力于为全球客户提供航运、物流服务的同时，还能够在船舶及海洋工程的建造和修理、码头、贸易、金融和信息技术等多个领域为客户提供优质服务。中远集团是中国目前规模最大、历史最久的远洋运输企业，在全球拥有近千家成员企业。目前，中远集团拥有和经营着800余艘现代化商船，5 000多万载重吨，年货运量超过4亿吨，远洋航线覆盖全球160多个国家和地区的1 500多个港口，船队规模稳居中国第一、世界第二。在上海、天津、广州、大连、青岛、深圳、厦门、香港和新加坡等地，中远集团拥有数支实力雄厚的专业化远洋运输船队，经营包括集装箱船、干散货船、杂货船、客货船、特种船和油轮等能够满足全球客户不同需求的远洋运输船舶。其中，集装箱船队规模在国内排名第一位，世界排名第六位；干散货船队排名世界第一；专业杂货船和装载超大超重货物的特种运输船综合实力居世界前列；油轮船队拥有数艘30万吨级油轮，国内排名第一。中远集团数百家国内外成员单位形成了以北京为中心，以远洋航运和全球物流为依托，以中国香港、日本、新加坡、美国、欧洲、澳洲、韩国、南非和西亚等9大区域为辐射点的全球业务网络，在50多个国家和地区拥有千余家企业和经营机构。如今，"COSCO"品牌已成为中远集团重要的无形资产，标有"COSCO"标志的船舶和集装箱在世界各地往来穿梭，成为中国的形象代表。

中远集团的主要经营领域包括航运和物流，另外也涉足工业、金融和贸易等领域。

一、航运

（一）集装箱运输

中远集团的集装箱运输由中远集装箱运输有限公司（简称中远集运）承担，经营着140余艘、总箱位逾43万TEU的集装箱船队。目前，中远集运开辟了跨太平洋、远东至欧洲、日澳、中澳等20多条全球运输主干航线，船舶挂靠世界上100多个重要港口，在全球拥有1 000多个代理分支机构，连通五大洲各交通枢纽，辐射到全球各个角落。在中国本土，拥有货运机构300多个，覆盖全国铁路枢纽、公路网站、国际空港和沿海主要口岸，形成以大连、天津、青岛、上海、广州、西安、武汉等地区为支点，连接各主要交通城市的联运网络和运输服务系统。中远集装箱运输的多式联运服务业务，网点遍及欧、美、亚、非、澳五大洲，做到了全方位、全天候"无障碍"服务。从事集装箱运输业务的公司有中远集装箱运输有限公司、中国远洋控股股份有限公司。

（二）干散货运输

中远集团目前拥有和控制着全球规模最大、最具实力的干散货运输船队。中远干散货运输船队能够在全球范围内为客户提供矿砂、煤炭、粮食、化肥、钢材、木材、农产品等货物的海上运输服务，航线遍及100多个国家和地区的1000多个港口。多种不同的船型，以及精湛的船舶营运水平，能够满足客户各种不同需求。从事干散货运输业务的公司有中远散货运输有限公司、青岛远洋运输有限公司、厦门远洋运输公司、中远（香港）航运有限公司、中远（新加坡）有限公司。

（三）油轮运输

中远集团的液体散货运输覆盖石油原油、成品油、散装化学品、LPG以及LNG等货物的运输，主要由大连远洋运输公司承担。公司现拥有和经营着包括12艘超大型原油油轮（VLCC）在内的各类液体散货运输船舶40余艘、约510万载重吨，其中，油轮船队是中国最大的专业化油轮船队之一，散装化学品和LPG运输在国内也居领先行列。

（四）杂货及特种运输

中远集团以全球班轮和不定期船为主要方式经营100余艘杂货船及特种运输船舶，其中，特种运输船队拥有业界领先的重吊船、半潜船、滚装船、多用途船、木材船、沥青船、汽车专用船，综合实力居世界前列。从事杂货及特种船运业务的公司有广州远洋运输公司、厦门远洋运输公司、中远航运股份有限公司。

二、物流

发展在航运及物流业的领先地位，是中远集团的既定战略和使命。为实现这一战略目标，2002年1月成立了中国远洋物流公司，以整合内部物流资源、优化全球供应链管理，为客户提供全方位物流服务。目前该公司已跻身于中国最大的专业化物流企业之列，在国内拥有300多个业务网点。中远集团根据自身市场定位和品牌战略，确定现代物流、船务代理、货运代理三大核心业务领域，始终坚持品牌化发展的方向，进一步稳固了家电、汽车、电力、化工等领域的优势地位。中远集团各海外区域公司，也通过延伸传统海运业务，为客户提供增值物流服务。

三、工业

中远集团的工业是伴随着船队发展而成长壮大的。目前，已形成以船舶建造、船舶修理、集装箱制造为核心的船舶工业体系，在国内外享有声誉。

四、金融

中远集团金融产业主要由中远财务有限责任公司和中远集团所掌控的广泛金融资源构成。中远财务有限责任公司为中远集团成员单位提供结算、信贷等金融服务，在中远集团内部对资金实行集中管理。目前，中远集团在银行、证券、保险、基金等领域拥有数十亿元的投资，是境内上市公司"招商银行"的第二大股东。

五、贸易

中远集团的国际贸易主要由船舶贸易和燃油贸易两部分组成。

中远国际船舶贸易有限公司（中远船贸）是中远集团总公司船舶贸易的窗口。主要业务包括新船及二手船舶的买卖、光租船、船用设备买卖，以及提供有关船舶技术、贸易及商业谈判的顾问服务。

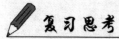 复习思考

1. 国际货物运输有哪些特点？
2. 我国对外贸易运输的要求是什么？
3. 国际货运代理人的种类有哪些？
4. 国际货运代理人的服务对象是谁？
5. 国际货运代理人的作用有哪些？
6. 合理运输的内涵是什么？

第二章

【学习目标】

本章主要从四个方面对海运运输进行了详细讲述，要求了解海运运输的含义、特点和作用以及与船舶有关的一些基础知识；熟悉海洋运输中的一些主要航线和港口情况；重点掌握海洋运输的方式、班轮运输与租船运输的区别，以及班轮运费的核算。

【学习要点】

1. 海洋运输的特点；
2. 船舶吨位；
3. 我国对外贸易主要航线及世界和我国的主要港口；
4. 班轮运输与租船运输的区别；
5. 班轮运费的计算。

第一节 海洋运输概述

一、海洋运输的含义

海洋运输是指使用船舶通过海上航道在不同国家和地区的港口之间运送货物的一种运输方式。目前，国际贸易总运量 2/3 以上，中国进出口货运总量约 90% 都是利用海洋运输。

随着中国经济的快速发展，中国已经成为世界上最重要的海运大国之一。我国海岸线长约 18 000 公里，沿海有许多优良的不冻港口，具有发展海运的有利条件。在我国港口与世界各国主要港口之间已开辟了许多定期或不定期的海上航线，海洋运输在我国对外经济贸易中起着越来越重要的作用。全球目前有 19% 的大宗海运货物运往中国，有 20% 的集装箱运输来自中国；而新增的大宗货物海洋运输之中，有 60% 至 70% 是运往中国的。中国的港口货物吞吐量和集装箱吞吐量均已居世界第一位；2012 年全球货物吞吐量排名前 20 的大港口中，中国占了 13 个，见表 2-1；2012 年全球集装箱吞吐量排名前 20 的大港口中，中国占了 10 个，见表 2-2。

表 2-1　2012 年全球货物吞吐量前二十大港口排名（计量单位：亿吨）

排名	港口	2012 年	2011 年	增速	排名	港口	2012 年	2011 年	增速
1 (2)	宁波·舟山	7.44	6.94	7.2%	11 (13)	营口	3.01	2.61	15.4%
2 (1)	上海	7.36	7.20	2.2%	12 (14)	日照	2.81	2.53	11.1%
3 (3)	新加坡	5.38	5.31	1.2%	13 (12)	香港	2.70	2.78	−2.6%
4 (4)	天津	4.76	4.51	5.5%	14 (11)	秦皇岛	2.63	2.80	−5.9%
5 (5)	鹿特丹	4.42	4.35	1.6%	15 (17)	黑德兰	2.44	2.01	21.7%
6 (6)	广州	4.34	4.29	1.2%	16 (15)	南路易斯安那	2.41	2.40	0.5%
7 (7)	青岛	4.02	3.75	7.2%	17 (16)	光阳	2.32	2.06	12.7%
8 (8)	大连	3.73	3.38	10.4%	18 (20)	深圳	2.01	1.80	11.5%
9 (9)	唐山	3.58	3.08	16.3%	19 (18)	烟台	1.97	1.97	−0.2%
10 (10)	釜山	3.11	2.94	6.1%	20 (21)	蔚山	1.85	1.66	11.4%

数据来源：《全球港口发展报告（2012）》

表 2-2　2012 年全球集装箱吞吐量前二十大港口排名（计量单位：万 TEU）

排名	港口	2012 年	2011 年	增速	排名	港口	2012 年	2011 年	增速
1 (1)	上海	3253	3172	2.6%	11 (10)	鹿特丹	1187	1185	0.2%
2 (2)	新加坡	3160	2994	5.5%	12 (13)	巴生	999	960	4.1%
3 (3)	香港	2310	2441	−5.4%	13 (12)	高雄	984	964	2.1%
4 (4)	深圳	2294	2258	1.6%	14 (14)	汉堡	893	901	−0.9%
5 (5)	釜山	1703	1618	5.3%	15 (15)	安特卫普	863	866	−0.3%
6 (6)	宁波·舟山	1617	1480	9.3%	16 (16)	洛杉矶	808	794	1.8%
7 (7)	广州	1452	1430	1.5%	17 (19)	大连	806	640	25.9%
8 (8)	青岛	1450	1302	11.4%	18 (17)	丹戎帕拉帕斯	772	750	2.9%
9 (9)	迪拜	1327	1301	2.0%	19 (18)	厦门	720	646	11.5%
10 (11)	天津	1230	1157	6.3%	20 (22)	丹戎不碌	638	580	10.0%

数据来源：《全球港口发展报告（2012）》

二、海洋运输的特点

（一）通过能力大

海洋运输可以利用四通八达的天然航道，它不像火车、汽车受轨道和道路限制，故其通过能力很大。

（二）运量大

随着国际航运业的发展，现代化的造船技术日益精湛，船舶日趋大型化。超巨型油轮已达 60 多万吨，最大的散装船已达 16 万～17 万吨，第五代集装箱船的载箱能力已超过 5 000TEU。海洋运输船舶的运输能力远远大于铁路运输车辆，如一艘万吨船舶的载重量一般相当于 250～300 个车皮的载重量。

（三）运费低

按照规模经济的观点，因为运量大、航程远，分摊于每货运吨的运输成本就低，一方面，海上运输航道为天然形成，大量节省用于基础设施的投资；另一方面，船舶运载量大、使用时间长、运输里程远，单位运输成本较低，为低值大宗货物的运输提供了有利条件。海上货物运价仅相当于铁路运价的 1/5，公路运价的 1/10，航空运价的 1/30。

（四）运输速度慢

由于船舶的体积大，载重量大，水流阻力高，加之各种因素的影响，速度较慢。

（五）运输的安全性和准确性相对较差

海上运输易受自然条件和气候的影响，航期有时不准确，安全性也较差，全世界每年遇险沉没的船舶在 300 艘左右。

三、海洋运输的作用

（一）海洋运输是国际贸易运输的主要方式

国际海洋运输虽然存在速度较低、风险较大的不足，但是由于其通过能力大、运量大、运费低，以及对货物适应性强等长处，加上全球特有的地理条件，使它成为国际贸易中主要的运输方式。目前，国际贸易总运量的 2/3 以上，我国进出口货物运输总量的 80%～90% 是通过海洋运输进行的。

（二）海洋运输是国家增加外汇收入的重要渠道之一

在我国，运费支出一般占外贸进出口总额的 10% 左右，尤其大宗货物的运费占的比重更大，贸易中若充分利用国际贸易术语，争取由我方多派船运输，不但节省外汇支付，而且还可以争取更多的外汇收入。目前，世界各国特别是沿海的发展中国家都十分重视建立自己的远洋船队，注重发展海洋货物运输。一些航运发达国家，外汇运费的收入成为这些国家国民经济的重要支柱。

（三）发展海洋运输业有利于改善国家的产业结构

海洋运输是依靠航海活动的实践来实现的，航海活动的基础是造船业、航海技术和掌握技术的海员。造船工业是一项综合性的产业，其发展又可带动钢铁工业、船舶设备工业、电子仪器仪表工业的发展，促进整个国家产业结构的改善。

（四）海洋运输船队是国防的重要后备力量

一旦发生战争，商业船队往往用来运输军需物资，成为陆、海、空三军之外的第四

19

军。正因为海洋运输占有如此重要的地位，世界各国都很重视海上航运事业，通过立法加以保护，从资金上加以扶植和补助，在货载方面给予优惠等，以促进本国海运事业的发展。

第二节 海洋运输船舶基础知识

一、船舶分类

海上货物运输的船舶种类很多，按照用途不同，可分为以下几种。

（一）杂货船（General Cargo Ship）

杂货船一般是指定期航行于货运繁忙的航线，以装运零星杂货为主的船舶。这种船航行速度较快，船上配有足够的起吊设备，船舶构造中有多层甲板把船舱分隔成多层货柜，以适应装载不同货物的需要。

（二）干散货船（Bulk Cargo Ship）

干散货船是用以装载无包装的大宗货物的船舶。像粮谷、矿砂、煤炭、化肥、砂糖、工业盐等都是干散货船的承运对象。

（三）冷藏船（Refrigerated Ship）

冷藏船是专门用于装载冷冻易腐货物的船舶。船上设有冷藏系统，能调节多种温度以适应各舱货物对不同温度的需要。

（四）木材船（Timber Ship）

木材船是专门用以装载木材或原木的船舶。

（五）集装箱船（Container Ship）

以集装箱为承运对象，具有换装方便、装卸效率高、周转快、运输质量好、运输成本较低的优点。这类船在我国航运市场上具有较强的竞争力。

（六）滚装船（Roll on/Roll off Ship）

滚装船主要用来运送汽车和集装箱。这种船本身无须装卸设备，一般在船侧或船的首尾有开口斜坡连接码头，装卸货物时，或者是汽车，或者是集装箱（装在拖车上的）直接开进或开出船舱。这种船的优点是不依赖码头上的装卸设备，装卸速度快，可加速船舶周转。

（七）载驳船（Barge Carrier）

又称子母船。是指在大船上搭载驳船，驳船内装载货物的船舶。载驳船的主要优点是不受港口水深限制，不需要占用码头泊位，装卸货物均在锚地进行，装卸效率高。

（八）车辆运输船（Car Ship）

又称汽车船，是专门装运各种车辆如载重汽车、卡车和小轿车的船舶。它采取开上开下的装卸工艺，根据积载图的安排开到船上指定的位置，可以十分方便地固定和拆离。

（九）重大件货物运输船

是以火车头、成套设备、重大件为主要承载对象的船舶。

（十）油轮（Oil Tanker）

主要以散装原油为主要承运对象，此外还可以运输植物油和其他油类。

（十一）液化天然气船（Liquefied Natural Gas Carrier）

专门用来装运经过液化的天然气。

二、船舶吨位

为表示船舶的大小，除用船长、船宽等尺度外，通常用吨位表示。船舶吨位作为船舶大小的计量单位，可分为重量吨位和容积吨位两种。其中，重量吨位包括排水量吨位和载重吨位，容积吨位包括容积总吨和容积净吨。

（一）重量吨位（Weight Tonnage）

船舶的重量吨位是表示船舶重量的一种计量单位，以 1 000 公斤为 1 公吨，或以 2 240 磅为 1 长吨，或以 2 000 磅为 1 短吨。目前国际上多采用公制作为计量单位。

1. 排水量吨位（Displacement Tonnage）

排水量吨位是船舶在水中所排开水的吨数，也是船舶自身重量的吨数。排水量吨位又可分为轻排水量、重排水量和实际排水量三种。

1）轻排水量（Light Displacement）

又称空船排水量，是船舶本身加上船员和必要的给养物品三者重量的总和，是船舶最小限度的重量。

2）重排水量（Full Load Displacement）

又称满载排水量，是船舶载客、载货后吃水达到最高载重线时的重量，即船舶最大限度的重量。

3）实际排水量（Actual Displacement）

是船舶每个航次载货后实际的排水量。

排水量的计算公式如下：

$$排水量（长吨）=\frac{长×宽×吃水×方模系数（立方英尺）}{35（海水）或36（淡水）（立方英尺）}$$

$$排水量（公吨）=\frac{长×宽×吃水×方模系数（立方英尺）}{0.975\ 6（海水）或1（淡水）（立方英尺）}$$

排水量吨位可以用来计算船舶的载重吨；在造船时，依据排水量吨位可知该船的重量；在统计军舰的大小和舰队时，一般以轻排水量为准；军舰通过巴拿马运河时，以实际排水量作为征税的依据。

2. 载重吨位（Dead Weight Tonnage）

载重吨位表示船舶在营运中能够使用的载重能力，可分为总载重吨和净载重吨。

1）总载重吨（Gross Dead Weight Tonnage）

是指船舶根据载重线标记规定所能装载的最大限度的重量，它包括船舶所载运的货物、船上所需的燃料、淡水和其他储备物料重量的总和。

总载重吨＝满载排水量－空船排水量

2）净载重吨（Dead Weight Cargo Tonnage）

是指船舶所能装运货物的量大限度重量，又称载货重吨，即从船舶的总载重量中减去船舶航行期间需要储备的燃料、淡水及其他储备物品的重量所得的差数。

船舶载重吨位可用于对货物的统计；作为期租船月租金计算的依据；表示船舶的载运能力；也可用作新船造价及旧船售价的计算单位。

（二）容积吨位（Registered Tonnage）

船舶的容积吨位是表示船舶容积的单位，又称注册吨，是各海运国家为船舶注册而规定的一种以吨为计算和丈量的单位，以 100 立方英尺或 2.83 立方米为 1 注册吨。容积吨又可分为容积总吨和容积净吨。

1. 容积总吨（Gross Registered Tonnage）

又称注册总吨，是指船舱内及甲板上所有关闭的场所的内部空间（或体积）的总和，是以 100 立方英尺或 2.83 立方米为 1 吨折合所得的商数。

容积总吨的用途很广，它可以用于国家对商船队的统计；表明船舶的大小；用于船舶登记；用于政府确定对航运业的补贴或造舰津贴；用于计算保险费用、造船费用以及船舶的赔偿等。

2. 容积净吨（Net Registered Tonnage）

又称注册净吨，是指从容积总吨中扣除那些不供营业用的空间后所剩余的吨位，也就是船舶可以用来装载货物的容积折合成的吨数。容积净吨主要用于船舶的报关、结关，作为船舶向港口交纳的各种税费的依据；以及作为船舶通过运河时交纳运河费的依据。

三、船舶载重线

船舶载重线指船舶满载时的最大吃水线。它是绘制在船舷左右两侧船舶中央的标志，是根据航行的海域及季节性变化而确定的。

载重线标志由甲板线、载重线圆盘和载重线标志三部分构成，如图 2-1 所示。

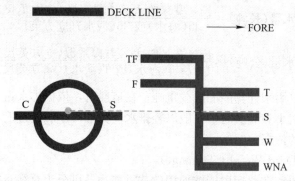

图 2-1　船舶载重线标志

图 2-1 中各条载重线的含义如下。

TF（Tropical Fresh Water）：表示热带淡水载重线，即船舶航行于热带地区淡水中最大吃水不得超过此线。

F（Fresh Water）：表示淡水载重线。

T（Tropical Sea Water）：表示热带海水载重线。

S（Summer Sea Water）：表示夏季海水载重线，它与载重线圆盘上的水平直线处于同一高度。

W（Winter Sea Water）：表示冬季海水载重线。

WNA（Winter North Atlantic）：表示冬季北大西洋载重线。

四、船籍与船旗

船籍指船舶的国籍。商船的所有人向本国或外国有关管理船舶的行政部门办理所有权登记，取得本国或登记国国籍后才能取得船舶的国籍。

船旗是指商船在航行中悬挂其所属国的国旗。船旗是船舶国籍的标志。按国际法规定，商船是船旗国浮动的领土，无论在公海或在他国海域航行，均需悬挂船籍国国旗。船舶有义务遵守船籍国法律的规定并享受船籍国法律的保护。

方便旗船（Flag of Convenience）是指在外国登记、悬挂外国国旗并在国际市场上进行营运的船舶。第二次世界大战以后，方便旗船迅速增加，挂方便旗的船舶主要属于一些海运较发达的国家和地区，如美国、希腊、日本和韩国的船东。他们将船舶转移到外国去进行登记，以图逃避国家重税和军事征用，自由制定运价不受政府管制，自由处理船舶与运用外汇，自由雇用外国船员以支付较低工资，降低船舶标准以节省修理费用，降低营运成本以增强竞争力等。而公开允许外国船舶在本国登记的所谓"开放登记"（Open Register）国家，主要有利比里亚、巴拿马、塞浦路斯、新加坡及百慕大等国。通过这种登记可为登记国增加外汇收入。

五、船级

船级是表示船舶技术状态的一种指标。

在国际航运界，凡注册总吨在 100 吨以上的海运船舶，必须在某船级社或船舶检验机构监督之下进行监造。在船舶开始建造之前，船舶各部分的规格须经船级社或船舶检验机构批准。每艘船建造完毕，由船级社或船舶检验局对船体、船上机器设备、吃水标志等项目和性能进行鉴定，发给船级证书。证书有效期一般为 4 年，期满后需重新予以鉴定。

船舶入级可保证船舶航行安全，有利于国家对船舶进行技术监督，便于租船人和托运人选择适当的船只，以满足进出口货物运输的需要，便于保险公司决定船、货的保险费用。

世界上比较著名的船级社有英国劳埃德船级社（Lloyd's Register of Shipping）、德国劳埃德船级社（Germanischer Lloyd）、挪威船级社（Norske Veritas）、法国船级局（Bureau Veritas）、日本海事协会（Nippon Kaiji Kyokai）、美国航运局（American Bureau of Shipping）等。

中国船级社是我国交通部所属的船舶检验局，中国船级社的船级符号为 CCS。

六、船舶主要文件

船舶文件是证明船舶所有权、性能、技术状况和营运必备条件的各种文件的总称。国际航行船舶的文件主要有：

(1) 船舶国籍证书（Certificate of Nationality）；

(2) 船舶所有权证书（Certificate of Ownership）；

(3) 船舶船级证书（Certificate of Classification）；

(4) 船舶吨位证书（Tonnage Certificate）；

(5) 船舶载重线证书（Certificate of Load Line）；

(6) 船员名册（Crew List）；

（7）航行日志（Log Book）。

此外，还有轮机日志、卫生日志和无线电日志等。根据我国现行规定，进出口船舶必须向港务管理机构（港监）呈验上述所有文件。

第三节　海运主要航线与港口

一、海运航线

（一）航线的概念和分类

1. 按照船舶运行方式划分

1）定期航线

定期航线是指使用固定的船舶，按固定的船期和港口航行，并以相对固定的运价经营客货运输业务的航线。定期航线又称班轮航线，主要装运件杂货物。

2）不定期航线

不定期航线是临时根据货运的需要而选择的航线。船舶、船期、挂靠港口均不固定，是以经营大宗、低价货物运输业务为主的航线。

2. 按照航程远近划分

1）远洋航线

远洋航行指航程距离较远，船舶航行跨越大洋的运输航线，如远东至欧洲和美洲的航线。我国习惯上以亚丁港为界，把去往亚丁港以西，包括红海两岸和欧洲以及南北美洲广大地区的航线划为远洋航线。

2）近洋航线

近洋航线指本国各港口至邻近国家港口间的海上运输航线的统称。我国习惯上把航线在亚丁港以东地区的亚洲和大洋洲的航线称为近洋航线。

3）沿海航线

沿海航线是指本国沿海各港之间的海上运输航线，如上海/广州、青岛/大连等。

（二）世界主要海运航线

1. 太平洋航线

太平洋地区有 30 多个国家和地区，居住着世界 1/2 的人口。沿岸有许多优良的港口，许多岛屿是太平洋航线上的中继站，其中重要的有夏威夷、关岛等。该线货物吞吐量占世界的 1/4，货物周转量占世界的 3/10，居世界第二位。

1）远东—北美西海岸航线

该航线包括从中国、韩国、日本等远东海港到加拿大、美国、墨西哥等北美西海岸各港的贸易运输线。从我国的沿海地各港出发，偏南的经大隅海峡出东海；偏北的经马六甲海峡穿日本海后，或经清津海峡进入太平洋，或经宗谷海峡，穿过鄂霍茨克海进入北太平洋。

2）远东—加勒比、北美东海岸航线

该航线常经夏威夷群岛南，北至巴拿马运河后到达。从我国北方沿海港口出发的船只多半经大隅海峡或经琉球庵美大岛出东海。

3）远东—南美西海岸航线

从我国北方沿海各港出发的船只多经琉球庵美大岛、硫黄列岛、威克岛、夏威夷群岛之南的莱恩群岛，穿越赤道进入南太平洋，至南美西海岸各港。

4）远东—东南亚航线

该航线是中、朝、日货船去东南亚各港，以及经马六甲海峡去印度洋，大西洋沿岸各港的主要航线。东海、台湾海峡、巴士海峡、南海是该航线船只的必经之路，航线繁忙。

5）远东—澳大利亚、新西兰航线

远东至澳大利亚东南海岸分两条航线。中国北方沿海港口及韩国、日本到澳大利亚东海岸和新西兰港口的船只，需走琉球久米岛、加罗林群岛的雅浦岛进入所罗门海、珊瑚海；中澳之间的集装箱船需在香港加载或转船后经南海、苏拉威西海、班达海、阿拉弗拉海，后经托雷斯海峡进入珊瑚海。中国、日本去澳大利亚西海岸航线经菲律宾的民都洛海峡、望加锡海峡以及龙目海峡进入印度洋。

6）澳大利亚、新西兰—北美东西海岸航线

由澳大利亚、新西兰至北美西海岸多经苏瓦、火奴鲁鲁等太平洋上的重要航站到达。至北美东海岸则到达坐落在波利尼西亚群岛上的最大岛屿，塔希提岛上的帕皮提市，过巴拿马运河而至。

2. 大西洋航线

大西洋联系着欧洲、北美洲、南美洲和非洲 50 多个大西洋沿岸国家。大西洋航线是国际大洋航线中最繁忙的航线，占世界 3/4 的港口，其贸易额占世界贸易总额的 60％多，货物吞吐量占 3/5，货物周转量占 2/3，航运量第一。

1）西北欧—北美东海岸航线

该航线是西欧、北美两个世界工业最发达地区之间的原燃料和产品交换的运输线，两岸拥有世界 2/5 的重要港口，运输极为繁忙，船舶大多走偏北大圆航线。该航区冬季风浪大，并有浓雾、冰山，对航行安全有威胁。

2）西北欧、北美东海岸—加勒比海航线

西北欧—加勒比海航线多半出英吉利海峡后横渡北大西洋，它同北美东海岸各港出发的船舶一起，一般都经莫纳、向风海峡进入加勒比海。除去加勒比海沿岸各港外，还可经巴拿马运河到达北美太平洋岸港口。

3）西北欧、北美东海岸—地中海—苏伊士航线

西北欧、北美东海岸—地中海—苏伊士航线属世界最繁忙的航段，它是北美、西北欧与亚太、海湾地区间贸易往来的捷径。该航线一般途经亚速尔、马德拉群岛上的航站。

4）西北欧、地中海—南美东海岸航线

该航线一般经西非大西洋岛屿—加纳利、佛得角群岛上的航站。

5）西北欧、北美东海岸—好望角—远东航线

该航线一般是巨型油轮的油航线。佛得角群岛、加那利群岛是过往船只停靠的主要航站。

6）南美东海岸—好望角—远东航线

这是一条以石油、矿石为主的运输线。该航线处于西风漂流海域，风浪较大。一般西航偏北行，东航偏南行。

3. 印度洋航线

印度洋联系着亚洲、非洲、大洋洲，沟通大西洋和太平洋，在世界航运中起着"海

上走廊"的作用。印度洋航线以石油运输线为主，此外有不少是大宗货物的过境运输。

1）波斯湾—好望角—西欧、北美航线

该航线主要有超级油轮运输，是世界上最主要的海上石油运输线。

2）波斯湾—东南亚—日本航线

该航线东经马六甲海峡（20万载重吨以下的船舶可行）或龙目、望加锡海峡（20万载重吨以上的超级油轮可行）至日本。

3）波斯湾—苏伊士运河—地中海—西欧、北美航线

该航线目前可通行载重30万吨级的超级油轮。

除了以上三条油运线之外，印度洋其他航线还有：远东—东南亚—东非航线；远东—东南亚—地中海—西北欧航线；远东—东南亚—好望角—西非、南美航线；澳新—地中海—西北欧航线；印度洋北部地区—欧洲航线。

4. 世界集装箱海运干线

目前，世界海运集装箱航线主要有：

（1）远东—北美航线；

（2）北美—欧洲、地中海航线；

（3）欧洲、地中海—远东航线；

（4）远东—澳大利亚航线；

（5）澳大利亚、新西兰—北美航线；

（6）欧洲、地中海—西非、南非航线。

（三）中国对外贸易主要海运航线

1. 近洋航线

（1）中国—朝鲜航线；

（2）中国—日本航线；

（3）中国—越南航线；

（4）内地—香港航线；

（5）中国—俄罗斯航线；

（6）中国—菲律宾航线；

（7）中国—新马航线；

（8）中国—北加里曼丹航线；

（9）中国—泰国湾航线；

（10）中国—印度尼西亚航线；

（11）中国—孟加拉湾航线；

（12）中国—斯里兰卡航线；

（13）中国—波斯湾航线；

（14）中国—澳大利亚、新西兰航线。

2. 远洋航线

（1）中国—红海航线；

（2）中国—东非航线；

（3）中国—西非航线；

（4）中国—地中海航线；

（5）中国—西欧航线；

（6）中国—北欧、波罗的海航线；

（7）中国—北美航线；

（8）中国—中南美航线。

二、海运港口

（一）世界主要港口

1. 鹿特丹港（Rotterdam）

鹿特丹港是荷兰第二大城市，世界最大的港口之一，位于欧洲莱茵河与马斯河汇合处。港区水域深广，内河航船可通行无阻，外港深水码头可停泊巨型货轮和超级油轮。鹿特丹是连接欧、美、亚、非、澳五大洲的重要港口，素有"欧洲门户"之称。目前，它有400条海上航线通往世界各地，每年约有3.1万艘海轮和18万～20万艘内河船舶停靠。港口年货物吞吐量高达3亿吨，装卸集装箱达400多万只标准箱。港口设备先进，拥有机械化装卸码头，大型仓库和冷藏库，是世界最大集装箱港口之一。港内可停泊30万～50万吨巨型油轮。进口和过境的大宗货物有石油、石油制品、矿石、煤炭、粮食、化肥等。进出口主要对象为德国、英国、法国、意大利等欧盟国家。

2. 汉堡港（Hamburg）

汉堡港位于德国北部易北河下游的右岸，是德国最大的港口，也是欧洲第二大集装箱港，吞吐能力达1.2亿吨以上。汉堡港有近300条航线通向世界五大洲，与世界1 100多个港口保持着联系。每年进出港的船只达1.8万艘以上，铁路线遍及所有码头，车厢与船舶间可直接装卸。该港作为欧洲重要的中转港，具有广阔、迅速而节省的能力，到达内陆各个国家。汉堡是世界最大的自由港，大多数中转货物都经过自由港，在16平方公里的范围内提供了世界上最大的免税区域，其中仓库面积达60万平方米，货棚面积达76万平方米。海关对报关的货物均不作检查，也不征收关税，只有在货物到达目的地后由当地海关检查和收税。

3. 安特卫普港（Antwerp）

安特卫普港位于比利时北部沿海斯海尔德河下游右岸，是比利时的最大海港，是排名鹿特丹港和汉堡港之后的欧洲第三大港，是世界著名的亿吨大港之一。比利时全国海上贸易的70%通过该港完成。

4. 马赛港（Marseille）

马赛港位于法国东南沿海利翁湾东北岸，该港背山面海，没有强劲的潮汐和海流，航道安全、昼夜通航，是一个天然良港。马赛港是法国最大的海港，也是地中海的最大商港，世界大客运港之一。本港不仅是公路、铁路和航空的枢纽，而且工商业发达。

5. 伦敦港（London）

位于英国东南沿海泰晤士河下游的南北两岸，该港属温带海洋性气候，以西偏南风为主，多阴雨云雾，秋、东季节常有雾。

6. 神户港（Kobe）

神户港位于日本大阪湾北岸，是日本第一大港，世界亿吨大港之一。

神户港有 130 年历史，也是国内首屈一指的大型船舶出入停靠的国际港。神户港位于主要船运线路上，也是通往东亚的门户，通过普通货运班轮服务和交通支线网络与众多国家连接起来。神户港设有北美航线、欧洲航线、中南美航线、非洲航线、大洋洲航线、南亚航线及中国航线，通往世界上 130 多个国家和地区、500 多个港口。

7. 横滨港（Yokohama）

横滨港位于日本东南部神奈川县东部沿海，濒临东京湾西侧，北与川崎港相邻，是日本第二大港口，并且是世界十大集装箱港口之一，横滨是日本第三大城市，早在 130 多年前就已开港。横滨港是世界亿吨大港之一，2007 年集装箱吞吐量 320 万标准箱。在横滨港的内港和外港均建有足以阻挡大风大浪和超高海潮侵袭港口码头的现代化防波堤，横滨港一向被认为是日本天然条件良好和建港水平高超的优秀港口之一。

8. 新加坡港（Singapore）

新加坡港位于新加坡的新加坡岛南部沿海，西临马六甲海峡东南侧，南临新加坡海峡北侧，是亚太地区最大的转口港，也是世界最大的集装箱港口之一。该港扼太平洋及印度洋之间的航线要道，战略地位十分重要。新加坡港已成为世界上最繁忙的港口，共有 250 多条航线来往于世界各地，约有 80 个国家和地区的 130 多家船公司的各种船舶日夜进出该港，平均每 12 分钟就有一艘船舶进出。

9. 纽约港（New York）

纽约港位于美国东北部纽约州东南沿海哈德逊河口东西两岸，是美国第一大港。纽约港是北美洲最繁忙的港口，亦为世界天然深水港之一。多年来，年吞吐量都在 1 亿吨以上，平均每年有 4 000 多艘船舶进出。由于纽约位居的大西洋东北岸为全美人口最密集、工商业最发达的区域，又邻近全球最繁忙的大西洋航线，在位置上与欧洲接近；再加上港口条件优越，又以伊利运河连接五大湖区，使得纽约港成为美国最重要的产品集散地，也因此奠定了其成为全球重要航运交通枢纽及欧美交通中心的地位。

10. 新奥尔良港（New Orleans）

新奥尔良港位于美国南部路易斯安那州东南密西西比河的下游，是美国第二大港，仅次于纽约港，也是美国最大的河港、最大的散货出口港。新奥尔良港是美国的重要的河海、海陆联运中心，近年来年吞吐量均在 1 亿吨左右。

（二）我国对外贸易主要港口

1. 上海港

上海港地处我国长江三角洲沿海与长江交汇处，以上海港为中心，北起连云港，南至温州港，西溯南京港，已形成了规模大、功能全、辐射广的长江三角洲港口群，在我国东部经济发展中，具有重要的战略意义。

上海市外贸物资中 99% 经由上海港进出，每年完成的外贸吞吐量占中国沿海主要港口的 20% 左右。上海港也是世界著名港口，是中国大陆集装箱航线最多、航班密度最高、覆盖面最广的港口，是全球货物吞吐量第二、集装箱吞吐量第一的综合性港口。2012 年上海港货物吞吐量完成 7.36 亿吨；集装箱吞吐量完成 3 253 万标准箱，同比增长 2.6%，位列世界第一。

2. 天津港

天津港位于海河入海口，处于京津城市带和环渤海经济圈的交汇点上，是环渤海与华北、西北等内陆地区距离最短的港口，是首都北京和天津市的海上门户，也是亚欧大陆桥的东端起点之一。是我国国际集装箱中转枢纽港，也是我国最大的焦炭出口港，又是我国最大的稀土金属出口港，它是我国北方重要的国际贸易港口，还是我国最大的人工港。

天津港有新港、塘沽、天津三个港区。新港港区面临渤海，是天津港的主要作业区，有集装箱、粮食、钢铁、盐、杂货和客运等码头。天津港已同世界上的160多个国家和地区的300多个港口有贸易往来，集装箱班轮航线74条，每月集装箱航班近300班，囊括韩国、日本、中国香港、东南亚、波斯湾、地中海、欧洲、美国及加拿大等国家和地区。2012年集装箱吞吐量完成1 230万标准箱，位列世界第十位。

3. 青岛港

青岛港位于山东半岛南岸的胶州湾内，港内水域宽深，四季通航，港湾口小腹大，是我国著名的优良港口。它主要由大港、中港和黄岛港组成。各港码头均有铁路相连，环胶州湾高等级公路与济青高速公路相接，除山东外，还承担着华北对外运输任务。青岛港是晋中煤炭和胜利油田原油的主要输出港，也是我国仅次于上海、深圳的第三大集装箱运输港口。截至2012年年底，青岛港的吞吐量达到4.02亿吨，跃居世界大港第七位；其中，铁矿石吞吐量跃居世界第一位，原油吞吐量跃居国内第一位。2012年集装箱吞吐量完成1 450万标准箱，位列世界第八位。

4. 秦皇岛港

秦皇岛港位于河北省东北沿海的秦皇岛湾内，地处渤海之滨，扼东北、华北之咽喉，是我国北方著名的天然不冻港。秦皇岛港已成为世界最大能源输出港，也是我国以煤炭、石油输出为主的综合性港口。秦皇岛港是世界第一大能源输出港，是我国"北煤南运"大通道的主枢纽港，担负着我国南方"八省一市"的煤炭供应，占全国沿海港口下水煤炭的50%。

5. 大连港

大连港位于辽东半岛南端的大连湾内，港阔水深，冬季不冻，万吨货轮畅通无阻。大连是哈大线的终点，以东北三省为经济腹地，是东北的门户，也是东北地区最重要的综合性外贸口岸，是仅次于上海、秦皇岛的中国第三大海港。

大连港是东北亚油品转运中心，主要从事原油、成品油和液体化工产品的装卸和储运，可停靠30万吨级油轮，装卸效率每小时达1.2万吨，港区储油罐容量达300余万立方米，年综合通过能力5 600万吨以上。大连港是亚洲最先进的散装液体化工产品转运基地，是中国最大的海上客/车滚装运输港口。2012年，大连港完成集装箱吞吐量806万标准箱，位居世界第十七位。

6. 连云港

连云港位于江苏省东北沿海，是江苏省最大海港，也是我国外贸十大港口之一。该港是新亚欧大陆桥的东方桥头堡，西边终点可直达荷兰的鹿特丹港，又是陇海—兰新铁路的东端起点，并与京沪线相接。它是华东、中原、西北等11个省（区）贸易运输最便捷、最经济的出海口岸，是发展中的国际集装箱运输中转枢纽港。

连云港拥有包括集装箱、散粮、焦炭、煤炭、矿石、氧化铝、液体化工、件杂货在内的各类码头泊位35个，其中万吨级以上泊位30个。连云港与160多个国家和地区的港口建立通航关系，辟有至欧洲、美洲、中东、东北亚、东南亚等集装箱和货运班轮航线 40 多条，并开通了至韩国仁川、平泽两条大型客箱班轮航线。

7. 宁波港

宁波港位于浙江省东北沿海，是我国最大的矿石和液体化工产品中转港口。现已发展为由海港、河港、内河港组成的多功能综合性现代化的港口，是一个集内河港、河口港和海港于一体的多功能、综合性的现代化深水大港。

宁波港现有生产性泊位 309 座，其中万吨级以上深水泊位 60 座。最大的有 25 万吨级原油码头，20 万吨级（可兼靠 30 万吨船）的卸矿码头，第六代国际集装箱专用泊位以及 5 万吨级液体化工专用泊位。目前，已与世界上 100 多个国家和地区的 600 多个港口通航。宁波港主要经营进口铁矿砂、内外贸集装箱、原油成品油、液体化工产品、煤炭以及其他散杂货装卸、储存、中转业务。2012 年宁波港货物吞吐量达 7.44 亿吨，同比增长 7.2%，位列世界第一；2012 年集装箱吞吐量完成 1 617 万标准箱，位列世界第六位。

8. 厦门港

位于福建省东南沿海九龙江的出海口，是福建省最大的港口，是我国对外贸易港口之一，也是华侨进出内陆的主要门户。该港具有港阔、水深、不冻、少雾、少淤、避风条件好等优点，万吨巨轮不受潮水影响可以随时进出，是中国东南沿海的一个天然良港。现已与世界 40 多个国家和地区的 60 多个港口有海运往来。

9. 广州港

广州港地处珠江入海口和我国珠江三角洲地区中心地带，濒临南海，毗邻香港和澳门，东江、西江、北江在此汇流入海。通过珠江三角洲水网，广州港与珠江三角洲各大城市以及与香港、澳门相通，由西江联系我国西南地区，经伶仃洋出海航道与我国沿海及世界诸港相连。广州港是广州的外港，是我国华南的国际贸易中枢港。广州港发展迅速，从 2004 年开始，港口货物吞吐量保持每年以 5 000 万吨的速度增长；2006 年港口货物吞吐量突破 3 亿吨，居中国沿海港口第三位、世界港口第五位；集装箱吞吐量在 2012 年达到 1 452 万标准箱，位列世界第八位。目前，广州港已通达世界 80 多个国家和地区的 350 多个港口以及国内 100 多个港口。

10. 深圳港

深圳港位于广东省珠江三角洲南部，珠江入海口伶仃洋东岸，毗邻香港，是华南地区优良的天然港湾。近年，共有 50 余家世界著名集装箱船公司在深圳港开辟近远洋国际集装箱班轮航线 165 条，其中：美洲线 61 条（北美 51 条、南美 10 条）；亚洲线 49 条；欧洲线 46 条；大洋洲线 6 条；非洲线 3 条，以深圳港为枢纽、覆盖世界十二大航区主要港口的国际集装箱班轮航线结构日益完善。2012 年集装箱吞吐量完成 2 294 万标准箱，位列世界第四位。

11. 香港港

香港港在珠江口外东侧，香港岛和九龙岛之间，是中国的天然良港，远东的航运中心。香港港在采用系船浮筒进行船舶过驳倒载作业、集装箱装卸和客运方面都有较高水平。港口管理先进，港口费率在世界上属于最低的，是东南亚地区发展迅速的港口之一。香港港是自由港，有海上航线 20 多条，通往世界 120 多个国家和地区近 1 000 个港口。

香港港是全球最繁忙和最高效率的国际集装箱港口之一，也是全球供应链上的主要枢纽港。目前有 80 多条国际班轮每周提供约 500 班集装箱班轮服务，连接香港港至世界各地 500 多个目的地。截至 2004 年，香港港集装箱吞吐量一直居全球首位，2005 年、2006 年被新加坡港取代，位居第二，2011 年、2012 年集装箱吞吐量分别完成 2 441万、2 310 万标准箱，落后于上海港和新加坡港，位列世界第三。

12. 高雄港

高雄港位于高雄市，旧称打狗港，是台湾南部最重要的商港，也是台湾最大的港口，属大型综合性港口，有铁路、高速公路作为货物集运与疏运手段。港口内有 10 万吨级矿砂码头、煤码头、石油码头、天然气码头和集装箱码头，共有泊位 80 多个，岸线长 18 千米多，另有系船浮筒 25 组。港口年吞吐量 5 000 万～6 000 万吨。港口设有百万吨级大型干船坞和两座 25 万吨级单点系泊设施。

13. 基隆港

基隆港位于台湾岛北端，是台湾北部海上门户，重要的海洋渔业基地，地处台湾北部的基隆市。港口水深达 11.5 米，港口三面环山，沿海湾建有 40 余个泊位。港口年吞吐量 3 500 万～4 000 万吨，吞吐主要货物有粮食、石油、水泥、木材、化肥和钢铁等。

第四节　海洋运输经营方式

海上运输的经营方式主要有班轮运输和租船运输两大类。班轮运输又称定期船运输，租船运输又称不定期船运输。

一、班轮运输（Liner Transport）

班轮运输指船舶在特定航线上和既定港口之间，按照事先公布的船期表进行有规律的、反复的航行，从事客、货运输业务并按事先公布的费率表收取运费的一种运输方式。其服务对象是非特定的、分散的众多货主，班轮公司具有公共承运人的性质。

（一）班轮运输的特点和作用

1. 班轮运输的特点

（1）"四固定"。

即航线固定、港口固定、船期固定和费率的相对固定。

（2）运价内已包括装卸费用。

货物由承运人负责配载、装卸，班轮公司承担装货费和卸货费。承运人和托运人双方不规定装卸时间，也不计算滞期费和速遣费。

（3）承托双方的权利、义务、责任、豁免以班轮公司签发的提单条款为依据。

承托双方通常不签订运输合同，而是在承运人将货物装上船后或接受货物后签发提单，承托双方的权利、义务、责任、豁免以班轮公司签发的提单条款为依据。

2. 班轮运输的作用

（1）有利于一般杂货和小额贸易货物运输。

班轮承运货物的数量比较灵活，货主按需订舱。小额成交、批次多、到港分散的货物，只要班轮公司有航班和舱位，一般都愿意承运。

（2）有利于国际贸易的发展。

班轮运输的"四固定"的特点，为买卖双方洽谈运输条件提供了依据，买卖双方可根据班轮公司的船期表，商定交货期、装运期及装卸港口，并根据班轮运价表事先核算运费。

（3）提供较好的运输质量。

班轮公司派出的船舶一般技术性能好，船员技术水平也较高，保证船期，能及时、迅速地将货物发送和运达目的地，并能满足多种货物的运输要求，较好地保证货运质量。

（4）手续简便，方便货方。

杂货班轮运输，通常承运人是在装货港和卸货港码头仓库交接货物；集装箱班轮运输，通常承运人是在装货港和卸货港码头堆场或货运站交接货物。班轮公司负责货物装卸作业和全部费用。

（二）班轮运价

1. 班轮运价与班轮运价表

班轮运费是承运人（班轮公司）为承运货物向货主收取的报酬，而计算运费的单价（或费率）则称班轮运价。

班轮运价表也称费率本，是船公司承运货物时据以向托运人收取运费的费率表的汇总。主要由条款与规定、商品分类和费率三部分组成。

班轮运价一般是以运价表的形式公布的，是比较固定的，是垄断性的价格，即托运人采用班轮运输货物均需按运价表支付运费。

1) 运价表的分类

从运价表的形式来划分，运价表可分为等级运价表和单项费率运价表。

（1）等级运价表：是将全部商品分成若干等级，每一个等级有一个基本费率。该运价表的优点是基本费率数目少。

（2）单项费率运价表：将每种商品及其基本费率同时列出，每个商品都有各自的费率。

2) 运价表的内容

（1）说明及有关规定。这部分内容主要是该运价表的适用范围、计价货币、计价单位及其他有关规定。

（2）港口规定及条款。主要是将一些国家或地区的港口的规定列入运价表内。

（3）货物分级表。列明各种货物所属的运价等级和计费标准。

（4）航线费率表。列明不同的航线及不同等级货物的基本运费率。

（5）附加费率表。列明各种附加费及其计收的标准。

（6）冷藏货费率表及活牲畜费率表。列明各种冷藏货物和活牲畜的计费标准及费率。

2. 班轮运费的计算标准

（1）按货物的毛重计算。

在运价表中，以"W"（英文 Weight 的缩写）表示。一般以 1 公吨为 1 个计算单位，公吨以下取两位小数，也称重量吨。也有按长吨或短吨计算的。

（2）按货物的尺码或体积计算。

在运价表中，以"M"（Measurement）表示。一般以 1 立方米为 1 个计算单位，也称尺码吨或容积吨。也有按 40 立方英尺为 1 尺码吨计算的。

（3）按货物的毛重或体积，选择其中数值较高者计算运费。

在运价表中以"W/M"表示。按惯例凡 1 重量吨货物的体积超过 1 立方米或 40 立方英尺者即按体积收费；1 重量吨货物其体积不足 1 立方米或 40 立方英尺者，按毛重计收。

(4) 按货物的 FOB 价格的某一百分比计算运费，即从价运费。

在运价表中以"ad. val"（拉丁文 ad. valorem 的缩写）表示。按从价计算运费的，一般都属高值货物。

(5) 按货物毛重或体积或从价运费三者中最高的一种计算。

在运价表中以"W/M or ad val"表示。也有按货物重量或体积计算，然后再加收一定百分比的从价运费。在运价表中以"W/M plus ad val"表示。

(6) 按货物的件数计收。

如汽车、火车头按辆（per unit）计收；活牲畜如牛、羊等按头（per head）计收。

(7) 大宗低值货物按议价（Open Rate）计收运费。

如粮食、豆类、煤炭、矿砂等。上述大宗货物一般在班轮费率表内未被规定具体费率。

(8) 起码费率（Minimum Rate）。

是指按每一提单上所列的重量或体积所计算出的运费，尚未达到运价表中规定的最低运费额时，则按最低运费计收。

此外，如果不同商品混装在同一包装内，则全部运费按其中较高者计收；同一票商品如包装不同，其计费标准及等级也不同。托运人应按不同包装分列毛重及体积，才能分别计收运费，否则全部货物均按较高者收取运费；同一提单内如有两种或两种以上不同货名，托运人应分别列出不同货名的毛量或体积，否则全部将按较高者收取运费。

3. 班轮运费的构成

班轮运费包括基本运费和附加费两部分。

(1) 基本运费：是班轮航线内基本港之间对每种货物规定的必须收取的运费。

(2) 附加费：是对一些需要特殊处理的货物或由于客观情况的变化等使运输费用大幅度增加，班轮公司为弥补损失而额外加收的费用。

附加费的种类很多，并且随着客观情况的变化而变动，各种附加费是对基本运价的调节和补充，常见的附加费主要有：超重附加费、超长附加费、燃油附加费、港口附加费、港口拥挤附加费、货币贬值附加费、绕航附加费、转船附加费、直航附加费、选卸港附加费等。

各种附加费的计算方法主要有两种：一种是以百分比表示，即在基本费率的基础上增加一个百分比；另一种是用绝对数表示，即每运费吨增加若干金额，可以与基本费率直接相加计算。

4. 班轮运费的计算

1) 班轮运费的计算公式

运费＝计费吨(重量吨或尺码吨)×基本运价＋附加费总和

　　　＝基本运费＋附加费总和

即

$$F = F_b + \sum S_i$$

F 为运费总额，F_b 为基本运费，S_i 为某一项附加费。

2) 班轮运费的计算步骤

第一步，审查托运人提供的货物名称、重量、尺码（是否超重、超长）、装卸港口、是否需要转船以及卸货港的选择等；

第二步，根据货物名称，从有关运价表中查出该货物的计费标准及运价等级；

33

第三步，查找所属航线的等级费率表，找出该等级货物的基本费率；

第四步，查出各附加费的费率及计算方法；

第五步，将各项数据代入班轮运费计算公式予以计算。

例 2-1

以 CFR 价格条件出口加拿大温哥华罐头水果汁一批，重量为 8 公吨，尺码为 10 立方米，求该批货物总运价。

解：

① 先确认水果汁的英文为"Fruit Juice"；

② 从有关运价表的"货物分级表"中查找相应的货名，运价等级为 8 级，计算标准为 M，即按尺码吨计算运费；

③ 再查中国—加拿大航线等级费率表。从该表"温哥华"一栏内查出 8 级货物相应的基本费率为每吨 219.00 美元；

④ 另须查附加费率表，得燃油附加费率为基本费率的 20%；

⑤ 代入公式：

$$运费 = 计费吨 \times 基本运价 + 附加费总和$$

$$\begin{aligned} 运费 &= 计费吨 \times 基本运价 \times (1 + 各种附加费率) \times 商品数量 \\ &= 10 \times 219.00 \times (1 + 20\%) \\ &= 2\,628.00 (美元) \end{aligned}$$

例 2-2

某公司出口洗衣粉到西非某港口共 200 箱。内包装：塑料袋，每袋一磅。外包装：纸箱，每箱 100 袋。箱的尺寸长 47 cm、宽 39 cm、高 36 cm。试计算该批货物的班轮运费。

解：先按洗衣粉英文名称（Detergents）的字母顺序在运价表中查出出口洗衣粉为 M5 级货；然后再查出中国至西非航线 M5 级货每尺码吨的基本运费为 387 港元，另加转船费 15%，燃油费 33%，港口拥挤费 5%。最后代入公式计算总运费为：

$$运费 = 计费吨 \times 基本运价 + 附加费总和$$

$$\begin{aligned} 运费 &= 计费吨 \times 基本运价 \times (1 + 各种附加费率) \times 商品数量 \\ &= 0.47 \times 0.39 \times 0.36 \times 387 \times [1 + (15\% + 33\% + 5\%)] \times 200 \\ &= 7\,814.43 (港元) \end{aligned}$$

例 2-3

我方出口商品共 100 箱，每箱的体积为 30 cm×60 cm×50 cm，毛重为 40 千克，查运费表得知该货为 9 级，计费标准为 W/M，基本运费为每运费吨 109 港元，另收燃油附加费 20%，港口附加费 20%，货币贬值附加费 10%。试计算：该批货物的运费是多少港元？

解：30 cm×60 cm×50 cm = 0.09 m³，

因为 0.09 > 0.04，故

基本运费的计收方法是 W/M，所以应选择 0.09 m³ 来计算运费。代入公式：

$$运费 = 计费吨 \times 基本运价 + 附加费总和$$

$$\begin{aligned} 运费 &= 计费吨 \times 基本运价 \times (1 + 各种附加费率) \times 商品数量 \\ &= 0.09 \times 109 \times (1 + 20\% + 20\% + 10\%) \times 100 \\ &= 1\,471.5 (港元) \end{aligned}$$

二、租船运输（Shipping by Chartering）

租船运输又称不定期船运输，是指租船人向船东租赁船舶用于货物运输的一种方式，通常适用于大宗货物运输。租船运输与班轮运输不同，船舶没有预定的船期表、航线、港口和费率。有关航线和港口、运输货物的种类以及航行的时间等，都按照承租人的要求，由船舶所有人确认。租船人与出租人之间的权利义务以双方签订的租船合同确定。

（一）租船运输的特点与作用

1. 租船运输的特点

（1）没有固定的航线、固定的装卸港口及固定的船期。航线、装卸港、船期均根据租船人的需要在合同中加以规定，灵活是租船运输最大的优点。

（2）没有固定的运价。根据市场供求情况，灵活商定价格，而班轮运价则比较稳定。

（3）租船运输中的提单不是一个独立的文件。租船运输中船方出具的提单，一般是只有正面内容的简式提单。这种提单要受租船合同的约束，银行不愿意接受这类提单。而班轮提单则是承托双方的合同凭证，是一个独立的法律文件。

（4）租船运输一般是整船洽租并以装运货值较低、成交数量较多的大宗货物为主。

2. 租船运输的作用

（1）租船一般是通过租船市场，由船租双方根据自己的需要选择适当的船舶。

（2）国际间的大宗货物主要是以租船运输为主，由于运量大，单位运输成本较低。

（3）租船运价是竞争价格，所以租船运价一般比班轮运价低，有利于低值大宗货物的运输。

（4）只要是船舶能安全出入的港口，租船都可以进行直达运输。

（5）一旦贸易增加、船位不足时，而造船、买船又难以应急，租船运输可起到弥补需要的作用。

（二）租船方式

租船指包租整船。租船费用较班轮低廉，且可选择直达航线，故大宗货物一般采用租船运输。租船方式主要有定程租船和定期租船两种。

1. 定程租船（Voyage Charter）

又称航次租船或程租船，是以航程为基础的租船方式。船方必须按租船合同规定的航程完成货物运输任务，并负责船舶的运营管理及其在航行中的各项费用开支。程租船的运费一般按货物装运数量计算，也有按航次包租金额计算。

租船双方的权利和义务，由租船合同规定。程租船方式中，合同应明确船方是否负担货物在港口的装卸费用。如果船方不负担装卸，则应在合同中规定装卸期限或装卸率，以及与之相应的滞期费和速遣费。如租方未能在限期内完成装卸作业，为了补偿船方由此而造成延迟开航的损失，应向船方支付一定的罚金，即滞期费；如租方提前完成装卸作业则由船方向租方支付一定的奖金，称为速遣费。通常速遣费为滞期费的一半。

1）定程租船的特点

（1）船舶的经营管理由船方负责；

（2）规定一定的航线和装运的货物种类、名称、数量以及装卸港口；

（3）船方除对船舶航行、驾驶、管理负责外，还应对货物运输负责；

（4）在多数情况下，运费按所运货物数量计算；

（5）规定一定的装卸期限或装卸率，计算滞期费、速遣费；

（6）船租双方的责任、义务，以定程租船合同为准。

2）定程租船的方式

根据船东和租船人约定应该完成的航次数，定程租船主要有以下 4 种形式。

（1）单航次租船（Single Voyage Charter）。指只租一个航次的租船，船舶所有人负责将指定的货物由一港运往另一港，货物运抵目的港卸货完毕后，合同即告终止。

（2）来回航次租船（Round Trip Charter）。指洽租往返航次的租船，在租船合同规定完成一个航次任务后接着再装运一个回程货载。

（3）连续航次租船（Consecutive Trip Charter）。指洽租连续完成几个单航次或几个往返航次的租船。

（4）包运合同（Contract of Affreightment），船东在约定的期限内，派若干条船，将规定的一批货物，按照同样的租船条件，由甲地包运到乙地，至于航程次数和船舶艘数则不作具体规定。

2. 定期租船（Time Charter）

定期租船是按一定时间租用船舶进行运输的方式，又称期租船。船方应在合同规定的租赁期内提供适航的船舶，并负担为保持适航的有关费用。租船人在此期间尚可在规定航区内自行调度支配船舶，但应负责燃料费、港口费和装卸费等运营过程中的各项开支。

定期租船有以下特点：

（1）租赁期间，船舶的经营管理由租船人负责；

（2）不规定船舶航线和装卸港口，只规定船舶航行区域；

（3）除特别规定外，可以装运各种合法货物；

（4）船方负责船舶的维护、修理和机器的正常运转；

（5）不规定装卸期限或装卸率，不计算滞期费、速遣费；

（6）租金按租期每月每吨若干金额计算；

（7）船租双方的权利与义务，以期租船合同为准。

除了定程、定期租船外，实践中还有一种租船方式——光船租船（Bare Boat Charter），它实际上也是期租船的一种，与一般期租船不同的是，船东不负责提供船员，只是将船交给租方使用，由租方自行配备船员，负责船舶的经营管理和航行各项事宜。相当于"财产租赁"，光船租船方式在租船市场上较少采用。

【案例导读】

1. 苏伊士运河

苏伊士运河位于埃及境内，全长 170 多公里，河面平均宽度为 175 米，平均深度为 22 米。它是著名的国际通航运河，是世界第一大运河。

苏伊士运河是一条海平面的水道，是世界上使用最频繁的航线之一。苏伊士运河是连通欧亚非三大洲的主要国际海运航道，连接红海与地中海，使大西洋、地中海与印度洋联结起来，大大缩短了东西方航程。与绕道非洲好望角相比，从欧洲大西洋沿岸各国到印度洋缩短了 5 500～8 009 公里；从英国的伦敦港或法国的马赛港到印度的孟买港作一次航行，经苏伊士运河比绕道好望角可分别缩短全航程的

43%和56%。从地中海各国到印度洋缩短了8 000～10 000公里；对黑海沿岸来说，则缩短了12 000公里，它是一条在国际航运中具有重要战略意义的国际海运航道，每年承担着全世界14%的海运贸易，通过船舶艘数及其货运量在各国际运河中均居首位。苏伊士运河北运的主要货物有原油和石油产品、煤炭、矿石和金属、加工金属、木材、油籽和油籽饼及谷物；南运的货物则有水泥、化肥、金属制材和谷物。

运河工程于1859年4月破土动工，数10万埃及民工开始在浩瀚的沙漠中进行一项震惊世界的伟大工程。经过10年的艰苦劳动，1869年11月，苏伊士运河正式通航。运河开通后，英法两国就垄断苏伊士运河公司96%的股份，每年获得巨额利润。从1882年起，英国在运河地区建立了海外最大的军事基地，驻扎了将近10万军队。第二次世界大战后，埃及人民坚决要求收回苏伊士运河的主权，并为此进行了不懈的斗争。1954年10月，英国被迫同意把它的占领军在1956年6月13日以前完全撤离埃及领土。1956年7月26日，埃及政府宣布将苏伊士运河公司收归国有。

1976年1月，埃及政府开始着手进行运河的扩建工程。第一阶段工程1980年完成，运河的航行水域由1 800平方米扩大到3 600米（即运河横切面适于航行的部分）；通航船只吃水深度由12.47米增加到17.9米，可通行15万吨满载的货轮。第二阶段工程于1983年完成，航行水域扩大到5 000平方米，通航船只的吃水深度增至21.98米，将能使载重量25万吨的货轮通过。

苏伊士运河是埃及仅次于侨汇和旅游的第三大外汇收入来源。亚洲和欧洲之间除石油以外的一般货物海运，80%经过苏伊士运河。由于中东地区铺设了大量的输油管道，以及公路和铁路发展迅速，苏伊士运河面临着过往船只特别是运油船逐年减少的局面，埃及通过对苏伊士运河上的过往船只收取的过境费收入也开始下降。1993年2月14日，埃及决定拓宽和加深苏伊士运河，以增加外汇收入。运河加宽30米，加深1至17米，此项工程于当年年底完工。1996年7月24日，苏伊士运河管理局决定进一步增加运河深度，从而吸引更多的大型油轮和货轮使用苏伊士运河，以确保埃及靠苏伊士运河所得的收入不会下降。

2. "世界桥梁"——巴拿马运河

巴拿马运河位于中美洲巴拿马共和国的中部，是一条沟通太平洋和大西洋的重要航运水道，是仅次于苏伊士运河的世界第二大运河。巴拿马运河全长81.3千米，水深13～15米，河宽150～304米。整个运河的水位高出两大洋26米，设有6座船闸。船舶通过运河一般需要9个小时，可以通航76 000吨级的轮船。

行驶于美国东西海岸之间的船只，原先不得不绕道南美洲的合恩角（Cape Horn），使用巴拿马运河后可缩短航程约15 000公里。由北美洲的一侧海岸至另一侧的南美洲港口也可节省航程多达6 500公里。由欧洲到东亚或澳大利亚之间的船只经由该运河也可减少航程3 700公里。巴拿马运河因而被冠以"世界桥梁"的美誉。

巴拿马运河是由美国建成的，自1914年通航至1979年间一直由美国独自掌控。不过，在1979年运河的控制权转交给巴拿马运河委员会（由美国和巴拿马共和国共同组成的一个联合机构），在1999年12月31日将全部控制权交给了巴拿马。运河的经营管理交由巴拿马运河管理局负责，而管理局只向巴拿马政府负责。

在运河的国际交通中，美国东海岸与东亚之间的贸易居于最主要地位。通过运河的主要商品种类是汽车、石油产品、谷物，以及煤及焦炭。穿过巴拿马运河的主要贸易航线来往于以下各地之间：美国本土东海岸与夏威夷及东亚；美国东海岸与南美洲西海岸；欧洲与北美洲西海岸；欧洲与南美洲西海岸；北美洲东海岸与大洋洲；美国东、西海岸；以及欧洲与澳大利亚。

据巴拿马运河委员会公布的统计数字，现每天通航能力38艘，船只通过（包括停泊等候）一般需24小时，每年都有约1.4万艘船只通过运河，运载货物超过2亿吨，占世界货运贸易的5%，通行费收入达4.6亿多美元。美国是巴拿马运河的最大用户和受益者，每年约有20%的出口货物和

10％的进口货物经过这里。日本、韩国、德国及南美一些国家也是运河的重要用户，日本向美国和拉美地区出口汽车的一半以上要经过巴拿马运河。中国每年大约有300艘船只通过这条国际水道，是巴拿马运河的第三大用户。

复习思考

1. 海洋货物运输有哪些特点？

2. 船舶吨位包括什么？各种船舶吨位的作用有什么不同？

3. 列举世界十大港口的名称、所属国名、所临海域和所在航线。

4. 自北向南简述我国主要外贸大港的地理位置、自然条件和进出口货运情况。

5. 我国对外贸易的海运航线主要有哪几条？

6. 班轮运输的特点有哪些？班轮运输的"四个固定"是指什么？班轮运输和租船运输有什么区别？

7. 班轮运输的基本运费的计收标准有哪些？常见的附加费有几种？

8. 航次租船和定期租船方式的特点各是什么？

9. 计算题

(1) 广东某公司以 CIF FELIXSTOWE 出口一批货物到欧洲，经香港转船。2×40′FCL，已知香港至费力克斯托（FELIXSTOWE）的费率是 USD3500.00/40′，另有港口拥挤附加费10％，燃油附加费5％。问：该出口公司应支付多少运费？

(2) 某公司出口货物共200箱，对外报价为每箱438美元 CFR 马尼拉，菲律宾商人要求将价格改报为 FOB 价，试求每箱货物应付的运费及应改报的 FOB 价为多少？（已知该批货物每箱的体积为45 cm×35 cm×25 cm，毛重为30千克，商品计费标准为 W/M，基本运费为每运费吨100美元，另收燃油附加费20％，货币贬值附加费10％，港口拥挤附加费20％）

(3) 我方按 CFR 迪拜价格出口洗衣粉100箱，该商品内包装为塑料袋，每袋0.5千克，外包装为纸箱，每箱100袋，箱的尺寸为：47 cm×30 cm×20 cm，基本运费为每尺码吨367港元，另加收燃油附加费33％，港口附加费5％，转船附加费15％，计费标准为 M。试计算：该批商品的运费为多少？

(4) 某公司出口商品200件，每件毛重80千克，体积100 cm×40 cm×25 cm，经查轮船公司的"货物分级表"，该货物运费计算标准为 W/M，等级为5级，又查中国至××港费率为5级，运费率为每吨运费为80美元，另收港口附加费10％，直航附加费15％，轮船公司对该批货物共收取多少运费？

第三章

【学习目标】

本章主要从四个方面对海运提单进行了详细讲述，要求了解提单的主要内容，与提单有关的三个国际公约和我国的《海商法》，熟悉并掌握提单的签发、转让、流转程序及提单缴还中的一些注意事项。重点掌握提单的定义、作用，已装船提单、清洁提单、指示提单，并对预借提单、倒签提单有所认识。

【学习要点】

1. 提单的定义、作用；
2. 提单的签发和流转程序；
3. 已装船提单、清洁提单、指示提单、预借提单、倒签提单；
4. 提单的填制。

海 运 提 单

第一节　海运提单概述

一、海运提单（Bill of Lading，B/L）的定义

在国际海上货物运输中，不论采用何种营运方式，托运人与承运人之间都需要通过运输契约来确定承托双方的权利和义务。在班轮运输时，通常没有班轮运输合同之类的契约文件来约束承托双方，而是用海运提单（简称提单）来明确承托双方之间的权利和义务。因此，提单是国际海上运输中十分重要的单证，也是国际结算中的重要单据之一。

海运提单是当承运人收到货物或货物装船后，应托运人的要求，由承运人或其代理人签发的，证明承运人已收到提单上所列明的货物，并负责将该货物运至指定目的地并交付于收货人的凭证。提单的当事人是承运人与托运人，托运人即货方，承运人即船方。

二、海运提单的作用

从提单的定义可以总结出提单主要有以下三个作用。

（一）货物收据（Receipt for the Goods）

提单是承运人或其代理人签发的货物收据，证明已按提单所列内容收到货物。提单作为货物收据，不仅证明收到货物的种类、数量、标志、外表状况，而且还证明收到货物的时间，即货物装船的时间。

（二）所有权凭证（Documents of Title）

提单是一种货物所有权的凭证。提单的合法持有人凭提单可在目的港向轮船公司提取货物，也可以在载货船舶到达目的港之前，通过转让提单而转移货物所有权，或凭以向银行办理押汇贷款。

提单所代表的物权可以随提单的转移而转移，提单中所规定的权利和义务也随着提单的转移而转移。即使货物在运输过程中遭受损坏或灭失，也因货物的风险已随提单的转移而由卖方转移给买方，则只能由买方向承运人提出赔偿要求。

（三）运输契约的证明（Evidence of Contract of Carrier）

提单是托运人与承运人之间所订立的运输契约的证明。提单上印有若干条款，规定了承运人的权利、义务、责任和豁免，相应也表明了托运人的责任，双方都受其约束。在班轮运输条件下，它是处理承运人与托运人在运输中产生争议的依据；包租船运输的条件下，承运人或其代理人签发的提单也是运输契约的证明，这里的运输契约是租船合同（Charter Party），租船合同是处理承运人（船东）与租船人在运输中的权利义务的依据。

第二节　提单的分类

提单可以从不同角度加以分类，主要有以下几种。

一、根据货物是否装船划分

（一）已装船提单（On Board B/L or Shipped B/L）

已装船提单是指承运人已将货物装上指定的船只后签发的提单。这种提单的特点是

提单上面有载货船舶名称和装货日期。

（二）备运提单（Received for Shipment B/L 或 Alongside Bills）

备运提单是指承运人收到托运的货物待装船期间，签发给托运人的提单。这种提单上面没有装船日期，也无载货的具体船名。

在国际贸易中，一般都必须是已装船提单。《跟单信用证统一惯例》规定，在信用证无特殊规定的情况下，要求卖方必须提供已装船提单。银行一般不接受备运提单。

二、根据货物表面状况有无不良批注划分

（一）清洁提单（Clean B/L）

清洁提单是指货物装船时，表面状况良好，承运人在签发提单时未加任何货损、包装不良或其他有碍结汇批注的提单。信用证要求的提单均为清洁提单。

（二）不清洁提单（Unclean B/L or Foul B/L）

不清洁提单是指承运人收到货物之后，在提单上加注了货物外表状况不良或货物存在缺陷和包装破损的提单。

例如，在提单上批注"包装不牢固"（In sufficiently Packed）、"两件损坏"（Two packages in damage condition）等。

三、根据收货人抬头划分

（一）记名提单（Straight B/L）

记名提单又称收货人抬头提单，是指在提单的收货人栏内，具体写明了收货人的名称。由于这种提单只能由提单内指定的收货人提货，所以不能转让。

（二）不记名提单（Black B/L 或 Open B/L）

不记名提单又称空白提单，是指在提单收货人栏内不填明具体的收货人或指示人的名称而留空白的提单。不记名提单的转让不需任何背书手续，仅凭提单交付即可，提单持有者凭提单提货。

（三）指示提单（Order B/L）

指示提单是指收货人栏内，只填写"凭指示"（To order）或"凭某人指示"（To order of...）字样的一种提单。这种提单通过背书方式可以流通或转让。所以，指示提单又称可转让提单。

四、根据运输过程中是否转船划分

（一）直达提单（Direct B/L）

直达提单是指轮船装货后，中途不经过转船而直接驶往指定目的港，由承运人签发的提单。

（二）转船提单（Transshipment B/L）

转船提单是指货物经由两程以上船舶运输至指定目的港，而由承运人在装运港签发的提单。转船提单内一般注明"在某港转船"的字样。

（三）联运提单（Through B/L）

联运提单是指海陆、海空、海河、海海等联运货物，由第一承运人收取全程运费后并

负责代办下程运输手续的在装运港签发的全程提单。卖方可凭联运提单在当地银行结汇。

转船提单和联运提单虽然包括全程运输，但签发提单的承运人一般都在提单上载明只负责自己直接承运区段发生货损，只要货物卸离其运输工具，其责任即告终止。

五、根据海运提单内容的繁简划分

（一）全式提单（Long Form B/L）

全式提单是指大多数情况下使用的既有正面内容又带有背面提单条款的提单。背面提单条款详细规定了承运人与托运人的权利与义务。

（二）略式提单（Short Form B/L）

略式提单是指省略提单背面条款的提单。

六、按收费方式划分

（一）运费预付提单（Freight Prepaid B/L）

运费预付提单是指运费在货物装船后即予以支付的提单。

（二）运费到付提单（Freight to Collect B/L）

以 FOB 条件成交的货物，不论是买方订舱还是买方委托卖方订舱，运费均为到付（Freight payable at destination），并在提单上载明"运费到付"字样。货物运到目的港后，只有先付清运费，收货人才能提货。

七、其他分类

（一）过期提单（Stale B/L）

过期提单是指卖方向当地银行交单结汇的日期与装船开航的日期相距太久，以致银行按照正常邮程寄单后，预计收货人不能在船到达目的港前收到的提单。此外，根据《跟单信用证统一惯例》的规定，在提单签发日期后 21 天才向银行提交的提单属于过期提单。

过期提单在运输合同下并不是无效提单，提单持有人仍可凭其要求承运人交付货物。

（二）倒签提单（Ante Dated B/L）

倒签提单是指承运人应托运人的要求，签发提单的日期早于实际装船日期的提单。其目的是为了符合信用证对装船日期的规定，便于在该信用证下结汇，因为装船日期的确定，主要是通过提单的签发日期证明的。

在出口业务中，往往在信用证即将到期或不能按期装船时，采用倒签提单。根据国际贸易惯例和有关国家的法律实践，错填提单日期，是一种违法行为。因此，提单的签发日期必须依据装货记录和已装船的大副收据来签发。

（三）预借提单（Advanced B/L）

预借提单又称无货提单，是指因信用证规定装运日期和议付日期已到，货物因故而未能及时装船，但已被承运人接管，或已经开装而未装毕，托运人出具保函，要求承运人签发已装船提单。预借提单与倒签提单同属一种性质，都是违法的。为了避免造成损失，尽量不用或少用这两种提单。

（四）舱面提单（On Deck B/L）

舱面提单又称甲板货提单，是指对装在甲板上的货物所签发的提单。在这种提单上一般都有"装舱面"（On Deck）字样。舱面货（Deck Cargo）风险较大，根据《海牙规则》规定，承运人对舱面货的损坏或灭失不负责任。因此，买方和银行一般都不愿意接受舱面提单。

第三节　提单的签发和流转

一、提单的签发

有权签发提单的人有承运人及其代理人、船长及其代理人、船主及其代理人。代理人签署时必须注明其代理身份和被代理方的名称及身份。签署提单的依据是收货单（大副收据），签发提单的日期应该是货物被装船后大副签发大副收据的日期，即提单上所列货物实际装船完毕的日期。

提单有正本和副本之分。正本提单一般签发一式两份或三份，这是为了防止提单流通过程中万一遗失时，可以应用另一份正本。各份正本具有同等效力，但其中一份提货后，其余各份均告失效。如果货主要求目的港以外的其他港口提货时，则必须出具全套正本提单。

副本提单承运人不签署，份数根据托运人和船方的实际需要而定。副本提单只用于日常业务，不具备法律效力。

二、提单的转让

提单作为物权凭证，只要具备一定的条件就可以转让，即只要收货人一栏不是记名收货人，海运提单就可以经背书（Endorsement）转让。

（一）背书方式

通常所说的"背书"是指"指示提单"在转让时所需要进行的背书。背书是指转让人（背书人）在提单背面写明或者不写明受让人，并签名的手续。主要有记名背书、不记名背书和指示背书等几种形式。

1. 记名背书

记名背书是指背书人在提单背面写明被背书人的名称，并由背书人签名的背书形式。既要书写背书人的名称，又要书写被背书人（海运提单转让对象）的名称。

例如，ABC 公司将提单背书转让给 DEF 公司，可作以下背书：

TO DELIVER TO DEF CO.

ABC CO.

July. 7th，2009

2. 不记名背书

不记名背书又称空白背书，是指背书人在提单背面由自己签名，但不记载任何受让人的背书形式，即只书写背书人的名称。

例如，信用证中有这样的条款："Bill of Lading made out to order endorsed in

43

blank."背书人只需在提单背面签章并注明背书日期即可：

ABC CO.

July. 7th, 2009

3. 指示背书

指示背书是指背书人在提单背面写明"凭×××指示"的字样，同时由背书人签名的背书形式。既要书写背书人的名称、地址，又要书写"TO ORDER OF ＋被背书人的名称"。

经过指示背书的指示提单还可以进行背书，但背书必须连续，例如，ABC 公司指示背书转让给 DEF 公司可作以下背书：

To the order of DEF CO.

ABC CO.

July. 7th, 2009

(二) 背书的类型

(1) 当收货人一栏填写（To order）时，由托运人（Shipper）背书。

(2) 当收货人一栏填写记名指示（To ×××'s order 或 To order of ×××）时，由记名的一方背书。

① 当收货人一栏填写凭托运人指示时（To shipper's order 或 To order of shipper），由托运人背书。

② 当收货人一栏填写凭申请人或其他公司指示时，由申请人或其他公司背书。

③ 当收货人一栏填写凭某银行指示时，由该银行背书。

三、提单的流转程序

我们以信用证方式结汇的 CIF 买卖合同为例介绍提单的流转过程，如图 3-1 所示。

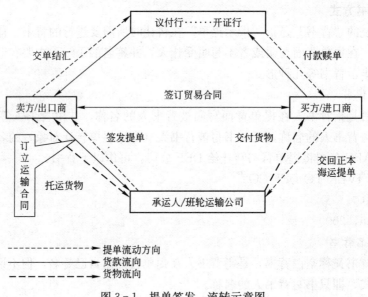

图 3-1 提单签发、流转示意图

（1）买卖双方订立以 CIF 条件、信用证付款的贸易合同。

（2）卖方根据贸易合同中规定的交货时间、交货地点洽订舱位，与承运人订立运输合同。

（3）卖方在运输合同约定的时间、地点将货物交付给承运人。货物装船后由大副签发大副收据（收货单），托运人凭大副收据向承运人换取已装船提单。

（4）卖方持提单及信用证规定的其他单据到议付行交单议付货款，议付行再凭转让来的提单等单据向开证行要求付款，开证行在确认所有单证满足信用证有关要求后支付货款并取得提单。

（5）开证行要求买方付款赎单，买方支付货款后取得提单。

（6）货物由承运人运抵目的港，承运人或其代理人发出到货通知。

（7）买方凭所持有的正本提单按承运人的指示在指定时间、地点提取货物。正本提单由承运人收回，提单的整个流转过程完成。

四、提单的缴还

收货人提货时必须提交提单，承运人交付货物时则必须收回提单并在提单上做作废的批注。提单没有缴还给承运人时，承运人就必须继续承担运输合同和提单下的义务。如果承运人无提单放货，他就必须为此而承担赔偿责任，即使实际提货的人原本是有权提货的人也不例外。

第四节　提单的内容及填制

一、提单的内容

（一）提单正面记载的内容

目前，各船公司所制定的提单虽然格式不完全相同，但其内容大同小异。根据我国《海商法》第七十三条规定，提单正面内容，一般包括下列各项：

（1）货物的品名、标志、包装和件数、重量和体积，以及运输危险货物时对危险性质的说明；

（2）承运人的名称和营业地点；

（3）船舶名称；

（4）托运人的名称；

（5）收货人的名称；

（6）装货港和在装货港接收货物的日期；

（7）卸货港；

（8）多式联运提单还要增加接收货物地点和交付货物的地点；

（9）提单的签发日期、地点和份数；

（10）运费的支付；

（11）承运人或者其代表的签字。

（二）提单的背面条款

1. 首要条款和提单适用法

首要条款是承运人按照自己的意志，印刷于提单条款的上方，通常列为提单条款第一条，用以明确本提单受某一国际公约制约或适用某国法律的条款。目前中远提单则规定，该提单受中华人民共和国法律的制约。

2. 定义条款

定义条款是提单或有关提单的法规中对与提单有关用语的含义和范围作出明确规定的条款。

3. 承运人责任条款

承运人责任条款是用以明确承运人承运货物过程中应承担的责任的条款。一些提单订有承运人责任条款，规定承运人在货物运送中应负的责任和免责事项。一般概括地规定为按什么法律或什么公约为依据。如果提单已订有首要条款，就无须另订承运人的责任条款。在中远提单的第三条、中国外运提单第四条、华夏提单第三条均规定，其权利和责任的划分以及豁免应依据或适用《海牙规则》。

4. 承运人责任期间条款

承运人责任期间条款是用以明确承运人对货物运输承担责任的开始和终止时间的条款。中国《海商法》第四十六条规定："承运人对集装箱装运的责任期间，是指从装货港接收货物时起至卸货港交付货物时止，货物处于承运人掌管之下的全部期间。承运人对非集装箱装运的货物的责任期间，是指从货物装上船时起至卸下船时止，货物处于承运人掌管之下的全部期间。"

5. 装货、卸货和交货条款

本条款是指对托运人在装货港提供货物，以及收货人在卸货港提取货物的义务所作的规定。该条款一般规定货方应以船舶所能装卸的最快速度昼夜无间断地提供或提取货物；否则，货方对违反这一规定所引起的一切费用，如装卸工人待时费、船舶的港口使用费及滞期费的损失承担赔偿责任。

承运人负担货物装卸费用，但货物在装船之前和卸船之后的费用由托运人、收货人负担。但是费用的承担往往与承运人责任期间的规定有关。如果双方当事人另有约定时，则以约定为准。

6. 运费和其他费用条款

该条款通常规定，托运人或收货人应按提单正面记载的金额、货币名称、计算方法、支付方式和时间支付运费，以及货物装船后至交货期间发生的并应由货方承担的其他费用，以及运费收取后不再退还等规定。中远提单第六条和中外运提单第八条规定：运费和费用应在装船前预付。到付运费则在货物抵达目的港时，交货前必须付清。无论是预付还是到付，船舶或货物其中之一遭受损坏或灭失都应把费用全部付给承运人，不予退回和不得扣减。一切同货物有关的税捐或任何费用均应由货方支付。另外，该条款还规定：装运的货物如系易腐货物、低值货物、活动物（活牲畜）、甲板货，以及卸货港承运人无代理人的货物，运费及有关费用应预付。

该条款通常还规定，货方负有支付运费的绝对义务。即使船舶或货物在航行过程中灭失或损害，货方仍应向承运人支付全额运费。如货物灭失或损害的责任在于承运人，则货方可将其作为损害的一部分，向承运人索赔。

7. 危险货物条款

此条款规定托运人对危险品的性质必须正确申报，并标明危险品的标志和标签。托运人如事先未将危险货物性质以书面形式告知承运人，并未在货物包装外表按有关法规予以标明，则不得装运。否则，一经发现，承运人为船货安全有权将其变为无害、抛弃或卸船，或以其他方式予以处置。托运人、收货人应对未按上述要求装运的危险品，使承运人遭受的任何灭失或损害负责。对托运人按要求装运的危险品，当其危及船舶或货物安全时，承运人仍有权将其变为无害、抛弃或卸船，或以其他方式予以处置。

如提单上订明适用《海牙规则》或《海牙—维斯比规则》或相应的国内法，便无须订立此条款。

除以上条款外，提单背面一般还有驳船费条款，自由转船条款，选港条款，舱面货条款，冷藏货条款，共同海损条款，留置权条款，索赔通知和诉讼时效条款，战争、冰冻、检疫、罢工、港口拥挤条款等。

二、提单的填制

不同公司开列的提单的格式各不相同，内容大致相似，主要包括正面的内容和背面的条款。现以中国对外贸易运输总公司的提单为例（见图 3－2），将每一个栏目的填写介绍如下。

（一）托运人（Shipper）

托运人是委托运输的人，在贸易中是合同的卖方。一般在填写提单 Shipper 栏目时，都填上卖方的名称。当然，托运人也可以是卖方以外的第三者，目前，实务中许多货代公司将自己公司名称填写在这一栏中。

（二）收货人（Consignee）

这一栏的填写和托运单"收货人"一栏的填写完全一致，应严格按照信用证（L/C）的有关规定填写。一般来说，提单收货人栏有三种填法，即记名收货人、凭指示和记名指示。实务中，要看信用证怎么规定。

（1）记名收货人，例如，信用证规定："... Bill of Lading made out ABC CO."则提单收货人一栏应填写"ABC CO."，即货交 ABC CO. 。

（2）凭指示，即 TO ORDER，例如，信用证规定："... Bill of Lading made out to order"则提单收货人一栏应填写"To order"即可。

（3）记名指示。即"To the order of ×××"，记名指示人（×××）可以是银行，也可以是贸易商。例如，"... Bill of Lading made out to the order of CHINA BANK"，则提单收货人一栏应填写"To the order of CHINA BANK"，即凭中国银行指示。

（三）被通知人（Notify Party/Notify Addressed）

在提单通知人一栏填写开证申请人的详细名称和地址。

（四）Pre-carriage by

如果货物需转运，在这一栏中填写第一程船的船名；如果货物不需转运，这一栏空白。

（五）Place of Receipt

如果货物需转运，填写收货的港口名称；如果货物不需转运，这一栏空白。

（六）Ocean Vessel Boy. NO.

如果货物需转运，在这一栏中填写第二程船的船名和航次；如果货物不需转运，填写实际运输船舶的船名和航次。

（七）Port of Loading

如果货物需转运，填写中转港口名称；如果货物不需转运，填写装运港的名称。

（八）Port of Discharge

填写卸货港（指目的港）名称。

（九）Place of Delivery

填写最终目的地名称。如果货物的目的地是目的港的话，这一栏空白。

（十）Marks & NOS

填写唛头，应与商业发票上的唛头完全一致。如果既无集装箱号，又无唛头时，填写"N/M"。

（十一）Description of Goods

本栏包括三个栏目，但无须分别填写。填写的内容包括：第一，商品名称；第二，最大包装的件数；第三，运费条款。

运费一般有运费预付（Freight Prepaid）和运费到付（Freight Collect）两种，使用哪一种应根据有关贸易术语来确定。当使用 CIF 或 CFR 时，应选择运费预付；当采用 FOB 时，应选择运费到付。

（十二）Gross Weight

填写毛重，其内容应与托运单保持完全一致。

（十三）Measurement

填写尺码，其内容应与托运单保持完全一致。

（十四）Number of Original B/L

填写正本提单的份数，一般是 1～3 份。标注"original"字样的是正本提单，标注"copy"字样的是副本提单。

（十五）Place and Date of Issue

已装船提单的签发日期视为装运日期。

（十六）Signed for or on behalf of the Carrier

提单必须经签署才产生效力。有权签发提单的人包括承运人本人、载货船船长或经承运人授权的代理人。承运人与托运人订立海上货物运输合同，承运人是合同的当事人，当然有权签发提单。各国法律都承认载货船船长是承运人的代理人，因此，签发提单属于船长的一般职权范围之内的事，而不必经过承运人的特别授权。代理人签发提单必须经承运人特别授权，否则代理人是无权代签提单的。

承运人（ABC）本人签发提单显示：ABC AS CARRIER。

代理人（XYZ）代签提单显示：XYZ AS AGENT FOR ABC AS CARRIER。

载货船船长（OPQ）签发提单显示：CAPTAIN OPQ AS MASTER。

提单签署的方法除了传统的手签方法外，只要没有特殊规定，如信用证不规定必须手签提单，则就可以采用印模、打孔、盖章、标记或任何其他机械的电子方法。

附：海运提单样本

托运人 Shipper		**SINOTRANS**	B/L No.
收货人或指示 Consignee or order		中 国 对 外 贸 易 运 输 总 公 司 北 京 BEIJING 联 运 提 单 COMBINED TRANSPORT BILL OF LADING	
通知地址 Notify address		**RECEIVED** the foods in apparent good order and condition as specified below unless otherwise stated herein. The Carrier, in accordance with the provisions contained in this document:	
前段运输 Pre-carriage by	收货地点 Place of Receipt	1) undertakes to perform or to procure the performance of the entire transport form the place at which the goods are taken in charge to the place designated for delivery in this document, and 2) assumes liability as prescribed in this document for such transport One of the bills of Lading must be surrendered duty indorsed in exchange for the goods or delivery order	
海运船只 Ocean Vessel	装货港 Port of Loading		
卸货港 Port of Discharge	交货地点 Place of Delivery	运费支付地 Freight payable at	正本提单份数 Number of original Bs/L
标志和号码　　件数和包装种类　　货　名　毛　重（公斤）　尺码（立方米） Marks and Nos. Number and kind of packages Description of goods Gross weight (kgs.) Measurement (m³)			
以 上 细 目 由 托 运 人 提 供 ABOVE PARTICULARS FURNISHED BY SHIPPER			
运 费 和 费 用 Freight and charges		IN WITNESS whereof the number of original bills of Lading stated above have been signed, one of which being accomplished, the other (s) to be void.	
		签单地点和日期 Place and date of issue	
		代 表 承 运 人 签 字 Signed for or on behalf of the carrier	代 理 as Agents

海运提单（背面）

1. DEFINIYIONW herever the term "Shipper" occurs hereinafter. It shall be deemed to include also Receiver, Consignee. Holder of this Bill of Lading and Owner of the goods.

2. JURISDICTION All disputes arising under and in connection with this Bill of Lading shall be determined by the court in the People's Republic of China.

3. DEMISE CLAUSE If the ship is not owned by or chartered by demise to the corporation by whom this Bill of Lading is issued (as may be the case notwithstanding anything that appears to the contrary) this Bill of Lading shall take effect only as a contract with the Owner or demise charterer as the case may be as principal made through the agency of the said corporation who act as agents only and shall be under no personal liability whatsoever in respect thereof.

4. HAGUE RULES This Bill of Lading shall have effect in respect of Carrier's liabilities, responsibilles, rights and immunities subject to the Hague Rules contained in the International Convention for the Unification of Certain Rules Relating to Bills of Lading 1924.

5. PACKING AND MARKS The Shipper shall have the goods properly packed addurately and clearly marked before shipment. The port of destination of the goods should be marked in letters of 5 cm high, in such a way as will remain legible until their delivery.

6. OPTIONAL STOWAGE (1) The goods may be stowed by the Carrier in containers or similar articles of transport used to consolidate goods. (2) Goods stowed in containers other than flats, pallets, trailers, transportable tanks or similar articles of transport whether by the Carrier or the Shipper, may be carried on or under deck without notice to the Shipper. Such goods whether carried on or under deck shall participate in general average.

7. DECK CARGO, PLANTS AND LIVE ANIMALS Cargo on deck, plants and live animals are received, handled, carried, kept and discharged at Shipper's or Receiver's risk and the Carrier shall not be liable for loss thereof or damage thereto.

8. FREIGHT (1) Freight and charges shall be deemed earned on receipt of the goods by the Carrier and shall be paid by the Shipper and non-returnable and non-deductable in any event. Freight payable at destination together with other charges is due on arrival of the goods at the place of destination and shall be paid before delivery of the goods. (2) For the purpose of verifying the freight basis, the Carrier reserves the right to have the goods and the contents of containers, trailers or similar articles of transport inspected in order to ascertain the weight, measurement, value or nature of the goods. In case the particulars of the goods furnished by the Shipper are incorrect, the Shipper shall be liable and bound to pay to the Carrier a sum either five times the difference between the correct freight and the freight charged or to double the correct less the freight charged, whichever sum is the smaller, as liquidated damages to the Carrier.

9. LIEN The Carrier shall have a lien on the goods and any documents relating thereto for all sums payable to the Carrier under this Bill of Lading and for general average contributions to whomsoever due and for the cost of recovering the same, and for that purpose shall have the right to sell the goods by public auction or private treaty without notice to the Shipper. If on sale of the goods, the proceeds fail to cover the amount due and the cost incurred, the Carrier shall be entitled to recover the deficit from the Shipper.

10. TIME BAR, NOTICE OF LOSS In any event the Carrier shall be discharged from all liabilities under this Bill of Lading unless suit is brought within one year after the delivery of the goods or the date when the goods should have been delivered. Unless notice of loss of or damage to the goods and the general nature of it be given in writing to the Carrier at the place of delivery before or at the time of the removal of the goods into the custody of the person entitled to delivery thereof under this Bill of Lading, or, if the loss or damage such removal shall be prima facie evidence of the delivery by the Carrier of the goods as described in this Bill of Lading. In the case of any actual or apprehended loss or damage the Carrier and the Shipper shall give all reasonable facilities to each other for inspecting and tallying the goods.

11. THE AMOUNT OF COMPENSATION (1) When the Carrier is liable for compensation in respect of loss of or damage to the goods, such compensation shall be calculated by reference to the invoice value of the goods plus freight and insurance premium of paid. (2) Notwithstanding clause 4 of this Bill of Lading the limitation of liability under the Hague Rules shall be deemed to be RMB. ¥700 per package or unit. (3) Higher compensation may be claimed only when, with the consent of the Carrier, the value for the goods declared by the Shipper which exceeds the limits laid down in this clause has been stated in this Bill of Lading and extra freight has been paid as required. In that case the amount of the declared value shall be substituted for that limit. Any partial loss or damage shall be adjusted pro rata on the basis of such declared value.

12. LOADING, DISCHARGING AND DELIVERY The goods shall be supplied and taken delivery of by the owner of the goods as fast as the ship can take and discharge them, without interruption, by day and night. Sundays and Holidays included, notwithstanding any custom of the port to the contrary and the owner of the goods shall be liable for all losses or damages incurred in default thereof. Discharge may commence without previous notice. If the goods are not taken delivery of by the Receiver in due time from alongside the vessel, or if the Receiver refuses to take delivery of the goods, or in case there are unclaimed goods, the Carrier shall be at liberty to land such goods on shore or any other proper places at the sole risk and expense of the Shipper or Receiver, and the Carrier's responsibility of delivery of goods shall be deemed to have been fulfilled. If the goods are unclaimed during a reasonable time, or wherever the goods will become deteriorated, decayed or worthless, the Carrier may, at his discretion and subject to his lien and without any responsibility attaching to him, sell, abandon or otherwise dispose of such goods solely at the risk and expense of the Shipper.

13. LIGHTERAGE Any lighterage in or off ports of loading or ports of discharge shall be for the account of the Shipper or Receiver.

14. FORWARDING, SUBSTITUTE OF VESSEL, THROUGH CARGO AND TRANSHIPMENT If necessary, the Carrier may carry the goods to their port of destination by other persons or by rail or other means of transport proceeding either directly or indirectly to such port, and to carry the goods or part of them beyond their port of destination, and to transship and forward same at Carrier's expense but at Shipper's or Receiver's risk. The responsibility of the Carrier shall be limited to the part of the transport performed by him on the vessel under his management.

15. DANGEROUS GOODS, CONTRABAND (1) The Shipper undertakes not to tender for transortation any goods which are of a dangerous, inflammable, radio-active, and/or any harmful nature without previously giving written notice of their nature to the Carrier and marking the goods and the container or other covering on the outside as required by any laws or regulations which may be applicable during the carriage. (2) Whenever the goods are discovered to have been shipped without complying with the subclause (1) above or the goods are found to be contraband or prohibited by any laws or regulations of the port of loading, discharge or call or any place or waters during the carriage, the Carrier shall be entitled to have such goods rendered innocuous, thrown overboard or discharged or otherwise disposed of at the carrier's discretion without compensation and the Shipper shall be liable for and indemnify the Carrier against any kind of loss, damage or liability including loss of freight, and any expenses directly or indirectly arising out of or resulting from such shipment. (3) If any goods shipped complying with the subclause (1) above become a danger to the ship or cargo, they may in like manner be rendered innocuous, thrown overboard or discharged or otherwise disposed of at the Carrier's discretion without compensation except to general average, of any.

16. REFRIGERATED CARGO (1) The Shipper undertakes not to tender for transportation any goods which require refrigeration without previously giving written notice of their nature and particular temperature range to be maintained. If the above requirements are not complied with, the Carrier shall not be liable for any loss of or damage to the goods howsoever arising. (2) Before loading goods in any insulated space, the Carrier shall, in addition to the Class Certificate, obtain the certificate of the Classification Society's Surveyor or other competent person, stating that such insulated space veyor or other competent person fit and safe for the carriage and preservation of refrigerated goods. The aforesaid certificate shall be conclusive evidence against the Shipper, Receiver and/or any Holder of Bill of Lading. (3) Receivers have to take delivery of refrigerated goods as soon as the ship is ready to deliver, otherwise the Carrier shall land the goods at the wharf at Receiver's or Shipper's risk and expense.

17. TIMBER Any statement in this Bill of Lading to the effect that timber has been shipped "in apparent good order and condition" does not involve any admission by the Carrier as to the absence of stains, shakes, splits, holes or broken pieces, for which the Carrier accepts no responsibility.

18. BULK CARGO As the Carrier has no reasonable means of checking the weight of bulk cargo, any reference to such weight in this Bill of Lading shall be deemed to be for reference only, but shall constitute in no way evidence against the Carrier.

19. COTTON Description of the apparent condition of cotton or cotton products does not relate to the insufficiency of or torn condition of the covering, nor to any damage resulting therefrom, and Carrier shall not be responsible for damage of such nature.

20. OPTIONAL CARGO The port of discharge for optional cargo must be declared to the vessel's agents at the first of the optional ports not late than 48 hours before the vessel's arrival there. In the absence of such declaration the Carrier may elect to discharge at the contract of carriage shall then be considered as having been fulfilled, Any option must be for the total quantity of goods under this Bill of Lading.

21. GOODS TO MORE THAN ONE CONSIGNEE Where bulk goods or goods without marks or goods with the same marks are shipped to more than one Consignee, the Consignees or Owners of the goods shall jointly and severally bear any expense or loss in dividing the goods or parcels into pro rata quantities and any deficiency shall fall upon them in such proportion as the Carriers, his servants or agents shall decide.

22. HEAVY LIFTS AND OVER LENGTH CARGO Any one piece or package of cargo which exceeding 2000 kilos or 9 meters must be declared by the Shipper in writing before receipt by the Carrier and/or length Clearly and durably on the outside of the piece or package in letters and figures not less than 2 inches high by the Shipper. In case of the Shipper's failure in his obligations aforesaid, the Shipper shall be liable for loss of or damage to any property or for personal injury arising as a result of the Shipper's said failure and shall indemnify the Carrier against any kind of loss or liability suffered or incurred by the Carrier as a result of such failure.

23. SHIPPER-PACKED CONTAINERS, ETC. (1) If a container has not been filled, packed or stowed by the Carrier, the Carrier shall not be liable for any loss of or damage to its contents and the Shipper shall cover any loss or expense incurred by the Carrier, of such loss, damage or expense has been cause by negligent filling, packing or stowing of the container; or the contents being unsuitable for carriage in container; or the unsuitability or defective condition of the container unless the container has been supplied by the Carrier and the unsuitability or defective condition would not have been apparent upon reasonable inspection at or prior to the time when the container was filled, packed or stowed. (2) The provisions of the subclause (1) above also apply with respect to trailers, transportable tanks, flats and pallets which have not been filled, packed or stowed by the Carrier.

24. WAR, QUARANTINE, ICE, STRIKES, CONGESTION, ETC. Should it appear that war, blockade, pirate, epidemics, quarantine, ice, strikes, congestion and other causes beyond the Carrier's control would prevent the vessel from safely reaching the port of destination and discharging the goods thereat, the Carrier is entitled to discharge the goods at the port and the contract of carriage shall be deemed to have been fulfilled. Any extra expenses incurred under the aforesaid circumstances shall be borne by the Shipper or Receiver.

25. GENERAL AVERAGE General average shall be adjusted in Beijing in accordance with the Beijing Adjustment Rules 1975.

26. BOTH TO BLAME COLLISION If the carrying ship comes into collision with another ship as a result of the negligence of the other ship and any act, neglect or default in the navigation or the management of the carrying ship, the Shipper undertakes to pay the Carrier, or, where the Carrier is not the Owner and in possession of the carrying ship, to pay to the Carrier as trustee for the Owner and/or demise charterer of the carrying ship, a sum sufficient to indemnify the Carrier and/or the Owner and/or demise charterer of the carrying ship against all loss or liability to the other or non-carrying ship or her Owners insofar as such loss or liability represents loss of or damage to his goods or any claim whatsoever of the Shipper, paid or payable by the other or non-carrying ship or her Owners to the Shipper and set-off, recouped or recovered by the other or non-carrying ship or her Owners as part of their claim against the carrying ship or her Owner or demise charterer or the Carrier. The foregoing provisions shall also apply where the Owners, operations, or those in charge of any ship or ships or objects, other than, or in addition to, the colliding ships or objects, are at fault in respect to a collision, contact, stranding or other accident.

27. U. S. A. CLAUSE Notwithstanding any other term hereof the Carriage of Goods by Sea Act 1936 of the United States of America shall have been affect subject to in respect to carriage of goods to and from the United States of America. If any provision of this Bill of Lading be invalid under the Carriage of Goods by Sea Act 1936, such provision shall, to the extent of such invalidity, but no further, be null and void.

第五节　有关提单的国际公约和法律

由于提单的利害关系人常分属于不同的国籍，提单的签发地或起运港和目的港又分处于不同的国家，而提单又是由各船公司根据本国有关法规定自行制定的，其格式、内容和词句并不完全相同，一旦发生争议或涉及诉讼，就会产生提单的法律效力和适用法规的问题，因此，统一各国有关提单的法规，一直是各国追求的目标。当前已经生效，在统一各国有关提单的法规方面起着重要作用或有关国际货物运输的国际公约有三个。

一、海牙规则（Hague Rules）

海牙规则的全称是《统一提单若干法律规定的国际公约》（International Convention for the Unification of Certain Rules of Law Relating to Bill of Lading），是关于提单法律规定的第一部国际公约。1924 年 8 月 25 日由 26 个国家在布鲁塞尔签订，1931 年 6 月 2 日生效。公约草案是 1921 年在海牙通过，因此定名为海牙规则。包括欧美许多国家在内的 50 多个国家都先后加入了这个公约。1936 年，美国政府以这一公约作为国内立法的基础制定了 1936 年美国海上货物运输法。海牙规则使得海上货物运输中有关提单的法律得以统一，在促进海运事业发展、推动国际贸易发展方面发挥了积极作用，是最重要的和目前仍被普遍使用的国际公约。我国于 1981 年承认该公约。海牙规则的特点是较多地维护了承运人的利益，在风险分担上很不均衡，因而引起了作为主要货主国的第三世界国家的不满，纷纷要求修改海牙规则，建立航运新秩序。

《海牙规则》的主要内容如下。

（1）承运人的最低限度义务：①提供适航船舶的义务；②妥善管理货物的义务。

（2）承运人的货物运输责任期间：从货物装上船起至卸下船为止的期间。一般可理解为：在使用船舶吊杆装卸货物时则为"钩至钩"期间，亦即货物挂上船舶吊杆的吊钩时起到脱离吊钩时为止。如果使用岸上吊杆或起重机卸卸，则以货物越过船舷为界，亦即"弦至弦"期间。

（3）承运人的免责规定：可分为过失免责和无过失免责。

（4）赔偿责任限额：承运人对货物的灭失或损坏的赔偿责任，在任何情况下每件或每单位不得超过 100 英镑，但托运人交货前已就该项货物的性质和价值提出声明，并已在提单上注明的则不在此限。

（5）运输合同无效条款：运输合同中的任何条款或协议，凡是解除承运人按《海牙规则》规定的责任或义务，或以不同于《海牙规则》的规定减轻这种责任的，一律无效。

（6）托运人的义务和责任。①托运人应被视为已在装船时向承运人保证，由其书面提供的标志、件数、数量或重量正确无误，否则应赔偿因此对承运人造成的损失。②对于装运易燃、易爆或其他危险货物，托运人应如实申报，否则承运人可以在卸货前的任何时候将其卸在任何地点，或将其销毁，或使之无害而不予赔偿，该项货物的托运人应对于装载该项货物而直接或间接引起的一切损失负责。如果承运人已知该项货物的性质并同意装载，则在该货物对船舶或货物发生实际危险时，亦可将其卸在任何地点或将其销毁，或使之无害，而不负赔偿责任，但如有共同海损，则不在此限。③对于任何非因托运人或其代理人、雇佣人的过失所引起的使承运人或其船舶遭受的损失，托运人不负责任。

（7）索赔和诉讼时效：索赔应在接受货物时提出，如损坏不明显，则货损通知应在交付货物的 3 天内提交。如果货物交付时已经联合检验，就无须提出书面通知。除非从货物交付之日或应交付之日起 1 年内提出诉讼，否则承运人在任何情况下，都应免除对灭失或损失所负的一切责任。

（8）《海牙规则》的使用范围：适用于在任何缔约国内所签发的一切提单。不适用于租船合同，但如果提单是根据租船合同签发的，则它们应符合《海牙规则》的规定。

二、维斯比规则（Visby Rules）

在第三世界国家的强烈要求下，修改海牙规则的意见已为北欧国家和英国等航运发达国家所接受，但他们认为不能急于求成，以免引起混乱，主张折中各方意见，只对海牙规则中明显不合理或不明确的条款作局部的修订和补充，维斯比规则就是在此基础上产生的。所以维斯比规则也称为海牙—维斯比规则（Hague-Visby Rules），其全称是《关于修订统一提单若干法律规定的国际公约的议订书》（Protocol to Amend the International Convention for the Unification of Certain Rules of Law Relating to Bill of Lading），或简称为"1968 年布鲁塞尔议订书"（The 1968 Brussels Protocol），1968 年 2 月 23 日在布鲁塞尔通过，于 1977 年 6 月生效。目前已有英、法、丹麦、挪威、新加坡、瑞典等 20 多个国家和地区参加了这一公约。

《维斯比规则》对《海牙规则》作出的修改如下。

（1）明确善意受让提单人的法律地位：提单所载是最终证据。

（2）关于诉讼时效的延长：可以超过 1 年。

（3）关于提高赔偿额及制定双重限额：将货物每件或每单位的赔偿责任限额提高为 666.67SDR 或按灭失或受损货物毛重每千克为 2SDR，以两者中较高者为准。

（4）承运人的雇佣人在侵权行为之中的法律地位：将航运公司雇佣人、代理人等视为合同一方（与承运人）享受承运人的权利。

（5）关于公约的适用范围：①货物是从一个缔约国起运；②本合同须受本公约各项规定或者给予这些规定以法律效力的任何一国立法的约束。

三、汉堡规则（Hamburg Rules）

汉堡规则是《1978 年联合国海上货物运输公约》（United Nations Convention of the Carriage of Goods by Sea，1978），1976 年由联合国贸易法律委员会草拟，1978 年经联合国在汉堡主持召开有 71 个国家参加的全权代表会议上审议通过。汉堡规则可以说是在第三世界国家的反复斗争下，经过各国代表多次磋商，并在某些方面作出妥协后通过的。汉堡规则全面修改了海牙规则，其内容在较大程度上加重了承运人的责任，保护了货方的利益，代表了第三世界发展中国家意愿，这个公约已于 1992 年生效。但因签字国为埃及、尼日利亚等非主要航运货运国，因此目前汉堡规则对国际海运业影响不是很大。

《汉堡规则》改变的主要内容如下。

（1）推行完全过失责任制：删去了《海牙规则》中的过失免责条款及其他列明的免责条款。

（2）承运人的责任期间：从货物装船至卸船改为从港口到港口。

（3）关于延迟交付货物的责任：如果延迟交付达到 60 天，即可视为货物已经灭失，货主可以向承运人提出索赔。承运人对延迟交付的赔偿责任，以相当于延迟交付货物应支付运费的 2.5 倍数额为限，但不得超过海上货运合同规定的应付运费总额。

（4）关于赔偿责任限额：将每件货物的赔偿限额提高到 835SDR 或者每千克 2.5SDR，以其高者为准。

（5）关于诉讼时效问题：将时效从 1 年扩展为 2 年；被要求赔偿的人，可在有效期限内的任何时间，向索赔人提出书面声明，延长时效期限，并可再次声明延长。

（6）关于保函问题：保函在托运人与承运人之间有效，对包括受让提单的收货人在内的第三方一概无效。如果发生欺诈，则该保函对托运人也属无效。

四、中华人民共和国海商法

1993 年 7 月 1 日，经第七届全国人民代表大会常务委员会会议通过的《中华人民共和国海商法》正式生效。这是我国第一部在海上运输和船舶方面的专门立法。它从我国国情出发，以我国四十多年来海上运输和经贸实践为基础，并充分考虑到国际海运立法中追求统一的趋势，广泛吸收了目前国际通行的国际公约和惯例的规定，是一部比较成熟的立法。

（1）承运人的责任期间：①承运人对集装箱装运的货物的责任期间，是指从转运港收货时起至卸货港交付货物时止，货物处于承运人掌管之下的全部期间；②承运人对非集装箱装运的货物的责任期间，是指货物装上船时起至卸下船时止，货物处于承运人掌管之下的全部期间。

（2）承运人的主要义务：①承运人在船舶开航前和开航时，应当谨慎处理，使成本处于适航状态，妥善配备船员、装备船舶和配备供应品，并使货舱、冷藏舱、冷气舱和其他载货处所适于并能安全收受、载运和保管货物；②承运人应当妥善地、谨慎地装载、搬移、积载、运输、保管、照料和卸载所运货物；③承运人应当按照约定的或者习惯的或者地理上的航线将货物运往卸货港。

（3）货物交付：承运人向收货人交付货物时，收货人未将货物灭失或者损坏的情况书面通知承运人的，此项交付视为承运人已经按照运输单证的记载交付以及货物状况良好的初步证据。货物灭失或者损坏的情况非显而易见的，在货物交付的次日起连续 7 日内，集装箱货物交付的次日起连续 15 日内，收货人未提交书面通知的，适用前款规定。货物交付时，收货人已经会同承运人对货物进行联合检查或者检查的，无须就所查明的灭失或者损坏的情况提交书面通知。

承运人自向收货人交付货物的次日起连续 60 天内，未收到收货人就货物因延迟交付造成经济损失而提交的书面通知的，不负赔偿责任。

在卸货港无人提取货物或者收货人延迟、拒绝提取货物的，船长可以将货物卸在仓库或者其他适当场所，由此产生的费用和风险由收货人承担。

应当向承运人支付的运费、共同海损分摊、滞期费和承运人为货物垫付的必要费用以及应当向承运人支付的其他费用没有付清，又没有提供适当担保的，承运人可以在后来的限度内留置其货物。

【案例导读】

案情：

2007年8月22日，宏达内贸公司与恒信外贸公司签订委托代理进口合同，约定恒信代表宏达对外签订油料进口合同，并按进口合同总价收取1.5%的代理费。合同还约定恒信外贸公司在收取全部货款前货物的100%货权归恒信所有。同日，恒信外贸公司与外商M公司签订了相关外贸合同。

2007年9月，恒信公司依据信用证规定的承兑付款交单后取得M公司记名背书转让的编号为108233一式三份正本提单。此前，由于宏达内贸公司租有S船代公司在专用码头经营的储油罐，因此，该批数量约2 800吨、货价63万美元的涉案货物于同年9月7日抵港后靠泊于S船代危险品专用码头直卸，专用码头为此出具了该公司格式包括涉案货物在内的油品收（发）记录。此后，恒信外贸公司将其中一份正本提单在正面加盖公章后交宏达公司办理报关事宜。

同年9月29日，宏达内贸公司书面申请S船代在船公司放行涉案货物之前先行出具暂不盖放行章的提货单供海关登记使用，并承诺承担由此引起的一切责任。S船代在接受前者递交的保函后出具了编号为1548涉案货物提货单而未盖放行章。因宏达内贸公司未就涉案货物的进口及时缴纳相应关税和增值税，导致该份未盖船代放行章的提货单被海关滞留。

2008年7月10日，恒信外贸公司向海关缴纳了涉案货物的关税和增值税后从海关取回了前述提货单。同年7月18日，恒信公司持该提货单去S船代处更改收货人为恒信公司，并持单向专用码头提货时遭拒。恒信公司遂以专用码头为被申请人，向海事法院发布申请强制令。

在海事法院强制令下达之后，专用码头提出异议，认为不应当由其承担责任。于是，由海事法院组织了听证，结果认为恒信公司申请对象错误，因而海事法院撤销了原强制令。为此外贸公司决定起诉专用码头至海事法院，请求交付涉案货物或者赔偿恒信公司所受损失。

分析：

为了更好地进行分析，我们着重分析在提单正面盖章是否意味着货物所有权转让的同时，还就小提单的提货功能、外贸公司的提货权和专用码头交货义务等问题进行讨论。

1. 提单正面上盖章是否意味着货物所有权的转让？

在本案中，外贸公司通过承兑付款赎单，取得了一式三份正本海运提单，因而成为涉案油料的所有权人。这份提单是一份指示提单，由外商M公司明确地记名背书给外贸公司。外贸公司是作为被记名的被背书人而合法地取得代表着涉案货物所有权的正本提单的。

在该案中，外贸公司通过承兑合法取得了正本提单三份，一份结算留在银行，一份在本公司，还有一份，在其正面盖了章以后，外贸公司交给内贸公司去办理报关事宜。在该内贸公司向船代公司书面出具在船公司放行涉案货物之前先行出具暂不盖放行章的提货单供海关登记使用的保函之后，船代公司出借了一份未盖放行章的小提单，后内贸公司未能缴纳关税增值税因而该小提单被海关滞留。对此，专用码头认为这种在提单正面盖章的行为表明货物所有权的转让。那么，应当如何认识上述盖章行为呢？

外贸公司在提单正面盖章，实际上确认了外贸公司是该批货物的所有权人。根据国际航运界的习惯做法，提单的背书应当理解为提单持有人在提单背面记载并签名的行为。外贸公司在提单正面盖章，而不是盖在提单背面，因此不符合提单背书的要件。同时，背书转让应当带有转让提单项下货物所有权的意图，然而外贸公司并不打算背书将所有权转移给内贸公司。既然提单是记名指示提单，以记名背书为其特征，而后外贸公司如果要背书转让给他人，也会以记名的背书方式进行。由此可见，本案提单货物的所有权没有转让。

2. 小提单在该案中是否具备提货凭证的功能？

港口进口货物提货单即小提单，是收货人凭正本提单从承运人或其代理人处换取的用于提货的不可转让单证。该案不存在向船代要求提货的情形，而是向专用码头的港口经营人主张提取货物的权利。而对于港口经营人，有效的提货单记载的收货人就是具有提货权的人。内贸公司虽在船代公司曾被记载于涉案小提单上试图成为收货人，但其提货之时并不是凭据加盖船方放货章和海关放行章的有效小提单。只有外贸公司拥有的一式几联的正本小提单，盖上了船方放货章和海关放行章，这才是提取该批油料的合法有效的凭证，具有唯一性。内贸公司从未合法地取得提货单项下有权提货人的地位，他所出具的保函要求的也只是借一份不盖船代放货章的东西去报关，不是去提货。事实上，在2007年11月30日船方下达放货通知之前，涉案货物是没有合法的放货手续的。除了外贸公司，谁都没有合法有效的小提单用以提货。

3. 外贸公司是否拥有涉案货物所有权和提货权？

在该案委托代理进口合同中特地书写了在没有收到全部货款之前外贸公司对货物拥有100%的所有权的字样。另外，外贸公司正当换取了涉案小提单。在该小提单上，除了外贸公司作为收货人盖有自己的章以外，海关放行章代表着国家对进出口货物的关境进出的管理，国家确认放行；上面还盖有船代的放货章，确认船公司放货通知中 RE-CEIVER 明确为外贸公司，即向外贸公司放货，而不向其他人放货。由此确认了外贸公司有权提货的地位。因此要确认当事人是否具有提货权，只能根据小提单，而不是其他。外贸公司据以提起诉讼的有效小提单将外贸公司记载为收货人，在没有相反证据推翻涉案小提单真实性的情况下，外贸公司当然具有提货权。这说明外贸公司合法拥有提取涉案货物的权利。

4. 专用码头是否有向小提单持有人交付涉案货物的义务？

在航运实践中，由于大宗散装液体货物不同于一般固体货物的特点，往往由最终的收货人根据实际需要租船运输货物，并在提货方式上由需方安排社会化经营的货主码头或专用码头，由船方将货物直接卸入码头储罐，该案就是这种情况。在内贸公司租用储罐的情况下，承运人将涉案货物卸入码头储罐，码头接收即视为承运人完成了运输合同项下的实际交付义务。但在此时，由于货物尚未报关，处于海关监管之下，码头就有凭加盖海关放行章和船方放货章的小提单才可将进口货物放行的义务。专用码头系港口经营人，有着港口交付涉案货物的法定义务。有关港口码头的规定都明确这样的小提单才是码头交货的有效凭证，而在内贸公司和码头间的仓储协议不是法定的交货凭证，这种协议是也仅仅是港口作业合同项下进口货物的储存协议。当然，作业委托人往往是收货人，但并不当然是收货人。当两者不一致时，作业委托人实际是作为收货人的代理人与码头订立作业合同的，其本身没有提货权。码头经营人在安善保管货物的同时，更有凭涉案小提单而不是仓储协议或者其他人的指示交付货物的义务。这也是港口货物交付的惯例。而且，在外贸公司合法取得小提单以后，外贸公司前往专用码头提货，专用码头当时承认有货，愿意发货，只是因为设备检修，需要让外贸公司等待一些日子再通知发货。这表明专用码头愿意放货的对象是外贸公司，承认他具有合法的有权提货人的地位；同时也表明专用码头存在向外贸公司交货的关系和义务，应当将储存在其储罐内的进口基础油交给外贸公司。

结论：

综上所述，外贸公司合法拥有涉案货物的正本提单和小提单，因而是货物所有权人，也是有权向专用码头的港口经营人提取涉案货物的人。然而在其凭据涉案小提单向港口经营人提取涉案货物之时，被专用码头拒绝，因而受到了权利侵害。正因为未能合法地交货给有权提货物的人，专用码头不得不承认其放货"不够谨慎"。只是这种"不够谨慎"的程度，达到了违反法律的程度，违反了法律规定的义务，使得外贸公司拥有货权却无法行使，造成了外贸公司根据提单和小提单应该享有的价值63万美元的货物所有权以及提货权无法实现，形成了严重的经济损失。对于这种侵权损害，根据法律的规定，专用码头应当承担侵权赔偿责任。如果专用码头未能交付涉案油料，无单放了货，专用码头应当赔偿的损失，就包括涉案油料的货价损失以及外贸公司支付海关进口关税和增值税方面的损失。一、二审判决外贸公司胜诉。

 复习思考

1. 什么是提单？提单有哪些作用？
2. 提单背书有哪几种形式？
3. 简述提单的流转程序。
4. 简述《海商法》关于承运人主要义务的规定。

第四章

【学习目标】

本章主要介绍海运租船运输合同的概念、种类，标准合同范本以及航次租船和定期租船合同的内容。通过本章学习，要求学生熟悉海运租船运输合同的形式及主要内容，能够合理制定合同条款。

【学习要点】

1. 标准航次租船和标准定期租船合同的类型；
2. 航次租船主要条款及有关费用；
3. 定期租船主要条款。

海运租船运输合同

第一节 租船合同概述

租船合同（Charter Party）是海上运输合同的一种，是船舶出租人（Owner or Disponent Owner）与承租人（Charterer）按照订约自由原则达成的租船协议。根据协议，船舶出租人将船舶全部或部分提供给承租人使用，承租人支付给船舶出租人一定的运费或租金，双方当事人的权利与义务、责任与豁免等各项条款均在合同中作出规定，是日后各方当事人承担责任或行使权力的依据。

船公司在经营不定期船时，每一笔交易均需和租方单独订立合同。为了各自的利益，在订立合同时，必然要对租船合同的条款逐项推敲。为了简化手续，加快签约进程，节省因签订合同所发生的费用，也为了能在合同中列入一些对自己有利的条款，一些航运垄断集团、大航运公司或货主垄断组织，根据自身特点和需要，结合货物种类、运输航线以及习惯做法，制定了一些租船合同范本，供船、租双方选择使用，作为洽商合同条款的基础。洽定租船合同的当事人根据标准格式的租船合同，按照各自需要，对标准格式中的某些条款进行修改、删减或补充，最后达成协议。

租船合同范本的种类很多，合同内容随租船方式的不同而各异。根据合同是否得到公认和广泛采用而分为标准租船合同格式、非标准租船合同格式以及厂商租船合同格式。目前，租船市场比较有影响的标准合同格式主要有以下几种。

一、标准航次租船合同范本

航次租船合同的标准格式大都供洽租双方在洽定租船合同时选用。航次租船合同范本很多，根据船舶航行的航线、承运货物种类等不同而有所区别。

（一）统一杂货租船合同（Uniform General Charter）

简称"金康"（Gencon），这是波罗的海国际航运公会（The Baltic and International Maritime Conference）的前身波罗的海白海航运公会（The Baltic and White Sea Conference）于 1922 年制定的，分别于 1976 年、1994 年修订，该范本可适用于各种航线和各种货物的航次租船。目前，使用较多的是 1976 年格式，此格式在很多条款比较明显地维护出租人的利益。

（二）威尔士煤炭租船合同（Chamber of Shipping Walsh Coal Charter Party）

这是波罗的海航运公会于 1896 年采用，1924 年最后一次修订，专用于煤炭运输的租船合同标准格式。

（三）巴尔的摩 C 式（BALTIMORE Form C）

该合同格式是美国粮食出口协会、北美托运人协会以及纽约土产交易联合会制定，1974 年修改，被广泛使用于从北美和加拿大出口谷物的海上运输的租船业务中。

（四）澳大利亚谷物租船合同（Australian Grain Charter Party）

简称 AUSTRAL。该标准格式适用于从澳大利亚到世界各地的谷物运输。

二、标准定期租船合同范本

相对于航次租船合同，几乎没有强制性的法律规范适用于定期租船合同，定期租船合同是更为"自由"的一类合同。定期租船合同项下双方当事人的权利义务关系完全要依据合同条款内容来进行解释。选择一个对自己较为有利的租船合同范本作为定期租船谈判的底稿，对船、租双方都十分重要。国际上常用的定期租船合同范本主要有以下三种。

（一）定期租船合同（Time Charter Party）

定期租船合同又称为"土产格式"（Produce Form），由美国纽约土产交易所于1913年制定，因而航运界常称此格式为"纽约格式"（NYPE）。NYPE 经美国政府批准使用，故又称"政府格式"（Government Form）。该格式分别于1921年、1931年、1946年、1981年和1993年进行修订。现在普遍使用的是经1946年10月3日修订后的格式，即 NYPE46。

（二）标准期租船合同（Uniform Time Charter Party），简称"波罗的姆"（Baltime）

该标准租船合同格式由波罗的海国际航运公会于1909年制定并由英国航运工会承认。自1909年制定以来，这一格式经过几次修改，现行使用的是1950年修订版。

（三）中国定期租船合同标准格式（China National Chartering Corporation Time Charter Party），简称"中租1980"（SINOTIME1980）

该格式由中国租船公司根据多年租船业务工作的经验和实际租进船舶的需要，结合国际惯例，于1980年制定。目前，中国租船公司对外洽租定期租船时，均以此范本格式为依据。

虽然采用租船合同范本可以极大地方便租船合同的拟订，但由于这些范本多数是由船舶所有人或代表船舶所有人利益的某些航运集团单方面制定的，许多条款都不会对承租人有利，因此承租人在选用租船合同范本时必须要考虑这一问题。

三、租船合同条款的分类

租船合同涉及范围广泛，所列条款很多。在英、美法系中，通常把租船合同中的条款分为以下几类。

（一）条件条款（Condition Clause）

条件条款是指合同中那些履行与否对实现合同的商业目的有着密切关系的条款，如合同中的船名、船级、船旗等项目。如果合同中未列入这些条款或虽被列入但未履行或一方擅自取消，就会使合同双方协议的商业目的无法实现。对此，受害方有权拒绝履行合同中规定的义务，取消合同，并可要求赔偿。

（二）保证条款（Warranty Clause）

保证条款是指合同中次要的、非本质性条款，它们对履行合同不产生决定性影响，如航次租船合同中的安全港口和泊位、定期租船合同中的船速及燃油消耗、船舶的维修保养等。如果一方违反了，受害方只能提出赔偿要求，而不能以此取消合同或拒绝履行合同中的义务。

（三）中间性条款（Intermediate Clause, In Nominate Clause）

中间性条款是指介于条件条款和保证条款之间的合同条款。它既不是条件，也不是保证。合同当事人一方违反了这种条款，受害方究竟是按违背条件条款处理，还是按违背保证条款处理，要视违约程度和后果而定。例如，关于船舶适航保证的条款中，一般规定船舶到达装货港时应适航，如果船舶有严重的"适航缺陷"，承租人有权解除合同并要求赔偿；如果船舶仅存在着轻微的"适航缺陷"，承租人只能要求赔偿，而不能解除合同。因此，"适航保证"只是船舶所有人对使用船舶的适航作出的保证，并不是保证条款。

（四）默示条款（Implied Clause）

默示条款是指一般在法律上或实践上已属不需声明之事，当事人在订立合同时并未订入。在航次租船合同下，根据英国的普通法，船舶出租人及承租人都有一定的默示义务，除非双方以极为明显的字眼加以排除。

第二节　航次租船合同

航次租船合同的内容因具体业务的货类、航线、贸易条件等而有所不同，使用的标准租船合同格式的条款也不同。实务中，本着对双方有利的原则，根据具体情况可以对标准合同格式中的若干条款进行删减或增加，对于没有明确规定的事项可以依照法律或商业习惯处理。

我国《海商法》第 93 条规定："航次租船合同的内容，主要包括船舶所有人和承租人的名称、船名、船籍、载货重量、容积、货名、装货港和目的港、受载期限、运费、滞期费、速遣费以及其他有关事项。"

航次租船合同的主要内容如下。

一、合同当事人

租船合同的当事人是指对租船合同的履行承担责任的人。航次租船合同的当事人应该是船舶出租人和承租人，其名称、住址、营业地址以及身份需在合同中明确载明。

二、船舶概况

（一）船名

船名（Name of Vessel）是十分重要的事项，必须正确无误。实务中通常有下述方式供当事人选择。①指定船舶，即在航次租船合同中，明确指明一艘特定的船舶，出租人无权擅自以其他船舶替代。如果指定的船舶由于意外事故沉没或者不能履行合同，则合同自行解除，双方均不承担责任。②替代船舶，即在指定船舶的情况下，在航次租船合同中加入"替代船条款"，赋予船舶出租人"选择权"。但替代船舶，必须在船级、船型、载重吨、位置等方面与原定船舶相符，否则承租人有权取消合同，并要求损害赔偿。③船舶待指定，即租船合同签订时由于某些原因无法确定船舶时，经双方当事人约定，在货物装运前的适当时间内，由船舶出租人指定具体船舶，并将船名通知承租人。

（二）船籍

船籍（Vessel's Nationality）是指船舶所属的国籍，它是通过船旗（Vessel's Flag）来表现的，也是重要的条件之一。在合同履行期间，船舶出租人不得擅自变更船舶国籍或变换船旗，否则即构成违约。

（三）船级

船级（Classification of Vessel）是指在合同订立时船舶应实际达到的技术状态的指标，合同中记载船级主要为了保证船舶的适航能力。如果违反了规定的船级，可能导致解除租船合同。此外，船舶出租人没有义务在整个合同期内保持这一船级，除非合同中另有规定。

（四）船舶吨位

船舶吨位（Tonnage of Vessel）表示船舶的载货能力，除表示船舶的大小与装载货物的数量关系外，也是港口费用、运河通行费、代理费、吨税等征收的基本参数，所以租船合同中要记明船舶的登记吨和载重吨。

三、装卸港口

在航次租船运输中，装卸港（Loading/Discharging Ports）通常由承租人指定或选择。装卸港口确定一般采用下列三种方式之一。①明确指定具体的装货港和卸货港，即在合同中只记载装货港和卸货港的港口名称，装卸作业的具体泊位按该港的习惯决定。②规定某个特定的装卸泊位或地点，即在合同中除指定港名外，还要指明港内的装卸泊位或地点。③由承租人选择装货港和卸货港，这种方法通常在合同中注明两个或两个以上装货港，或卸货港名，或某个区域，并规定承租人在其范围内选择其中的一个或两个。承租人选定港口后，应及时通知船东。若承租人未及时"宣港"，承租人应负责赔偿出租人。

无论上述哪种方法确定的港口，都必须为"安全港"，即船舶能够安全往返、停靠、保持浮泊的港口或泊位。

四、受载期和解约日

受载期（Laydays）是船舶在租船合同规定的日期内到达约定的装货港，并做好装货准备的期限，也就是从受载日至解约日的这段时间。受载日是受载期的第一天，解约日（Cancelling Date）是最后一天，在这个期间，船方必须准备好装货，承租人必须按时装货。船舶如果不如期到港受载，承租人有权决定是否解除合同。受载期由船舶所有人在报盘时提出，并由承租人接受。一般少则 7 至 10 天，多则 15 至 20 天，实务中受载期应根据贸易合同的装运期来选定。

五、货物

货物条款是航次租船合同的条件条款。运送不同种类和性质的货物，对船舶的结构、设备以及管理上有不同的要求，而且与船舶的经营管理和经济利益密切相关。因此，货物条款关乎出租人及承租人双方切身的利益，内容如下。

（一）种类

货物的种类与运费率、舱容或吨位的利用以及船舶的适航能力等密切相关。船舶抵达装货港后，承租人只能提供"契约货物"，而不能提供其他货物，否则，船长有权拒绝装船，船舶出租人可向承租人要求赔偿损失。

（二）数量

如果租船合同中规定了货物数量，承租人所提供的货物的数量必须达到船舶的装载能力，即重货按照满载，轻货按照满舱的要求，同时，船舶所有人也有义务尽可能提供载货空间。例如，不得因为装货港的燃油便宜而为下个航次加油。如果租船合同中规定了承租人有义务对船舶提供"满载货物"，同时又规定"或多或少一定百分比"，或者规定至多×××吨，至少×××吨，那么这两种情况下，应该由船长进行"宣载"，即根据本航次所需要的物料、油水等因素，由船长在装货港宣布可以装载的货物数量。

（三）提供货物的时间

在英美法下，尽管承租人提供货物被默示为须尽快提供，但是，如果承租人不能及时提供货物而带来了船期的延误，其仅仅是违反了保证条款，如果租约中规定待泊时间计入装卸时间，则通过滞期费的形式，如无法起算装卸时间，则通过滞留损失的形式，由承租人向船舶所有人进行赔偿。

六、装卸责任和费用

装卸费用是指将货物从岸边（或驳船）装入舱内和将货物从船舱内卸至岸边（或驳船）的费用。如果租船合同中没有作出约定，则由船舶所有人负担。实务中，租船合同一般都会约定装卸费用及风险分担的问题，此时应完全依据合同条款的具体约定。常见的约定方法有以下几种。

（一）船方负责装卸和费用（Liner Term）

又称"班轮条款"或"泊位条款（Berth Term）"。根据这一条款，装货时，承租人或托运人只需把货物交到船边船舶的吊勾下，船方负责把货物装进舱内并整理好；卸货时，船方负责把货物从船舱内卸到船边。船舶所有人负责雇佣装卸工人，并负担货物的装卸费用。

（二）船方管卸不管装（Free In，FI）

简称为FI条款，或船舶所有人不负担装货费条款。根据这一条款，船方只负责卸货和负担费用，在装货港由承租人负担装货费用。

（三）船方管装不管卸（Free Out，FO）

简称为FO条款，或船舶有人不负担卸货费条款。根据这一条款，装货港由船舶出租人负担装货费，在卸货港由承租人负担卸货费。

（四）船方不负责装卸和负担费用（Free In and Out，FIO）

简称为FIO条款，或称船舶出租人不负责装卸费条款。根据这一条款，在装、卸两港由承租人雇用装卸工人，并负担装卸费用。这种条件一般适用于散装货。采用这一方法时，还必须明确货物进舱后的理舱（包装货）、平舱（散装货）的责任和费用由谁承担。一般都规定由承租人负担，即"船方不负责装卸、理舱和平仓（Free In and Out，Stowed and Trimmed，FIOST）条款"。

七、运费

运费是船东提供运输服务的应得报酬，运费条款是合同的条件条款之一。按照英美判例法，如果租约中对于运费的支付和赚取没有作出规定时，默示的法律地位是到付。

(一) 运费的计收方法

在航次租船合同中，经常使用计算运费的方法有两种。

(1) 运费率 (Rate Freight)。即按所载货物的数量计收，货物数量的计算标准有两个，一种是按装货量 (Intaken Loading Quantity) 计算，另一种是按卸货量 (Delivered Quantity) 计算。

(2) 整船包价运费 (Lump-sum Freight)。即按提供的船舶，商订一笔整船运费，不论实际装货多少，一律照付，但出租方必须保证船舶的载重量和装货容积，适用于轻泡货物。

(二) 运费的支付方式

运费的支付方式包括币种和支付时间，其中运费支付时间有运费预付 (Freight Prepaid) 和运费到付 (Freight Collect) 两种。

如果在租船合同中仅写明预付运费，按照英美法的解释，这样的写法仅说明运费的支付方式，并没有写明运费的赚取时间，因此仍按照默示的法律地位，即在卸货港开卸时，船舶所有人才有权利赚取，先前支付的运费仅能被视为一笔垫付的资金。因此合同当事人在洽定租船合同时必须在合同中写明何时支付以及何时赚取。

运费到付一般也有三种情况：船舶到达卸货港时支付、卸货完毕时支付或交付货物后支付等表示方法。

八、许可装卸时间

装卸时间 (laytime) 是指"合同当事人双方约定的船舶所有人使船舶并且保证船舶适于装卸货物，无须在运费之外支付附加费的时间"。也就是说，是承租人和船舶所有人约定的，承租人保证将合同货物在装货港全部装完以及在卸货港全部卸完的时间之和。它一般以天数或小时数来表示。

(一) 装卸时间的规定方法

(1) 日 (Days) 或连续日 (Running Days；Consecutive Days)。所谓日，是指日历日数，以"日"表示装卸时间时，从装货开始到卸货结束，整个经过的日数，就是总的装货或卸货时间。在此期间内，不论是实际不可能进行装卸作业的时间（如雨天、施工或其他不可抗力），还是星期日或节假日，都应计为装卸时间。

(2) 工作日 (Working Days)。即指按港口习惯正常工作的日子，星期天及法定假日不计入装卸时间内。

(3) 累计 8 小时工作日 (Working Days of 8 Hours)。即不管港口习惯作业为几小时，均以累计达到 8 小时才算一个工作日。

(4) 累计 24 小时工作日 (Working Days of 24 Hours)。即不管港口习惯作业几小时，均以累计达到 24 小时才算一个工作日。例如，如果港口规定 8 小时工作制，则三个港口工作日才等于租船合同规定的一个工作日。

(5) 好天气工作日 (Weather Working Days)。指除去星期日和法定假日不算装卸时间外，因天气原因不能进行装卸作业的时间也不能计入装卸时间，既是工作日又是好天气才算一天。

(6) 累计 24 小时好天气工作日 (Weather Working Days of 24 Hours)。指在好天气情况下，不论港口习惯作业为几小时，均以累计 24 小时作为一个工作日。

（7）连续24小时好天气工作日（Weather Working Days of 24 Consecutive Hours）。指除去星期日、法定假日和天气不良影响装卸的工作日或工作小时后，连续作业24小时算一个工作日。例如，5月11日是好天气，从8时开始计算时间，则到5月12日（如果仍是好天气）8时才是一个工作日。如果在此期间有3个小时因下雨无法工作，则到5月12日11时才算一个工作日。这种方法一般适用于昼夜作业的港口。当前，国际上采用这种规定方法的较为普遍，我国一般都采用此种规定办法。

（二）装卸时间的计算方法

关于装货港和卸货港的装卸时间的统算，主要有三种约定方法。

（1）装卸共用时间（All Pulposes），是指装货港和卸货港的装卸时间可以统一合起来计算，无须单独计算装卸时间。只要装/卸两港实际使用的装/卸总时间未超过合同规定的合计时间，只会产生速遣时间而不会产生滞期时间；反之，如果装/卸两港实际使用的装/卸总时间超过合同规定的合计时间，则只会产生滞期时间而不会产生速遣时间。

（2）可调剂使用装卸时间（Reversible Laytime），是指承租人有权选择装卸时间是单独计算还是合并计算。如果承租人选择合并计算，即意味着在装卸时间计算上规定了一个装卸作业的总时间。承租人用完了装货时间并不能马上计算滞期，而是接着启用卸货时间，直至两者都用完了才算滞期。

（3）装卸时间平均计算（Right to Average laytime），是指分别计算装货时间和卸货时间，用一个作业中节省的时间抵消另一作业中超用的时间。在装卸时间平均计算下，分别单独编制装货时间计算表和卸货时间计算表，根据合同的具体规定分别计算出装货港和卸货港的滞期时间或速遣时间，再以装货港的节省时间或滞期时间来抵补卸货港的滞期时间或节省时间。

（三）装卸时间的起算止算

一般来说，如果租船合同中没有特别的约定，装卸时间的起算需要满足三个条件：①船舶必须抵达租船合同中规定的装卸地点；②船舶必须在各个方面准备就绪，适合装卸作业；③在第一装港或第一卸港，船长要递交装卸准备就绪通知书（Notice of Readiness，NOR）。当然，真正起算还可能要经过一个通知时间（Notice Time）。

通常在租船合同中都会规定，递交装卸准备通知书需要在承租人的办公时间内进行递交，并规定递交装卸准备就绪通知书之后12个小时或24个小时起算装卸时间，这一规定时间就被称作通知时间。如果船长递交装卸准备通知书是在受载期之前，那么装卸时间是要等到受载期开始时才能起算的，而且如果时间间隔不足通知时间还需等到通知时间届满，例如，受载期6月1日至15日，通知时间24小时，工作时间8:00—20:00，船舶5月28日到，中午12:00递交装卸准备就绪通知书，则6月1日8:00开始起算装卸时间。船舶5月30日到，中午12:00递交装卸准备就绪通知书，则6月1日12:00开始起算装卸时间。

通常以货物装完或卸完的时间作为装卸时间的止算时间，船舶在港内等待开航的时间应从装卸时间当中予以扣减。

九、滞期费和速遣费

当承租人未能在合同约定的许可装卸时间内将货物全部装完或卸完，为补偿船舶所有人因船舶发生滞期而遭受的损失，承租人需向船方交付一定的罚款称为滞期费（Demurrage）。如果承租人在约定的装卸时间之前提前完成装卸作业，船方应向租船人就可节省的时间支付一定的奖金称为速遣费（Despatch Money）。按惯例，速遣费通常是滞期费的一半。滞期费、速遣费通常约定为每天若干金额，不足一天者，按比例计算。

　　英美法认为承租人在许可时间内完成装卸的义务是绝对的和无条件的，承租人必须对超出装卸时间的延误承担责任，且装卸时间一经起算就不停止转动，即"一旦滞期始终滞期"（Once On Demurrage, Always On Demurrage），也就是只要发生滞期，原本可以扣除的星期天、节假日和坏天气等都要计入滞期期限内。除非租约载有一般免责条款（General Exception Clause）或出现船东违约或发生船东为了自己利益的情况下才可打断滞期费的计算。该条款对承租人极为不利，因此，实务中承租人应争取采用另一种"滞期非连续计算"或"按同样的日计算"（Per Like Day）的滞期费计算方法，即计算装卸时间的方法也同样适用于计算滞期费。

　　计算速遣的时间分两种：一种是以许可装卸时间减去实际完成时间为节省的全部装卸时间；另一种是从所节省的全部时间中减去星期日、节假日及坏天气停止工作的时间作为节省的工作时间计算速遣费。

　　附：中英文航次租船合同确认书（2000年标准格式）

中国国际商会
China Chamber of International Commerce
航次租船合同确认书
（2000年标准格式）
Fixture Note of Voyage Charter Party
（2000 Standard Form）

_____年_____月_____日

出租人_____
（地址：_____传真：_____电话：_____）
与承租人_____
（地址：_____传真：_____电话：_____）
双方同意按下列条款和条件履行本确认书：
第一条　承运船舶的规范：
船名：_____船旗国：_____建造时间：_____
船级：_____登记船东：_____
总吨/净吨/载重吨：_____/_____/_____吨　夏季干舷：_____米
总长/型宽：_____米/_____米　散装舱容/包装舱容：_____立方米/_____立方米
舱/舱口：_____/_____吊杆：_____二层甲板：_____
[可根据需要增加项目]_____

第二条　货物和数量：［使用√标明选择（A）或（B）］

☐　（A）＿＿＿＿＿＿公吨＿＿＿＿＿＿［袋装或散装］货物＿＿＿＿＿＿＿＿＿＿＿，增加或减少＿＿＿＿＿＿＿％，由＿＿＿＿＿＿＿＿＿＿＿＿＿＿＿＿＿＿＿＿［出租人或承租人］选择。

☐　（B）＿＿＿＿＿＿＿立方米货物＿＿＿＿＿＿＿＿＿＿＿，增加或减少＿＿＿＿＿＿＿％，由＿＿＿＿＿＿＿＿［承租人或出租人］选择。

第三条　受载期：

＿＿＿＿＿＿＿年＿＿＿＿＿＿＿月＿＿＿＿＿＿＿日／＿＿＿＿＿＿＿年＿＿＿＿＿＿＿月＿＿＿＿＿＿＿日。

第四条　装货/卸货港：［使用√标明选择（A）或（B）］

☐　（A）在＿＿＿＿＿＿＿＿＿＿＿＿／＿＿＿＿＿＿＿＿＿＿＿＿＿＿＿＿的＿＿＿＿＿＿＿个安全港口。

☐　（B）在＿＿＿＿＿＿＿＿＿＿＿港／＿＿＿＿＿＿＿＿＿港的＿＿＿＿＿＿＿个安全泊位。

第五条　装货/卸货率：［使用√标明选择（A）或（B）或（C）］

☐　（A）每晴天工作日＿＿＿＿＿＿＿公吨／＿＿＿＿＿＿＿公吨，星期日、节假日除外，除非已经使用（PWWD SHEX UU）。

☐　（B）每晴天工作日＿＿＿＿＿＿＿公吨／＿＿＿＿＿＿＿公吨，星期日、节假日除外，即使已经使用（PWWD SHEX EIU）。

☐　（C）在＿＿＿＿＿＿＿＿＿＿＿＿［装货港或卸货港］按港口习惯快速装/卸货（CQD）。

第六条　装卸时间的计算：［使用√标明选择（A）或（B）］

☐　（A）装货时间与卸货时间分别计算。

☐　（B）装货时间与卸货时间合并计算。

第七条　运费率：［使用√标明选择（A）或（B）或（C）或（D）］

☐　（A）包干运费＿＿＿＿＿＿＿＿＿＿＿＿＿＿，出租人不负担装卸、堆舱及平舱费。

☐　（B）每＿＿＿＿＿＿＿＿［净或毛］公吨＿＿＿＿＿＿＿，出租人不负担装卸、堆舱及平舱费。

☐　（C）每＿＿＿＿＿＿＿＿［净或毛］公吨＿＿＿＿＿＿＿，出租人不负担装货费，卸货费按班轮条件。

☐　（D）每＿＿＿＿＿＿＿＿［净或毛］立方米＿＿＿＿＿＿＿，出租人不负担装卸、堆舱及平舱费。

第八条　运费的支付：［使用√标明选择（A）或（B）或（C）］

☐　（A）运费应于装货结束后＿＿＿＿＿＿＿个银行工作日内支付。

☐　（B）运费应于装货结束后＿＿＿＿＿＿＿个银行工作日内支付，但至迟应在开舱卸货以前。

按照以上（A）或（B）已收取或应收取的运费，在货物装上船后即为出租人所赚取；不论船舶/货物灭失与否，承租人必须支付，无须返还，不得扣减。

☐　（C）运费应于卸货结束后＿＿＿＿＿＿＿个银行工作日内支付。

第九条　滞期费/速遣费：

滞期费/速遣费为每天＿＿＿＿＿＿＿／＿＿＿＿＿＿＿，不足一天按比例计算，于卸货结束后＿＿＿＿＿＿＿天内结算，但出租人如有留置货物的权利，不受本条规定的影响。

第十条　税费/规费/费用：

船舶/运费的税费/规费/费用由出租人负担，不论其计算方法如何。货物的税费/规费/费用由承租人负担，不论其计算方法如何。

第十一条　代理：〔使用√标明选择（A）或（B）〕

☐　（A）装卸港均为出租人的代理。

☐　（B）装货港为出租人的代理，卸货港为承租人的代理。

第十二条　佣金：〔使用√标明选择（A）或（B）〕

☐　（A）运费、亏舱费和滞期费的佣金包括洽租佣金合计_____%。

☐　（B）运费、亏舱费和滞期费佣金合计_____%，另加_____%付给

_____。

第十三条　法律和仲裁：

　　本确认书适用中国法律并根据中国法律解释，自签订之日起租船合同成立。本确认书产生的或与本确认书有关的任何争议均应提交中国海事仲裁委员会在北京仲裁。仲裁裁决是终局的，对当事人均有约束力。

第十四条　金康租船合同：〔使用√标明选择（A）或（B）〕

☐　（A）其他条款和条件按 1994 年金康租船合同，但第 2 条除外。

☐　（B）其他条款和条件按 1976 年金康租船合同，但第_____条除外。

第十五条　特别条款：

_____

_____

_____

_____

_____

_____

_____

_____

_____

_____

_____　　　　　　　　　　_____

　　　　出租人签字　　　　　　　　　　　　　　　　　承租人签字

China Chamber of International Commerce

Fixture Note of Voyage Charter Party

(2000 Standard Form)

day_____/month_____/year_____

It is mutually agreed between _____ as Owners（address：_____ fax：_____ telephone：_____）and _____ as Charterers（address：_____ fax：_____ telephone：_____）

that this Fixture Note shall be performed subject to the following terms and conditions：

1. Particulars of Performing Vessel：

M/V：_____ Flag：_____ Built：_____

Classification：_____ Registered Shipowners：_____

GT/NT/DWT：_____/_____/_____ TS SSW：_____

LOA/BM：_____/_____ MS Grain/BaleCapa：_____/_____ CBMS

Ho/Ha：_____/_____ Derr：_____ Tweendeck：_____

[add other items when necessary]_____

_____.

2. Cargo and Quantity：[Indicate Alternative (A) or (B) with√]

□ (A) _____ m/ts of _____ in _____ [bag or bulk], _____% more or less at _____ option [Owners' option or Charterers' option].

□ (B) _____ cbms of _____, _____% more or less at _____ option [Charterers' option or Owners' option].

3. Laycan：

_____/_____.

4. Loading /Discharging Port (s)：[Indicate Alternative (A) or (B) with√]

□ (A) _____ safe port (s) at _____/_____.

□ (B) _____ safe berth (s) at port (s) of _____/_____.

5. Loading/Discharging Rate：[Indicate Alternative (A) or (B) or (C) with√]

□ (A) _____/_____ m/ts per weather working day, Sundays and holidays excepted unless used (PWWD SHEX UU).

□ (B) _____/_____ m/ts per weather working day, Sundays and holidays excepted even if used (PWWD SHEX EIU).

□ (C) Customary quick despatch at port (s) of _____ [loading or discharging] (CQD).

6. Laytime Calculation：[Indicate Alternative (A) or (B) with√]

□ (A) Separate laytime for loading and discharging.

□ (B) Total laytime for loading and discharging.

7. Freight Rate：[Indicate Alternative (A) or (B) or (C) or (D) with√]

□ (A) Lumpsum _____ fiost.

□ (B) _____ per _____ [net or gross] m/t fiost .

□ (C) _____ per _____ [net or gross] m/t on free in and liner out .

□ (D) _____ per _____ [net or gross] cbm fiost.

8. Freight Payment：[Indicate Alternative (A) or (B) or (C) with√]

□ (A) Freight to be paid within _____ banking days after completion of loading.

□ (B) Freight to be paid within _____ banking days after completion of loading, but always before breaking bulk.

Freight collected or to be collected as per aforesaid (A) or (B) shall be deemed earned by Owners upon cargo loading on board, and such freight must be paid by Charterers non-returnable and non-discountable whether vessel/cargo lost or not.

☐　(C) Freight to be paid within _____ banking days after completion of discharging.

9. Demmurage/Despatch:

_____ / _____ per day or pro rata to be settled within _____ days after completion of discharging provided that Owner's lien, if any, on the cargo shall not be affected by this provision.

10. Taxes/Dues/ Fee:

Taxes/dues/fee if any on vessel/freight to be for Owners' account, howsoever the amount thereof may be assessed. Same on cargo if any to be for Charterers' account, howsoever the amount thereof may be assessed.

11. Agency: [Indicate Alternative (A) or (B) with√]

☐　(A) Owners' agents both ends.

☐　(B) Owners' agent at loading port and Charterers' agent at discharging port.

12. Commission: [Indicate Alternative (A) or (B) with√]

☐　(A) Commission on freight, dead-freight and demurrage totals _____ percent including address commission.

☐　(B) Commission on freight, dead-freight and demurrage totals _____ percent, plus _____ percent to be for _____.

13. Law and Arbitration:

This Fixture Note shall be governed by and construed in accordance with Chinese law, and the Charter Party shall be established when this Fixture Note is signed. Any dispute arising out of or in connection with this Fixture Note shall be submitted to China Maritime Arbitration Commission for arbitration in Beijing. The arbitration award shall be final and binding upon the parties.

14. Gencon Charter: [Indicate Alternative (A) or (B) with√]

☐　(A) Other terms and conditions are as per Gencon Charter 1994, except Clause 2.

☐　(B) Other terms and conditions are as per Gencon Charter 1976, except Clause (s)

_____.

15. Special Provisions:

_____

_____

_____

_____

_____

_____

Owners' signature   Charterers' signature

第三节　定期租船合同

定期租船合同是一项以租船期限为基础，详细记载租船双方当事人的权利和义务及各项洽租条件的运输契约。我国《海商法》对其定义为："船舶出租人向承租人提供约定的由出租人配备船员的船舶，由承租人在约定的期间内，按照约定的用途使用，并支付租金的合同。"定期租船合同具有以下特点：①出租人负责配备船长和船员，负责船舶航行安全和内部管理，并负担有关费用；②承租人负责船舶调度和营运，并负担船舶营运费用；③按租用船舶的时间长短支付租金，负担时间上损失的风险。

定期租船合同主要包括出租人和承租人的名称、船名、船籍、船级、吨位、容积、船速、燃料消耗、航区、用途、租船期间、交船和还船的时间和地点以及条件、租金及其支付，以及其他有关事项。有关船名、船籍、船级、吨位等涉及船舶的有关事项，基本上与航次租船合同相同。

一、合同当事人

在合同的开头，要把合同当事人、船舶出租人和承租人的名称地址清楚地列明。

二、船舶规范

对承租人来说，船舶是否性能良好，符合货运的需要是至关重要的，因此，要求船舶所有人对船舶进行准确的描述。主要船舶规范有：船东、船名、船旗、船龄、船级、载重吨、载货容积、注册总吨和净吨、吃水、航速、耗油、船上设备等。

船舶所有人对所述船舶规范的真实性负有责任。在租期内，如船舶实际规范与合同规定不符，承租人有权向船舶所有人提出损害赔偿要求，甚至取消合同。

三、航行范围和所装货物

航行范围（Trading Limits）是船舶航行的周围界限，即地理上的界限、区域的范围。航行范围由双方当事人协商，有定为世界范围的，也有规定不得驶往冰冻港口和不安全港口的。承租人必须按规定办，如超过规定范围，船长有权拒绝装运或不执行航行。

对于所装货物，定期租船合同通常不规定具体货物。承租人有权装运"法律许可任何货物"（Lawful Trade Merchandise），即除装卸港和沿途停靠港为法律所禁止的货物外都可装运，但往往有条件限制，如不得装运易燃、易燥、有毒等危险货物。

四、租期

租期（Charter Period）就是租赁期限，即承租人使用船舶的时间，从交船时开始到还船时结束。定期租船合同中有关租期的约定方法大致如下。

（1）暗含伸缩性。合同规定租期为"若××月"、租期"大约××月"、租期为"××月到××月"。这种规定虽未明确有无伸缩，但按惯例，允许租方有一个合理的伸缩时间。伸缩期究竟多长，可依据具体合同而定。

（2）明确规定伸缩时间。合同规定租期、具体伸缩天数及其选择权，如"6 个月，20 天伸缩，由承租人选择"（six months 20 days more or less at charter's option）。

（3）规定没有或暗含没有伸缩。如合同规定租期为最少××月，最多××月，必须安排船舶并在规定时间内还船，不允许有任何延误。如"最少 5 个月，最多 8 个月（five months minimum eight months maximum）"。

五、交船

交船（Delivery）是指船舶所有人在合同约定的时间及地点将合同中指定的船舶交给承租人使用的行为。

（一）交船日期

交船日期的规定通常有三种方式：①规定特定日期，如××月××日交船；②规定一段时间，如××日至××日交船；③规定具体期限，如不早于××日或不晚于××日。实务中，第一种方式使用较少。在实际交船之时，船舶所有人应事先通知承租人预期交船日期及确切交船日期，以便承租人做好接船准备和安排船舶货运任务。如果船舶所有人未能在合同约定的时间内进行交船，承租人有权取消合同并提出损害赔偿。

（二）交船地点

交船地点的规定方法很多，常见的交船地点有：在承租人指定的港口交船，在可抵达的泊位交船或到达引航站交船等。交船地点的选择关键在于船舶空放的经济损失由谁负担。

（三）交船条件

交船时要具备下列条件：船舶适航；装货条件已准备就绪；货舱清扫干净适于装货，船上设备和文件符合规定等。

六、还船

还船（Redelivery）是指在合同约定的租期届满时，承租人将船舶按交船时相似的完好状态在指定的地点还给船舶出租人的行为。

（一）还船日期

还船与交船一样，通常合同都对还船的日期、地点、条件加以明确规定。通常还船前，承租人应提交一份还船通知，以便出租人做好交接准备。尽管合同中都有关于租期的规定，但在实践中很少有船舶最后航次的结束恰好与租期届满之日相吻合，常常出现延迟还船或提前还船。

（二）还船地点

与交船相似，还船地点一般规定某一特定港口。对租方有利的是"船在何时何处备妥，就在何时何处还船"，对船方较有利的是"出港引水员下船时还船"。还船时船舶应具备交船时同样的良好状态和条件，同时船上的存油也必须符合租约规定。

七、租金

租船人为使用船舶而付出的代价称为租金（Hire）。租金与船舶所载货物无关，习惯上按整船每天若干金额计算。也可按每月天或每日历月每夏季载重吨计算，两者之间可相互换算。例如，一艘夏季载重吨为 25 000 吨的船，每 30 天每吨的租率为 8 美元，则这条船每天租金为 25 000×8÷30＝6 666 美元。

租金通常预付半个月或一个月，租船人按时按规定的金额支付租金的责任是绝对的。若在租金到期之日，租金没有付到或所付租金金额少于应付的金额时，船东有权撤船。在租船市场价格上涨时，承租人特别要注意这一点，否则很可能成为船东撤船的借口。

八、停租

停租（Off-Hire）是指在租期内，由于合同中约定的原因使船舶在某段时间不能有效地供承租人使用，承租人可以在停止使用船舶期间，中断支付租金义务的一种权利。停租不以船舶所有人或其雇员的过失或疏忽为前提条件，即只要出现了合同中约定的停租事件，船舶均应停租。凡对合同没有订明的停租原因，承租人必须继续履行支付租金的义务。合同约定的停租原因一般有：①人员或者物料不足；②船体、船机或者设备的故障或者损坏；③船舶或者货物遭受海损事故而引起延误；④船舶入干坞或者清洗锅炉。但停租期间，承租人应负担的其他费用不能停付，如事后证明出租人有过失，承租人可向其追偿。

停租条款（Off-Hire Clause）几乎是每一个期租合同都要载明的条款，由于承租人是按照时间而不是航次支付租金的，因此，如果船舶不能为其提供最有效的服务却仍然要承租人履行支付租金的绝对义务是勉为其难的。为保护自己的利益，转嫁部分时间损失风险，承租人往往要在期租合同中订入停租条款。

九、转租

转租（Sublet）是指承租人在合同期间将船舶转租他人的行为。长期租船条件下，租船人有时会因货源或经营决策等原因，将租船转租给第三方，这种情况下，租船人就成了二船东（Disponent Ship Owner）。在洽订转租合同时，要严格把握原租船合同条款，以保证第三者的行为在受转租合同约束的同时不违背原租船合同，以防止二船东与真正的船东之间发生不必要的纠纷。例如，转租合同中的航行地区必须和原租船合同中的规定一致，又如共同海损理赔条款、仲裁条款也要一致。

期租合同大多规定承租人有权转租船舶，但转租合同对原合同的出租人不发生任何合同效力，即原出租人与转租承租人之间没有直接的租船合同关系。租用的船舶转租后，原租船合同约定的权利和义务不受影响。

以上介绍的只是期租合同中的部分常用条款。期租合同条文很多，还有一些条款也是常见的，如对货物种类及航行区域的限制，船东的责任及免责条款、首要条款、战争条款等，还有冰封条款、征用条款、航速索赔条款等。在具体租船时，要根据货运需要及自身利益力争制定对己方有利的条款。

附：

中国定期租船合同标准格式
China National Chartering Corporation Time Charter Party

租约代号：SINOTIME1980

现有规范如附表所描述的摩托/蒸汽船号的船东_____（地址：_____）与租船人_____公司于本日相互达成协议如下：

1. 船舶规范

船东保证，在交船之日以及在整个租期内，本船应与附表规范相符，如有不符，租金应予以降低，足以赔偿租船人由此受到的损失。

2. 船舶状况

船东保证，在交船之日以及在整个租期内，本船应紧密、坚实、牢固，处于良好工作状态，在各方面适于货运，船壳、机器、设备处于充分有效状态，并按规定人数配齐合格的船长、船员和水手。

3. 租期

船东供租，租船人承租本船_____日历月（确切租期由租船人选择），从本船交付之时起租。

4. 航行范围

本船在伦敦保险人学会保证条款的范围内（但不包括_____），航行于本船能经常安全浮起的（但同样大的船舶照例安全搁底的地点可以不浮起），安全港口、锚地或地点，进行合法贸易，在船东保险人承担的情况下，租船人可派船在许可外的地区，进行贸易，也可随意派船到船东需要支付兵险附加保费的地区进行贸易。不论哪种情况，船壳、机器附加保费由租船人负担，但该附加保费不得超过按照伦敦保险人最低费率的最少险别所征收的保费，其保险条件不得扩大学会按期保险条款（1/10/1970）的标准格式或学会兵险条款（1/7/1976）的标准格式，但不包括封锁和围困险，租船人在收到有关凭证或因租船人需要，收到保单附本时将附加保费付还船东，如附加费有回扣，应退还租船人，船壳、机器保额定为_____，保费即按此计算，但如果保单记载的船壳、机器保额与上列金额不符，则取较小的金额计算。

如本船航行中受阻，租船人有解除本租约的选择权。

除非首先得到租船人的同意，船东不得以任何理由或任何目的派船停靠台港港口。

禁装货载：本船用来载运合法货物，但不包括_____。

租船人有权按照政府间海事协商组织的规则或任何主管当局适用的条例，运输危险品。

5. 交船港

本船在_____在租船人指定的、本船能经常安全浮起，随时可供使用的泊位，在办公时间内交给租船人使用，交船时货舱须打扫干净，适于在装港接收货物，接受交船并不构成租船人放弃其租约赋予的权利。

6. 交船日期

本船不得在_____之前交付，如本船在_____点之前没有准备就绪并交付，租船人有随时解除本租约的选择权，但不得迟于本船准备就绪之日。

交船通知：船东给租船人_____天预计交船日通知及_____天确定交船日通知。

7. 货舱检验

租船人在交、还船港代表双方委任验船师检验交、还船时的货舱和确定船上存油、交船检验船东时间，还船检验租方时间，验船师费用由船东和租船人均等分担，在测定船上存油前，本船前后吃水要调平或者船尾吃水差不超过六英尺。

8. 船东供应

船东供应及/或支付有关船长、项目、船员和水手的全部食品、工资、领事费以及其他费用，供应及/或支付甲板、房舱、机舱及其他必需的全部用品，供应及或支付全部润滑油和淡水，支付各项船舶保险及人干坞、修船和其他保养费。

起货机船东给全部双杆吊及/或转盘吊提供起重装置和设备，达到格式所规定的起重能力，并供装卸货物实际使用的一切绳索，滑轮吊缆、吊货具及滑轮，如本船备有重吊，船东给重吊提供必要的起重装置（参见第15条）。

船东提供甲板，水手按需要开关舱，在船到达装卸泊位或地点之前抱货机装置就绪，并提供甲板及/或舷梯看更，配备每舱绞车工及/或转盘吊工一人，按需要昼夜操作，如港方或工会规章制止水手开关舱（或操作绞车及/或转盘吊），则租船人雇岸上工人代替支付费用。

照明：船东用船上灯光和群光灯提供充分的照明，使各舱口和货舱同时作业。

清舱：如租船人需要，并为当地规章所许可，船东应提供水手清舱并清除垫料，以适于装运下航次货载，租船人付给船东或水手清舱费定额每次最多_____。

9. 租船人

租船人供应及/或支付（除非供应项目为船东的事物而发生或在船东造成的时间损失内发生，不论是否租停）主机和辅机用的全部油料（为了补偿船上人员的生活用油，每日历月定额_____，可是支付租金中扣除，不足一月者，按比例扣减）、港口费、强制引水、舢板、拖船、领事费（但按第8条属于船东支付者除外）、运河、码头及其他捐税（但属于国际或本地船东或海员组织所征收者除外）和费用包括任何外国市政税和国税，还支付交船港和还船港的一切码头、港口和吨税（除非在交船前或还船后发生）、代理、佣金等费用，并且安排和支付装载，平舱、码垛（包括垫料，但船东允许租船人使用船上已有的垫料）、卸载、过磅和理货、上船执行职务的官员和人员的伙食以及其他各项费用。

10. 燃料

租船人按交船上所存全部油料，并按每公吨燃油_____和每公吨柴油_____付款，船东接收还船时上所存全部油料，并按租船人现行加油合同的还船港油价付款，如还船港没有合同油价，则按邻近主要加油港的合同油价支付，本船交付时存燃油不少于_____吨，不多于_____吨，柴油不少于_____吨，不多于_____吨，本船退还时存燃油不少于_____吨，不多于_____吨，柴油不少于_____吨，不多于_____吨，租船人可在交船前加油，占用的时间不计租金。

租船人有使用船东加油合同的选择权，在租期内，如船东和租船人双方在航次的主要加油港都不能安排加油，则租船人有权解除本租约。

11. 租率

从本船交付之时（格林尼治时间）起至还给船东之时（格林尼治时间）止，租船人按本船夏季干舷载重_____吨，2 240磅为一吨，每吨每日历月的租率_____支付租金，不足一月者，按比例支付。

第一期租金应在交船后七个银行营业日内，以后各期租金应在到期后七个银行营业日内，以现款在_____给_____预付半月（但最后一期，租金预付到经租船人合理估算足以完成最后一个航次所需的时间），该项租金除了扣除本租约已具体规定的项目外，还扣除租船人及其代理人应得的回扣和佣金、有关实际停租或估计停租期间的任何款项或费用，还扣除租船人合理估算，在上述期间内所发生的费用以及根据本租约，租船人对船东的索赔款项，如付款到期之间，本船停租，则租金余额应本船起租后七个银行营业日内支付，租船人还有权在最后整月租金中扣除预计代船东垫付的港口使用费和开支以及还船时船上存油的估计金额，以上付款，还船后多退少补。

如未履行支付租金，船东有权撤船，不给租船人使用，但这并不损害船东根据本租约在其他方面对租船人具有的索赔权。

12. 还船

本船应于租约期满时，按交付给租船人时大体相同的良好状态（自然损耗和由于第21条列举的原因所造成的船舶过失除外），在租船人选择的安全、没有冰冻的港口_____退还。

租船人有卸毕还船的选择权，给船东或水手支付包干费最多_____以代替清舱，清除垫料。

还船通知：租船人给船东不少于十天的预计还船港口和日期的通知。

最后航次：如本船被指令的航次超过租期时，租船人可使用本船完成该航次，但如市价高于租约规定的租率，则对于超过租期的时间按市价支付。

13. 货位

除保留适当足够的部位供船长、船员、水手使用及存放船具、属具、家具、食品与船用品外，本船所有空间和运力，如有客舱，也包括在内，均归租船人使用。

甲板货：租船人有权按照通常海运惯例，在甲板及/或舱口部位装满货物，费用自理，并承担风险，装载甲板货应受到船舶稳性和适航性的限制，航行中，船长与水手对甲板货应妥善照料并拉紧捆索。

14. 租船人

租船人有权派代表一至二人。

代表：上船并押运并考察航次尽快运行情况，对他们将免费提供房间并供应与船长相同的伙食标准，费用由租船人负担。

15. 证件

船东保证持有并随船携带必要的证件，以符合所挂港口的安全卫生规定和当前要求。

船东保证，本船起货机及其他一切设备符合本船靠挂港口的规定，还保证本船随时持有现行有效证件，在各方面符合这种规定，如船东未能照办使其符合上述规定或未持有上述证件以致岸上人员不能作业，则由此损失的时间应停租，由此产生的额外费用由船东负担。

租船人有权免费使用船人的绞车吊杆包括重吊及/或转盘吊至其最大起重能力，起货机应保持完好工作状态，便于即时使用，但租船人打算使用重吊时仍应给予足够时间的通知。

熏舱：在租期内，船东提供有效的熏蒸灭鼠证书或免疫证书，由于载货或根据租船人指示而靠挂港需要熏蒸，均由租船人负担，其他原因的熏蒸由船东负担。

16. 停租

（A）如时间损失是由于（1）人员或船用品不足；（2）船壳、机器或设备损坏；（3）船舶或货物遇到海损事故包括碰撞和搁浅而造成延误；（4）修船、进行干船坞或保持本船效能所采取的其他必要措施；（5）未持有或未随船携带货运需要的有效证件及或其他船舶文件，包括有效的巴拿马运河和苏伊士运河丈量证件；（6）船长、船员或水手的罢工、拒航、违抗命令或失职；（7）任何当局因船东、船长、船员或水手受到控告或违章对本船实行拘留或干预（但租船人的疏忽行为或不行为所引起者除外）；（8）船东违反租约而停工；（9）由于本条所提到的任何原因或任何目的（恶劣天气除外）或由于伤病船员上岸治疗而使本船绕航，折返或靠挂非租船人所指示的其他港口；（10）本租约另有规定的停租项目或其他任何原因，以致妨碍或阻止本船有效运行或使本船不能给租船人使用，则从时间损失起至本船重新处于有效状态，在不使租船人比时间损失开始之时的船位吃亏的地点恢复服务止，租金停止。

（B）如装卸货物所需的绞车/转盘吊或其他设备损坏或不堪使用，或绞车/转盘吊动力不足，则开工不足的时间应按所需作业的绞车及或转盘吊的数目比例计算时间损失，如上述原因使装完或卸完整船的时间推迟，则开工不足的时间应相应地全部停租，如租船人要求继续作业，则船东支付岸上设备费用以代替绞车/转盘吊，租船人仍应支付全部租金，但如岸上转盘吊数目不够，则租金应按岸上可供使用的转盘吊数目比例支付。

（C）由于上述原因引起的额外费用，包括装卸工人待时费，如有罚款也包括在内，均由船东负责，并从租金内扣除。

（D）租船人有将任何停租时间加在租期内的选择权。

（E）如本租约所说的原因使本船延误达六周以上，租船人有解除租约的选择权。

17. 航速索赔

联系本租约第1条，如本船航速减低及/或耗油增多则由此造成的时间损失和多耗用燃料的费用，应从租金中扣除。

18. 征用

在租期内，如本船被船籍国政府征用，则租金应从征用之时停止，凡预付而不应得的租金以及征用时船上存油金额退还租船人，如征用期超过一个月，租船人有解除租约的选择权。

19. 干坞

从上次油漆船底算起，不超过十个月，本船应在船东和租船人双方同意的方便地点和时间，至少进干坞一次（清洗油漆船底）。

20. 船长责任

船长和水手应尽快完成所有航次并提供惯常的协助。在航次、代理或其他安排方面，船长应听从租船人的指示，船长本人或经租船要求授权租船人或其代理人按照大副或理货收据签发提供的任何提单。

指示：租船人应给船长各项指示和航行。

航海日志：船长应保存完整正确的航海日志供租船人或其他代理人查阅，甲板、机房日志应用英文填写，最迟应于每航次完毕时交给租船人或其代理人，如未照办，则以租船人提出的数据为准，对此船东无权申诉。

如租船人有理由对船长、船员或轮机长的行为不满，船东在接到不满的情节后，应立即调查，如情节属实，船东应予以撤换，不得拖延。

21. 装卸工人和理货员由租船人安排并作为船东的雇员，接受船长的指示和指导，租船人对雇用的装配工人的疏忽，过失行为或判断错误不负责任，对引水员，拖船或装卸工人的疏忽或装载不合理或装载不良造成的船舶灭失，也不负责任。

22. 垫款

如需要，租船人或其代理人可垫支船长必要的款项，供船方在港的日常开支，收取2.5%供款手续费，此项垫款应从租金中扣还，但租船人或其代理人认为必要时可拒绝垫支。

23. 冰封

本船不得派往或进入冰封的地点，或本船到达之时，由于冰情，即将撤去或可能撤去灯塔、灯船、航标和浮标的地点，本船也不得派往或进入因冰情有危险使本船不能顺利到达或在装卸完毕后不能驶出的地点，本船没有破冰航行的义务，但如需要，可尾随破冰船航行。

24. 船舶灭失

如本船灭失，租金在灭失之日停止，如本船失踪，租金在本船最后一次报告之日的正午停止，凡预付而不应得的租金应退还租船人。

25. 加班

如需要，本船昼夜作业（周六日和假日包括在内），除非停租，租船按每日历月定额_____付给船东，作为船员和水手的加班费，不足一月按比例计付。

26. 留置权

为了索回本租约属下的赔偿，船东有权留置属于定期租船人的货物和转租运费以及提单运费，为了索回预付而不应得的款项，索回因船东违约而造成的损失，租船人有权留置船舶。

27. 救助

救助其他船舶所得的报酬，扣除船长与水手应得的部分与各项法定费用和其他开支，包括按租约对救助损失时间所付的租金，还有损坏的修复和燃料的消耗等项后，由船东与租船人均等分享，救助人命和救助财产无效所遭受的时间损失和费用（不包括本船的灭失），由船东和租船人均等分担。

28. 转租

租船人有转租本船的选择权，但原租船人对船东仍负有履行本租约的全部责任。

29. 走私

船东对其雇员的不法行为和犯罪行为，如走私、偷盗、行窃等后果负责，由此造成的船期延误应予停租。

30. 退保费

由于本船在港时间达 30 天以上并照付了租金，船东因此从保险公司得到的退保费应给予租船人（一经从保险公司收到，如数退给租船人，否则从末次租金中扣回估计的金额）。

31. 战争

如船旗国卷入战争、敌对行动或军事行动，船东和租船人双方均可解除本租约，本船将在目的港或在租船人选择安全、开放的港口，于卸完货物后还给船东。

32. 海牙规则

船东或其经理人作为承运人，按照 1924 年 8 月 25 日在布鲁塞尔签订的海牙规则第三和第四款的规定（但第三款六节除外），在四款五节中 700 元人民币代替 100 英镑，对本租约名下所载运的货物，根据船长签发的提单或根据第 20 条由船长授权经租船人或其代理人所签发的提单负责短少、灭失或残损。

33. 互有过失

双方互有过失碰撞条款和航运公会兵险 1 条和 2 条是本租约的组成部分，本租约名下出具的提单均应载有此项条款。

34. 共同海损

共同海损按照 1975 年北京理算规则理算和清算。

35. 仲裁

本租约发生的一切争执在_____提交仲裁，仲裁的裁决是终局的，对双方均有约束。

36. 佣金

船东应按本租约所付租金百分之_____%的回扣付给租船人，百分之_____%经纪佣金付给_____。如任何一方违约以致租金没有全部支付则责任方应赔偿经纪人的佣金损失，双方同意解除本租约时，由船东赔偿经纪人的佣金损失，在此情况下，佣金不超过为期一年的租金计算的数额。

出租人（盖章）：_____　　　　　　承租人（盖章）：_____

代表（签字）：_____　　　　　　　代表（签字）：_____

_____年_____月_____日　　　　　　_____年_____月_____日

签订地点：_____　　　　　　　　签订地点：_____

附件

船 舶 规 范

本表由船东填写后，全部并入并作为_____年_____月_____日租约的组成部分。

1.（A）船名：_____呼号：_____船旗：_____

（B）何时建造：_____总长：_____最大的宽度：_____

（C）船级：_____

（D）登记吨位（总/净）：_____

（E）主机型号和制动马力：_____

2. 载重吨和吃水

（A）按船级的夏季干舷载重包括燃料、船用品和淡水_____长吨。

（B）以（A）为基础满载时在海水中吃水：_____

（C）船用品和常数不超过_____长吨。

3. 散装/包装容积

共计_____立方英尺包括清洁，可装干货的深舱的包装容积_____立方英尺，另加清洁、可装散货的开底翼舱_____立方英尺。

4. 速度耗油和油舱容量

（A）最大每分钟转速：_____

可产生每分钟运行转速：_____

（B）良好天气条件下装载时运行速度：_____海里。

（C）以（B）为基础每日航行耗油：中燃油（最多_____秒）_____吨＋柴油_____吨。

（D）每日（24 小时）在港耗油：_____

起货机全部作业：_____

起货机停止作业：_____

（E）油舱容量约_____吨燃油约_____吨柴油。

（F）（B）中所谓"良好天气条件"应解释为风速不超过蒲福氏风力 3 级（最大 16 海里）及/或道格拉斯海浪状况 3 级（3～5 英尺）。

5. 起货机

（A）绞车规范、数目和起重能力：_____

（B）吊杆/转盘吊的数目和起重能力：_____

双干联合作业的常规负荷：_____

（C）重吊规范：_____

使用于何舱口：_____

准备时间：_____

6. 淡水

（A）水柜容量：_____吨。

（B）锅炉每日用量：_____吨，生活用_____吨。

（C）淡水机规范：_____

利用废气制淡水：_____

7. 甲板/货舱/舱口

（A）甲板数目：_____

（B）二层甲板平或不平：_____

（C）二层柜高度：_____

（D）货舱/舱口数目：_____

（E）舱口尺寸：_____

深舱口尺寸：_____

（F）舱底板/露天甲板/舱盖强度：_____

8. 其他项目

（A）机器/船桥位置：_____

（B）舱盖型号：_____

（C）货舱通风系统：_____

（D）地轴弄是否与舱底板平：_____

（E）充分压舱空载时从水线至舱盖的板围高度：_____

（F）上次进干坞油漆船底日期：_____

（G）上次熏蒸日期：_____

9. 货舱铺有舱底板舱口大小一致，或者舱底板加固，以适于用抓斗卸散货。

10. 本船是自动平舱散货船或是双层甲板船，按照 1960 年海上生命安全国际公约的规定规则，装载散货无须任何其他设备。

11. 本船已经加固，适于装载重件货，并能在货舱间隔装载情况下航行。

12. 本船护货板齐备。

13. 本船可长途空放无须用货舱装水或重物压舱。

14. 本船二层柜舱盖齐全并在租期内同样保持齐全，船东保证，所有二层柜舱盖板完好，符合工厂法或相当的其他法令。

15. 本船符合通过苏伊士运河和巴拿马运河的各项要求并持有必要证件。

16. 本船备有通过圣劳伦斯河、圣劳伦斯航路和大湖所要求的全部装置和设备。

17. 本船所有货位备有二氧化碳灭火设备，适于满载棉花。

China National Chartering Corporation Time Charter Party Code—Name "SINOTIME 1980"

IT IS THIS DAY MUTUALLY AGREED between _____ (address of office: _____)' Owners of the _____ motor/steam vessel called _____ described in the form attached hereto and China National Foreign Trade Transportation Corporation of Peking, as Charterers as follows:

1. Vessel's Description

The Owners warrant that at the date of delivery and throughout the period of service under this Charter the Vessel to be of the description set out in the Form attached hereto. Should the vessel fail to comply in any respect with the said description, hire to be reduced to the extent necessary to indemnify Charterers for such failure.

2. Vessel's Condition

The Owners warrant that at the date of delivery and throughout the period of service under this Charter, the vessel to be tight, staunch, strong, in good order and condition, in every fit for the cargo service, with her hull, machinery and equipment in a thoroughly efficient state and with a full and efficient complement of Master, Officers and Crew.

3. Period

The Owners let, and the Charterers hire the Vessel for a period of _____ calendar months (exact period at Charterers' option) commencing from the time of delivery of the Vessel.

4. Trading

The Vessel to be employed in lawful trades between safe ports, anchorages of places where she can safely lie always afloat, except at such places where it is customary for similar size vessels to lie safely aground, within Institute Warranty Limits excluding _____ The Charterers shall have the option of trading outside these Limits, provided the Vessel is insurable by the Owners' Underwriters, and have also liberty of trading zones where Owners are repuired to pay for extra war risk insurance premium. In either case, extra insurance premium on hull and machinery to be for Charterers' account, but such extra premium is not to exceed that for minimum coverage under the London Underwriters' Minimum Scale on conditions no wider than their standard form of Institute Time Clauses (1/10/1970) or of Institute war Clauses (1/7/1976) excluding blocking and trapping risks. Charterers to reimburse the extra premium to Owners on receipt of supporting vouchers, or copy of Insurance policy, if required by Charters. Rebates on such extrapremium, if any, to be refunded to Charterers. The valuation of hull and machinery for these purposes is fixed, at _____, on which the premium shall be computed. However if hull and machinery valuation stated in the Insurance Policy varies from the above, the less shall apply to the com-puting.

Should the Vessel be prevented from China trading, Charterers to have the option of cancelling the Charter.

In any event Owners shall not for any reason or for any purpose send the Vessel to call ports of Taiwan unless the consent of Charterers be first obtained.

Cargo Exclusions

The Vessel to be employed in carrying lawful merchandise excluding _____. The Charterers shall have the privilege to ship dangerous cargo in accordance with the Inter-Governmental Maritime Consultative Organization Rules or any competent authorities' regulations, as applicable.

5. Port of Delivery

The Vessel to be delivered and placed at the disposal of Charterers during office hours, at _____ in such available berth where she can safely lie always afloat, as Charterers may direct, with clean-swept holds suitable for receiving cargo at loading port. Acceptance of delivery shall not constitute any waiver of Charterer's rights hereunder.

6. Date of Delivery

The Vessel to be delivered not before _____ and should the Vessel not be ready and delivered before 1 700 hours _____ the Charterers to have the option of cancelling the Charter at any time not later than the day of Vessel's readiness.

Delivery Notices

The Owners to give the Charterers _____ day's notice of the expected date of Vessel's delivery and _____ day's notice of definite date.

7. Cargo Hold Inspection

The Charterers to appoint a survey or on behalf of both parties at the port of delivery and redelivery, who shall inspect the cargo holds and ascertain bunkers remaining on board on delivery in Owners' time and on redelivery in Charterers' time. The surveyor's fee to be equally shared between Owners and Charterers. Before measuring the bunkers on board the Vessel's draft shall he trimmed to even keel or not more than six feet by stern.

8. Owners Provide

The Owners to provide and/or pay for all provisions, wages, consular fees and all other expenses relating to the Master, Officers and Crew, for all deck, cabin, engine room and other necessary stores, for all lubricating oil and water, for all insurance of the Vessel and for drydocking, repairs and other maintenance of the Vessel.

Cargo Gear

The Owners to provide gear and equipment for all derricks and/or cranes capable of handling lifts upto their capacity as described in the Form, also provide all ropes, falls, slings and blocks actually used for loading and discharging. If the vessel is fitted with heavy lift gear, the Owners to provide necessary gear for same. (See also Clause 15)

The Owners to provide deckhands to open and close hatches as required and rig cargo gear before the Vessel's arrival at loading and discharging berths or places, also provide deck and/or gangway watchmen and one winchman and/or cranedriver per hatch to work winches and/or cranes day and night as required. If the rules of the Crew from opening and closing hatches or driving winches and/or cranes, then shore labour to be employed in lieu thereof and paid by Charterers.

Lights

The Owners to provide on the Vessel sufficient lighting with the Vessel's lights and light clusters to work at all hatches and in all holds simultaneously.

Hold Cleaning

The Owner's if required by Charterers, to provide the Vessel's Crew to clean the holds including dunnage removal to the extent suitable for loading next cargo provided local regulations permit it. The Charterers to pay Owners or Crew members a lumpsum of maximum_____ for each cleaning.

9. Charterers Provide

The Charterers to provide and/or pay for (unless incurred for Owners' purpose or during 10ss of time on Owners' account whether or not the Vessel is off-hire) all fuel for main engines and aux iliary engines (a lumpsum of _____ per calendar month or pro rata for any part of a month is deductible from hire payments to cover Vessel's domestic use of fuel), port charges, compulsory pilotages, boatage, tugassistance, consular fees (except those for Owners' account under Clause 8), canal, dock and other dues (except those collected by the international or local organizations of shipowners or seamen) and charges including any foreign general municipality or statetaxes, also all dock, harbour and tonnage dues at the ports of delivery and re-delivery (unless incurred before delivery or after re-delivery), agencies, commissions also to arrange and pay for loading, trimming, stowing (including dunnage, but Owners allow Charterers the use of any dunnage already on board the Vessel), unloading, weighing and tallying cargoes, meals supplied to officials and men in their service and all other charges and expenses.

10. Bunkers

The Charterers to take over and pay for all fuel remaining in the Vessel's bunkers on delivery at _____ per metric ton of fuel oil and _____ per metric ton of diesel oil. The Owners to take over and pay all fuel remaining in the Vessel's bunkers on re-delivery at Charterers' current contract price at the port of re-delivery, or at the nearest main bunkering port, if the bunker price at the port of re-delivery is not available. The Vessel to be delivered with not less than _____ tons of fuel on and not less than _____ tons and more than _____ tons of fuel oil and not less than _____ tons and not more than _____ tons of diesel oil, and to be redelivered with not less than _____ tons and not more than _____ tons and not more than _____ tons of diesel oil.

The Charterers to have the liberty of lifting bunkers before delivery, time used not to count.

The Charerers to have the option of using Owners' bunker contracts. If at any time during the currency of this Charter, both Owners and Charterers are unable to arrange bunkers at the main bunkering ports for the voyage in question, the Charterers to have the privilege of cancelling this Chartat.

11. Rate of Hire

The Charterers to pay as hire at the rate of _____ per ton of 2 240 pounds on the Vessel's total deadweight on _____ summer freeboard per calendar month or pro-rata for any part of a month, commencing from the time (G. M. T.) of the vessel's delivery until the time (G. M. T.) of her re-delivery to Owners.

Payment of Hire

First payment of hire to be made within seven banking days of the Vessel's delivery and subsequent payments of hire within seven banking days of the due date, in cash, in _____ to _____ semi-monthly in advance (except for the last period, hire to be payable for such length of time as reasonably estimated by Charterers necessary to complete the last voyage) less, in addition to where specifically provided herein, commission and brokerage due to Charterers/their Agents, any amount or expenses in respect of actual or estimated off-hire periods, any expenses incurred by Charterers which may reasonably be estimated by them to relate to such off-hire periods and any amount of claims Charterers may have on Owners under this Charter. If on due date the Vessel be off-hire, the balance payment for the period to be made within seven banking days after the Vessel is agein on-hire. The Charterers also to have right to deduct from the last full month's hire the disbursements expected to be made on Owners' behalf of expenses expected to be incurred by charterers for Owners' account and estimated cost of bunkers remaining on board on re-delivery, and when the Vessel is re-delivered any over-payment to be refunded by Owners or under-payment paid by Charterers.

In default of payment, the Owners may withdraw the Vessel from the service of Charterers, without prejudice to any claim Owners may otherwise have on Charterers under this Charter.

12. Re-delivery

The Vessel to be re-delivered on the expiration of the Charter in the like good order as when delivered to thd Charterers (fair wear and tear and loss of or damage to the Vessel by reason stated in Clause 21 excepted) at a safe, icefree port in Charterers' option in _____. The Charterers to have the option of re-delivering the Vessel upon completion of discharge, paying Owners or Crew members a lumpsum of maximum _____ in lieu of holding cleaning including dunnage removal.

Notice of Re-delivery Last Voyage

The Charterers to give Owners not less than ten days' notice of Vessel's expected port and date of re-delivery.

Should the Vessel be ordered on a voyage by which the Charter period will be exceeded the Charterers to have the use of the Vessel to enable them to complete the voyage and pay the market rate for any time exceeding the termination date if market rate is higher than the rate stipulated herein.

13. Cargo Space

The whole reach and burden of the Vessel including passenger accommodation, if any, to be at Charterers' disposal, reserving proper and sufficient space for the Vessel's Master, Officers, Crew, tackle, apparel, furniture, provisions and stores.

Deck Cargo

The Charterers to have the privilege of loading a full cargo on deck and/or on hatches in accordance with normal marine practice at their expense and risk and deck load will be controlled by Vessel's stability and seaworthiness. Whilst in navigation the Master to take good care for deck cargo and tighten up lashings on deck cargo with the Vessel's Crew.

14. Charterers' Representatives

The Charterers to have the privilege of putting one/two of their Representatives on board the Vessel, who shall accompany the Vessel and see that the voyages are prosecuted with utmost despatch. They are to be furnished with free accommodations and same fare as provided for the Master's table, victualling expenses to be for Charterers' account.

15. Certificates

The Owners warrant to have secured and carry on board the necessary certificates to comply with Safety and Health Regulations and all current requirements in all ports of call.

The Owners guarantee that Vessel's cargo gear and all other equipment to comply with the regulations in all ports visited by the Vessel, and that the Vessel to be at all times in possession of valid and up-to-date certificates to comply with such regulations in every respect. If shore personnel is not permitted to work due to failure of the Owners to comply with the aforesaid regulations, or because of a lack of said certificates, any time so lost to count as off-hire, and all extra expenses incurred thereby to be for Owners' account.

The Charterers to have the right to free use of all winches, derricks including heavy lift gear and/or cranes to their full capacity and gear to be kept in full working order for immediate use, the Charterers, however, to give sufficient notice of their intention to use heavy lift gear.

Fumigations

The Owners to provide valid fumigation and deratization orexemption certificates throughout the Charter period. All fumigations required because of cargoes carried or ports visited under Charterers' instructions to be for Charterers account, and otherwise for the Owners account.

16. Off-Hire

(A) In the event of loss of time due to (1) deficiency of men or stores; (2) breakdown or damage to hull, machinery or equipment; (3) detention by average accidents to ship or cargo including collision and stranding; (4) repairs, drydocking or other necessary measures to maintain the efficiency of the Vessel; (5) failure to possess or carry on board valid certificates, and/or other Vessel's documentation for the cargo service, including valid Panama and Suez Canal admeasurement certificaters; (6) strikes, refusal to sail, breach of orders or neglect of duty on the part of the Master, Offieers or Crew; (7) detention of or interference with the Vessel by any authorities in consequence of legal action against, or breach of regulations by the Owners, Master, Officers or Crew (unless brought about by the negligent act or omission of Charterers); (8) stoppages resulting from any breach of this Charter by the Owners; (9) deviation, putting back or putting into any port other than that to which she is bound under the instructions of Charterers for any reason or for any purpose (except for stress of weather) mentioned in this~Clause or for the purpose of obtaining medical advice or treatment for or landing any sick or injured ship's personnel; (10) those agreed as offhire as elsewhere provided herein or any other causes either hindering or preventing the efficient working of the Vessel, or rendering the Vessel unavailable for the Charterers' service, hire to cease

87

form commencement of such loss of time until the Vessel is again in an efficient state to resume her service from a position not less favourable to Charterers than that at which such loss of time commenced.

（B) In the event of breakdown or disablement of one or more winches and/or cranes or other equipment necessary for loading or discharging cargo of insufficient power to operate a winch (s) and/or crane (s), the loss of time to be calculated pro-rata for the period of such inefficiency in relation to the number of winches and/or cranes required to work, or the period of inefficiency to count as foil off-hire correspondingly if it is the cause of completion of loading or discharging of the Vessel being delayed. If Charterers elect to continue work, the Owners to pay for shore appliances in lieu of the winches/cranes, but in such case, the Charterers to pay full fire. However in the event that sufficient shore cranes are not available then hire to be paid pro-rata to the number of cranes available.

（C) Any extra expenses resulting from any of the above mentioned causes including stevedore standby time and fince, if any imposed, to be borne by Owners and deducted from hire.

（D) The Charters have the option of adding any off-hire time to the Charter period hereunder.

（E) If any cause mentioned herein delays the Vessel more than six weeks the Charterers to have the option of cancelling this Charter.

17. Speed Claim

With references to Clause 1 hereof, it is understood that if the service speed of the Vessel be reduced and/or the oil-fuel consumption be increased the time lost and cost of any extra fuel consumed shall be deducted from the hire.

18. Requisition

During the period of this Charter, should the Vessel be requisitioned by the government of the Vessel's nationality, hire to cease form the time of her requisition. Any hire apid in advance and not earned, and cost of bunkers remaining on board at the time of her requisition shall be refunded to Charterers. If the period of requisition exceeds one month, the Charterers to have the option of cancelling his Charter.

19. The Vessel to be drydocked (bottom cleaned and painted) at least once at intervals of maximum ten months, reckoning from the time of last painting at a convenient place and time to be mutually agreed upon between Owners and Charterers.

20. Duties of Master Bills of Lading

The Master to prosecute all voyages with the utmost despatch and to render customary assistance with the Veesel's Crew. The Master to be under the orders of the Charterers as regards employment, agency or other arrangements. The Master to sigh or if required by Charterers to authorise Charterers or their Agents to sign Bills of Lading for cargo as presented in conformity with Mate's or Tally Clerks' receipts.

Directions and Logs

The Charterers to furnish the Master with all instructions and sailing directions and the Master to keep a full and correct log of the voyage or voyages, which to be open to inspection by Charterers or their Agents. The deck/engine log abstracts to be completed in English language and delivered to Charterers or their Agents on completion of each voyage, failing which Charterers' figures to be final and Owners are not entitled to any claim in this respect.

If the Charteres have reason to be dissatisfied with the conduct of the Master, Officers or Engineers, the Owners, on receiving particulars of the complaint, promptly to investigate the matter, and if the complaint prove to be well founded, the Owners shall, without delay, make change in the appointments.

21. Stevedores

Stevedores and tallymen to be arranged by the Charterers in loading and discharging, who shall be considered as the Owners' servants and subject to the orders and directions of the Master. The Charterers not to be responsible for any negligence, default or errors in judgement of stevedores employed, nor for loss of or damage to the Vessel through the negligence of pilots, tugboats or stevedores, or improper or negligent stowage.

22. Advances

The Charterers or their Agents may advance to the Master, if required, necessary funds for ordinary disbursements for the Vessel's account at any port charging 2 - 1/2 percent outlay commission, such advances to be deducted from hire. Nevertheless, the Charterers or their Agents to have right to refuse such advances if they consider it necessary to do so.

23. Ice

The Vessel not to be ordered to nor bound to enter any ice-bound place or place where lights, lightships, marks and bouys are or are likely to be withdrawn by reason of ice on the Vessel's arrival or where there is risk that ordinarily the Vessel will not be able on account of ice to reach the place or to get out after having completed loading or to get out after having completed loading or discharging. The Vessel not to be obliged to force ice, but to follow ice-breaker if required.

24. Loss of Vessel

Should the Vessel be lost, hire to cease at noon on the day of her loss, and should the Vessel be missing, hire to cease at noon on the day on which the Vessel was last reported, and any hire paid in advance and not earned to be refunded to Charters.

25. Overtime

The vessel to work day and night (Saturday, Sunday and Holiday included) if required, The Charterers to pay Owners, unless the Vessel is off-hire, a lump sum of _____ per calendar month, or pro-rata for any part calendar month, or pro-rata for any part of a month, in lieu of the Officers, and Crew's overtime.

26. Lien

The Owners to have a lien upon all cargoes and subfreights belonging to the Time-Charterers and any Bill of Lading freight for all claims under this Charter, and the Charterer to have a lien on the Vessel for all money paid in advance and not earned and for all claims for damages arising from any breach of this Charter by Owners.

27. Salvage

All salvage and assistance to other vessels to be for the Owners' and the Charterers' equal benefit after deducting the Master's and Crew's proportion and all legal and other expenses including hire paid under the Charter for time lost in the salvage, also repairs of damage and oil fuel consumed. All loss or time and expenses (excluding any damage to or loss of the Vessel) incurred in saving or attempting to save life and in unsuccessful attempts at salvage shall be borne equally by Owners and Charterers.

28. Sublet

The Charterers to have the option of subletting the Vessel, but the original Charterers always to remain responsible to the Owners for due performance of the Charter.

29. Smuggling

The Owners to be responsible for all consequences of barratrous acts and all wilful wrong boings such as smuggling, thefts, pilferage, etc. by their servants, and any detention of the Vessel caused thereby to count as off-hire.

30. Return Insurance Premium

The Charterers to have the benefit of any return insurance premium receivable by the Owners from the Underwriters (as and when received from Underwriters, but estimated amount deductible from last hire payment) by reason of the Vessel being in port for a minimum period of 30 days provided the Vessel be on hire.

31. War

In the event of the nation under whose flag the Vessel sails becoming involved in war hostilities or warlike operations, both Owners and Charterers may cancel the Charter and the Vessel be redelivered to Owners at the port of destination or at a safe and open port at Charterers, option, after discharge of any cargo on board.

32. Hague Rules

The Owners or their manager to be responsible, as Carriers, for shortage, loss of or damage to the goods carried hereunder asper Bills of Lading signed by the Master or by the Charterers or their Agents as authorised by the Master under Clause 20 hereof in accordance with the provisions of Articles 3 and 4 of the Hague Rules, dated Brussels the 25th August 1924, in which Rule 6 of Article 3 to be excluded and 700 Renminbi Yuan to replace 100 Pounes Sterling in Rule 5 of Article 4.

33. Both Blame Collision Clause

Both to Blame Collision Clause and Chamber of Shipping War Risk Cluses Nos. 1

and 2 are to be considered part of this Charter-Party and are to be included in the Bills of Lading issued hereunder.

34. War Risks General Average

General Average to be adjusted and settled in Peking according to Peking Adjustment Rules 1975.

35. Arbitration

Any dispute arising under the Charter to be referred to arbitration in _____. The arbitral award is final and binding upon both parties.

36. Commission

The Owners to pay an address commission of 3 – 3/4 percent to Charterers and a brokerage of 1 – 1/4 percent to SINOCHART Peking _____ on any hire paid under the Charter, If the full hire is not paid owing to breach of Charter by either of the parties the party liable there-for to indemnify the Brokers against their loss of brokerage. Should the parties agree to caned the Charter, the Owners to indemnify the Brokers against any loss of brokerage, but in such case the brokerage Should undertake not to exceed that on one year's hire.

Accessories

Import Buiding, Peking DESCRIPTION OF VESSEL

This form of ship's description to be completed by the Owners and fully incorporated into and form a part of the Charter-Party dated.

1. (A) Ship's Name: Call Sign: Flag:

(B) When Built: Length O. A. : Beam Extreme:

(C) Classification:

(D) Registered Tonnage (Gross/Net):

(E) Type and brake horse power of main engine:

2. DEADWEIGHT AND DRAFT

(A) Deadweight on classified summer freeboard including bunkers, stores and fresh water: long tons T. P. I. (Laden Draft):

(B) Salt water draft fully laden on the basis of (A):

(C) Stores and constant not exceeding long tons:

3. GRAIN/BATE CAPACITY

Total cubic-feet including cubic-feet bale in deeptanks clean and available or dry cargo, plus cubic-feet in bleeding wing tanks clean and available for bulk.

4. SPEED CONSUMPTION AND BUNKER CAPACITY

(A) Maximum R. P. M. produced service R. P. M:

(B) Service speed fully laden under good weather conditions: knots

(C) Daily consumption whilst steaming on the basis of (B): tons I. F. O.

(max. seconds)＋tons D. O.

(D) Daily consumption in port (24 hours):

When working all gear：

When idle：

（E）Bunker capacity abouttons of fuel oil abouttons of diesel oil "Good weather conditions" as expressed in （B）are to be taken as a wind speed not exceeding Beaufort Force 4 (16 knots maximum) and/or Douglas Sea State 3 (3-5 feet).

5. CARGO GEAR

（A）Description，number and capacity of winches：

（B）Number and capacity of derricks/cranes：

Normal working lead in union purchase：

（C）Description of heavy lift gear：

Seving hatches：

Time required for rigging：

6. FRESH WATER

（A）Capacity of water tanks：tons

（B）Daily consumption for boilers tons for domestic use tons

（C）Description of evaporator：

Daily out-turn by using exharst：

7. DECKS/HOLDS/HATCHES

（A）Number of decks：

（B）Flush tweendeck or not：

（C）Clearances of tweendecks：

（D）Number of holds/hatches：

（E）Sizes of hatches：

sizes of deeptank openings：

（F）Tanktop/deck/hatch cover strength：

8. OTHERS

（A）Engines/bridge placed：

（B）Type of hatch covers：

（C）System of cargo hold ventilation：

（D）Shaft tunnel is floored over or not：

（E）Height from waterline to top hatchcoaming in fully ballasted but light condition：

（F）Vessel last dr/docked and bottom painted：

（G）Vessel last fumigated：

9. The Vessel's cargo holds are properly fitted with floor-ceiling in way of hatches or tanktops are strengthened suitable for grab discharge of bulk cargo.

10. The Vessel is a self-trimming bulk carrier of a tweendecker which is permitted to carry grain in bulk without requiring any fittings under the Rules of the 1960 International Safety of Life at Sea Convention.

11. The Vessel is strengthened for heavy cargoes and can sail with alternate holds empty.

12. The Vessel is fully fitted with cargo battens.

13. The Vessel can make long ballast voyage without water of solid ballast in any cargo hold.

14. The Vessel to be equipped with tweendeck hatch covers complete and so remain during the currency of this Charter and the Owners to ensure that all tweendeck hatch boards are in good condition and comply with the Factories Act or other equivalent.

15. The Vessel to fill all requirements for the passage of the Suez and Panama Canals and have necessary certificates on board.

16. The Vessel is fully equipped with the necessary gear and equipment required for transitting the St. Lawrence River, St. Lawrence Seaway and Great Lakes.

17. The Vessel is CO_2 fitted in all cargo compartments and suitable for the carriage of a full cargo of cotton.

【案例导读】

承租人与出租人于 2001 年 3 月 28 日签订了一份航次租船合同（下称"0328"号合同），租用"××"轮自日本袖浦港和船桥港运输大约 1 000 公吨的废旧电机至中国海门港。该轮在第二装港装货完毕后，由于船舶机械故障无法关舱，在取得被申请人的同意后，该轮开着舱盖驶往海门港。在海门卸货时双方就货物短量以及被申请人因此而遭受的损失问题产生争议。

2001 年 5 月 28 日，出租人与承租人再次签订了与 0328 号合同条款类似的航次租船合同（下称"0528"号合同），承租人在支付 0528 号合同下运费时扣减了人民币 4 万元，扣款的理由为履行 0328 号合同时发生了货物短量。

出租人遂就 0528 号合同下承租人欠付的运费人民币四万元提请仲裁。

双方的主要争议为：

1. 关于扣减运费

出租人认为，承租人在履行 0528 合同下支付运费的义务时，并未提及 0328 航次的货物短量，只是请求暂扣运费 4 万元。之后，承租人以收货人索赔为由，不予支付。

承租人认为，扣减 4 万元系经出租人同意，由于 0328 航次货物短少损失达 10 万多元，因此，暂扣 4 万元是合理的。

2. 关于 0328 合同下货物短少

出租人提出，在 0328 号合同卸货后，承租人主张货物短量，只是说实际收货人先声称货物短少 50 吨，之后又称短少 37 吨。根据"××"轮船东的报告称，货物卸到码头后用汽车运出港口时过地磅称重，但由于至少有七个大件货物是用铲车运出港口，且没有过地磅称重，因此，承租人提供的理货数量不准确。此外，由于装港采用水尺计重，卸港采用过地磅计重，两者必然存在误差。

承租人提出，根据中国外轮理货公司的理货报告，实际收货人称货物短少 50.99 吨。本案承租人扣减 0528 合同下运费，作为对收货人的补偿是合理的。根据该航次货物的商业发票，50.99 吨货物短少的损失约为人民币 7.9 万元。对于该损失，被申请人没有在仲裁规则规定的期限内提起反请求，或者另案提出仲裁请求。被申请人在开庭时再次确认其并不打算就货物短量损失向申请人提出任何请求，但是主张以此作为抗辩理由，冲抵申请人的运费请求。

仲裁庭意见：

1. 关于承租人以 0328 号合同下货物短少损失为由扣减 0528 号合同下的运费，根据合同法第 99 条并参照《最高人民法院关于托运人主张货损货差而拒付运费应否支付滞纳金的答复》（1992 年 2 月 12 日法函（1992）16 号），承租人无权扣减 0528 合同下的部分运费来冲抵 0328 合同下的货损货差索赔。但是本案中，针对承租人关于以其在 0328 合同下遭受的货物短量损失作为抗辩理由以冲抵本案运费请求的主张，出租人在开庭时明确表示同意仲裁庭同时审理 0328 合同下货物短量的争议，这表明，出租人已经同意如果承租人确实遭受货物短量的损失，该损失可以和其运费相冲抵，因此，仲裁庭认定，本案中出租人是否同意扣减该笔运费以及承租人在扣减上述运费时是否明确告知扣减运费的目的已不重要。

2. 关于 0328 号合同下货物短少的事实认定

出租人主张根据船长的报告，至少有七大件货物由铲车运出港口，但并未过地磅，因此，不能确定货物是否短量。对此，承租人在开庭时提出异议，要求出租人提供证据证明其主张，但是出租人无法提供，同时也没有其他证据佐证，因此，出租人的主张不为仲裁庭采信。对于承租人提供的中国外轮理货公司的理货报告，出租人没有对该证据本身的真实性和有效性提出异议，但是对于短少数量提出了异议，仲裁庭认为，虽然根据该理货报告并参照被申请人自己的主张，货物实际短少数量尚无法认定，但是出租人在履行 0328 合同时产生了货物短量可以作为一个事实予以认定。

3. 关于承租人是否因 0328 号合同下货物短少而遭受实际损失虽然双方的争议也包括 0328 合同下货物短少的数量和责任等问题，但是，仲裁庭认为首先应当审理承租人是否遭受实际损失，以及如果尚未遭受实际损失，承租人能否以其可能或者必定面临的索赔来冲抵 0528 合同下应付运费。在上述答案都是肯定的前提下，再审理货物实际短少的数量更为恰当。

根据承租人的答辩意见以及开庭后提交的代理意见，0328 合同下货物的收货人不是承租人。显然，直接遭受货物短量损失的是实际收货人，因此，承租人是否遭受实际损失取决于其是否已经实际赔付（或者通过其他中间人，如果在被申请人和实际收货人之间还有该中间人的话。鉴于这不影响对于此问题的审理，仲裁庭在此假设没有该中间人）收货人，或者虽然尚未遭受实际损失，其遭受实际损失的可能性取决于收货人是否已经就其损失向承租人提起索赔请求。

承租人提交的证据材料包括"××"轮船东 2001 年 4 月 20 日致出租人、随后由出租人转发承租人的传真；中国外轮理货公司的理货单和理货报告；本案涉及的入境货物通关单。根据这些证据，承租人既不能证明实际收货人向其提出了货物短量的索赔，也不能证明其向实际收货人进行了赔付。2002 年 7 月 19 日开庭时，承租人又提供了日本××出具的商业发票以及××市进出口公司的购买外汇申请书。

仲裁庭认为，上述证据不能证明承租人因货物短量已经赔付实际收货人或者面临实际收货人的索赔。

承租人在答辩意见中还提出，"收货人就默认了这 4 万元人民币的赔偿"，但是其没有提交任何证据证明其将扣减的 4 万元人民币支付给收货人，也没有任何证据证明收货人收到了该笔赔偿款项，或任何证据表明收货人收到了上述 4 万元人民币并且已经默认其作为上述货物短量损失的赔偿。

因此，承租人提交的证据无法证明承租人因上述货物短量已遭受任何实际损失。

仲裁庭注意到，承租人主张其必须就货物短量的损失向收货人进行赔偿并据此认为，无论如何，出租人应当承担由于其过错而导致承租人向实际收货人承担的赔偿责任。首先，仲裁庭认为，如果实际收货人遭受了损失，其向承租人索赔只是一种可能，并不是必然发生的，因为无论是商业上的考虑，还是就同一损失可能存在其他的法律救济，以及采取法律行动的成本，都有可能影响收货人的最后决定。但是，无论承租人可能面临还是必然面临收货人的索赔，承租人主张以此种尚未确定的损失来冲抵确定的债务，没有任何法律依据。参照我国民诉法的规定，如果收货人对承租人提起了诉讼或者仲裁，而本案的审理须以该诉讼或者仲裁的结果为依据，则本仲裁程序应当中止。再者，收货人如果就上述货物短量向承租人提出索赔请求，同样需要举证证明货物短少的数量以及其实际损失。在承租人根据合同是否应当承担赔偿责任，以及如果应当承担赔偿责任，其应赔偿的数额尚未确定的前提下，承租人未能说服仲裁庭采纳其上述主张。

裁决

1. 被申请人应在收到本裁决书之日起 30 日内支付申请人人民币 40 000 元，逾期将按年利率 7‰ 计息。

2. 被申请人关于以货物短量的损失冲抵上述运费请求的主张不能成立。

评析

本案是一起航次租船合同运费争议，但因案情特殊，仲裁庭在厘清相关法律问题、充分分析证据的基础上，灵活运用法律，处理得当，值得借鉴。

根据法律规定，承租人无权以一个航次租船合同下货物损失为由，扣减其与同一出租人另一租船合同下的运费。但是，在本案的审理过程中，出租人明确表示，如果 0328 合同下确实发生货物短少，该损失可以与 0528 合同下运费相冲抵。出租人这一做法，看似放弃其在法律上的有利地位，实际是从商业角度，综合考虑争议的各种因素，为避免不必要的诉累而采取的变通做法。基于出租人的这一意思表示，仲裁庭在裁决中认定，本案中出租人在争议发生时是否同意扣减该笔运费以及承租人在扣减上述运费时是否明确告知扣减运费的目的已不重要。同时，由于承租人未将 0328 合同下货物损失作为反请求提出，经双方认可，仲裁庭审理时未将 0328 合同下货物损失作为独立请求，而只是将该损失作为对出租人运费请求的抗辩对待。

本案另一焦点，也是租船实务中经常出现的争议，即承租人是否能以收货人受到损失为由向出租人索赔。在本案中，这一问题确切表达为承租人是否遭受实际损失，如果尚未遭受实际损失，承租人能否以其可能或者必定面临的索赔来冲抵 0528 合同下应付运费。对于此问题，仲裁庭以本案证据材料为基础，通过严密的逻辑分析，认定：本案承租人未能举证证明其因货物短少已遭受任何实际损失。即使实际收货人遭受了损失，其向本案承租人索赔只是一种可能，并不是必然发生的，因为无论是商业上的考虑，还是就同一损失可能存在其他的法律救济，以及采取法律行动的成本，都有可能影响收货人的最后决定。因此，承租人主张以此种尚未确定的损失来冲抵确定的债务，没有法律依据。

 复习思考

1. 简要介绍几种租船合同范本。

2. 航次租船合同的主要条款有哪些？

3. 定期租船合同的主要条款有哪些？

第五章

【学习目标】

本章主要介绍海运进出口业务程序。通过本章学习，要求学生熟悉进出口商办理货物海运进出口的手续，以及索赔的一般程序，掌握出口货运单证的流转及程序。

【学习要点】

1. 海运出口操作及单证的流转；

2. 海运进口操作程序；

3. 索赔及理赔程序。

海运进出口操作实务

第一节　海运出口操作实务

海运出口货物运输业务是根据贸易合同有关运输条款，把出口货物加以组织和安排，通过海洋运输方式运到国外目的港的一种业务。凡以 CFR、CIF 条件成交的出口货物，要由卖方安排运输，如果采用信用证结汇，卖方须待收到信用证后才可安排装运。

一、备货、报验和领证

出口商应按交货装运期的先后，分别轻重缓急，抓紧备货。尽可能做到船货衔接，以避免船等货或货等船的现象，避免不必要的费用开支。

备货是指出口商根据合同及信用证规定的种类、品质、规格、数量、包装等条件准备好货物，以便按质、按量、按时准备好应交的出口货物，并做好申请报验和领证工作。

凡属国家规定法定检验的商品，或合同规定必须经国家质检总局检验出证的出口商品，在货物备齐后，均须在出口报关前向国家质检总局（或其在各地的分局）申请检验。货物经检验合格，即由商检局发给检验证书，出口公司应在检验证书规定的有效期内将货物出运。

二、租船订舱和配载

出口企业在备货的同时，还必须及时办理运输手续。

在出口贸易中，如出口方向船舶所有人洽租整船装运，称为租船，如仅向船舶所有人洽定部分舱位装货，叫作订舱。货方根据货运需要与船公司达成协议，将货物分配给具体某条船只承运，这叫作配载。

依据贸易合同的规定，出口方要根据货物的性质和数量决定租船或订舱。实务中出口方可以书面委托有关货运代理办理租船订舱手续，也可直接向船公司或其代理租船订舱。在与船公司商定所需舱位、运费和其他条件后，出口方或货运代理应向船公司或其代理人提出货物装运申请，递交托运单。船公司同意承运后，签发装货单，将留底联留下后退给托运人，要求托运人将货物及时送至指定的码头仓库。

委托租船订舱时，应将进口货名、重量、尺码、合同号、包装种类、装卸港口、交货期、成交条件、发货人名称、地址、电传号、电话传真号等尽可能详细地通知委托人，必要时要附上合同副本。

三、出口货物集中港区

洽妥船舶或舱位后，货方或其代理人应在船方规定的时间内将符合装船条件的出口货物发运到港区指定的仓库或货场，以待装船。发货前货方要按票核对货物品名、数量、标记、配载船名、装货单号等各项内容，做到单货相符和船货相符。同时还要注意发货质量，如发现货物外包装有破损现象，发货人要负责修理或调换。

四、出口报关

货物集中港区后，发货人需持出口货物报关单及装货单，发票，装箱单（磅码单），商检证，外销合同，出口外汇核销单，出口货物退税单，减税、免税或免验的证明文件，商品检验证书等有关单证向海关申报出口，经海关关员查验合格后，在装货单上加盖放行图章后，货物准许装船出口。如果海关发现货物不符合出口要求，则不予放行，直到符合要求为止。装货单、发票、出口外汇核销单、出口货物退税单是每批货物申报时必须随附的文件。

我国《海关法》第十八条规定：出口货物的发货人除海关特准的外应当在货物运抵海关监管区后、装货的二十四小时以前，向海关申报。

五、装船

在装船前，理货员代表船方，收集经海关放行货物的装货单和收货单，经过整理后，按照积载图和舱单，分批接货装船。装船过程中，托运人委托的货代代理应有人在现场监装，随时掌握装船进度并处理临时发生的问题。对装船过程中发生的货损，应取得责任方的签证，并联系原发货单位做好货物调换和包装修整工作。装货完毕，理货组长将装货单交大副，大副核实无误后留下装货单并签发收货单（大副收据），理货长将大副签发的收货单转交给托运人。理货员如发觉某批有缺陷或包装不良，即在收货单上批注，并由大副签署，以确定船货双方的责任。

六、装船通知与投保

如果保险由买方负责办理，发货人应在合同规定的时间内及时发出装船通知，以便买方能及时投保。如果未发出装船通知，致使买方不能及时投保而造成损失将由卖方承担。如果保险由出口方办理，出口企业应于货物运离仓库或其他储存处所前，按照出口合同和信用证的规定向保险公司办理投保手续，以取得约定的保险单据。

七、支付运费

货物装船完毕，发货人即可持大副签发的收货单到船公司或其代理人处交付运费（在预付运费情况下）或提出一定的书面保证（在运费到付的情况下）后，以收货单换取一份或一式数份已装船提单。

目前我国口岸通常的做法是，船公司首先落实运费，再由船公司的各管辖部门签发已装船提单给发货人。

八、出口货运单证的流转及工作程序

出口货运单证的流转，大致可分为四个环：订舱托运环节、货物进港环节、装船环节和结汇提货环节。下面就以出口企业委托货运代理出口货物运输事宜为例，说明一下出口货运工作流程及货运单证的流转，如图5-1所示。

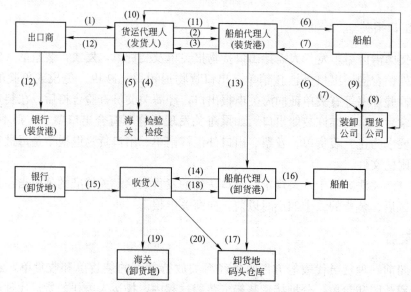

图 5-1　出口货运工作流程及货运单证流转示意图

说明：

（1）出口企业根据合同或信用证填制海运出口货物代运委托书，随附商业发票、装箱单等必要单据，委托货运代理订舱，有时还委托其代理报关及货物储运等事宜。

（2）货运代理人根据出口商的海运出口代运委托书，缮制托运单（B/N），随同商业发票、装箱单及其他必要的单据一同向船公司或船舶代理人办理订舱手续。

（3）船公司如接受订舱，则在托运单上编号（此编号俗称关单号，与该批货物的提单号保持一致），填上船名、航次，并签署。同时把配舱回单、装货单（S/O）等与托运人有关的单据留底联留下后，退还给货运代理，并要求托运人将货物及时送至指定的码头仓库。

（4）货运代理人持船公司签署的装货单及报关所需的全套必要文件，向海关办理货物出口报关手续。

（5）海关进行查验，如同意出口，则在装货单上盖放行章，并将装货单退还给货运代理。

（6）船公司在装货港的代理人根据留底联编制装货清单，送船舶及理货公司、装卸公司。

（7）大副根据装货清单编制货物积载计划叫代理人分送理货、装卸公司等按计划装船。

（8）货运代理人将经过检验的货物送至指定的码头仓库准备装船。

（9）货物装船后，理货长将装货单交大副，大副核实无误后留下装货单并签发收货单（M/R）。

（10）理货长将大副签发的收货单及大副收据转交给货运代理人。

（11）货运代理人持大副收据到船公司在装货港的代理人处付清运费（预付运费的情况下）换取正本已装船提单。船公司在装货港的代理人审核大副收据无误后，留下大副收据，签发提单给货运代理人。

（12）出口企业向货运代理人支付运费，取得全套已装船提单，凭以结汇。

（13）货物装船完毕，船公司在装货港的代理人编制出口载货清单送船长签字后向海关办理船舶出口手续，并将出口载货清单交船带走，船舶启航。船公司在装货港的代理人根据提单副本（或大副收据）编制出口载货运费清单，并将卸货港需要的单证寄给船公司在卸货港的代理人。

（14）船公司在卸货港的代理人接到船舶抵港电报后，通知收货人船舶到港日期，做好提货准备。

（15）（在信用证支付方式下）收货人到开证行付清货款赎取提单等单据，准备到港提取货物。

（16）卸货港船公司的代理人根据装货港船公司的代理人寄来的货运单证，编制进口载货清单及有关船舶进口报关和卸货所需的单证，约定装卸公司、理货公司，联系安排泊位，做好接船及卸货准备工作。

（17）船舶抵港后，船公司在卸货港的代理人随即办理船舶进口手续，船舶靠泊后即开始卸货。

（18）收货人持正本提单向船公司在卸货港的代理人处办理提货手续，付清应付的费用后换取代理人签发的提货单。

（19）收货人办理货物进口手续，支付进口关税。

（20）收货人持提货单到码头仓库或船边提取货物。

第二节 海运进口操作实务

海运进口货物运输业务是根据贸易合同有关条款，将进口货物通过海洋运输方式运进国内的一种业务。这种业务的程序也取决于合同中的贸易条件。以 CIF 或 CFR 条件成交的进口合同，由国外卖方安排运输事宜。以 FOB 条件成交的进口公司，由买方办理租船订舱手续，派船前往国外港口接货。进口货物海运业务是一项复杂的运输组织工作。进口方或其运输代理要根据贸易合同规定，妥善组织安排运输，按时、按质、按量完成进口运输任务。本节主要介绍 FOB 条件下的进口货物海运业务。

一、租船订舱

根据贸易合同，在合同规定交货前一段时期内，卖方应将预计装运日期通知买方。买方接到通知后，应根据货物的性质和成交数量，及时书面委托货运代理或船公司或船务代理办理租船订舱手续。受委托方在订妥舱位后，应及时将船名和船期通知委托方，同时还要督促装货港船务代理及时与卖方联系，使其能按时将货物运至装货港。

委托租船订舱时，委托人须填写《进口租船订舱联系单》，提出具体要求。内容包括货名、重量、尺码、合同号、包装种类、装卸港口、交货期、成交条件、发货人名称和地址、发货人电话或电传号等项目以及其他特殊要求事项。

二、掌握船舶动态

正确掌握船舶动态，对装卸港的工作安排，尤其对卸货港的卸船工作安排非常重要。船舶动态资料包括船名、船籍、船舶性质、装卸港顺序、预抵港日期、船舶吃水、所载货物名称、数量等。有关船舶动态的信息可以从各船公司的船期表、报纸上刊登的船期公告、有关船舶动态和船务周刊等杂志、发货人的装船通知及收到的各项单证中取得。

三、收集和整理单证

进口货物的各项单证，是进口货物在卸船、报关、报验、接交和疏运各环节中必不可少的，因此必须及时收集整理备用。一般包括商务单证和货运单证两大类。商务单证包括贸易合同副本、发票、提单、装箱单、品质证明书、保险单等；船务单证则有舱单、货物积载图、租船合同副本或提单副本、大件超重货物清单、危险货物清单等。如系程租船运输还应有装卸准备就绪通知书、装货事实记录、装卸时间表等，以便计算滞期费和速遣费。

以上单证来源于银行、国外发货人、装货港代理或随船携带。负责运输的部门收到单证后，应与进口合同进行核对，分发有关单位，以便共同做好接卸疏运等工作。货方收到单证时需与贸易合同进行核对，做好货物的接运工作。

四、报关、报验工作

进口货物需向海关报关，填制《进口货物报关单》，连同发票、提单、装箱单或重量单，有的还要提供品质检验证书、原产地证明书、进口许可证、危险品说明书等有关单证一起向海关进行申报。经海关查验放行后方可提取货物。报关单的内容主要有：船名、贸易国别、货名、标记、件数、重量、金额、经营单位、运杂费和保险费等。

根据我国《进出口商品检验法》规定，凡必须经商检机构检验的进口商品，需向检验机构办理进口商品登记。凡列入"进出境检验检疫机构实施检验检疫的进出境商品目录"的进口商品，海关凭商检机构在报关单上加盖的印章验放。收货人应在商检机构规定的地点和期限内，向商检机构报验。凡国家法律、行政法规规定的须经商检机构检验的进口商品，也必须同样办理。

五、卸船和交货

卸船指船方负责将船舶承运的货物按提单上载明的卸货港从船上将货物卸下。卸货人员需按票卸货，不得混卸。

按我国港口规定，船舶到港卸货前，由船方申请理货公司代表船方与港方交接货物。港口外运公司作为进口方的货运代理，派员在现场监卸。监卸人员与理货人员互相配合，把好货物数量与质量关。港方卸货人员一般应按票卸货，严禁不正常操作和混卸，并且要分清原残与工残。已卸存库的货物，应按提单、标记分别堆放，点清货物件数，查看货物包装后再交与收货人。对船边现提货物和危险品货物，应根据卸货进度及时与车、船方面有关人员联系，做好衔接工作。货物卸完后，由船方会同理货组长向港方办理交接手续。有关货物残损溢短，要由船方签证。凡进港区仓库货物，货主应凭海关放行提单、提货单或放箱单，向港区提货，提货时要认真核对货物的包装、唛头、件数等，如有不符，要取得港方的有效证明。一旦货物离港，港方的责任即告终止。

六、代运

对在卸货港没有转运机构的进口单位，外运公司或国际货代可接受进口公司委托，代为办理进口货物到达国内港口后的国内转运业务，将货物转运到收货人指定地点，称为进口代运。进口公司可临时也可长期与港口外运公司签订"海运进口国内接交代运协议书"。长期委托协议一般一至三年，到期双方无异议，自动延长。

进口代运方便了收货人，节省了收货人的人力和物力，同时保证港口畅通，防止压沿、比船、压货现象出现。为使代运及进口通关顺利进行，委托方应提供齐全的商务单证、进口许可证或批文，外运、货代在通关后立即通知委托人，进口方可根据具体情况，到货代的仓库提货，或货代把货物运送到进口单位的仓库。

第三节　索赔与理赔

在海上货物运输中，经常发生货损货差的情况，因而就产生了索赔和理赔的工作。这项工作政策性强、涉及面广，做好这项工作对维护国家信誉和企业的经济利益具有重要的意义。

一、处理索赔案件时应遵循的原则

(一) 实事求是

按照事故的实际情况，分析造成事故的原因，确定损失的程度或准确数量，该索赔的要坚决索赔，以维护受害方的正当利益。

(二) 有理有据

处理对外索赔案件，要进行深入细致的调查研究，切实掌握真实、确凿的证据。根据运输合同的规定，尊重有关国际惯例，做到有理有据，这是处理货物索赔的基础。

(三) 合情合理

在处理复杂案件时，根据造成损失的各种因素，合理确定承运人应承担的责任，从有利于案件及时解决的角度出发，必要时可做些让步。

(四) 区别对待

根据我国对外贸易的国别政策、船东的政治态度和业务上与我合作情况，根据有理、有利、有节的原则，对不同的对象采取不同的处理方式。

(五) 讲求实效

在货物索赔中要考虑实际效果。既要考虑经济利益，也要考虑政治关系；既要考虑当前利益，也要考虑长远利益。力求做到最大程度地挽回或减少经济损失，又有利于对外经济往来的发展。

二、索赔与理赔的依据

处理索赔与理赔工作的主要依据是租船合同和提单。在班轮运输中，有关承运人和托运人之间的权利、义务、责任、豁免等事项均以提单条款为依据。租船运输中，以租船合同作为船、租双方解决纠纷的依据。虽然租船合同是由船、租双方经过交易磋商、意见达成一致后签订的，但一般仍不脱离《海牙规则》的基本精神。因此，《海牙规则》在处理索赔与理赔工作中，起到了关键性作用。

三、索赔的条件与单证

一项合理的索赔必须具备下列条件。

(一) 索赔人要有索赔权

采用班轮或程租船方式运输发生货损货差时，凡出口货物，由国外收货人（或提单持有人或货物承保人）直接向承运人办理索赔。凡进口货物，一般情况下由货运代理人代表有关进出口公司以货方名义向承运人办理索赔。由外运公司期租船运输的货物，不论出口或进口，均由外运公司办理索赔。若收货人提出权益转让证书，也可以由有代位求偿权的货运代理人及其他有关当事人提出索赔。

(二) 责任人对货物的灭失或损坏负有赔偿的责任

收货人作为索赔方提出的索赔应是属于承运人免责范围之外的，或者保险人承保责任内的，或买卖合同规定出卖方承担的货损、货差。

(三) 索赔必须在合同规定的有效期内提出

索赔必须在索赔时效内提出，时效过后就很难得到赔偿。

（四）索赔的金额必须是合理的

合理的索赔金额应以货损实际程度为基础。在实践中，责任人经常会受到赔偿责任限额的保护。

此外，索赔人在处理索赔案件时，必须准备并提供的单证有：索赔函、索赔清单、提单、货物残损单、商业发票、费用单证及其他单证。

四、索赔的程序

（一）发出索赔通知

我国《海商法》和有关的国际公约一般都规定，货权事故发生后，根据运输合同，提单有权提货的人，应在承运人或承运人的代理人、启用人交付货物当时或规定的时间内，向承运人或其代理人提出书面通知，声明保留索赔的权利，否则承运人可免除责任。

我国《海商法》第八十一条第二款规定：货物灭失或者损坏的情况显而易见的，在货物交付的次日起连续 7 日内，集装箱货物交付的次日起 15 日内，收货人未提交书面通知的，视为承运人已经按照运输单证的记载交付以及货物状态良好。《海牙规则》规定收货人应在提货的当时或至少在 3 日之内提出索赔。

（二）提交索赔申请书或索赔清单

索赔申请书或索赔清单是索赔人向承运人正式要求赔偿的书面文件。如果索赔方仅仅提出货损通知，而没有递交索赔申请书或索赔清单，或没有出具有关的货运单证，则可解释为没有提出正式索赔要求，承运人就不会进行理赔。

（三）提起诉讼

在无望解决问题的前提下，索赔人应在规定的诉讼时效届满之前提起诉讼，否则，就失去了起诉的权利，也就失去了索赔的权利和经济利益。

《海牙规则》和《海牙—维斯比规则》关于诉讼时效的规定期限为 1 年。英国的判例表明，在 1 年内向有管辖权的法院提起诉讼，即可保护时效，但最好是向有最终管辖权的法院提出。我国《海商法》规定：就海上货物运输向承运人要求赔偿的请求权，自承运人交付或者应当交付货物之日起计算，时效期为一年。

【案例导读】

原告上海八达纺织印染服装有限公司，住所地中国上海市武宁南路 448 号申达大厦 418 室。

被告 AIR - SEA TRANSPORT INC.，住所地 731S. Garfield Avenue, 2nd Flr, Alhambra, CA 91801 U. S. A.。

被告上海天原国际货运有限公司，住所地中国上海市延安西路 895 号申亚金融广场 21 层。

原告上海八达纺织印染服装有限公司向法院诉称，2001 年 5 月 22 日，原告委托被告上海天原国际货运有限公司（下简称上海天原）将一批货物从中国上海港运往墨西哥 PANTACO 港。上海天原将货物出运后签发了抬头为被告 AIR - SEA TRANSPORT INC. 的提单交给原告。由于全套正本提单遗失，原告于 2001 年 7 月向被告上海天原出具保函要求将货物电放给提单上注明的收货人，被告上海天原也同意放货。但由于两被告的过失，未能及时通知目的港的代理，导致收货人提货不着。据此，原告请求法院依法判令被告将货物退运回上海（运费由原告承担），或赔偿原告的货款损失 96 990.54

美元，由两被告自行承担货物在目的港的仓储费用并承担本案的诉讼费用。

两被告在法定期限内未向法院提供答辩状，但在庭审时共同答辩称：原、被告之间的海上货物运输合同在被告将货物运至目的港后已经完成，退运是另一个合同关系。原告不能向法院证明收货人在目的港曾经去提过货，也不能证明原告遭受了损失，请求法院依法驳回原告的诉讼请求。

原告为支持其诉请，向法院提供了下列证据：①被告上海天原签发的以被告 AIR-SEA TRANSPORT INC. 为抬头的提单复印件，证明原告委托被告出运货物；②原告于 2001 年 7 月出具的保函，证明原告要求被告将提单项下的货物安排电放；③被告上海天原给原告的传真，表明被告上海天原已同意原告的电放请求；④被告上海天原的文件，表明就本案争议，被告上海天原已向保险公司请求赔偿；⑤货物的发票、装箱单、原产地证明等，证明货物价值 96 990.54 美元；⑥出口货物的报关材料，表明货物的出口报关价格为 FOB 上海 82 296.34 美元。

两被告经质证，认为原告提供的提单格式是被告上海天原的，但提单注明的装船日期与原告提供的报关检验日期有冲突，对此无法确认；原告提供的证据⑥盖有海关的验证章，对此没有异议；对证据③认为被告上海天原未收到过保函；其他证据均为复印件，不符合法律对证据形式的规定，不予质证。

被告未向法院提供证据。

综合庭审调查及原、被告的质证意见，法院的认证意见为，两被告对原告提供的证据⑥没有异议，可以作为证据使用；原告提供的证据①，两被告虽不予确认，但并未否认为原告运输过该票货物，也未提供其他的相关证据，对此，法院亦确认其证据效力。至于原告提供的其他证据材料，因均为复印件，又无其他的相关证据相互印证，法院对此不予认可。

根据已认定的证据及庭审调查，法院确认涉案事实如下：2001 年 5 月原告委托被告上海天原为其办理一批出口到墨西哥 PANTACO 港的货物运输。被告上海天原接受了委托，于 2001 年 5 月 22 日签发了以被告 AIR-SEA TRANSPORT INC. 为抬头的已装船提单一式三份交与原告。之后，被告上海天原持原告提供的有关报关单据为原告办理出口报关手续。海关曾于 2001 年 5 月 29 日对有关货物进行查验。该批货物的 FOB 上海价格为 81 296.34 美元。货物出运后，据原告称，因其将全套正本提单遗失，于 2001 年 7 月 10 日向被告上海天原出具保函，但被告上海天原否认其收到过保函。原告也无证据证明收货人在目的港未能提取货物。

法院认为本案为海上货物运输合同纠纷。依据《中华人民共和国海商法》的有关规定，涉外合同的当事人可以选择合同适用的法律。本案当事人在庭审中均引用中国法律对涉案事实和法律依据进行诉辩，双方对适用中国法律未提出异议，故本案可适用中国法律。

海上货物运输合同是指承运人收取运费，负责将托运人托运的货物经海路由一港运至另一港的合同。本案原告将货物交与被告上海天原，委托其从中国上海港运往墨西哥的 PANTACO 港。被告上海天原接受委托后，向原告递交了提单。同时，从原告提供的有关报关单据可以看出，被告上海天原也安排了货物出口的报关检验等手续，原告又没有证据证明货物没有运输或已经灭失，被告的运输义务应已经完成，原告的货款损失并不存在，原告或收货人应凭正本提单到目的港提货。至于原告陈述因提单遗失，被告已同意原告的请求在目的港将货物电放给收货人。因原告提供的证据均为复印件，又无其他证据相互佐证，两被告也予以否认，对这一节事实，法院不能予以确认。即使原告陈述的情况经查实属实，因原告不能提供收货人在目的港提货不着以及提货不着是由于两被告的过失所致的证据材料，不能证明其已发生货款损失及货款的损失是由于两被告的行为所造成的，对原告请求两被告赔偿货款损失的请求，法院也不予支持。至于原告要求两被告将货物退运，因属另一个合同关系，需原、被告自行达成一致，非法律强制性规定，法院对原告的这一请求，亦不予支持。原告请求法院判令两被告自行承担在目的港发生的仓储费用，因该笔费用原告并未支出，尚不具有请求权，对此，法院同样不予支持。综上，依照《中华人民共和国民事诉讼法》第六十四条、

《中华人民共和国合同法》第一百零七条的规定判决如下：

对原告上海八达纺织印染服装有限公司的诉讼请求不予支持。本案案件受理费计人民币13 060.21元，由原告负担。

 复习思考

1. 简要介绍海运进出口货物运输的主要环节。
2. 海运货物出口，向海关报关时哪些单证是必备的？
3. 在海运货物进口中应掌握船动态的哪些内容？
4. 在处理索赔中应遵循哪些原则？

第六章

【学习目标】

本章主要介绍国际铁路货物运输的发展概况及其特点、国际货物铁路联运的作用及基本知识。通过本章的学习，使学生了解并熟悉国际铁路货物运输的种类，对港澳地区货物的运输，掌握铁路运输中各种单证的使用，学会国际铁路运费的主要计算方法。

【学习要点】

1. 国际铁路货物联运；
2. 对港澳地区的铁路运输。

国际铁路货物运输

第一节　国际铁路运输概述

铁路运输是现代国际货运的主要方式，目前铁路能够完成国际贸易将近 20% 的货物运输量，我国经由铁路运输的进出口货运量仅次于海运，位居第二位。随着对外贸易业务的不断扩大，铁路运输也承担着海运、空运、联运等多种运输方式的辅助运输任务，在国际贸易中占有重要地位。

一、世界铁路运输

世界上第一条铁路是 1825 年英国修建的斯托克顿（Stockton）——达林顿（Darlington）铁路，长度只有 43.5 公里。但随后，铁路运输就显示出明显的优势，成为世界各国竞相发展的重要运输方式，得到迅速发展。截至目前，世界铁路总长度已超过 150 万公里，分布格局大致为美洲、欧洲各约占世界铁路总长的 1/3，而其他国家地区的铁路总长占其余的 1/3。各国按铁路长度排名依次为美国、中国、俄罗斯、加拿大，由此可见，世界铁路发展尚不平衡。

近年来，各国铁路建设发展情况，大致可分为三种类型：一是收缩型，一些国家如美国、英国等，大量拆除原建铁路，使其铁路长度有所缩短；二是稳定型，一些国家如德国、意大利等，铁路有拆有建或不拆不建，铁路长度增减不大；三是发展型，一些国家主要是包括中国在内的发展中国家，继续修建新铁路。

随着世界新技术的发展，铁路运输也在不断采用新技术，运输工具设备的大型化、高速化、重载化以及运输管理的自动化是世界铁路运输的发展方向。随着科学技术的进步，铁路牵引技术不断改进，铁路运行速度由开始时的每小时 20 公里提高到每小时 80～100 公里。20 世纪五六十年代，发达国家完成铁路牵引动力改革，实现了电气化和内燃化，运行时速达到 120～200 公里。现在高速铁路的运行时速已超过 200 公里。高速旅客列车时速可达 160～250 公里，最高可达 300 公里以上，磁悬浮列车的时速超过 500 公里。目前的货物列车时速可达 100 公里以上。货物列车因线路建设改造以及长大列车和载重列车的广泛应用，实现了大宗散货运输的重载化，使铁路运输能力和运输质量不断提高，降低了运输成本，增强了铁路运输方式的竞争能力。

二、我国铁路运输

中国铁路建设始于清朝末期。中国第一条铁路是 1876 年由英国人修建的上海吴淞铁路，全长只有 14.5 公里，但昏庸、守旧的晚清政府却拒绝接受新鲜事物，慈禧太后甚至觉得火车的轰鸣声有碍风水，对祖宗不敬，花了 28.5 万两白银买来，以"奇技淫巧"拆除。后来，在李鸿章的主持下，为了将唐山开平煤矿的煤炭运往天津，修筑了唐山至胥各庄一段长约 10 公里的运煤铁路，被后人称为"中国铁路建筑史的正式开端"。中国人自己修的第一条铁路是京张铁路，从北京至张家口，全长 201.2 公里，1905 年开工，中国铁路之父詹天佑任总工程师，1909 年建成。1949 年新中国成立之前，中国铁路的建设发展缓慢而畸形，与各列强对我国的侵略和掠夺密切联系，带有强烈的半封建半殖民地色彩。

新中国成立后，党和国家高度重视铁路事业的发展，于 1950—1952 年建成了新中国成立后的第一条铁路——从成都至重庆的成渝铁路，成为中国西南地区第一条铁路干线。随后，我国的铁路建设事业得到了迅猛发展。在铁路新线建设和旧线技术改造、建立铁路工业体系、改善和加强铁路经营管理等方面均取得巨大的成就。

新中国成立后，党和国家高度重视铁路事业的发展，于1950—1952年建成了新中国成立后的第一条铁路——从成都至重庆的成渝铁路，成为中国西南地区第一条铁路干线。随后，我国的铁路建设事业得到了迅猛发展，铁路经营管理水平不断改善，铁路科技创新水平明显提高，在铁路新线建设和旧线技术改造、高速铁路、高原铁路、重载运输等领域取得一系列科技创新成果，我国铁路总体技术水平进入世界先进行列。

目前，我国已形成四通八达、路网骨架纵横交错的局面，京广、京沪、京哈、京九线四条大动脉纵贯南北，"欧亚大陆桥"陇海、兰新线与"华东经济走廊"浙赣线两条大干线横跨东西，为经济社会发展提供了有力的运力支持。到2012年底，全国铁路营业里程达到9.8万公里，居世界第二位；高铁运营里程达到9 356公里，居世界第一位。目前我国铁路完成的旅客周转量、货物发送量、货物周转量、换算周转量居世界第一位。

根据2008年发布的《中长期铁路网规划（2008年调整）》，到2020年，全国铁路营运里程达到12万公里以上，复线率和电化率分别达到50%和60%以上，主要繁忙干线实现客货分线，基本形成布局合理、结构清晰、功能完善、衔接顺畅的铁路网络，运输能力满足国民经济和社会发展需要，主要技术装备达到或接近国际先进水平，如图6-1所示。

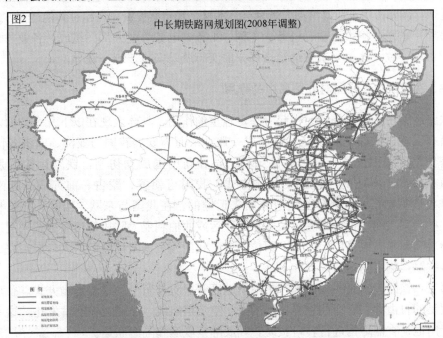

图6-1　中长期铁路网规划图（2008年调整）

三、铁路运输的特点

1. 运载量大

铁路运输单车运量大，运输成本较为低廉。当前，我国铁路平均每辆车的标记载重量约60吨，一列货物列车一般能运送3 000～5 000吨货物，远远高于航空运输和汽车

图 6-2 双层集装箱铁路货运

运输，重载列车（见图 6-2）每列的载货量超过万吨，非常适合需求量较大的煤炭、石油等战略物资的专列运输。

2. 运输速度快

日益兴起的高速铁路使铁路运行速度不断提高，货运列车平均每小时的运行速度在 100 公里左右，大大高于海运。

3. 受天气限制少，安全可靠

铁路运输可以不受气候的影响，是一种全天候、四季皆宜的运输方式，同时，由于在固定的轨道上行驶，事故发生率低，运输时间准确，列车正点率有保障，运输风险比海运、空运、公路运输小。

4. 铁路运输成本较低

铁路运输费用为汽车运输费用的几分之一到十几分之一，运输耗油约是汽车运输的二十分之一。

5. 初期投资大

铁路运输基础设施建设成本高，建设周期长，需要铺设轨道、建造桥梁、隧道，工程艰巨复杂，需要占用土地，消耗大量钢材、木材；其初期投资大大超过其他运输方式。

另外，铁路运输由运输、机务、车辆、工务、电务等业务部门组成，各业务部门之间必须协调一致，这就要求在运输指挥方面实行统筹安排，统一领导。

四、铁路运输在我国对外贸易中的作用

铁路运输在我国对外贸易中起着举足轻重的作用，具体表现在以下几个方面。

第一，通过铁路把欧、亚大陆连成一片，从而为发展我国与亚洲、欧洲各国之间的经济贸易联系提供了十分有利的条件。早在新中国成立初期，铁路运输就是我国对外贸易仅次于海运的一种主要运输方式。我国与朝鲜、蒙古、前苏联、越南等国家的进出口货物，绝大部分是通过铁路来运输的。在我国与东欧、西欧、北欧和中东地区一些国家之间，也可以通过国际铁路联运或西伯利亚大陆桥等运输方式来运送进出口货物。满洲里、绥芬河、二连、阿拉山口是我国外贸铁路运输的四大口岸，完成我国进出口铁路运输货物运量的 90％以上。

第二，铁路运输是我国内地经由港澳地区开展对外贸易的重要运输方式。香港作为国际贸易的自由港，有通往世界各地的海、空定期航线，交通运输非常发达，这一优势有利于内地在香港地区进行转口贸易，开展陆空联运和陆海联运。

第三，铁路运输对进出口货物的集散起着重要的作用。我国幅员辽阔，海运出口货物向港口集中，进口货物向内地疏运，主要是由铁路承担的。至于国内各地区之间外贸物资、原材料、半成品、包装物料的分拨调运，大部分也依赖于铁路运输。

总之，在我国国际贸易运输中，无论是出口或是进口货物，不少都要通过铁路运输这一重要环节。如果仅以进出口货运量计算，铁路则仅次于海运而位居第二，在我国对外贸易运输中举足轻重。

五、铁路货物运输基础知识

（一）铁路线路（Line Haul）

铁路线路是由路基、桥隧建筑物和轨道组成的一个整体的工程结构，是机车车辆和列车运行的基础。铁路线路应当经常保持完好状态，使列车能按规定的最高速度安全、平稳和不间断地运行。这里只介绍铁路轨距和铁路限界问题。

1. 铁路轨距（Rail Gauge）

铁路是由两股平行的钢轨组成，它们之间的距离是固定不变的，这个固定不变的距离就是轨距。铁路轨距的科学表述是"轨距是钢轨头部踏面下 16 mm 范围内两股钢轨工作边之间的最小距离"，如图 6-3 所示。由于轨距不同，列车在不同轨距交接的地方必须进行换装或更换轮对。亚欧各国铁路轨距按其大小不同，可分为宽轨、标准轨和窄轨三种。标准轨的轨距为 1 435 毫米；大于标准轨的为宽轨，其轨距大多为 1 520 毫米，个别国家的轨距为 1 524 毫米；小于标准轨的为窄轨，其轨距为 1 000 毫米和 1 067 毫米两种。我国铁路基本上采用标准轨距，但我国台湾铁路轨距为 1 067 毫米，昆明铁路局昆河线的轨距为 1 000 毫米。

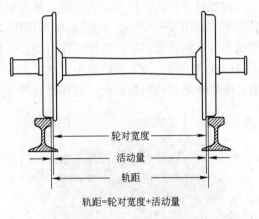

轨距=轮对宽度+活动量

图 6-3　铁路轨距示意图

2. 铁路限界（Rail Line Demarcation）

铁路限界是为了确保机车、车辆在铁路线路上运行的安全，防止机车、车辆撞击邻近铁路的建筑物和设备，而对机车、车辆和接近线路的建筑物、设备所规定的不允许超越的轮廓尺寸线。

铁路限界有机车车辆限界和建筑物接近限界两种。机车车辆限界是机车车辆横断面的最大极限，它规定了机车车辆不同部位的宽度、高度的最大尺寸和底部零件至轨面的最小距离。与货运相关的主要是机车车辆宽度和高度的最大尺寸，它和桥梁、隧道等限界互相制约，保证在车辆运行情况下，不会因摇晃、偏移现象而与桥梁、隧道及线路上其他设备相接触，以保证行车安全。

建筑接近限界是一个和线路中心线垂直的横断面，它规定了保证机车车辆安全通行所必需的横断面的最小尺寸。凡靠近铁路线路的建筑及设备，其任何部分（与机车车辆有相互作用的设备除外）都不得侵入限界之内。

与此相对应，当货物装车后，任何部位的高度、宽度超出机车车辆限界时，就称为超限货物，对超限货物，要采取特殊方法组织运输。

（二）铁路机车和车辆

1. 铁路机车（Locomotive）

铁路机车俗称火车头，铁路车辆需要由机车的动力牵引才能运行，所以，机车是铁路运输的基本动力。目前我国铁路使用的机车种类很多，按照机车原动力分，可分为蒸汽机车、内燃机车和电力机车三种。

1）蒸汽机车（Steam Locomotive）

世界上最早出现的机车是蒸汽机车，它以蒸汽为原动力。如图6-4所示。其优点是结构比较简单，制造成本低，使用年限长，驾驶和维修技术较易掌握，对燃料的要求不高。主要缺点是热效率太低，总效率一般只有5%~9%，使机车的功率和速度进一步提高受到了限制。其次是煤水的消耗量大，沿线需要设置许多供煤和给水设施；在运输中产生的大量煤烟污染环境；机车乘务员的劳动条件差。因此，发达国家在20世纪60年代和70年代已停止使用这种机车，我国也于1989年停止生产蒸汽机车，逐步对蒸汽机车予以淘汰。

2）内燃机车（Diesel Locomotive）

内燃机车以内燃机为动力装置，根据机车上内燃机的种类，可分为柴油机车和燃气轮机车。如图6-5所示。与蒸汽机车相比，其热效率高，一般可达到20%~30%。内燃机车一次加足燃料后，持续工作时间长，机车利用效率高，特别适合于在缺水或水质不良的地区运行，便于多机牵引，乘务员的劳动条件较好。其缺点是机车构造复杂，制造、维修和运营费用都较大，对环境有较大的污染。

图6-4　蒸汽机车

图6-5　内燃机车

3）电力机车（Electric Locomotive）

电力机车是非自带能源的机车，它是从铁路沿线的接触网获取电能产生牵引动力。它的热效率比蒸汽机车高一倍以上。它起动快、速度高、善于爬坡；可以制成大功率机车，牵引力大、运营费用低，当利用水力发电时，更为经济；电力机车不用水，不污染空气，乘务员的劳动条件好，运行中噪声也小，便于多机牵引。但电气化铁路需要建设一套完整的供电系统，在基建投资上要比采用蒸汽机车或内燃机车大得多。

从世界各国铁路牵引动力的发展来看，电力机车被公认为最有发展前途的一种机车，它在运营上有良好的经济效果。如图6-6所示。

2. 铁路车辆及其标记

1）铁路车辆（Freight Cars）

铁路车辆是运送旅客和货物的工具，它本身没有动力装置，需要把车辆连挂在一起由机车牵引，才能在线路上运行。根据铁路机车的

图6-6　电力机车

动力性能、客货运量的不同，铁路机车可拖挂多部铁路车辆。按用途或车型，车辆可分为通用货车（General Purpose Freight Car）和专用货车（Special Freight Car）两大类。

通用货车包括棚车、敞车和平车三类。

（1）棚车（Covered Cars）。

车体由端墙、侧墙、棚顶、地板、门窗等部分组成，棚车内货物可避免风吹雨淋造成的损害，也不容易被盗，所以，可用于运送价值较高和怕日晒雨淋的货物，包括各种粮谷、日用工业品及贵重仪器设备等。一部分棚车还可以运送人员和马匹。如图6-7所示。

（2）敞车（Open Cars）。

车体由端墙、侧墙和地板三部分组成，无车顶，主要装运不怕潮湿的散装或包装货物，如煤炭、矿石、矿建物资、木材、钢材等大宗货物，必要时也可以加盖篷布装运。所以，敞车是一种通用性较大的货车，灵活性较大。如图6-8所示。

图6-7　棚车

图6-8　敞车

（3）平车（Flat Cars）。

又称平板车或长大货物车。如图6-9所示。大部分平车车体只有一平底板，部分平车装有很低的侧墙和端墙，并且能够翻倒，适合于装载重量、体积或长度较大的货物，还有的平板车车体下凹，适用于装运重量体积较大的货物，如钢材、木材、汽车、机械设备等体积或重量较大的货物，也可借助集装箱运送其他货物，海运标准干货集装箱可直接装到铁路平板车上。

专用货车是专供装运某些货物的车辆，包括：

（1）保温车（Cold Storage Cars）。可对车内温度进行控制的车辆。主要运送易腐烂变质的产品，或者需要保温运输的化工产品。车体与棚车相似，但其墙板由两层壁板构成，壁板间用保温材料填充，以减少外界气温的影响。如图6-10所示。

N$_{17}$型平车外观图

图6-9　平车

图6-10　保温车

（2）罐车（Tank Cars）。车体为圆筒形，罐体上设有装卸口。为保证液体货物运送时的安全，还设有空气包和安全阀等设备。如图6-11所示。罐车主要用来运送液化石油气、汽油、盐酸、酒精等液态货物及散装水泥等。

（3）家畜车。如图6-12所示。主要是运送活家禽、家畜等的专用车。车内有给水、饲料的储存装置，还有押运人乘坐的设施。

图6-11　罐车

图6-12　家畜车

此外，其他专用车还有煤车、矿石车、矿砂车等。

2）车辆标记（Mark of Car）

为了表示车辆的类型及其特征，便于使用和运行管理，在每一铁路车辆车体外侧都应具备规定的标记。

一般常见的标记主要有路徽、车号、配属标记、自重、载重、容积、车辆全长及换长等。此外，根据货车构造及设备的特征，在车辆上还可涂打各种特殊标记，如 MC 表示可以用于国际联运等。

六、我国国境车站及通往邻国的铁路干线

与我国有铁路联运的陆地邻国有朝鲜、俄罗斯、蒙古、哈萨克斯坦、越南等多个国家，其中俄罗斯、哈萨克斯坦、蒙古、朝鲜、越南和我国开办了国际铁路联运业务。自20世纪50年代至今，铁路联运是我国与邻国之间对外经济贸易联系的重要运输渠道，为发展双边贸易创造了有利条件。

我国通往邻国的铁路干线及国境车站主要包括：

（一）中俄之间

（1）滨洲线：自哈尔滨起向西北至满洲里，全长935公里。这条铁路线是我国通往欧亚国家之间陆运进出口货物以及大陆桥运输的最重要的运输线。该线路通过我国边境城市满洲里及俄罗斯的后贝加尔与西伯利亚铁路相连。

（2）滨绥线：自哈尔滨起，向东经绥芬河与俄罗斯远东地区铁路相连接，全长548公里，是我国与俄罗斯远东地区及库页岛地区进出口货物的重要运输线，也是我国通往日本海的最大陆路贸易口岸的铁路线。该线路通过我国边境口岸绥芬河车站，与绥芬河车站相对的俄罗斯国境车站是格罗迭科沃车站。

（二）中蒙之间

中蒙之间我国铁路干线是集二线，该线路从京包线的集宁站，向西北到二连浩特，全长331公里，是我国通往蒙古、俄罗斯乃至欧洲的另一条国际大通道。我国边境口岸二连浩特是集二线的终点站，与之相对的蒙古国国境车站是扎门乌德站。

（三）中哈之间

中哈之间我国铁路干线是北疆线，该线路东起新疆乌鲁木齐，向西到达终点站阿拉山口，全长 460 公里，是我国通往哈萨克斯坦及亚欧其他国家的另一条铁路干线，也是欧亚第二条大陆桥的运输线。阿拉山口是北疆铁路的终点站，与阿拉山口相对的是哈萨克斯坦的德鲁日巴车站。

（四）中朝之间

（1）沈丹线：从沈阳到丹东，越过鸭绿江与朝鲜铁路相连，全长 277 公里，是我国以及蒙古、俄罗斯通往朝鲜的主要铁路线。丹东车站是中朝边境我方国境站，与丹东车站相邻的是朝鲜的新义洲车站。

（2）长图线：西起吉林长春，东至图们，跨过图们江与朝鲜铁路相连接，全长 527 公里。图们车站是中朝边境我方国境站，与之相邻的是朝鲜的南阳车站。

（3）梅集线：自梅河口至集安，全长 245 公里，集安车站是梅集线的我方终点站，越过鸭绿江可直通朝鲜满浦车站。

（五）中越之间

（1）湘桂线：从湖南衡阳起，经广西柳州、南宁到达终点站凭祥，全长 1 043 公里。凭祥车站是我方国境车站，与凭祥车站相邻的是越南的同登车站。

（2）昆河线：从云南昆明到河口，全长 468 公里。山腰站是我国的国境车站，与越南的老街站铁路接轨后直达河内，被誉为中国西南通往越南及东南亚的"南方丝绸之路"。

需要特别指出的是，中俄、中蒙的铁路轨距不同，货物在国境站不可原车过轨，需要换装；中朝铁路轨距相同；昆河线为米轨铁路，货车可直接过轨；越南铁路连接我国凭祥一段为标准轨和米轨的混合，经凭祥的联运货车可直接过轨。

第二节　国际铁路货物联运

一、基本含义

国际铁路联运（International Railway Through Goods Traffic）是指在两个或两个以上国家之间进行的铁路货物运输，只需在始发站办妥托运手续，使用一份运送票据，由一国铁路向另一国移交货物时，无须发、收货人参与，铁路当局对全程运输负连带责任。

国际铁路联运具有手续简便、费用低、运输质量高等优点，但在不同轨距国家的国境站，需更换车轮，这不但易造成货损而且大大减慢了运送速度，减慢了物流速度。

二、国际铁路货物联运的有关公约和文件

国际铁路联运的货物需要由两个或两个以上国家的铁路参加运送，涉及若干个国境车站，因此，它通常要依据有关国际公约和文件办理。国际铁路货物联运适用的公约和文件很多，主要的有：

（一）《国际铁路货物运送公约》（简称《国际货约》）

19 世纪中期，欧洲大陆各国彼此间的贸易往来非常频繁，铁路运输是各国对外贸

易的重要运输方式。为协调各国间国际铁路运输有关问题，有关国家通过签订国际条约开展国际铁路客货联运。1890 年，欧洲国家在瑞士首都伯尔尼签订了《国际铁路运送规则》（《伯尔尼公约》），并于 1893 年开始施行。直至 1934 年，该公约经修改后始称为《国际铁路货物运送公约》，简称《国际货约》。原先有欧洲、亚洲、非洲的 33 个国家加入了该公约，包括前南斯拉夫、奥地利、瑞士、德国、法国、意大利、比利时、荷兰、西班牙、葡萄牙、芬兰、瑞典、挪威、丹麦、希腊、卢森堡、英国、爱尔兰、列支敦士登、伊朗、伊拉克、叙利亚、黎巴嫩、突尼斯、阿尔巴尼亚、摩洛哥、土耳其、保加利亚、匈牙利、罗马尼亚、捷克、斯洛伐克和波兰。《国际货约》对国际铁路货物运输的影响日益扩大。

（二）《国际铁路货物联运协定》（简称《国际货协》)[①]

1951 年在北大西洋公约组织欧洲各国部长运输会议上，由原苏联代表提议，起草并通过了《国际货协》，最初有前苏联、阿尔巴尼亚和已经是《国际货约》成员国的保加利亚、匈牙利、罗马尼亚、波兰、前捷克斯洛伐克和前民主德国 8 个国家参加，随后，中国、朝鲜、蒙古、越南、古巴也参加进来。"货协"国家自 20 世纪 80 年代末由于前苏联和东欧各国政体发生变化而调整，但铁路联运业务并未终止，原"货协"的许多运作上的制度，因无新的规章替代仍被沿用。

（三）《统一过境运价规程》（简称《统一货价》)

1991 年 6 月，中、朝、蒙、前苏联、保加利亚、罗马尼亚等国的铁路部门在华沙签署《关于统一过境运价规程的协约》，简称《统一货价》。它规定了参加《统一货价》的铁路，按照《国际货协》的条件，利用铁路运送过境货物时，办理货物运送的手续、过境运送费用的计算、货物品名分类表、过境里程表和货物运费计算表等内容，对铁路和发货人与收货人都适用。此后，《统一货价》不再从属于《国际铁路货物联运协定》，而具有独立的法律地位。新的《统一货价》自 1991 年 7 月 1 日起施行，它是在原来的《统一货价》的基础上修改补充而成的，其费率原以卢布、现以瑞士法郎计价。中国铁路自 1991 年 9 月 1 日起施行上述新规定。

（四）《国境铁路协定》和《国境铁路会议议定书》

我国与相邻的俄罗斯、蒙古、朝鲜、越南等国家分别签订《国境铁路协定》，它规定了办理联运货物交接的国境站、车站及货物交接的条件和方法、交接列车和机车运行办法及服务方法等内容。根据国境协定的规定，中国、朝鲜、蒙古、俄罗斯、哈萨克斯坦等国的铁路部门定期召开国境铁路会议，对执行协定中的有关问题进行协商，商定双方铁路之间关于行车组织、旅客运送、货物运送、车辆交接以及其他有关问题，制定相应措施，签订《国境铁路会议议定书》。

（五）《铁路货物运价规则》（简称《国内价规》)

是由我国铁道部制定的办理国际铁路货物联运时国内段货物运输费用、杂费、违约金等计算和核收的依据。

---

① 参加《国际铁路货物联运协定》（《国际货协》）的国家有：阿塞拜疆、阿尔巴尼亚、白俄罗斯、保加利亚、越南、格鲁吉亚、伊朗、哈萨克斯坦、中华人民共和国、朝鲜、吉尔吉斯斯坦、拉托维亚、立陶宛、摩尔多瓦、蒙古、波兰、俄罗斯、塔吉克斯坦、土库曼斯坦、乌兹别克斯坦、乌克兰及爱沙尼亚。

三、国际铁路货物联运办理的种别

国际铁路货物联运办理种别分为整车、零担和大吨位集装箱。

(一) 整车 (Full Car Load，FCL)

指按一份运单托运，按体积/重量或种类需要单独车辆运送的货物。某些情况下，虽然所需运输货物的数量不足，但根据铁路有关部门的规定，也必须按整车办理运输，如需要冷冻、冷藏或加温运输的货物，按规定需整车运输的危险品货物，易于污染其他货物的污秽品，未装容器的活动物等。

(二) 零担 (Less Than Car Load，LCL)

是指按一份运单托运的一批货物，重量不超过 5 000 公斤，按其体积或种类不需要单独车辆运送的货物。但如有关铁路间另有商定条件，也可不适用国际货协整车和零担货物的规定。

(三) 大吨位集装箱

是指按一份运单托运的，用大吨位集装箱运送的货物或空的大吨位集装箱。所谓大吨位集装箱，是指符合国际标准化组织规定的 20 英尺、40 英尺国际标准集装箱，可办理国际集装箱铁路联运。

四、国际铁路联运的运输限制

(一) 在国际铁路直通货物联运中不准运送的货物

(1) 应当参加运送的铁路的任一国家禁止运送的物品；

(2) 属于应当参加运送的铁路的任一国家邮政专运物品；

(3) 炸弹、弹药和军火（但狩猎和体育用的除外）；

(4) 爆炸品、压缩气体、液化气体或在压力下溶解的气体、自燃品和放射性物质（指国际货协附件第 2 号之附件 1 中 1、3、4、10 表中没有列载的）；

(5) 一件重量不足 10 公斤，体积不超过 0.1 立方米的零担货物；

(6) 在换装联运中使用不能揭盖的棚车运送一件重量超过 1.5 吨的货物；

(7) 在换装联运中使用敞车类货车运送的一件重量不足 100 公斤的零担货物，但此项规定不适用附件第 2 号《危险货物运送规则》中规定的一件最大重量不足 100 公斤的货物。

(二) 只有在参加运送的各铁路间预先商定后才准运送的货物

(1) 一件重量超过 60 吨的；在换装运送中，对越南重量超过 20 吨的；

(2) 长度超过 18 米的；运往越南长度超过 12 米的；

(3) 超限的；

(4) 在换装运送中用特种平车装运的；

(5) 在换装运送中用专用罐车装运的化学货物；

(6) 用罐车运往越南的一切罐装货物。

(三) 运送时必须按特殊规定办理的货物

(1) 危险货物；

(2) 押运人押运的货物；

（3）易腐货物；

（4）集装箱货物；

（5）托盘货物；

（6）不属于铁路或铁路出租的空、重车；

（7）货捆货物。

五、国际铁路货物联运运单（International Through Rail Waybill）

国际铁路货物联运运单是参加国际铁路货物联运的铁路与发货人、收货人之间缔结的运输合同。它体现了参加联运的各国铁路和发货人、收货人之间在货物运送上的权利、义务、责任和豁免，对铁路和发货人、收货人都具有法律效力。

（一）铁路联运运单的组成

铁路联运运单由发货人（出口单位）或货代向铁路车站填报，通常使用的国际货协运单为一式五联。

第一联——运单正本。此联随同货走，到达终点站时连同第五联和货物一并交收货人。

第二联——运行报单。此联亦随货走，是铁路办理货物交接、清算运送费用、统计运量和收入的原始凭证，由铁路留存。

第三联——运单副本。由始发站盖章后交发货人凭以办理货款结算和索赔用。

第四联——货物交付单。此联随货走，由终点站铁路留存，作为货物已交付给收货人的凭证。

第五联——到达通知单。此联随货物至终点站，由终点站随第一联运单正本和货物一起交收货人。

（二）铁路联运运单的主要内容

1. 发货人、发货人特别声明

填写发货人名称及通信地址，发货人可以是自然人或法人，由中国、朝鲜、越南发货时，准许填写这些国家规定的发货人及其通信地址的代号。如有必要，还要填写发货人声明，如说明对运单相关内容的修改及易腐货物的运送要求等。

2. 收货人

注明收货人的全部名称和准确通信地址，收货人可以是自然人或法人，在从参加国际货协的铁路向未参加国际货协的铁路发货而需要由站长办理转发送时，要在收货人栏填写"站长"。

3. 发站、国境站和到达路、到站

发站即国际铁路联运的起运地，要按照运价规程中所载发站全称完整填写。

国境站应写货物通过的发送路国境站和过境路的出口国境站，有时还要注明要通过的进口国境站，根据注明的国境站就可以确定货物经过的确定路线。

到达路即货物进口国的铁路部门。

到站与发站的写法相同，要注明全称。运往非货协国家的货物由站长办理转发时，还要记录国际货协参加路最后过境路的出口国境站。

4. 货物信息

货物信息包括货物名称、包装种类、运输标志、货物重量、件数、货物的声明价格等，集装箱货物还要注明集装箱的种类、类型，以及是否属于铁路部门的集装箱。

货物名称应按国际货协规定填写或按发送路和到达路现行的国内运价规程品名表的规定填写，注明货物的状态和特征。

包装的填写要详尽，填写包装的具体种类，如纸箱、木桶等，不能笼统地填"箱"、"桶"，使用集装箱运输的还要记载集装箱内货物包装的种类、集装箱号码。

无论是否集装箱货物，货物的声明价格用大写注明以瑞士法郎表示的货物价格。

5. 发货人负担的过境铁路费用

如发货人负担过境铁路运送费用，填写负担过境铁路名称的简称。如发货人不负担任何一个过境铁路的运送费用，填写"无"。

6. 联运业务种别

联运业务种别包括零担、整车和大吨位集装箱运输方式。

7. 发货人签字

在对联运运单内容核对无误后发货人应签字或加盖戳记。

8. 其他

其他内容包括在运单上填写应该由哪一方负责装车、车辆或集装箱上铅封的个数和记号，确定货物重量的方法等，都按当事人的需要据实填写。

六、国际铁路联运进出口业务程序

(一) 出口业务程序

1. 出口托运

(1) 发货人（出口单位）或货代向铁路车站填报联运运单。

(2) 始发站审核运单和有无批准的用车计划，如无问题便在运单上签署货物进站日期或装车日期，以表示接受托运。

(3) 发货人按照规定的日期将货物运往车站或指定的货位。

(4) 车站根据运单查对货物，如无问题，待装车后由始发站在运单上加盖承运日期戳，负责发运。对棚车、保温车、罐车必须施封，由发货人装车的由发货人施封，由铁路装车的由铁路施封。铅封内容有站名、封志号、年、月、日。

(5) 对零担货物，发货人无须事先申报要车计划，但必须事先向始发站申请托运。车站受理后，发货人按指定日期将货物运到车站或指定货位，经查验、过磅后交铁路保管。车站在运单上加盖承运日期戳，负责发运。

2. 出口货物在国境站的交接程序

(1) 国境站接到国内前方站的列车到达预报后，立即通知国际联运交接所，该所受站长直接领导，负责下述工作：①办理货物、车辆和运送用具的交接和换装工作；②办理各种交接手续，检查运送票据和编制商务记录；③处理交接中发生的各种问题；④计算有关费用；⑤联系和组织与邻国货车衔接事宜。

(2) 列车进站后由铁路会同海关接车，海关负责对列车监管和检查，未经海关许可列车不准移动、解体或调离，车上人员亦不得离开。铁路负责将随车带的票据送交接所。

（3）交接所内有铁路、海关、商检、动植检、卫检、边检、外运等单位联合办公，实行流水作业。

铁路负责整理、翻译运送票据，编制货物和车辆交接单；外运负责审核货运单证，纠正错发、错运及单证上的差错并办理报关、报验手续；海关查验货、证是否相符和是否符合有关政策法令，如无问题则负责放行。最后由相邻两国的铁路双方办理具体的货物和车辆的交接手续并签发交接证件。

3. 出口货物的交付

在货物到达终点站后，由该站通知收货人领取货物。在收货人付清一切应付的运送费用后，铁路将第一、五联运单交收货人凭以清点货物，收货人在领取货物时应在运单第二联上填写领取日期并加盖收货戳记。收货人只有在货物损坏或腐烂变质、全部或部分丧失原有用途时才可拒收。

（二）进口业务程序

1. 确定货物到达站

国内订货部门应提出确切的到达站的车站名称和到达路局的名称，除个别单位在国境站设有机构者外，均不得以我国国境站或换装站为到达站，也不得以对方国境站为到达站。

2. 必须注明货物经由的国境站

例如，要注明是经二连浩特还是满洲里或阿拉山口进境。

3. 正确编制货物的运输标志

各部门对外订货签约时必须按照统一规定编制运输标志，不得颠倒顺序和增加内容，否则会造成错发、错运事故。

4. 向国境站外运机构寄送合同资料

进口单位对外签订合同应及时将合同的中文副本、附件、补充协议书、变更申请书、确认函电、交货清单等寄送国境站外运机构，在这些资料中要有：合同号、订货号、品名、规格、数量、单价、经由国境站、到达路局、到站、唛头、包装及运输条件等内容。事后如有某种变更事项也应及时将变更资料抄送外运机构。

5. 进口货物在国境的交接

进口货物列车到达国境站后，由铁路会同海关接车，接单办理交接，海关对货物执行监管。

6. 分拨与分运

对于小额订货，国外发货人集中托运、以我国国境站为到站、外运机构为收货人的，以及国外铁路将零担货物合装整车发运至我国国境站的，外运在接货后应负责办理分拨、分运业务。在分拨、分运中发现有货损、货差情况如属于铁路责任应找铁路出具商务记录，如属于发货人责任，应及时通知有关进口单位向发货人索赔。

7. 进口货物的交付

铁路到站向收货人发到货通知；收货人接到通知后向铁路付清运送费用后，铁路将运单和货物交给收货人；收货人在取货时应在"运行报单"上加盖收货戳记。

七、国际铁路货物联运费用的计算和核收

国际铁路货物联运运送费用的计算和核收，必须遵循《国际货协》、《统一货价》和中华人民共和国铁道部《铁路货物运价规则》（简称《国内价规》）的规定。联运货物运送费用包括货物运费、押运人乘车费、杂费和其他费用。

（一）运送费用的规定

1. 国际铁路联运费用的组成

（1）发送路运送费用。一般按发送路国内运价规则以发送国货币在发站向发货人或根据国内现行规定核收。

（2）到达路运送费用。按到达路的国内运价规则以到达路的货币在到站向收货人或根据国内现行规定核收。

我国通过国际铁路联运的进出口货物，国内段运送费用的核收应该按我国《铁路货物运价规则》进行计算。

（3）过境路运送费用。这部分费用的处理较为复杂，要按过境路参加《国际货协》或《统一货价》的情况按相应的国际公约在发站向发货人核收，或在到站向收货人核收。[①]

2. 国际货协参加路与非国际货协铁路间运送费用核收的规定

（1）发送路和到达路的运送费用与 1（1）、1（2）项相同。

（2）过境路的运送费用，则按下列规定计收。

参加国际货协并实行《统一货价》各过境路的运送费用，在发站向发货人（相反方向运送则在到站向收货人）核收；但办理转发送国家铁路的运送费用，可以在发站向发货人或在到站向收货人核收。

过境非国际货协铁路的运送费用，在到站向收货人（相反方向运送则在发站向发货人）核收。

（3）通过过境铁路港口站货物运送费用核收的规定。

从参加国际货协并实行《统一货价》的国家，通过另一个实行统一货价的过境铁路港口，向其他国家（不论这些国家是否参加统一货价）和相反方向运送货物时，用国际货协票据办理货物运送，只能办理至过境港口站为止或从这个站起开始办理。

从参加国际货协铁路发站至港口站的运送费用，在发站向发货人核收；相反方向运送时，在到站向收货人核收。

在港口站所发生的杂费和其他费用，在任何情况下，都在这些港口车站向代理人核收。

过境铁路的运送费用，按《统一货价》的规定计收。

（二）国际铁路货物联运国内段运送费用的计算

按照我国《铁路货物运价规则》进行核算的铁路货物运输费用包括车站费用、运行

---

① 波兰、阿尔巴尼亚、阿塞拜疆、格鲁吉亚、乌兹别克斯坦、土库曼斯坦和伊朗等七国虽是国际货协成员国，但没有参加《统一货价》，因此，上述七国的进出口货物经过其他《统一货价》参加国的运送费用及《统一货价》参加国经过上述七国的运送费用的核收均不适用《统一货价》。

费用、服务费用和额外占用铁路设备的费用等。铁路货物运输费用计算的程序及公式如下。

（1）根据货物运价里程表确定从发站至到站的运价里程。

（2）根据货物运单上填写的货物名称查找《铁路货物运输品名分类与代码表》、《铁路货物运输品名检查表》，确定适用的运价号。

（3）根据货物的运价号（整车、零担、集装箱、冷藏车）分别在《铁路货物运价率表》（见表6-1）中查出适用的运价率（基价1和基价2）。

表6-1 铁路货物运价率表（2012.5.20）

办理类别	运价号	基价1		基价2	
		单位	标准	单位	标准
整车	1	元/吨	7.10	元/吨公里	0.041 8
	2	元/吨	7.80	元/吨公里	0.050 2
	3	元/吨	9.80	元/吨公里	0.056 2
	4	元/吨	12.20	元/吨公里	0.062 9
	5	元/吨	13.40	元/吨公里	0.072 2
	6	元/吨	19.60	元/吨公里	0.098 9
	7			元/轴公里	0.327 5
	机械冷藏车	元/吨	14.70	元/吨公里	0.099 6
零担	21	元/10千克	0.150	元/10千克公里	0.000 71
	22	元/10千克	0.210	元/10千克公里	0.001 03
集装箱	20英尺箱	元/箱	337.50	元/箱公里	1.400 0
	40英尺箱	元/箱	459.00	元/箱公里	1.904 0

（4）用查到的基价1加上基价2与货物的运价里程相乘后，再与《铁路货物运价规则》确定的计费重量（集装箱为箱数）相乘，计算出该批货物的运费。

运费计算公式：

整车货物运价＝（基价1＋基价2×运价里程）× 计费重量

零担货物每10千克运价＝（基价1＋基价2）× 运价里程

集装箱货物运价＝（基价1＋基价2×运价里程）× 箱数

（三）国际铁路货物联运过境铁路运送费用的计算和核收

国际铁路货物联运过境铁路运送费用的计算和核收是按照《统一货价》的规定计算并核收的。其运费计算的程序及公式如下。

（1）根据运单记载的应通过的国境站，在《统一货价》过境里程表中分别找出货物所通过的各个国家的过境里程；

（2）根据货物品名，查阅《统一货价》中的通用货物品名表，确定所运货物应适用的运价等级；

（3）根据货物运价等级和各过境路的运送里程，在《统一货价》中找出符合该批货物的运价率；

（4）《统一货价》对过境货物运费的计算是以慢运整车货物的运费额为基础的（即基本运费额），其他种别的货物运费，则在基本运费额的基础上分别乘以不同的加成率。

过境运费的计算公式：

$$基本运费 ＝ 货物运价率 × 计费重量$$
$$运费 ＝ 基本运费 × （1 ＋ 加成率）$$

加成率系指运费总额按托运类别在基本运费额基础上所增加的百分比，快运货物运费按慢运运费加 100%，零担货物加 50% 后再加 100%，随旅客列车挂运整车费，另加 200%。

第三节　到港澳地区铁路货物运输

一、港澳地区运输概况

香港由香港岛、九龙、新界和周边的 235 个大小岛屿组成，澳门则包括澳门半岛等三个半岛，它们都位于我国华南地区南海之滨，分布在珠江口的东、西两侧，与深圳、珠海经济特区相邻。

香港位置优越，地处亚太中心，是远东至欧洲、非洲和地中海地区的必经之地。香港交通便利，水、陆、空运均发达。香港拥有世界最大的集装箱港口，港区内水深港阔，自然条件良好，是世界三大天然良港之一。香港大屿山机场是世界上最繁忙的机场之一。1911 年通车的九广铁路，连接深圳至九龙，全长 34 公里，内地与香港旅客和货物的铁路运输主要依靠这条铁路。香港与内地的公路运输主要依靠文锦渡、皇岗和沙头角三个口岸与广东省相联系。

与香港不同，澳门与内地没有铁路相通，与内地主要有水运、空运和公路运输。内地运往澳门的货物由铁路运到广州南站，再转由驳船或公路运送至澳门。其中，公路运输的口岸主要是拱北口岸。

随着内地与港澳地区"更紧密经贸关系安排"（简称 CEPA）的实施，内地与港澳之间的经贸关系得到了更进一步的发展。

二、对港澳地区铁路货物运输的特点

1. 商品结构特殊

除经香港转口的商品外，专供港澳地区的商品主要为居民生活所需的副食品，以鲜活冷冻为主。这些货物对运输条件要求高，管理难度大，一般要求配载特殊车辆，运送速度要快。

2. 运输方式特殊

对香港地区的铁路运输既不同于国际铁路联运，也不同于一般的内地运输，而是采取特殊方式。对香港地区的铁路运输由两部分组成：内地运输和香港段运输，其特点为"两票运输，租车过轨"。即发货人首先在发送地车站以内地铁路运输方式将货物托运至深圳北站，收货人为深圳外运公司；货车到达深圳北站后，由深外运作为各地出口单位的代理向铁路租车过轨，交付租车费，并办理出口报关等手续，经海关放行后原车过轨，再由香港的"中国旅行社"作为深圳外运在港代理，由其在港段罗湖车站重新起票

托运至九龙，货到九龙站后由"中旅"负责卸货并交收货人。

对香港铁路货物运输中出现两次托运，内地的铁路运单不能用于办理结汇，结汇凭证是由各地外运公司以承运人身份出具的"承运货物收据"（Cargo Receipt）。

3. 贸易方式特殊

由于输港商品的特殊性，对港澳出口的贸易方式也具有特殊性，主要采用配额许可证方式。有相当数量的货物，尤其是鲜活商品，采取配额许可证管制，由我驻港机构根据香港市场的销售情况进行调节，在内地各发运口岸按配额发运，保证供港澳货物的"均衡、适量、优质、应时"。

三、对香港铁路货物运输

（一）一般程序

（1）发货地的外运分公司或外贸公司向当地铁路部门办理从发货地至深圳北站的内地铁路运输的托运手续，填写内地铁路运单。

（2）发货地的外运分公司或外贸公司委托深圳外运分公司办理接货、报关、查验、过轨等中转运输手续。预告的单证和装车后拍发的起运电报是深圳外运分公司组织运输的依据（如发货地具备报关条件，也可在发货地报关）。

（3）深圳外运分公司接到铁路的到车预告后，抽出事先已分类编制的有关单证加以核对，并抄送香港中旅货运有限公司以备接车。

（4）货车到达深圳北站后，深圳外运分公司与铁路进行票据交接，如单证齐全无误，则向铁路编制过轨计划；如单证不全，或者有差错，则向铁路编制留站计划。具备过轨手续的货车，由深外运向海关办理出口报关，经海关审单无误后即会同联检单位对过轨货车进行联检，联检无问题后，由海关放行。

（5）放行后的货车由铁路运到深圳北站以南1公里与港段罗湖站连接处，然后由罗湖站验收并拖运过境。过境后由"中旅"向港段海关报关，并在罗湖站办理起票，港段承运后，即将过轨货车送到九龙站，由"中旅"负责卸车并将货物分别交付给各个收货人。

（二）对香港地区铁路货物运输的主要单证

货运单证和电报是深圳外运分公司和香港中旅货运有限公司接受委托组织运输的依据。如单证、电报迟到或有错，货车就不能及时过轨，造成在深圳口岸留站压车，不仅商品不能及时出运，而且增加租车费用，严重时甚至造成堵塞。因此，供港货物的单证、电报要求必须做到份数齐全、填写准确、寄拍及时。

1. 供港货物委托书

委托书又称联运出口货物委托书，它是供港铁路运送货物最基本的必备单证之一，是发货人向深圳外运分公司和香港中旅货运有限公司办理货物转运、报关、接货等工作的依据，也是向发货人核算运送费用的凭证。

2. 出口货物报关单

出口货物报关单是发货人向海关申报的依据。发货单位可在深圳口岸报关，或在当地办理转关报关。

3. 起运电报

发货单位在货物装车后24小时内，应向深圳外运分公司拍发起运电报，如在广州附近装车，应以电话通知深圳外运。拍发起运电报，目的是使深圳口岸和驻港机构及时做好接运准备，或在运输单证迟到或丢失时以起运电报作为补制单证的依据，因此，起运电报是供港运输的必备文件。

4. 承运货物收据（Cargo Receipt）

由于对香港的铁路运输是"两票运输"，内地铁路运单不能作为对港结汇的凭证，因此，出口香港的铁路运输货物装车发运后，发货单位所在地外运公司即以运输承运人的身份向各发货单位提供经深圳口岸中转至香港的"承运货物收据"，以此作为向银行结汇的凭证和香港收货人提货的凭证。承运货物收据既是承运人出具的货物收据，也是承托双方运输契约的证明，同时还能代表货物所有权，是香港收货人的提货凭证，外运公司要对该批货物全程负责。

签发承运货物收据主要依据委托书和内地铁路运单的领货凭证。

除以上单证外，对香港铁路运输单证还有商检证书、内地铁路运单等单证。

附：承运货物收据样本

承运货物收据（Cargo Receipt）

中国对外贸易运输总公司南京分公司
China National Foreign Trade Transportation Corporation NanJing Branch

运编号 No. _____

承运货物收据　　　　　　　　　发票号 No. _____

CARGO RECEIPT　　　　　　　　合约号 No. _____

第一联（凭提货物）

4. 委托人 Shipper	5. 收货人 Consignee 6. 通知 Notify

7. 自 From　　经由 Via　　至 To

8. 发运日期　　　　　　　　　　9. 车号
装运日期

10. 标记 Marks & Nos.	11. 件数 Packages	12. 货物名称 Description of Goods	13. 附记 Remarks

14. 运费缴付地点 Freight Payable 全程运费在南京付讫 FREIGHT PREPAID AT NANJING	15. 请向下列地点接洽提货 For Delivery Apply to 香港中国旅行社有限公司 CHINA TRAVEL SERVICE（H. K.）LTD. CHINA TRAVEL BUILDING 77 QUEEN'S ROAD. CENTRAL. HONGKONG.

18. 中国对外贸易运输总公司南京分公司

16. 押汇银行签收

Bank's Endorsement

17. 收货人签收

Consignee's Signature

125

（三）对香港地区铁路货物运输的快运货物列车

快运货物列车是专门为港澳同胞运送鲜活商品的快运快车。由于供应港澳地区的货物具有鲜活商品多、按配额发运、两票运输等特殊性，因此，外贸部门需要配合铁路部门共同组织运送工作。快运货物列车就是根据这个特点，由外贸与铁路部门共同协作组织的运行方式。

目前开行的快运货物列车有 8751 次、8753 次、8755 次，俗称"三趟快车"。

8751 次列车逢单日由江岸车站始发，逢双日由长沙北站始发，承担湖北、湖南供港物资的发运任务；

8753 次列车由上海新龙华车站始发，承担江苏、上海、浙江、江西等省市供港物资的发运任务；

8755 次列车由郑州北站始发，承担河南省以及三北（东北、西北、华北）地区经郑州中转供港物资的发运任务。

（四）对香港地区铁路货物运输费用的计算

内地向香港铁路运输货物分内地段和香港段两段完成，运费是按内地铁路运费和香港地区铁路运费分别计算的。

1. 内地段铁路运费的计算与核收

（1）内地段铁路运送费用包括铁路运费、深圳过轨租车费、货物装卸费、货运代理劳务费等。以上费用均按人民币计算。

（2）内地段铁路运送费用的计算。

从发站至深圳北站的内地段铁路运送费用的计算和核收按铁道部制定的《铁路货物运价规则》为依据，可参照国际铁路货物联运国内段运费的计算来确定。国内段运费计算公式：

$$运费＝[(基价 1＋基价 2)×运价里程]×计费重量$$

（3）深圳口岸有关费用。

① 深圳北站有关费用：包括货车租用费和货物装卸费。其中货车租用费按《铁路货物运价规则》的规定计算；货物装卸费按当地物价部门批准的装卸费率核收。

② 深圳外运分公司有关费用：包括整车和零组出口劳务费和仓储费用。

2. 香港段铁路运送费用的计算

（1）香港段铁路运送费用包括：铁路运费、香港段终点调车费、卸车费及香港段劳务费等，以上各项费用均按港元计算。

（2）香港段铁路运费计算程序。

① 按商品名称找出运费等级；

② 按该运费等级查出相应的运费率，再与车辆标重相乘即为该货物的铁路运费；

③ 香港段铁路运费计算公式：

$$运费＝等级运价率×车辆标重(吨)$$

四、对澳门的铁路运输

内地与澳门之间无铁路直通运输，内地运往澳门的货物，由出口单位或货代在发送车站将货物托运至广州，整车到广州南站新风码头 42 道专用线。零担到广州南站，危险品零担到广州吉山站，集装箱和快件到广州车站，收货人均为广东省外运公司，货到广州后由省外运公司办理水路中转将货物运往澳门，货到澳门由南光集团运输部负责接货并交付收货人。

【案例导读】

中国外运陕西公司诉哈尔滨铁路局国际铁路联运合同纠纷案

1993年7月，中国外运陕西公司受陕西省进出口公司的委托，于西安西站向俄罗斯西西伯利亚贸易公司托运毛巾被1 390条，床单19 800条。俄罗斯西西伯利亚贸易公司收到货物后，因俄罗斯市场行情发生变化，遂与陕西外运公司达成将货物全部退给原告的协议。1993年8月31日，俄罗斯西西伯利亚贸易公司将货物交由俄罗斯铁路鄂木斯克东站承运，货物运单到站为西安铁路分局西安西站，收货人为中国外运陕西公司，运到期限为35日。运期届满后陕西外运公司未能收到货物。哈尔滨铁路局满洲里站出具证明，证实俄罗斯铁路未向其交接该批货物，只传递了运单。西安铁路分局西安西站出具商务记录，证实货物未运到该站。中国外运陕西公司于1994年3月23日向哈尔滨铁路局提出赔偿请求，哈尔滨铁路局通知俄罗斯铁路国境站后贝加尔铁路局给予赔偿，后贝加尔铁路局未作答复，哈尔滨铁路局也未在规定的期限内答复陕西外运公司。陕西外运公司遂起诉，要求哈尔滨铁路局赔偿赔款518 700瑞士法郎，利息13 832瑞士法郎，负担全部案件受理费。

经哈尔滨铁路运输中级法院审理，此案最终处理结果为：

1. 货物应视为全部灭失

本批货物为整车运输，按照《货协》规定，超过货物应运到期限30天内，未将货物交付收货人，收货人可认为货物已灭失。

2. 俄罗斯铁路是货物灭失的责任路

俄罗斯西西伯利亚贸易公司将货物交付给俄罗斯铁路鄂木斯克东站承运后，参加运送的后贝加尔站未向中国国境站哈尔滨铁路局满洲里站交付货物，只是传递了铁路运单。西安铁路分局西安西站也证实货物未运至该站。陕西外运公司书面通知后贝加尔铁路局赔偿，该局未作答复，也未提供已向中方满洲里国境站交付货物的证据。因此，可以认定货物是在俄罗斯铁路承运期间灭失的，直接责任者应是俄罗斯后贝加尔铁路局。

3. 哈尔滨铁路局赔偿灭失货物的损失

《货协》第二十九条第二项以及附件规定，赔偿请求应提交受理审核赔偿请求的满洲里国境站的主管机关哈尔滨铁路局审查。《货协》第三十三条第一项"对于货物的全部灭失……已付赔款的铁路，有权向参加运送的其他铁路索取这项赔款"。哈尔滨铁路局作为赔偿请求受理机关应对灭失的货物先予赔偿，赔付后向责任路俄罗斯后贝加尔铁路局清算。

4. 赔偿范围

(1) 赔偿全部货款。按《货协》规定，货物出口发票所列的总价款为518 700瑞士法郎，应予全部赔偿。

(2) 赔偿利息。《货协》第二十八条第三项规定，铁路应按货物全部灭失受理的赔偿，从提赔之日起经过180天后，才对赔偿请求给予答复或支付应付赔款的，则对应付赔偿款额加算年利4%的利息。陕西外运公司提赔是1994年3月23日，至向法院起诉时哈尔滨铁路局仍未答复已超过180天，哈尔滨铁路局应按赔款的年利4%支付利息。

(3) 陕西外运公司诉请的赔偿铁路运费不应支持。根据《货协》规定，赔款中应包括铁路运费。但本案的铁路运费是由俄罗斯西西伯利亚贸易公司在返还货物时向发站交付的，陕西外运公司未支出这项费用，不存在赔偿问题。

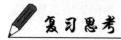 复习思考

1. 试述铁路运输在我国对外贸易中的作用。

2. 为什么将内地对香港的铁路货物运输称为"租车方式、两票运输"？对香港的铁路运输使用的主要单证有哪些？

3. 试述国际铁路货物联运运单与承运货物数据的性质和作用。

4. 试比较海运与国际铁路联运的托运流程。

5. 上海某公司出口到乌克兰货物一批，经查，该批货物整车慢运计价重量50吨，运价号为3，国内由上海至满洲里的运价里程为3 500千米，基价1为7.60元/吨公里，基价2为0.043 5元/吨公里；俄罗斯过境运费按《统一货价》计算，运价等级为1等，过境俄罗斯的运价里程为8 003公里，运价率为38.5瑞士法郎/吨公里。请计算该批货物的国内运费和俄罗斯的过境运费。

第七章

【学习目标】

本章主要介绍国际航空货运的基本知识与国际贸易中的基本应用。通过本章的学习，要使学生了解航空运输的基本特点，熟悉航空运输的几种营运服务方式，掌握航空运单的作用、填制方法，航空运价的计算等。

【学习要点】

1. 国际货物航空运输营运方式；
2. 航空运单的基本知识；
3. 航空运价的有关规定及计算方法。

国际航空货物运输

第一节　国际航空运输概述

一、国际航空运输概况

1903 年，美国人莱特兄弟发明了世界上第一架飞机，从此，人类开始进入航空时代。但在第二次世界大战前，航空货运仅限于运送紧急邮件和军需品。它作为一种国际贸易货物的运输方式，是第二次世界大战后才开始出现的，随着第二次世界大战后无线电通信、雷达技术的日趋完善，宽体飞机的出现和全货机的不断发展，航空运输大规模转为民用，民用航空进入飞速发展时代，航空货运在国际贸易中的地位越来越重要。根据国际民航组织（ICAO）统计，2011 年成员国定期航班完成的国际国内营收性运输总量达到 27.38 亿人次以及约 5 140 万吨货物，分别比 2010 年增长 5.6％和 1.4％，完成的总吨公里 6 467.52 亿，增长 4.3％。按地区分布，各成员国航空公司（国际和国内）货运总量占世界运输量百分比：欧洲占 25.8％，亚太占 32.5 ％，北美占 26.9％，中东占 8.3％，拉美占 4.3％，非洲占 2.2％。[①]

我国民航事业主要是在解放后发展起来的。1958 年我国参加了《华沙公约》，从而同 20 几个国家建立了航空运输关系。改革开放后，利用空运的外贸货物迅速增多。空运进口货物主要是一些贵重物品、稀有金属、精密仪器仪表、电子计算机、照相器材、胶片、手表等，出口货物主要是些鲜活商品、丝绸、服装、纺织品、皮革制品、工艺品等。我国加入世贸组织后，航空货运得到了空前发展。特别是 2012 年，在世界经济不景气的情况下，民航主要运输指标仍保持平稳较快增长。截至 2012 年，我国共有颁证运输机场 183 个，定期航班国内通航城市 178 个（不含港澳台），航线已覆盖全球主要地区，国际航线 381 条，港澳台航线 99 条。全国各机场共完成旅客吞吐量 6.8 亿人次，比上年增长 9.5％，完成货邮吞吐量 1 199.4 万吨，比上年增长 3.6％。飞机起降架次为 422.6 万架次，比上年增长 10.4％。年货邮吞吐量 1 万吨以上的运输机场 49 个，其中北京、上海和广州三大城市机场货邮吞吐量占全部机场货邮吞吐量的 53.5％。[②]

二、航空运输特点

与其他运输方式相比，航空货物运输的特点如下。

（一）货运速度快

航空运输具有较高的运送速度，较适合易腐货物、鲜活货物、季节性货物的运输，具有保鲜、保成活的作用。航空运输的速度快也使货物在途风险降低，因此许多贵重物品、精密仪器也往往采用航空运输的形式。对货主来说，由于运送快、货物周转期也短，资金可早日回收，在一定程度上得到较高的经济效益。

[①]　国际民用航空组织，Annual Report of the Council - 2011.（Doc 9975）
[②]　中国民用航空局《2012 年民航机场生产统计公报》

（二）受地面条件影响小，空间跨度大

航空运输利用天空这一自然通道，不受地理条件的限制。对于地面条件恶劣交通不便的内陆地区非常合适，有利于当地资源的出口，促进当地经济的发展。航空运输还使本地与世界相连，对外的辐射面广，相比较公路运输与铁路运输占用土地少，对寸土寸金、地域狭小的地区发展对外交通也是十分适合的。

（三）安全、准确

相比其他运输方式，航空运输操作严格，管理制度较完善，货损情况较少，可保证货物运输安全。

（四）节省包装、利息等费用

航空运输可以提高货物的流通速度，减少库存，节约企业的包装、保险、利息等各项开支，加快企业资金周转，提高资金使用率。

当然，航空运输也有局限性，主要表现在航空货运的运费较其他运输方式更高，不适合低值货物；航空运载工具——飞机的舱容有限，对大件货物和大批量货物的运输有一定的限制；飞机飞行安全容易受恶劣气候影响等。

三、国际航空货物运输组织

（一）国际民用航空组织（International Civil Aviation Organization，ICAO）

国际民用航空组织是各国政府间的国际航空运输机构，是联合国的一个专门机构，成立于 1947 年 4 月 4 日，总部设在加拿大的蒙特利尔，现在成员国有 190 个，最高权力机构是成员国大会，至少每两年举行一次全体成员大会。常设机构是理事会，理事会由大会选出的 33 名会员国代表组成，任期三年。我国于 1974 年正式加入该组织，也是理事国之一。该组织下设航行、航空运输、联合供应空中航行设施、财务和关于非法干扰国际民用航空及其设施委员会，另有常设的法律委员会协调工作，其中航空运输委员会的主要任务是：就有关航空运输问题，尤其是航空运输的定义、标准和建议措施，简化运输手续；简化航空器进出国界及旅客、货物出入境的国家规章；搜寻资料、进行研究并及时向理事会提供建议和意见。国际民用航空组织是负责国际航空运输的技术、航行及法规方面的机构。它所通过的文件具有法律性，各成员国都必须严格遵守。

（二）国际航空运输协会（International Air Transport Association，IATA）

国际航空运输协会是各国航空运输企业之间的组织，会员必须是国际民用航空组织成员国的空运企业。参加国际航空运输协会的航空公司的所属国一般都是联合国成员。目前，我国的国际航空公司、东方航空公司、南方航空公司等 13 家航空公司成为国际航空运输协会的会员公司。

国际航空运输协会于 1945 年 4 月 16 日在古巴哈瓦那成立。协会下设财务、法律、技术和运输等委员会。国际航空运输协会总部设在加拿大的蒙特利尔，执行总部设在瑞士日内瓦，在日内瓦还设有清算所，为各会员公司统一办理财务上的结算。在纽约、巴黎、伦敦和新加坡设有分支机构。协会还在全球设有 7 个地区办事处：比利时的布鲁塞尔负责欧洲事务；智利的圣地亚哥负责拉丁美洲事务；约旦的安曼负责中东事务；肯尼亚的内罗毕负责非洲事务；北京、新加坡负责亚洲事务；美国的华盛顿负责美国事务。

协会的最高权力机构是每年召开的全体会员会议。

（三）国际货运代理协会联合会（International Federation of Freight Forwarders Association，FIATA）

国际货运代理协会联合会简称"菲亚塔"，它是国际货运代理人的组织。其会员不仅限于货运代理企业，还包括海关、船务代理和空运代理、仓库业和汽车运输业等部门。

国际货运代理协会联合会于1926年5月31日在奥地利维也纳成立，总部设在瑞士苏黎世。其创立目的是为了解决由于日益发展的国际货运代理业务所产生的问题，保障和提高国际货运代理在全球的利益，提高货运代理服务的质量。在国际货运代理协会联合会的指导下，许多国家筹建本国的货运代理人协会，成为该组织的正式会员，协会的一般会员由国家货运代理协会或有关行业组织或在这个国家中独立注册登记的且为唯一的国际货运代理公司组成。作为中国最大的货运代理公司——中国对外贸易运输（集团）总公司早在1985年就加入了该协会，并成为其正式会员，中国国际货运代理协会目前也是该协会会员。国际货运代理协会联合会是世界范围内运输领域中最大的非政府和非营利性质的组织，它是公认的国际货运代理的代表。其主要任务是协助各国的货运代理组织和同行业联系起来，在各种国际会议中代表货物发运人的利益。

国际货运代理协会联合会下设多个技术委员会：公共关系委员会，运输和研究中心委员会，法律、单据和保险委员会，铁路运输委员会，公路运输委员会，航空运输委员会，海运和多种运输委员会，海关委员会，职业训练委员会，统计委员会等。其中航空运输委员会是唯一的永久性机构。

四、国际航空货物运输基本知识

（一）航空港与航空器

1. 航空港

航空港即机场，是供飞机起飞降落和停放及组织、保障飞行活动的场所，通常由跑道与滑行道、停机坪、指挥塔、助航系统、输油系统、维护修理基地、消防系统、货站和航空大厦等建筑和设置组成。

航空港按业务范围分为国际航空港和国内航空港。其中，国际航空港是政府核准对外开放的航空港，供国际航线的航空器起降营业，并建有海关、移民、检疫及卫生机构。

2. 航空器

航空器主要是指飞机。按发动机不同，常见主要有螺旋桨式、喷气式和活塞式飞机；按速度，有超音速、亚音速、高速、低速飞机；按机身的宽窄，可分为宽体飞机和窄体飞机，目前常见的宽体飞机有B747、B767、B777、B787、A300、A310、A330、A340、A350、MD11、IL96等；按用途的不同，飞机可分为客机、全货机和客货混合机。客机主要运送旅客，一般行李装在飞机的深舱。由于目前航空运输仍以客运为主，客运航班密度高、收益大，所以大多数航空公司都采用客机运送货物，所不足的是，由于舱位少，每次运送的货物数量十分有限。全货机运量大，可以弥补客机的不足，但成本高，只限于某些货源充足的航线使用。客货混合机可以同时运送旅客和货物，并根据需要调整运输安排，是最具灵活性的一种机型。

飞机主要分为两种舱位：主舱和下舱。波音747有三种舱位：上舱、下舱、主舱。如图7-1所示。

图7-1　波音飞机的宽大机舱

3. 集装设备（Unit Load Devices，ULD）

航空运输中的集装设备主要是指为提高运输效率而采用的托盘和集装箱等成组装载设备。为使用这些设施，飞机的甲板和货舱都设置了与之配套的固定系统。

由于航空运输的特殊性，这些集装设备无论从外形构造还是技术性能指标都具有自身的特点。以集装箱为例，就有主甲板集装箱和底甲板集装箱之分。我们在海运中常见的40英尺和20英尺的标准箱只能装载在宽体飞机的主甲板。

（二）航线与航班

1. 航线

民航从事运输飞行，必须按照规定的线路进行，这种线路叫作航空交通线，简称航线。航线不仅确定了航行的方向、经停地点，还根据空中管理的需要，规定了航路的宽度和飞行的高度层，以维护空中交通秩序，保证飞行安全。

航线按飞机飞行的路线分为国内航线和国际航线。线路起降、经停点均在国内的称为国内航线。跨越本国国境，通达其他国家的航线称为国际航线。

全球最繁忙的航线主要有西欧—北美间的北大西洋航空线、西欧—中东—远东航空线、远东—北美间的北太平洋航线。此外，还有北美—南美、西欧—南美、西欧—非洲、西欧—东南亚—澳新、远东—澳新、北美—澳新等重要国际航空线。

2. 航班

飞机由始发站起飞按照规定的航线经过经停站至终点站做运输飞行称为航班。为识别方便，国际航空组织对各航线航班进行编码以示区别，如北京首都国际机场——纽约约翰·肯尼迪国际机场的航班CA981，前两位字母表示提供班机服务的航空公司中国国际航空公司，后三位数字为航班号。

第二节　航空运输经营方式

目前，航空货物运输的方法有：

一、班机运输（Schedule Airline）

航空公司使用的具有固定的航线、固定时间、固定始发站和目的站、途经站的客机或货机或客货机，叫作班机。

一般班机都是使用客货混合飞机（Combination Carrier），既可以搭载旅客，又可以运送少量货物，只有一些较大的航空公司在货运量较为集中的航线上开辟定期的货运航班，使用的是全货机（All Cargo Carrier）运输。由于班机在航线和时间上基本都有保证，因此采用班机运输货物可以比较容易掌握货物的起运和到达时间，从而保证货物能安全迅速地运到世界各地，特别是鲜活易腐商品、时令性较强的商品、急需物资以及贵重商品一般都采用班机方式运送。

采用班机运输，对进出口商来讲可以在贸易合同签署之前预期货物的起运和到达时间，核算运费成本，合同的履行较有保障，因此多数贸易商也首选班机货运形式。但由于班机运输一般是客货混载，因此，舱位有限，不能使大批量的货物及时出运，往往需要分期分批运输。这是班机运输的不足之处。

二、包机运输（Chartered Carrier）

包机运输有整架包机和部分包机两种。

（一）整架包机

整架包机是指航空公司或包机代理公司按照合同中双方事先约定的条件和运价将整架飞机租给租机人，从一个或几个航空港装运货物至指定目的地的运输方式。它适合于运输大批量货物。这种租机包机人要在货物装运前一个月与航空公司联系，以便航空公司安排飞机运载和向起降机场及有关政府部门申请入境及办理有关手续。包机运费，是随国际市场需求而变化，按每一飞行公里固定费率核收费用，并按每一飞行公里收运价的70％～80％的空放费。整架包机对来回程都有货载的大批量货物，运费比较低，只使用单程的，运费比较高。

（二）部分包机

部分包机是指有几家航空货运代理公司或托运人联合包租一架飞机，或者是由包机公司把一架飞机的舱位分别卖给几家航空货运代理公司的货物运输形式。部分包机可用于托运一吨以上但又不足一整架飞机的货物。

与班机相比，包机运输的优点是可以满足大批量货物进出口运输的需要，可以由承租飞机的双方议定航程的起止点和中途的停靠站，更具灵活性，同时运费较班机运输低，但由于包机运输需要等待其他货主备齐货物，因此运送时间要长。

三、集中托运方式（Consolidation）

航空集中托运是指航空货运代理公司将若干票单独发运的、发往同一方向的货物集中起来作为一票货物，向航空公司办理托运，填写一份总运单发运到同一到站，由航空货运代理公司在目的地指定的代理人负责收货、报关，并分拨给各实际收货人的运输方式。集中托运方式中，航空代理公司要负责在始发站承揽货物，将货物交给航空公司，在目的地要负责提取货物、报关并转交给不同的收货人，对托运人而言，航空代理公司承担的是货物的全程运输责任。航空集中托运可争取到较低廉的运费，是航空货物运输中开展最为普遍的一种运输方式。

但是，集中托运也有其局限性。

（1）只适合运送普通货物，而贵重物品、活动物、危险品、文物等根据航空公司的规定不得采用集中托运的形式。

（2）由于集中托运的情况下，需事先将不同发货人的货物集中，因此货物的发运时间并不确定，所以不适合易腐烂变质的货物、紧急货物或其他对时间要求高的货物。

四、航空快递（Air Express）

是指具有独立法人资格，专门经营快递业务的企业与航空公司合作，将进出境的货物或物品从发件人（Consignor）所在地快速送达收件人的一种快速运输方式。航空快递目前是一种最为快捷的运输方式，特别适合于各种急需物品和文件资料。

（一）航空快递货物、物品的范围

快递业务发送货物、物品的范围大致包括两类：文件和包裹。文件主要是指商业文件和各种印刷品，包括合同、货运单证、照片、票据等；包裹又叫小包裹服务，包括小件样品、零配件或通过快件运送的小件进出口货物、物品等，快递公司对快递包裹的毛重、体积有一定限制。

（二）航空快递的形式

1. 门/桌到门/桌（Desk/Door to Desk/Door）

这是航空快递公司最常用的一种服务形式。首先由发件人在需要时电话通知快递公司，快递公司接到通知后派人上门取件，然后将所有收到的快件集中到一起，根据其目的地分拣、整理、制单、报关、发往世界各地，到达目的地后，再由当地的分公司办理清关、提货手续，并送至收件人手中。在这期间，客户还可依靠快递公司的电脑网络随时对快件（主要指包裹）的位置进行查询，快件送达之后，也可以及时通过电脑网络将消息反馈给发件人。

2. 桌/门到机场（Desk/Door to Airport）

与前一种服务方式相比，桌/门到机场的服务指快件到达目的地机场后不是由快递公司去办理清关、提货手续并送达收件人的手中，而是由快递公司通知目的地收件人自己去办理相关手续。采用这种方式的多是海关当局有特殊规定的货物或物品。

3. 专人派送（Courier on Board）

专人派送是指由快递公司指派专人携带快件随机送货。这种特殊服务一般很少采用。

以上三种服务形式相比，桌/门到机场形式对客户来讲非常不便，但收费较低，专人派送最可靠、最安全，同时费用也最高。而门/桌到门/桌的服务介于上述两者之间，

适合绝大多数快件的运送。

（三）航空快递公司

专门从事航空快递的经营者大多为跨国公司，这些公司以独资或合资的形式将业务深入世界各地，建立起完善的全球网络，通过自身或代理的网络完成货物的运送。

改革开放后，随着我国对外贸易的不断发展，我国航空快递业务迅速成长起来。1980年，我国第一家中外合资的国际快速公司——中外运-敦豪国际航空快件有限公司成立，其业务在全国迅速铺开。随后，联邦快递、UPS、TNT等全球最大的快递公司纷纷进入中国。同时，在中国本土也出现了一批提供全国性、地区性乃至同城快递服务的快递公司，如大通空运、大田物流等。

国际上几大快递公司的标识见图7-2。

图7-2 国际上几大快递公司的标识

第三节 航空运单

一、航空运单（Air Waybill，AWB）的性质和作用

航空运单是航空运输中一种重要的运输单据，是航空运输的承运人或其代理人收到货物以后出具的一份货运单证，是承运人和托运人之间签订的运输契约。它与海运提单不同，航空运单既不能转让，也不是代表货物所有权的物权凭证，是一种不可议付的单据。航空运单的作用主要包括：

（1）航空运单证明了承运人和托运人之间签订的运输合同；

（2）航空运单是承运人签发的已接收货物的证明；

（3）航空运单是承运人托运人结算运费的账单；

（4）航空运单可作为保险凭证（如果托运人要求承运人代办保险证书）；

（5）航空运单是办理进出口报关单证之一；

（6）航空运单是承运人内部办理业务的依据。

二、航空运单的构成

我国国际航空货运单由一式十二联组成，包括正本三联、副本六联和额外副本三联。航空货运单各联的构成见表7-1。

表7-1　航空运单的构成

序　号	名称及分发对象	颜色
A	Original3（正本3，交托运人）	浅蓝色
B	Copy9（副本9，交代理人）	白色
C	Original1（正本1，航空公司留存）	浅绿色
D	Original2（正本2，交收货人）	粉红色
E	Copy4（副本4，提取货物收据）	浅黄色
F	Copy5（副本5，交目的地机场）	白色
G	Copy6（副本6，交第三承运人）	白色
H	Copy7（副本7，交第二承运人）	白色
I	Copy8（副本8，交第一承运人）	白色
J	Extra Copy（额外副本，供承运人使用）	白色
K	Extra Copy（额外副本，供承运人使用）	白色
L	Extra Copy（额外副本，供承运人使用）	白色

正本3的托运人联，在货运单填制后，交给托运人，作为托运货物及货物预付运费时交付运费的收据。同时，它也是托运人与承运人之间签订的有法律效力的运输文件。

三、航空运单的分类

（一）航空主运单（Master Air Waybill，MAWB）

由航空运输公司签发的航空运单称为主运单。它是航空运输公司据以办理货物运输和交接的依据，是航空公司和托运人订立的运输合同，每一批航空运输的货物都有自己相对应的航空主运单。

（二）航空分运单（House Air Waybill，HAWB）

分运单用于集中托运业务，集中托运人在办理集中托运业务时签发的航空运单被称作航空分运单。集中托运方式下，既有主运单，也有分运单。

分运单是作为集中托运人与托运人之间的货物运输合同，而主运单作为航空运输公司与集中托运人之间的运输合同，即货主与航空运输公司没有直接的契约关系。

不仅如此，由于在起运地由集中托运人将货物交付航空运输公司，在目的地由集中托运人或其代理从航空运输公司处提取货物，再转交给收货人，因而货主与航空运输公司也没有直接的货物交接关系。

四、航空运单的填写

航空运单与海运提单类似，也有正面、背面条款之分，不同的航空公司也会有自己独特的航空运单格式。所不同的是，海运公司的海运提单可能千差万别，但各航空公司所使用的航空运单则大多借鉴IATA所推荐的标准格式，差别并不大。所以这里只介绍这种标准格式，也称中性运单。下面就有关需要填写的栏目说明如下。

（1）始发站机场：需填写 IATA 统一制定的始发站机场或城市的三字代码，这一栏应该和 11 栏相一致。

1A：IATA 统一编制的航空公司代码，如我国的国际航空公司的代码就是 999。

1B：运单号。

（2）发货人姓名、住址（Shipper's Name and Address）：填写发货人姓名、地址、所在国家及联络方法。

（3）发货人账号：只在必要时填写。

（4）收货人姓名、住址（Consignee's Name and Address）：应填写收货人姓名、地址、所在国家及联络方法。与海运提单不同，因为空运单不可转让，所以"凭指示"之类的字样不得出现。

（5）收货人账号：同（3）栏一样只在必要时填写。

（6）承运人代理的名称和所在城市（Issuing Carrier's Agent Name and City）。

（7）代理人的 IATA 代号。

（8）代理人账号。

（9）始发站机场及所要求的航线（Airport of Departure and Requested Routing）：这里的始发站应与（1）栏填写的相一致。

（10）支付信息（Accounting Information）：此栏只有在采用特殊付款方式时才填写。

（11）11A（C、E）. 去往（To）：分别填入第一（二、三）中转站机场的 IATA 代码。

11B（D、F）. 承运人（By）：分别填入第一（二、三）段运输的承运人。

（12）货币（Currency）：填入 ISO 货币代码。

（13）收费代号：表明支付方式。

（14）运费及声明价值费（WT/VAL，weight charge/valuation charge）：

此时可以有两种情况：预付（PPD，Prepaid）或到付（COLL collect）。如预付在 14A 中填入"*"，否则填在 14B 中。需要注意的是，航空货物运输中运费与声明价值费支付的方式必须一致，不能分别支付。

（15）其他费用（Other）：也有预付和到付两种支付方式。

（16）运输声明价值（Declared Value for Carriage）：在此栏填入发货人要求的用于运输的声明价值。如果发货人不要求声明价值，则填入"NVD（No value declared）"。

（17）海关声明价值（Declared Value for Customs）：发货人在此填入对海关的声明价值，或者填入"NCV（No customs valuation）"，表明没有声明价值。

（18）目的地机场（Airport of Destination）：填写最终目的地机场的全称。

（19）航班及日期（Flight/Date）：填入货物所搭乘航班及日期。

（20）保险金额（Amount of Insurance）：只有在航空公司提供代保险业务而客户也有此需要时才填写。

（21）操作信息（Handling Information）：一般填入承运人对货物处理的有关注意事项，如"Shipper's certification for live animals（托运人提供活动物证明）"等。

（22）22A～22L 货物运价、运费细节。

22A. 货物件数和运价组成点（No. of Pieces RCP，Rate Combination Point）：填入货物包装件数。如 10 包即填"10"。当需要组成比例运价或分段相加运价时，在此栏填入运价组成点机场的 IATA 代码。

22B. 毛重（Gross Weight）：填入货物总毛重。

22C. 重量单位：可选择公斤（kg）或磅（lb）。

22D. 运价等级（Rate Class）：针对不同的航空运价共有 6 种代码，它们是 M（Minimum，起码运费）、C（Specific Commodity Rates，特种运价）、S（Surcharge，高于普通货物运价的等级货物运价）、R（Reduced，低于普通货物运价的等级货物运价）、N（Normal，45 公斤以下货物适用的普通货物运价）、Q（Quantity，45 公斤以上货物适用的普通货物运价）。

22E. 商品代码（Commodity Item No.）：在使用特种运价时需要在此栏填写商品代码。

22F. 计费重量（Chargeable Weight）：此栏填入航空公司据以计算运费的计费重量，该重量可以与货物毛重相同也可以不同。

22G. 运价（Rate/Charge）：填入该货物适用的费率。

22H. 运费总额（Total）：此栏数值应为起码运费值或者是运价与计费重量两栏数值的乘积。

22I. 货物的品名、数量，含尺码或体积（Nature and Quantity of Goods incl. Dimensions or Volume）：货物的尺码应以厘米或英寸为单位，尺寸分别以货物最长、最宽、最高边为基础。体积则是上述三边的乘积，单位为立方厘米或立方英寸。

22J. 该运单项下货物总件数。

22K. 该运单项下货物总毛重。

22L. 该运单项下货物总运费。

（23）其他费用（Other Charges）：指除运费和声明价值附加费以外的其他费用。根据 IATA 规则各项费用分别用三个英文字母表示。其中前两个字母是某项费用的代码，如运单费就表示为 AW（Air Waybill Fee）。第三个字母是 C 或 A，分别表示费用应支付给承运人（Carrier）或货运代理人（Agent）。

（24）～（26）分别记录运费、声明价值费和税款金额，有预付与到付两种方式。

（27）～（28）分别记录需要付与货运代理人（Due Agent）和承运人（Due Carrier）的其他费用合计金额。

（29）需预付或到付的各种费用。

（30）预付、到付的总金额。

（31）发货人的签字。

（32）签单时间（日期）、地点、承运人或其代理人的签字。

（33）货币换算及目的地机场收费记录。

以上所有内容不一定要全部填入空运单，IATA 也并未反对在运单中写入其他所需的内容。但这种标准化的单证对航空货运经营人提高工作效率，促进航空货运业向电子商务的方向迈进有着积极的意义。

附：航空运单样本

Shipper's Name and Address	Shipper's Account Number	NOT NEGOTIAELE Air Waybill Issued by
		Copies 1. 2 and 3 of this Air Waybill are originals and have the same validity.
Consignee's Name and Address	Consignee's Account Number	It is agreed that the goods described herein are accepted in apparent good order and condition (except as noted) for carriage SUBJECT TO THE CONDITIONS OF CONTRACT ON THE REVERSE HEREOF, ALL GOODS MAY BE CARRIED BY ANY OTHER MEANS, INCLUDING ROAD OR ANY OTHER CARRIER UNLESS SPECIFIC CONTRARY INSTRUCTIONS ARE GIVEN HEREON BY THE SHIPPER. THE SHIPPER'S ATTENTION IS DRAWN TO THE NOTICE CONCERNING CARIER'S LIMITATION OF LIABILITY. Shipper may increase such limitation of liability by declaring a higher value of carriage and paying a supplemental charge if required.
Issuing Carrier's Agent Name and City		Accounting Information
Agent's IATA code	Account No	

Airport of Departure (Addr. of First Carrier) and Requested Routing

To	By First Carrier Routing and Destination	to	by	to	by	Currency	CHGS Code	WT/VAL		Other		Declared Value for Carriage	Declared Value for Customs
								PPD	COLL	PPD	COLL		

Airport of Destination		Flig ht Date	Amount of Insurance	INSURANCE- If carrier offers insurance and such insurance is requested in accordance with the conditions thereof indicate amount to be insured in figures in box marked "Amount of Insurance".

Handling Information

SCI

No of Pieces RCP	Gross Weight	kg Ib	Rate Class	Chargeable Weight	Rate / Charge	Total	Nature and Quantity of Goods (incl. Dimensions or Volume)
			Commodity Item No.				

Prepaid	Weight Charge	Collect	Other Charges
	Valuation Charge		
	Tax		
	Total Other Charges Due Agent		Shipper certifies that the particulars on the face hereof are correct and that insofar as any part of the consignment contains dangerous goods, such part is properly described by name and is in proper condition for carriage by air according to the applicable Dangerous Goods Regulations.
	Total Other Charges Due Carrier		
			Signature of Shipper or his Agent
Total Prepaid	Total Collect		
Currency Conversion Rates	CC Charges in Dest. Currency		Executed on (date) at (place) Signature of Issuing Carrier or its Agent
For Carrier's use only at Destination	Charges at Destination	Total Collect Charges	

ORIGINAL 1 (FOR SHIPPER)

第四节　国际航空运输代理业务程序

国际航空运输代理业务程序是指从托运人发货到收货人收货的全过程，包括出口业务程序和进口业务程序。

一、航空出口运输代理业务

(一) 市场销售

市场销售即承揽货物，航空货运代理公司须及时向发货单位介绍本公司的业务范围、服务项目、各项收费标准等，货运代理与发货人达成运输意向后，可以向发货人提供代理航空公司的"国际货物托运书"，发货人发货时，首先须填写托运书，加盖公章，作为货主委托代办货物出口航空运输的依据。

(二) 委托运输

发货人委托空运代理公司空运出口货物，应填写托运书，而且托运人必须在上面签字或盖章。托运书（Shippers Letter of Instruction，SLI）是托运人委托承运人或其代理人填写航空货运单的一种表单，上面列有填制货运单所需各项内容，并印有授权承运人或其代理人代其在货运单上签字的文字说明。在接受托运人委托后，单证操作前，空运代理要对托运书的价格、航班日期等进行审核，同时，空运代理必须在托运书上签名并写上日期以示确认。

(三) 审核单证

托运基本单证应包括发票、装箱单、托运书、报关单、外汇核销单等，特殊单证包括许可证、商检证、进料/来料加工登记手册、索赔/返修协议（正本）、到付保函、关封。

(四) 预配舱

空运代理人汇总所接受的各票货物的委托，计算出各航线的件数、重量、体积，按照客户的要求和货物重、泡情况，根据各航空公司不同机型对不同板箱的重量和高度要求，制订预配舱方案，并对每票货配上运单号。

(五) 预订舱

代理人根据所制订的预配舱方案，按航班日期打印出总运单号、件数、重量、体积，向航空公司预定舱。

(六) 接受单证

接受托运人或其代理人送交的已经审核确认的托运书及报关单证和收货凭证。

(七) 填制空运单

承运人或其代理人要依据发货人提供的国际货物托运书填制空运单，空运单需用英文填写。集中托运货物的航空货运单一般包括总运单和分运单。

(八) 接收货物

即航空货代公司把即将发运的货物从发货人手中接过来并运送到自己的仓库。接收货物一般与接单同时进行。对于通过空运或铁路从内地运往出境地的出口货物，货运代理人按照发货人提供的运单号、航班号、接货地点及接货日期，代其提取货物。如货物已在始发地办理了出口海关手续，发货人应同时提供始发地海关的关封。接货时应对货物进行查验并办理交接手续。

（九）标记和标签

（1）标记：托运人在货物外包装上书写的有关事项和记号。

（2）标签：承运货物的标识。每件货物要拴挂或粘贴有关的标签，对需特殊处理的或照管的货物要粘贴指示性标志。

（十）配舱

配舱时，需要核对货物的实际件数、重量、体积与托运书上预报数量的差别，注意对预定舱位、板箱的有效利用、合理搭配，按照各航班机型、板箱型号、高度、数量进行配载。

（十一）订舱

订舱是指将所接收空运货物向航空公司正式提出运输申请并订妥舱位。货运代理公司订舱时，可依照发货人的要求选择最佳的航线和最佳的承运人，同时为发货人争取最低、最合理的运价。订舱后，航空公司签发舱单，同时给予验货集装器领取凭证，以表示舱位订妥。

（十二）出口报关

出口报关指发货人或其代理人在货物发运前，向出境地海关办理货物出口手续，直至海关放行的过程。

（十三）出仓单

配舱方案制订后，可着手编制出仓单。出仓单上应载明日期、承运航班的日期、装载板箱形式及数量、货物进仓顺序编号、总运单号、件数、重量、体积、目的地三字代码和备注。出仓单交给出口仓库，用于出库计划，出库时点数并向装板箱交接；出仓单交给装板箱环节，是向出口仓库提货的依据，也是制作《国际货物交接清单》的依据；出仓单交给报关环节，当报关有问题时，可有针对性地反馈，以采取相应措施。

（十四）提板箱与装板箱

除特殊情况，航空货运均以集装箱和集装板运输。航空货运代理公司要根据订舱计划向航空公司申领板、箱并办理相应的手续。

（十五）签单

海关放行货物，在货运单盖章后，航空货代须到航空公司签单，只有签单确认后才允许将单、货交给航空公司。

（十六）交接发运

（1）交接是向航空公司交单交货，由航空公司安排航空运输。交单就是将随机单据和应由承运人留存的单据交给航空公司。随机单据包括第二联航空运单正本、发票、装箱单、产地证明、品质鉴定书。

（2）交货即把单据相符的货物交给航空公司。交货之前必须粘贴或拴挂货物标签，清点和核对货物，填制货物交接清单。大宗货、集中托运货，以整板、整箱称重交接；零散小货按票称重，计件交接。

（十七）航班跟踪

单、货交接给航空公司后，航空公司如因航班取消、延误等种种原因，未能按预定时间运出，所以货运代理公司从单、货交给航空公司后就须对航班、货物进行跟踪。

(十八) 信息服务

货代应提供多方面信息服务，如订舱信息、审单报关信息、仓库收货信息、交运称重信息、集中托运信息、单证信息等。

(十九) 费用结算

包括与承运人结算费用、与发货人结算费用、与国外代理人结算到期运费和利润分成。

二、航空进口运输代理业务

航空货物进口运输代理业务程序，是指代理公司对于货物从入境提取或转运的整个流程所需办理的手续及准备单证的全过程。

(一) 代理预报

国外发货前，国外代理公司将运单、航班、件数、重量、品名、收货人及地址、电话等内容通知目的地代理公司，目的是让代理公司做好接货前的准备工作。

(二) 交接单货

航空货物入境时，单据一般随机到达。运输工具与货物均处于海关监管之下，货物卸下后存入监管仓库，进行舱单录入，将舱单上总运单号、收货人、始发站、目的站、件数重量等信息备案给海关留存，以便报关用。同时根据运单上收货人地址寄提单、提货通知。

交接时要注意单单核对，单货核对。核对后如有问题，应及时处理有关单据和货物。

如果发现货物短缺或破损及其他异常情况，应向民航索要商务事故记录，作为以后索赔的依据。

(三) 理货与仓储

货代公司接货后将货物存进监管仓库，组织理货与仓储。

1. 理货

应逐一核对每票货物的件数，检查有无破损，按照大货、小货，重货、轻货，单票货、混载货，危险品、贵重物品，冷冻冷藏等分别进仓。

2. 仓储

注意防雨淋和受潮，货物不能放在露天地点；防重压；防温度变化导致货物变质；防危险品危及人员及其他货物安全；防贵重货物被盗。

(四) 理单与到货通知

1. 理单

将集中托运进口总运单项下的分运单分别整理出来，审核与到货的情况是否一致，制成清单并分别输入海关电脑，以便报关报验提货。

2. 到货通知

接到货物，为减少仓储费用支出，应该尽早、尽快、妥当地通知货主到货情况，提醒货主准备好单证报关提货。

3. 运单处理

运单上需盖好几个章：监管章（总运单）、代理公司分运单确认章（分运单）、检验检疫章、海关放行章等。

（五）制单、报关

制单指按海关要求，依据运单、发票、箱单及证明文件，制作进口货物报关单。进口报关是进口运输中的关键环节，在向海关申报后，海关会有初审、审单、征税、验放等环节。

（六）收费、发货

1. 发货

办完报关报验等手续后，货主凭盖有海关放行章、检验检疫章的进口提货单到监管仓库付费提货。

2. 收费

货代公司发放货物之前，应将费用收妥，应收费用有：到付运费及垫付佣金、单证报关费、仓储费（冷藏、冷冻、危险品、贵重物品）、装卸费、代付费用、关税及垫付佣金等。

（七）送货与转运

国外货主有时要求将货物直接交给收货人，货代公司可以提供送货上门或国内的转运业务。

第五节　航空运价和费用

航空运费是指将一票货物自始发地机场运输到目的地机场所应收取的航空运输费用。一般来说，货物的航空运费主要由两个因素组成，即货物适用的运价与货物的计费重量。

一、运费计算中的基本知识

（一）基本概念

1. 运价（Rate）

运价，又称费率，是指承运人对所运输的每一重量单位货物所收取的自始发地机场至目的地机场的航空费用，运价按每公斤或每磅（kg or lb）计算。运价一般以运输始发地的本国货币公布，有的国家以美元代替其本国货币公布。运价应为出具货运单之日的有效运价。

2. 航空运费（Weight Charge）

航空运费是指航空公司将一票货物自始发地机场运至目的地机场所应收取的航空运输费用，不包括其他费用。该费用根据每票货物所适用的运价和货物的计费重量计算而得。每票货物是指使用同一份航空运单的货物。

3. 其他费用（Other Charges）

其他费用是指由承运人、代理人或其他部门收取的与航空货物运输有关的费用。在整个航空运输过程中，除航空运输外，还有地面运输、仓储、制单、国际货物的清关等环节，为此支付的费用就是其他费用。

（二）计费重量（Chargeable Weight）

计费重量是指用以计算货物航空运费的重量。货物的计费重量或者是货物的实际毛重，或者是货物的体积重量，或者是较高重量分界点的重量。

1. 实际毛重（Actual Gross Weight）

包括货物包装在内的货物重量，称为货物的实际毛重。一般情况下，对于高密度货物，应考虑其货物实际毛重可能会成为计费重量。

2. 体积重量（Volume Weight）

1）定义

按照国际航协规则，将货物的体积按一定的比例折合成的重量，称为体积重量。由于货舱空间体积的限制，一般对于低密度的货物，即轻泡货物，考虑其体积重量可能会成为计费重量。

2）计算规则

不论货物的形状是否为规则的长方体或正方体，计算货物体积时，均应以最长、最宽、最高的三边的厘米长度计算。长、宽、高的小数部分按四舍五入取整，体积重量的折算，换算标准为每 6 000 立方厘米折合 1 公斤。

$$体积重量(公斤，kg)=货物体积/6\ 000\ cm^3(kg)$$

3. 计费重量（Chargeable Weight）

就是据以计算运费的货物重量，一般地，采用货物的实际毛重与货物的体积重量两者比较取高者；但当货物按较高重量分界点的较低运价计算的航空运费较低时，则以较高重量分界点的货物起始重量作为货物的计费重量。

国际航协规定，国际货物的计费重量以 0.5 公斤为最小单位，重量尾数不足 0.5 公斤的，按 0.5 公斤计算；0.5 公斤以上不足 1 公斤的，按 1 公斤计算。如果货物的毛重以磅表示，当货物不足 1 磅时，按 1 磅计算。

二、航空货物运价体系

目前，国际航空货物运价按指定的途径分为协议运价和国际航协运价两种。

（一）协议运价

协议运价，是托运人与航空公司双方协议制定的价格。一般为得到足够数量的优惠，托运人会在协议中承诺在一定时间内使用某一最低数量的运输服务。

（二）国际航协运价

国际航协运价是指 IATA 通过运价手册（TACT Rate Book）向全世界公布的运价，需要结合国际货物运输规则（The Air Cargo Tariff Rules，TACT Rules）使用，航空公司通常以国际航协的运价为基础，对不同托运人报折扣价格。

按照 IATA 货物运价公布的形式划分，国际货物运价可分为公布直达运价和非公布直达运价。公布的直达运价又分为普通货物运价、指定货物运价、等级货物运价和集装货物运价。非公布的直达运价分为比例运价和分段相加运价。

三、公布的直达运价

公布的直达运价指承运人在运价本上直接公布的由始发地机场运至目的地机场的每

一重量单位（公斤或磅）货物的运价，一般以起运地的本国货币表示。

（一）分类

1. 普通货物运价（General Cargo Rate，GCR）

普通货物运价是适用最为广泛的一种运价。当一批货物不能适用指定货物运价，也不属于等级货物时，就应该适用普通货物运价。

通常，普通货物运价根据货物重量不同，分为若干个重量等级分界点运价。最常见的是 45 公斤分界点，将货物分为 45 公斤以下的货物（标准普通货物运价，即 Normal General Cargo Rate，类别代码是"N"，如无 45 公斤以下运价时，"N"表示 100 公斤以下普通货物运价）和 45 公斤以上（包含 45 公斤，类别代码是"Q"）的货物。另外，根据航线货物流量的不同，还可以规定 100 公斤、300 公斤分界点，甚至更多。运价的数额随运输货量的增加而降低，这是航空运价的显著特点之一。

航空公司对大运量货物提供较低的运价，因此，航空公司又规定对航空运输的货物除了要比较其实际的毛重和体积重量并以高的为计费重量以外，如果适用较高的计费重量分界点计算出的运费更低，则也可适用较高的计费重量分界点的费率，此时货物的计费重量为那个较高的计费重量分界点的最低运量。

2. 等级货物运价（Class Rates or Commodity Classification Rates，CCR）

等级货物运价，是指适用于规定的地区或地区之间的少数货物的运输。等级货物运价是在普通货物运价的基础上增加或减少一定百分比。其起码重量规定为 5 公斤。

在普通货物运价基础上增加一定百分比的货物：活动物、贵重物品、尸体。在普通货物运价基础上降低一定百分比的货物：出土文物、行李、出版物等。

3. 指定货物运价（Specific Commodity Rates，SCR）

指定货物运价通常是承运人根据在某一航线上经常运输某一种类货物的托运人的请求或为促进某地区间某一种类货物的运输，经国际航空运输协会同意所提供的优惠运价。

制定指定货物运价的主要目的是使航空运价更有竞争力，以便发货人充分使用航空公司的运力，所以指定货物运价通常低于一般货物运价。

4. 起码运费（Minimum Charges，简称 M）

起码运费是航空公司办理一批货物自始发地机场至目的地机场的运输所能接受的最低运费，是航空公司在考虑办理即使很小的一批货物也会产生的固定费用后制定的。

（二）公布的直达运价的使用

（1）除起码运费外，公布的直达运价都以公斤或磅为单位。

（2）航空运费计算时，应首先适用指定货物运价，其次等级货物运价，最后是普通货物运价。

（3）如按指定货物运价或等级货物运价或普通货物运价计算的货物运费总额低于所规定的起码运费时，按起码运费计收。

（4）承运货物的计费重量可以是货物的实际重量或者是体积重量，以高的为准；如果某一运价要求有最低运量，而货物的实际重量或者是体积重量都不能达到要求时，以最低运量为计费重量。

（5）公布的直达运价是一个机场至另一个机场的运价，而且只适用于单一方向。

（6）公布的直达运价仅指基本运费，不包含仓储等附加费。

（7）原则上，公布的直达运价与飞机飞行的路线无关，但可能因承运人选择的航路不同而受到影响。

（8）运价的货币单位一般以起运地当地货币单位为准，费率以承运人或其授权代理人签发空运单的时间为准。

四、非公布的直达航空运价

非公布的直达航空运价适用于始发地至目的地运输中没有可适用的公布的直达运价时使用，分为比例运价和分段相加运价。

（一）比例运价（Construction Rate）

在运价手册上除公布的直达运价外还公布一种不能单独使用的附加数。当货物的始发地或目的地无公布的直达运价时，可采用比例运价与已知的公布的直达运价相加，构成非公布的直达运价。

需要注意的是，在利用比例运价时，普通货物运价的比例运价只能与普通货物运价相加，特种货物运价、集装设备的比例运价也只能与同类型的直达运价相加，不能混用。此外，可以用比例运价加直达运价，也可以用直达运价加比例运价，还可以在计算中使用两个比例运价，但这两个比例运价不可连续使用。

（二）分段相加运价（Combination of Rate）

所谓分段相加运价，是指在两地间既没有直达运价也无法利用比例运价时可以在始发地与目的地之间选择合适的计算点，分别找到始发地至该点、该点至目的地的运价，两段运价相加组成全程的最低运价。

无论是比例运价还是分段相加运价，中间计算点的选择，也就是不同航线的选择将直接关系到计算出来的两地之间的运价，因此承运人允许发货人在正确使用的前提下，以不同计算结果中最低值作为该货适用的航空运价。

五、航空附加费

（一）声明价值费（Valuation Charges）

航空运输的承运人与其他提供服务的行业一样，都向货主承担一定程度的责任。根据《华沙公约》规定，对由于承运人自身的疏忽或故意造成的货物的灭失、损坏或延迟等所承担的责任，其最高赔偿金额为每公斤20美元，或每磅9.07英镑或其他等值货币。

如果货物的价值毛重每公斤超过20美元时，就增加了承运人的责任。在这种情况下，如果发货人要求在货损货差时全额赔偿，则发货人在交运货物时，就应向承运人声明货物的价值，并向承运人另付一笔费用，这笔费用就是声明价值附加费，一般按0.4%～0.5%收取，并与航空货物运费一同支付。如发货人不办理声明价值，则应在运单的有关栏内填上"NVD"（No Value Declare）字样。声明价值费计算公式为：

声明价值费＝（货物价值－货物毛重×20美元/公斤）×声明价值费费率

（二）其他附加费

其他附加费包括制单费、货到付款附加费、提货费等，一般只有在承运人或航空货运代理人或集中托运人提供服务时才收取。

六、航空运价的计算

（一）运价计算用到的有关术语

Volume：体积

Volume Weight：体积重量

Chargeable Weight：计费重量

Applicable Weight：适用运价

Weight Charge：航空运价

（二）一般的计算方法

（1）先求出货物的体积，除以 6 000 cm³ 折合成体积重量；

（2）体积重量与实际毛重比较，取其高者作为计费重量；

（3）计算公式：航空运费计费重量×费率。

（4）如计费重量已接近下一个较高等级的重量分界点，则需用较高重量分界点的最低运量和该分界点对应的费率再次计算运费，取其低者作为最后的航空运费。

【案例导读】

我某出口公司向国外 K 公司出口一单工艺品，合同规定航空运输。K 公司开来信用证要求：装运不晚于 2002 年 6 月 20 日，所有单据须于装运日后 5 天内向银行议付交单。我出口公司在 6 月 4 日向机场办妥装运手续，并取得运单。后因连日暴雨，飞机延至 7 日起飞，又因 7 日和 8 日均为双休日，单证人员于 10 日才向银行办理议付。结果开证行以交单期与信用证不符为由拒付货款，而 K 公司又借航空运输可以不凭运单提货的有利条件向承运人提走了货物。问：（1）开证行拒付有无道理？（2）出口公司有无责任？此案如何了结为好？

分析：

（1）开证行拒付有道理。《跟单信用证统一惯例》规定，空运运单只有在特别要求实际发运日期时，才以运单批注的发运日期为装运日期，否则均以签发日期作为装运日期。本案中，空运运单签发日期为 6 月 4 日，到 6 月 10 日交单，超过了 5 天内交单的限期，违反了信用证的规定。

（2）出口公司负有迟期交单的责任。一是 6 月 4 日当天取出运单后完全有时间准备议付，即使误以为 6 月 7 日是装运日，也可在 6 月 9 日办理议付，不超过 5 天。如果真有困难，也应提出修改信用证。出口公司不了解空运运单的特点和国际惯例，才造成被动局面。

（3）出口公司应承认自己的失误，主动与 K 公司商洽，争取对方的谅解或提出降价等办法要求对方付款。

复习思考

1. 国际航空运单共为一式几联？其中包括几张正本？

2. 航空运单的作用有哪些？

3. 包机运输与集中托运货物的区别是什么？

4. 出口运输代理业务的程序包括哪些环节？

5. 进口运输代理业务的程序包括哪些环节？

6. 根据已知条件计算航空运费：

Routing：Being，China（BJS）to Portland，USA（PDX）

Commodity：Fibres

Gross Weight：22 Pieces，70.5 kgs Each

Dimensions：22 Pieces，82×68×52 CM Each

公布运价如下：

Being	CN CNY		BJS Kgs
Portland	USA	M	420.00
		N	59.61
		45	45.68
		100	41.81
		300	38.79
		300	27.29
		1 500	25.49

7. 某公司从北京空运出口美国纽约一批服装（普通货物）115 箱，每箱重 38.6 公斤，体积为 101 cm×58 cm×32 cm，运费按人民币计价，问该批货物的空运运费为多少？已知 M：320.00；N：50.22；Q45：41.53；Q100：37.52。

第八章

本章主要学习集装箱运输的概念、种类、基本业务操作以及国际多式联运、大陆桥运输的基本知识。通过学习，要求学生掌握集装箱和国际多式联运这些新的运输方式，以便在业务中加以灵活运用。

【学习要点】

1. 集装箱的种类、集装箱运输交接方式、集装箱运费计收；
2. 国际多式联运的概念、特点、作用；
3. 大陆桥运输的大体情况。

集装箱运输与
国际多式联运

第一节　集装箱运输概述

集装箱运输是国际贸易运输高度发展的必然产物，目前已在海洋运输、铁路运输、航空运输、公路运输、内河运输以及多式联运等多种运输方式中广泛开展，它已成为国际上普遍采用的一种重要现代化运输方式。

一、集装箱运输发展概况

集装箱运输已大规模运用于现代运输中，它有较长的发展史。集装箱运输最早出现于铁路运输。早在 19 世纪末期，为提高运输效率，英国的兰开夏就在棉纱棉布的运输中使用了一种带有活动框架的载货工具，被称为"兰开夏托盘"，这被看成是集装箱的雏形。进入 20 世纪，铁路、公路运输中相继使用集装箱，但进展并不大。海上集装箱运输开始于 1956 年 4 月，美国海陆运输公司（Sealand Shipping Co.）在纽约至休斯敦航线上将一艘油轮改装后进行试营运，获得了巨大的经济效益。1966 年 4 月，该公司又开辟了纽约——欧洲的集装箱国际航线，标志着海上集装箱运输的产生。此后，集装箱运输很快由北美、欧洲扩展到世界各主要航线。目前，发达国家的件杂货运输大多实现了集装箱化。

我国集装箱运输也起源于铁路运输。我国第一条国际海上集装箱运输航线是 1973 年开辟的上海至日本航线，虽起步较晚，但经过 30 多年的努力，已经有了较大的发展。目前，我国港口货物和集装箱吞吐量世界第一，香港、上海、深圳等港口的年吞吐量均位于世界前列。

二、集装箱（Container）的概念

集装箱一词的英文原意是容器，俗称为"货柜"，它是指具有一定规格强度的、可周转使用的、具有包装性质的大型运载工具。国际标准化组织根据集装箱装卸、堆放、运输中安全的需要，规定集装箱应该满足以下条件：

（1）具有足够强度，能长期反复使用；

（2）中途转运无须移动箱内货物，可直接换装；

（3）可进行快速装卸，且便于从一种运输工具换装到另一种运输工具；

（4）便于货物的装满或卸空；

（5）内部容积达到 1 立方米或 1 立方米以上。

三、集装箱运输的优越性

与传统的杂货运输方式相比，集装箱运输具有以下优越性。

（一）装卸效率高

集装箱运输是将单件货物集合起来，装入集装箱，使运输单位成组化，便于机械操作，从而大大提高装卸效率，加快船舶周转，同时也减少了装卸劳动强度。

（二）手续简便，货物运送迅速

由于集装箱运输提高了装卸效率，特别适合门到门运输。货物于发货地在海关监管

下装箱铅封以后，交给承运人，一票到底，途中无须倒载，大大减少了中间环节，简化了货运程序，加快了货运速度，缩短了货运时间。

（三）减少货损货差，提高货运质量

集装箱坚固耐用，强度大，对货物起着很好的保护作用。由于集装箱在转换运输工具时，不用拆箱、倒载，加之杂货箱水密性好，不易损坏，不怕外界恶劣天气影响，货物途中丢失的可能性大大降低，货物完好率大大提高。

（四）节省包装费用

集装箱箱体作为一种能反复使用的运输设备，能起到保护货物的作用，货物运输时的包装费用就可以降低。

（五）便于国际多式联运、实现门到门运输

因集装箱运输便于机械操作，提高装卸效率，可以非常方便地从一种运输工具转换到另一种运输工具，因此，最适合门到门运输。

第二节　集装箱基本知识

一、集装箱标准

集装箱的优点使其在国际货物运输中具有独一无二的优越性。然而，在集装箱使用之初，各国的集装箱大小标准不一，大大影响了集装箱的运输优势。为此，国际标准化组织在 1964 年颁布了世界上第一个集装箱规格尺寸的国际标准。我国也于 1978 年制定了我国第一个集装箱国家标准。

目前，主要使用的是国际标准化组织 ISO/104 技术委员会规定的第一系列国际标准集装箱，第二系列和第三系列均降格为技术报告。

第一系列包括 A、B、C、D 四种类型，共 13 种规格，其宽度均为 2 438 mm，长度有四种规格：1A 型 40 ft（12 192 mm）；1B 型 30 ft（9 125 mm）；1C 型 20 ft（6 058 mm）；1D 型 10 ft（2 991 mm）。高度有四种规格：2 896 mm、2 591 mm、2 438 mm、$<$2 438 mm。

目前，在国际海上集装箱运输中采用最多的是 1A 型和 1C 型两种，即所谓的 40 英尺和 20 英尺干货集装箱，其他规格的集装箱用得不多。

在集装箱运输中，为便于计算集装箱数量，一般以 20 英尺集装箱作为集装箱换算标准箱，称为"Twenty-foot Equivalent Unit，TEU"，意即"相当于 20 英尺单位"，也称国际标准箱单位。它通常用来表示船舶装载集装箱的能力，也是集装箱港口吞吐量、集装箱保有量的重要统计、换算单位。

二、集装箱的种类

集装箱按用途分类有如下几种。

（一）干货集装箱（Dry Cargo Container，DC）

除液体、冷冻货、活的动物、植物外，在尺寸、重量等方面适合集装箱运输的货物，几乎均可使用干货集装箱。这种集装箱样式较多，使用时应注意箱子内部容积的最大负荷。特别是在使用 20 英尺、40 英尺集装箱时更应注意这一点。干货集装箱有时也

称为通用集装箱。如图8-1所示。

（二）散装集装箱（Bulk Container）

散装集装箱适用于装运散装的货物，如谷类、饲料、化肥等。使用散装集装箱，可以节约包装费用，提高装卸效率。如图8-2所示。

图8-1 干货集装箱

图8-2 散装集装箱

（三）开顶集装箱（Open Top Container）

也称敞顶集装箱，没有箱顶，可从箱子上面进行装卸货物，然后用防水布覆盖，其他构件与干货集装箱类似。开顶集装箱适于装载较高的大型货物和需吊装的重货，如玻璃板、木材、钢板、机械等。如图8-3所示。

（四）冷藏集装箱（Refrigerated Container）

这种集装箱装有制冷设备，用以装载冷冻货物或冷藏货物。在整个运输过程中，箱内温度可根据所运输货物的需要进行调节，适用于装运因温度变化而容易变质的商品，如鱼、肉、新鲜水果、蔬菜等。如图8-4所示。

图8-3 开顶集装箱

图8-4 冷藏集装箱

（五）框架集装箱（Flat Rack Container，FR）

框架集装箱没有箱顶和两侧，由箱底和四周框架构成，适于装载长大、超重、轻泡货物，还便于装载牲畜以及诸如钢材之类可以免除外包装的裸装货。其特点是自重轻，还可以从箱子侧面进行装卸，但密封性差。如图8-5所示。

图 8-5　框架集装箱

（六）罐式集装箱（Tank Container，TK）

适用于运送酒类、油类、液体化工品等货物的集装箱，由罐体和箱体框架两部分组成。如图 8-6 所示。

（七）牲畜集装箱（Pen Container）

这是一种专门为装运动物而制造的特殊集装箱，材料选用金属网使其通风良好，而且便于喂食，该种集装箱也能装载小汽车。如图 8-7 所示。

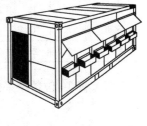

图 8-6　罐式集装箱　　　　　　　　　图 8-7　牲畜集装箱

（八）汽车集装箱（Cargo Container）

汽车集装箱是专门运输汽车而制造的集装箱，结构简单，通常只设有框架与箱底，根据汽车的高度，可装载一层或两层。如图 8-8 所示。

三、集装箱标志

为了方便集装箱运输管理，国际标准化组织拟订了集装箱标志方案，根据国际标准化组织的规定，集装箱的标志应在规定的位置上标出三组标记，内容如下。

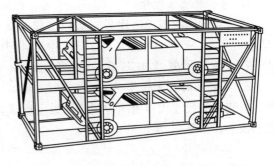

图 8-8　汽车集装箱

（一）第一组标记

包括箱主代码、顺序号和核对数三项内容。

1. 箱主代码

箱主代码表示集装箱所有者的代码，由4位大写拉丁字母表示，前3位字母由箱主自定，但需向国际集装箱局登记后才能使用，第四位字母表示运输方式，海运集装箱以"U"表示。如中国远洋运输（集团）公司的箱主代码为"COSU"。

2. 顺序号

顺序号，即集装箱的编号，按照我国规定，集装箱顺序号用6位阿拉伯数字表示，不足6位数字的，在有效数字前用"0"补足。

3. 核对数

核对数主要用于计算机核对箱主号与顺序号，以保证其记录的正确性，核对数一般位于顺序号后，用一位加方框的阿拉伯数字表示。如CCLU402469⑧。

核对数是由箱主代号的4位字母与顺序号的6位数字通过以下方式换算而得。换算步骤如下。

（1）将表示箱主号的4位字母按表8-1转换成对应的数字。将前4位字母对应的数字加上后面顺序号的数字，共10位数字。

表8-1 箱主号字母与数字对应关系表

字母	A	B	C	D	E	F	G	H	I	J	K	L	M
数字	10	12	13	14	15	16	17	18	19	20	21	23	24
字母	N	O	P	Q	R	S	T	U	V	W	X	Y	Z
数字	25	26	27	28	29	30	31	32	34	35	36	37	38

（2）将10位数字采用加权系数法进行计算求和，计算公式为：

$$S = \sum_{i=0}^{9}(C_i \times 2^i)$$

式中，C_i 表示10个数字中的第 i 个数字。

（3）以 S 除以模数11，取其余数，即为核对数。

（二）第二组标记

第二组标记包括国家或地区代号、集装箱的尺寸代号和类型代号。

1. 国家或地区代号

集装箱的国家或地区代号一般以2位或3位字母表示，用以表明集装箱的登记国（地区）。如 CN、CHN 或 PRC 表示中国，HK 或 HKX 表示中国香港（地区代码），US 或 USA 表示美国，GB 或 GBX 表示英国。

2. 集装箱的尺寸代号

集装箱的尺寸代号由两位阿拉伯数字组成，用于表示集装箱的尺寸大小，如"20"表示该集装箱是20英尺的集装箱。

3. 类型代号

类型代号由两位阿拉伯数字组成，用以说明集装箱的类型。如00—09为通用集装箱；30—49为冷藏集装箱；50—59为敞顶式集装箱。

（三）第三组标记

第三组标记表示集装箱的最大总重（Max Gross）和自重（Tare）。

集装箱的自重是集装箱自身的重量，即空集装箱的重量，它的重量大小会影响装货的重量。

集装箱的最大总重也称为集装箱额定重量，包括集装箱的自重和箱内所装货物的重量，也是集装箱允许的最大载货量。

四、集装箱装箱及交接方式

（一）集装箱货物装箱方式

集装箱运输是将一定数量的单件货物装入标准规格的集装箱箱内，以集装箱作为运送单位进行运输。这种运输方式改变了传统的货物流通途径，在集装箱货物的流转过程中，其流转形态分为两种：一种为整箱货，另一种为拼箱货。

1. 整箱货（Full Container Load，FCL）

整箱货是货主自行将货物装满整箱后，以箱为单位进行托运的集装箱运输方式。整箱托运时，如果托运人使用的是承运人的集装箱，需要先将空的集装箱运到托运人的工厂或仓库；随后，货主安排货物装箱，同时可以要求海关人员监管装箱作业，并在装货作业完成后给集装箱加锁和海关铅封；接着，承运人将装满货物的集装箱运到集装箱场站，托运人取得场站收据；最后，托运人凭场站收据换取提单或运单。如果货主使用的是自备箱，就可以省略第一步的调空箱的过程，其他不变。

2. 拼箱（Less Than Container Load，LCL）

如果托运人运送的货物数量较少，不足以构成一个整箱，就可以使用承运人提供的拼箱服务。拼箱服务中，承运人会将来自不同托运人的货物按照货物的性质、数量、目的地进行分类整理，把去往同一目的地的一定数量的货物拼装入一个集装箱内，这种集装箱运作方式称为拼箱。到目的地后，如果由承运人安排将集装箱内的货物取出，货主自提或由承运人送货到收货人指定的工厂或仓库称为拆箱。拼箱货的分类、整理、集中、装箱（拆箱）、交货等工作均在承运人码头集装箱货运站或内陆集装箱转运站进行。

（二）集装箱运输交接方式

集装箱的交接方式应在运输单据上予以说明。

1. 交接方式

1）整箱交接（FCL/FCL）

货主在工厂或仓库把装满货物的集装箱整箱交给承运人。收货人在目的地以整箱接货。即承运人以整箱为单位负责交接，货物的装箱和拆箱工作均由货方负责。

2）拼箱交，拆箱接（LCL/LCL）

货主将不足箱的货物送到集装箱货运站交给承运人，由承运人负责拼箱和装箱。货到目的地的集装箱货运站后，由承运人负责拆箱后交给收货人。货物的装箱和拆箱均由承运人负责。

3）整箱交，拆箱接（FCL/LCL）

货主在工厂或仓库把装满货物的集装箱整箱交给承运人，货到目的地的集装箱货运站后，由承运人负责拆箱后交给收货人。

4）拼箱交，整箱接（LCL/FCL）

货主将不足整箱的货物送到集装箱货运站交给承运人，由承运人负责货物的拼箱和装箱。货到目的地后，承运人以整箱交货，收货人以整箱接货。

2．集装箱交接地点

1）门到门（Door to Door）

门到门指从发货人的工厂或仓库至收货人的工厂或仓库。

2）门到场（Door to CY）

门到场指从发货人的工厂或仓库至目的地或卸货港的集装箱堆场。

3）门到站（Door to CFS）

门到站指从发货人的工厂或仓库至目的地或卸货港的集装箱货运站。

4）场到门（CY to Door）

场到门指从起运地或装箱港的集装箱堆场至收货人的工厂或仓库。

5）场到场（CY to CY）

场到场指从起运地或装箱港的集装箱堆场至目的地或卸货港的集装箱堆场。

6）场到站（CY to CFS）

场到站指从起运地或装箱港的集装箱堆场至目的地或卸货港的集装箱货运站。

7）站到门（CFS to Door）

站到门指从起运地或装箱港的集装箱货运站至收货人的工厂或仓库。

8）站到场（CFS to CY）

站到场指从起运地或装箱港的集装箱货运站至目的地或卸货港的集装箱堆场。

9）站到站（CFS to CFS）

站到站指从起运地或装箱港的集装箱货运站至目的地或卸货港的集装箱货运站。

3．集装箱运输流程和运输单据

与传统海运业务相比，集装箱运输的主要特色就是可以在内地办理集装箱货物的托运工作，因此集装箱运输除包括委托订舱、装货单等传统业务流程外，还增加了以下业务。

（1）发放空箱。即承运人按托运人所需的集装箱数量调集空集装箱到托运人工厂或仓库。

（2）集装箱场站的交接。场站接收整箱或待安排拼箱的货物，验收后签发场站收据，目的地场站也要分别按整箱和拆箱的方式与收货人进行交接。

由此可以看出，在集装箱运输中场站收据是一份重要文件，它证明了货物交接的情况，类似于传统海运中的收货单，可用来换取提单。此外，集装箱货物还有集装箱装箱单、（集装箱）设备交接单，用于加快业务流转过程，明确各业务方之间的权利义务关系。

第三节　国际多式联运

国际多式联运是在集装箱运输的基础上产生并发展起来的一种新型运输方式，也是近年来国际运输中发展很快的一种综合性的连贯运输方式。它一般以集装箱为媒介，把铁路、公路、航空、内陆水运等传统单一运输方式结合起来，组成一个连贯的运输系统，从而发挥各种运输的优势，开展"门到门"运输，为货主提供经济、合理、快速、安全的运输服务。如今，提供优质的国际多式联运服务已成为集装箱运输经营人增强竞争力的重要手段。

一、国际多式联运（International Multimodal Transport）的概念

根据《联合国国际多式联运公约》的规定，国际多式联运是"按照多式联运合同，以至少两种不同的运输方式，由多式联运经营人把货物从一国境内接运货物的地点运至另一国境内指定交付货物的地点。"

根据上述定义，国际多式联运至少具备以下几个主要特征。

（1）必须具有一份多式联运合同，明确规定多式联运经营人（承运人）和托运人之间的权利、义务、责任、豁免的合同关系和多式联运的性质。

（2）必须使用一份全程多式联运单据，证明多式联运合同已经成立、多式联运经营人已经接管货物并负责按照合同条款交付货物。

（3）必须是至少两种不同运输方式的连贯运输。这是确定一票货运是否属于多式联运的最重要的特征。为履行单一方式运输合同而进行的货物接送则不应视为多式联运。如航空运输中从仓库到机场的这种陆空组合则不属于多式联运。

（4）必须是国际间的货物运输。

（5）必须由一个多式联运经营人对全程运输负总的责任。

（6）必须执行全程单一运费费率。多式联运经营人在对货主负全程运输责任的基础上，还需制定一个货物从发运地至目的地的全程单一费率并以包干形式一次向货主收取。

二、国际多式联运的优越性

与传统的单一运输方式比较，国际多式联运的优势主要体现在以下方面。

（1）手续简便。国际多式联运从根本上简化了单一运输方式中的种种繁杂手续，货主只需办理一次委托，支付一笔费用，取得全程运输单据即可实现全程运输。在运输过程中假如出现问题，货主只需同总承运人即多式联运经营人交涉即可。

（2）货运安全。多式联运是以集装箱为运输单位，虽经多段运输和多次装卸，却无须倒载箱中货物，保证了货物安全。

（3）运送迅速。由于集装箱自身的标准化和规格化，以及集装箱装卸和转换过程中高度机械化，国际多式联运成本大大降低，运输时间明显缩短。

（4）包装节省。货物使用集装箱装载，简化了外包装，使发货人节省了包装费用。

（5）托运人提早收汇。货物装上第一程运输工具后，发货人即可取得联合运输单据，并凭此向银行办理收汇手续。而过去在单一方式运输下，只有等货物装船后才能取得装运单据，然后再去办理结汇。

三、国际多式联运经营人（Multimodal Transport Operator）

（一）国际多式联运经营人的概念

《国际多式联运公约》对多式联运经营人的定义是："多式联运经营人，是指其本人或通过其代表订立多式联运合同的任何人。"

从性质上看，国际多式联运经营人既不是发货人的代理或代表，也不是承运人的代理或代表，它是一个独立的法律实体。它具有双重身份，对货主来说它是承运人，签发多式联运提单，收取全程运费，对实际承运人来说，它又是托运人，它一方面与货主签订多式联运合同，另一方面又与各分段运输的实际承运人（如航空公司、铁路公司）签订运输合同，此时其身份又是各分段运输协议的托运人和收货人。它是总承运人，对全程运输负责，对货物灭失、损坏、延迟交付等均承担责任。在国际上，经营国际多式联运业务的都是规模较大、实力雄厚的国际货运公司。

（二）国际多式联运经营人的责任范围

国际多式联运经营人自接受货物起直到交付货物止对货物负全程运输责任，但在责任范围和赔偿限额方面，根据目前国际上的做法，可以分为以下三种类型。

1. 统一责任制

在统一责任制下，多式联运经营人不分区段运输按统一标准承担责任。即货物的灭失或损失，包括隐蔽损失（即损失发生的区段不明），不论发生在哪个区段，多式联运人经营人按一个统一原则负责，并一律按一个约定的限额赔偿。

2. 分段责任制

分段责任制又称网状责任制，多式联运经营人的责任范围以各区段运输原有责任为限，如海上区段按《海牙规则》，航空区段按《华沙公约》办理。在不适用国际法时，则按相应的国内法办理。赔偿也是分别按各区段的国际法或国内法规定的限额执行，对不明区段货物隐蔽损失，或作为海上区段，按《海牙规则》办理，或按双方约定的原则办理。

3. 修正统一责任制

修正统一责任制，是介于上述两种责任制之间的责任制，故又称混合责任制。它在责任范围方面与统一责任制相同，而在赔偿限额方面又与分段责任制相同。

四、国际多式联运的组织形式

在国际贸易中，国际多式联运主要有以下几种组织形式。

（一）海陆联运

这是国际多式联运的一种常见形式。这种形式的联运以海运为主，由海运公司签发联运提单，与航线两端的内陆运输部门开展联运业务。

（二）陆桥运输

在国际多式联运中，陆桥运输也起着非常重要的作用。它是连接远东/欧洲国际多式联运的主要形式。它采用集装箱专用列车或卡车，将大陆两端的海洋连接起来，实行连贯运输。目前，国际上的陆桥运输分为大陆桥、小陆桥和微桥运输三种类型。在欧亚大陆的一些国家，陆桥运输又分为铁—海、铁—铁和铁—卡几种方式。

（三）海空联运

海空联运始于 20 世纪 60 年代。当时由远东地区运往美国东海岸和内陆地区的货物，先海运至美国西部口岸，再空运至目的地。采用这种运输方式，运输时间比全程海运时间节省，运输费用又比全程空运低廉。目前，由远东至欧洲、中南美洲、中近东及非洲的货物运输，多采用这种海空联运方式。

（四）陆空联运

一般是内地的货物首先通过公路或铁路运输方式到达中国香港，再借助中国香港航线多的优越条件利用空运转运到北美、欧洲等。陆空联运方式既弥补了全程空运费用高的弊端，又巧妙利用了中国香港地区航空运输枢纽的有利地位，提高了运送速度。

五、我国开展国际多式联运的情况

近年来，为适应和配合我国对外贸易发展的需要，我国对某些国家和地区开始采用国际多式联运方式。经过多年的发展建设，我国已初步形成了以沿海大中城市港口为枢纽，向内陆延伸的联运网络。中国外运总公司和中远运输总公司等大型运输企业可对外签发多式联运单据，并拥有适应联运需求的内陆运输系统、远洋运输船队和广泛的国内外运输网点。目前我国国际多式联运的主要路线有：

（1）我国内地—我国港口—日本港口—日本内地（或反向运输）；

（2）我国内地—我国港口（包括香港）—美国、加拿大港口—美国、加拿大内地（或反向运输）；

（3）我国港口—肯尼亚港口—乌干达及卢旺达内地；

（4）我国内地—我国港口（包括香港）—欧洲有关港口—西欧内地（或反向运输）；

（5）我国内地—我国港口—科威特—约旦—伊拉克；

（6）我国东北地区—图们—朝鲜清津港—日本港口（或反向运输）；

（7）我国港口—日本港口—澳大利亚港口—澳大利亚内地（或反向运输）；

（8）我国内地—俄罗斯西伯利亚—欧洲中东（或反向运输）；

（9）我国—坦桑尼亚达累斯萨拉姆港—赞比亚、布隆迪；

（10）我国—南非德班港—津巴布韦；

（11）我国—喀麦隆杜阿港—中非共和国、乍得共和国；

（12）我国—贝宁科托努港—尼日尔；

（13）我国—多哥绍美港—布基纳法索；

（14）我国—象牙海岸阿比让港—布基纳法索；

（15）我国—塞内加尔达喀尔港—马里；

（16）我国—摩洛哥；

（17）我国—沙特阿拉伯；

（18）我国—印度—尼泊尔。

除了上述已开通的运输路线外，新的多式联运路线还在不断开辟之中。

第四节　大陆桥运输

一、大陆桥运输（Land Bridge Transport）的含义

大陆桥运输是指使用横贯大陆的铁路（公路）运输系统，作为中间桥梁，把大陆两端海洋连起来的集装箱连贯运输方式。从形式上看，大陆桥运输是海—陆—海的连贯运输，而横贯大陆的铁路（公路）运输系统被形象地比喻为"桥"，大陆桥因此而得名。但实际上，大陆桥运输是国际集装箱过境运输，是国际集装箱多式联运的一种特殊形式。

二、大陆桥产生的背景

在 20 世纪 50 年代，集装箱运输出现后，日本的运输公司首先将集装箱经太平洋运至美国西海岸，再利用横贯美国东西部的铁路运至美国东海岸，然后装船继续运往欧洲，这就是世界上第一条大陆桥——美国大陆桥。

大陆桥正式应用于 1967 年阿以战争期间，苏伊士运河被关闭，巴拿马运河运输能力有限导致拥挤堵塞，远东与欧洲之间的海上运输不得不改道绕航非洲南端好望角或南美洲得雷克海峡，致使航程和运输时间大大延长。当时又逢油价猛涨，海运成本增加，加之正值集装箱运输兴起，日本、远东至欧洲的大陆桥运输应运而生。

大陆桥运输改变了以前单一的全程海运方式，缩短运输里程，具有运费低廉、运输时间短、货损货差率小、手续简便等特点，取得了很好的经济效果。

三、大陆桥运输的线路

（一）西伯利亚大陆桥

西伯利亚大陆桥是利用俄罗斯的西伯利亚铁路作为陆地桥梁，把太平洋远东地区与波罗的海和黑海沿岸以及西欧大西洋口岸连起来，此条大陆桥运输线东自海参崴的纳霍特卡港口起，横贯欧亚大陆，至莫斯科，然后分三路，一路自莫斯科至波罗的海沿岸的圣彼得堡港，转船往西欧北欧港口；一路从莫斯科至俄罗斯西部国境站，转欧洲其他国家铁路（公路）直运欧洲各国；第三路从莫斯科至黑海沿岸转船往中东、地中海沿岸。从远东地区运往欧洲的货物通过西伯利亚大陆桥要比经苏伊士运河缩短路程约 8 000 公里，时间可节省 20 天左右。从远东地区至欧洲，通过西伯利亚大陆桥有海—铁—海、海—铁—公路和海—铁—铁三种运送方式。

（二）北美大陆桥

北美的加拿大和美国都有一条横贯东西的铁路公路大陆桥。美国大陆桥有两条路线，一条是从西部太平洋口岸至东部大西洋口岸的铁路（公路）运输系统，全长约 3 200公里；另一条是从西部太平洋口岸至南部墨西哥港口岸的铁路（公路）运输系统，长 500～1 000 公里。加拿大大陆桥与美国大陆桥相似，由船公司把货物海运至温哥华，经铁路运到蒙特利尔或哈利法克斯，再与大西洋海运相接。

北美大陆桥的运输目前已经萎缩，因货到美国东岸后，等待船舶的时间无保障，因

此，出现所谓的小陆桥和微型陆桥的运输。北美小陆桥运送的主要是远东国家经美国西岸的港口运往大西洋沿岸和墨西哥湾地区港口的集装箱货物。北美微型陆桥运输是指经北美东、西海岸及墨西哥湾沿岸港口到美国、加拿大内陆地区的联运服务。

（三）新欧亚大陆桥

新欧亚大陆桥，也称第二条欧亚大陆桥，如图8-9所示。1990年9月11日，我国陇海——兰新铁路的最西段乌鲁木齐至阿拉山口的北疆铁路与哈萨克斯坦的德鲁日巴站接轨，第二条亚欧大陆桥运输线全线贯通，并于1992年9月正式通车。此条运输线东起我国连云港，西至荷兰鹿特丹，全长10 837 km，其中在中国境内4 143 km，跨亚欧两大洲，连接太平洋和大西洋，穿越中国、哈萨克斯坦、俄罗斯，白俄罗斯、波兰、德国到荷兰，可辐射30多个国家和地区，成为太平洋西岸港口和欧洲港口之间距离最近的陆上通道。

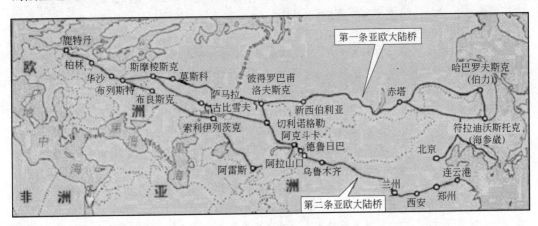

图8-9　欧亚大陆桥示意图

【案例导读】

国际多式联运合同纠纷案

原告（上诉人）：青海省民和经贸有限责任公司

被告（被上诉人）：中国外运天津集团有限公司

原告诉称：2000年6月8日，原告与被告签订了多式联运合同，约定由被告对全程运输负责。原告将货物交付给被告，被告于2000年6月26日签发了联运提单，装货港为天津，交货地点为朝鲜新义州，货物运至朝鲜新义州后，被告在买方朝鲜真诚合作公司无货运提单的情况下，任由该公司将货物提走，使原告不能收回货款。因此请求判令被告赔偿原告货款损失180 480美元及利息。

被告辩称：双方签订了多式联运合同后，被告签发了联运提单，但原告于2000年6月20日向被告签署声明，称：本运输合同唯一收货人是朝鲜真诚合作公司，并宣布提单仅作为议付单据。因此提单在本案中仅仅是结汇单据，丧失了物权凭证的效力，原告不享有依据该提单向承运人提取货物的权利。

一审查明的事实：1999年10月30日，原告与朝鲜真诚合作公司签订出口9.6万米、货值为

180 480 美元的印染布销售合同。2000 年 6 月 8 日原告向被告出具了货物进出口委托书，内容为：发货单位青海省民和经贸有限公司，收货人朝鲜真诚合作公司，装货港天津，卸货港朝鲜新义州，货名印染布。同日，原、被告双方签订了多式联运合同。2000 年 6 月 20 日，应被告要求，原告向被告出具了声明，声明内容为：指定朝鲜真诚合作公司为唯一收货人，提单只作为议付单据。2000 年 6 月 26 日，被告签发了联运提单，该提单托运人提供细目一栏中注有"仅作议付用"字样。被告将本案货物从天津港经海运至大连后转公路运至丹东，在丹东转铁路运至朝鲜新义州。2000 年 6 月 28 日，将货物交付朝鲜真诚合作公司。原告持提单结汇时因单据不符被银行退回，未能得到货款。

一审判决理由及结果：

一审合议庭认为，构成承运人因无单放货而承担责任的基础，在于提单具有承运人保证据以交付货物的物权凭证这一功能，而本案所涉提单，因双方在运输合同中的约定即提单"仅作议付用"，已丧失了作为交付凭证和物权凭证的这一功能，因此，被告按照联运合同的约定，将货物交付合同指定的收货人后，原告以被告无单放货为由，要求被告对其不能收回货款承担责任，其理由显属不当，不应支持。为此一审判决驳回原告诉讼请求。

原告不服，提起上诉。

原告上诉理由：①被上诉人只是声称已正确履行了交付义务，却从未提供足以证明其主张的相关证据；②本案所涉货物运输完全符合《海商法》，而一审法院因为货物的最终运输段是铁路运输，就适用了《铁路运输规程》，属于适用法律错误。

二审判决理由及结果

二审认定的事实与一审基本相同。不同的是二审未确认被告已将货物交付朝鲜真诚合作公司，只是查明被告将本案货物从天津港经海运至大连后转公路运至丹东，同年 6 月 27 日在丹东将货物交付中国外运丹东公司进行铁路运输，铁路运单载明从丹东运至朝鲜新义州，收货人为朝鲜真诚公司。

二审认为：上诉人与被上诉人之间存在着多式运输合同关系，被上诉人作为承运人的责任期间应是自接收货物时起至交付货物时止的全程运输。货物装船后，承运人签发了联运提单，但提单正面注明：仅作议付用。因此该提单不再具有物权凭证的效力，承运人交付货物应凭托运人的指令。本案中，涉案提单最终未能流转，而为托运人所有，故提单项下货物的所有权仍为托运人所享有，承运人应按照与托运人的约定交付货物。由于在提单签发前上诉人出具了声明，宣布提单只作为议付单据，涉案货物的唯一收货人为朝鲜真诚合作公司，因而被上诉人应将货物交付给指定收货人。

对于涉案货物是否已交付指定收货人，被上诉人主张，上诉人在原审起诉状中已作过"被告在收货人朝鲜真诚合作公司无货运提单情况下，无单放货，任由该公司将货提走"的陈述，因此货物已交付指定收货人的事实无须举证。但法律所规定无须举证的案件事实应是公理或者当事人明确表示承认的事实，对于本案所涉货物是否已交付指定收货人的事实，上诉人在原审庭审中并未明确表示承认，二审中又提出起诉状中所称"货物被朝鲜真诚合作公司提走"是据被上诉人与中国外运丹东公司告知，并不了解货物的真正去向，要求被上诉人提供货物已由收货人收受的证明，故不构成无须举证的事实。被上诉人提供的铁路运单，目前只能证明其将货物交付铁路运输，却不能证明将货物交付给了指定收货人，因此被上诉人要承担此项举证不充分的法律后果。为此二审判决：撤销一审判决，改判被上诉人赔偿上诉人的货物损失 180 480 美元。

被告（被上诉人）向最高人民法院申请再审。理由是：①原告在一审中已承认货物交付给了实际收货人朝鲜真诚合作公司；②二审中被告已提交中国和朝鲜铁道部门的证据证明货物已交实际收货人，但二审以被告举证超过举证时限及证据未经公证、认证为由，对被告所提证据不予认定。

再审判决理由及结果

再审认定的事实与一审基本相同。

再审认为，根据本案中多式联运单证——提单的记载，本案的装港为天津港，交货地点为朝鲜的新义州，本案应为国际多式联运合同纠纷。本案多式联运合同和提单背面均约定适用中华人民共和国的法律。故本案应当以中华人民共和国的法律作为调整当事人之间法律关系的准据法。

《中华人民共和国海商法》是调整海上运输关系和船舶关系的法律。但我国《海商法》第二条第二款规定"本法第四章海上货物运输合同的规定，不适用于中华人民共和国港口之间的海上货物运输"，《海商法》规定的多式联运要求其中一种运输方式必须是国际海上运输。因此，本案不适用《海商法》的规定，应适用《中华人民共和国合同法》。

我国《合同法》第三百一十七条规定，多式联运经营人负责履行或者组织履行多式联运合同，对全程运输享有承运人的权利，承担承运人的义务。因此，天津外运公司作为本案多式联运合同的承运人应当对本次全程运输承担承运人的责任，将货物安全运送到约定的地点。我国《合同法》第三百二十一条规定，货物的毁损、灭失发生于多式联运的某一运输区段的，多式联运经营人的赔偿责任和责任限额，使用调整该区段运输方式的有关法律规定。货物毁损、灭失发生的运输区段不能确定的，依照本章规定承担损害赔偿责任。本案纠纷发生在货物交付阶段，最后的运输方式是丹东至新义州的铁路运输，故应适用有关铁路运输的有关法律规定。中朝两国虽然均为《国际铁路货物联运协定》的参加国，但是该协定第二条第三项第三目规定：两邻国车站间，全程都用一国铁路的列车，并按照该路现行的国内规章办理货物运送的，不适用该协定。故该协定不适用于本案。现有铁路运输法律法规中亦无承运人有收回正本单据义务的规定。

本案双方当事人签订的多式联运合同、提单等均合法有效，货物出口委托书和青海民和公司签署的声明均可以作为合同的组成部分，其中的提单为不可转让的单据。依据合同中关于朝鲜真诚合作公司为收货人、"唯一收货人为朝鲜真诚合作公司"的约定，天津外运公司仅负有将货物交付朝鲜真诚合作公司的合同义务。故青海民和公司主张天津外运公司负有收回正本提单的义务依据不足。

关于天津外运公司是否按照约定已将货物交给朝鲜真诚合作公司的事实，一审中双方当事人未就此事实发生争议。二审中，青海民和公司改变其在一审中诉承运人无单放货的主张，提出天津外运公司只是声称已正确交付货物，但从未提供证据加以证明，二审认为天津外运举证不充分，不能证明货物交给了朝鲜真诚合作公司。最高院认为，根据我国《民事诉讼法》第六十四条第一款的规定，当事人对自己的主张，有责任提供证据。因此此事实的举证责任在青海民和公司。二审对此举证责任分配不当。另外给予当事人的举证时间不合理。天津外运公司提供的经铁道部有关部门出具的加盖发电专用章的电报，证明货物已经由铁路运输交付给收货人。该证据支持了天津外运公司的主张。因此，天津外运公司已经履行了运输合同约定的义务，对于青海民和公司的货款损失不应承担责任。依据我国《民事诉讼法》第一百八十四条、第六十四条，《合同法》第三百一十七条、第三百二十一条的规定作出判决，撤销二审判决，维持一审判决。

评析：

原告在一审、二审中的诉因不同，原告上诉时改变了在一审时的诉因，导致一审、二审审理本案的重点不同。

本案原告起诉时的诉因是被告无正本提单放货，上诉时又将诉因改为被上诉人（一审被告）没有证据证明已将货物交与上诉人指定的收货人。诉因不同，导致一审、二审对本案定性不同。一审中原告向法院递交的起诉状中，称"货到新义州，被告在买方朝鲜真诚合作公司无货运提单的情况下，无单放货，任由该公司将货物取走，使原告不能收回货款，致使纠纷产生"。该理由，原告在庭审中的法庭调查阶段并未修改。庭审中审判长归纳的争议焦点是：①本案多式联运提单是否具有提货作用；②被告将货物放给真诚公司有无过错。对此原、被告均无异议。这说明双方当事人对货物已交给朝鲜真诚公司并无异议，原告对此事实认可。当事人在庭审中对不利于己的事实表示承认，是当事人的自认。本案中原告对货物已交付给朝鲜真诚公司的承认，已构成当事人的自认。二审中，原告又推翻在一审中自认的事实，原告应提供充分的证据加以证明，否则不应支持其主张。本案中对上述事实是否属于当事人自认，最高院在判决中未明确，而是依《民事诉讼法》第六十四条规定，确定原告应承担举证责任。

本案被告所签提单是多式联运提单，被告应对全程运输负责。不管是联运提单还是单纯的海运提单，其功能都是相同的，即都具有货物收据、合同的证明和承运人据以交付货物的凭证作用。但本案被告签提单的日期是6月26日，而原告在6月20日出具书面声明，称提单只作为议付单据。虽然原告主张该声明日期是倒签的，且不是其真实的意思表示，但未能提供证据证明其主张。据此一审法院认定被告所签提单不具有物权凭证的作用，判决驳回原告的诉讼请求。二审也认定被告所签提单不具有物权凭证的效力，改判的理由是被告没有证据证明已将货物交给上诉人（一审原告）指定的收货人。由此可见一审、二审在认定被告所签提单不具有物权凭证的效力这一点是相同的。

复习思考

1. 集装箱运输的优势有哪些？

2. 集装箱的种类有哪些？

3. 集装箱的交接方式是什么？

4. 简述国际多式联运的概念及条件。

5. 简要介绍当今世界主要大陆桥。

6. 我国某出口商委托一多式联运经营人，将一批半成品服装经印度的孟买转运至新德里。货物由多式联运经营人在某货运站装入2个集装箱，并签发了清洁的多式联运单据，表明货物是处于良好状态下。由多式联运经营人接收的2个集装箱经海路从上海运至孟买，再由铁路从孟买运至新德里。在孟买卸船时发现其中一个集装箱外表损坏，多式联运经营人在该地的代理将此情况于铁路运输前通知了铁路承运人。当集装箱在新德里开启后发现，外表损坏的集装箱所装货物严重受损；另一集装箱虽然外表完好，铅封也无损，但内装货物已受损。问：

（1）谁应对2个集装箱的货物损失承担责任？

（2）由于2个集装箱的损失情况不同，责任方是否按同一赔偿责任赔偿？

7. 某货主委托承运人的货运站装载1 000箱小五金，货运站在收到1 000箱货物后出具仓库收据给货主。在装箱时，装箱单上记载980箱，货运抵进口国货运站，拆箱单上记载980箱，由于提单上记载1 000箱，同时提单上又加注"由货主装箱、计数"，收货人便向承运人提出索赔，但承运人拒赔。根据题意分析回答下列问题：

（1）提单上类似"由货主装载、计数"的批注是否适用拼箱货？

（2）承运人是否要赔偿收货人的损失，为什么？

（3）承运人如果承担赔偿责任，应当赔偿多少箱？

第九章

【学习目标】

公路、内河、邮政、管道运输具有海洋、铁路、航空等主流运输方式所不具有的优势，是对外贸易运输的组成部分，在运输体系中的地位在不断提高。学习本章之后，学生可以了解这些运输方式的基本知识，达到系统化学习的要求。

【学习要点】

1. 公路运输基础知识；
2. 内河运输基础知识；
3. 邮政运输基础知识；
4. 管道运输基础知识。

其他运输方式

第一节　国际公路货物运输

公路运输是 20 世纪才开始的，在世界交通发展史中，它是继水运、铁路运输之后的又一次伟大变革。目前，三者并存，各具特色，特别是中、短途客、货运输更以公路运输最为方便、快捷。公路运输是现代交通运输体系的一个组成部分，它既可以是一种独立运输方式，又可以是联结铁、水、空运输起端和末端不可缺少的环节，在国家的经济建设、社会生活等各方面具有十分重要的地位。

一、公路货物运输的特点和作用

（一）公路运输的特点

公路运输以公路为运输线，利用汽车将货物进行运送。具有以下特点：

（1）公路运输是对外贸易车站、港口和机场集散进出口货物的重要手段，具有灵活、简便、快捷的特点；

（2）公路运输除了可以沿公路网行驶外，还可深入到工厂、矿山、车站、码头、山区、街道和社区，活动范围大，这是其他运输方式所办不到的；

（3）公路运输是一种"门到门"的运输，中间环节少，运输时间短，利用公路运输，几乎可以将任何货物送达任何地点，非常适合现代国际运输的需要；

（4）相比其他运输方式，公路运输投资较少，资金回收快，筹资渠道多，兴建较容易，公路运输的发展，还可直接带动汽车工业等相关产业的发展。

公路运输的缺点是运量不大，费用偏高，资源消耗多，容易造成环境污染、交通拥挤和交通事故。

（二）公路运输在对外贸易中的作用

汽车运输在国际贸易中所承担的主要任务有以下几个方面：

（1）将出口货物由产地集中到外贸仓库；

（2）将出口货物由外贸储存库运送发运点仓库；

（3）将出口货物由发运点仓库运至港口仓库，或直接运至港区、车站、机场等；

（4）将集装箱货物由交货点通过公路运输至港口装船，即承担国际多式联运的第一段运输；

（5）汽车承运经香港中转的陆海联运货物，由发货点直送深圳过境，可通过深圳罗湖、皇岗等口岸通往香港的公路，将内陆公路运输与香港海运、空运连接起来，便于内陆物资外运；

（6）进口货物的疏运、送货上门；

（7）边境贸易的货物运输。目前我国与毗邻国家如俄罗斯、朝鲜、缅甸、尼泊尔等国均有公路相通，与这些国家的贸易可采用公路运送方式。

二、公路的分类

公路就是汽车行驶的公共道路，由路基、路面、桥梁、涵洞、隧道及沿线设施等组成。按不同角度，公路可以有不同的分类。

（一）按技术等级分

按技术等级分类有等级公路和等外公路。等级公路又可以分为高速公路、一级公路、二级公路、三级公路和四级公路。

1. 高速公路

按我国《公路工程技术标准》（JTJ 001—97）规定，高速公路为专供汽车分向、分车道行驶并全部控制出入的干线公路。具有行车速度快（每小时 60 公里以上）、通过能力强、事故少、造价高的特点，是国家公路交通运输的命脉。

2. 一级公路

指连接重要政治、经济中心，专供汽车分向、分道行驶并部分控制出入、部分立体交叉的公路。设计年限内，年平均昼夜交通量为 15 000～30 000 辆。

3. 二级公路

指连接政治、经济中心或大的工厂、矿区、港口等，设计的年平均昼夜交通量为 3 000～7 500 辆。

4. 三级公路

是指连接县和县以上城市的一般干线公路，设计的年平均昼夜交通量为 1 000～4 000 辆。

5. 四级公路

指沟通县、乡、村的支线公路，设计的年平均昼夜交通量为双车道 1 500 辆以下，单车道 200 辆以下。

（二）按在路网中的地位分

按在路网中的地位，公路可分为国道、省、县、乡道和专用公路。

1. 国道公路

是国家的干线公路，具有全国性的政治、经济和国防意义，它包括重要的国际公路、国防公路、连接首都与省、自治区首府和直辖市的公路，以及连接各大经济中心与港站口岸的公路。我国《公路法》规定，国道由国务院交通主管部门会同有关部门规划，并依法由有关机构修建、管理和养护。

2. 省道公路

是省级干线公路，在省公路网中具有全省性的政治、经济意义，是连接省内中心城市和主要经济区的公路以及省际间不属于国道的重要公路。它由省、直辖市、自治区交通主管部门进行规划、建设、管理和养护。

3. 县道公路

指具有全县性的政治、经济意义，连接县（市）与县（市）主要商品生产集散地，以及不属于国道、省道的县（市）际间的公路，它由县（市）公路主管部门依法规划、建设、管理和养护。

4. 乡道公路

是指直接为乡、村 、镇经济、文化、行政服务的公路，以及不属于国道、省道、县道的乡、村、镇际间及乡与外部连接的道路。它由县级交通部门规划、建设、管理和养护。

5. 专用公路

专用公路是企业（如厂矿、农场、林区等）或者其他单位建设、养护、管理，专为或者主要为该企业提供运输服务，或同外部连接的道路。

（三）按运输方式分

按货物运输方式分类，公路运输可分为整车运输、零担运输、集装箱运输、联合运输和班车与包车运输。

1. 整车运输

整车运输是指货物托运人托运的一批货物在 3 吨及 3 吨以上，或者虽然不足 3 吨，但其性质、体积、形状等需要一辆 3 吨及 3 吨以上的汽车运输的货物运输。

2. 零担运输

零担运输是指托运人托运的一批货物不足整车的货物运输。公路零担运输货物按其性质和运输要求可分为普通零担货物和特种零担货物。普通零担货物系指《公路价规》中列名的并适于零担汽车运输的普通货物。特种零担货物则分为长、大、笨重零担货物、危险、贵重零担货物以及特种鲜活零担货物等。

3. 集装箱运输

集装箱运输是指将货物集中装入规格化、标准化的集装箱内进行运输，是一种先进的现代化运输方式，需采用专用的集装箱车辆运送。

4. 联合运输

联合运输是指一批托运的货物需要两种或两种运输工具以上的运输。目前我国涉及公路的联合运输有公路铁路联运、公路水路联运、公路公路联运、公路航空联运等。联合运输实行一次托运、一次收费、一票到底、全程负责。

5. 班车与包车运输

班车运输是指按固定的时间表、行驶路线和运费提供公路运输服务的方式。包车运输是指应托运人的要求，经双方协议，把车辆包给托运人使用，并按时间或里程计算运费的货物运输。

三、我国对外贸易公路运输口岸分布

我国陆地邻国有 14 个，其中只有俄罗斯、蒙古、朝鲜、越南、哈萨克斯坦与我国有铁路相通，其余地区只能通过公路运输方式来实现边境贸易。即使在有铁路相通的国家，公路运输也是一种重要的外贸运输方式。目前，我国通往周边国家和地区的主要公路口岸如下。

1. 中俄公路边境口岸

内蒙古：满洲里、二卡。

黑龙江：黑河、绥芬河、同江。

吉林：珲春。

其中，满洲里（见图 9-1）是我国唯一的立体通关口岸，满洲里、绥

图 9-1　满洲里公路运输口岸

芬河为国家一级口岸。

2. 中朝公路边境口岸

辽宁：丹东。

吉林：图们、沙坨子、开山屯、三合、南坪、临江、古城里、长白、老虎哨，其中，丹东、图们是中朝之间重要的边境口岸。

3. 中蒙公路边境口岸

内蒙古：二连浩特、阿日哈沙特—哈比日嘎、珠恩嘎达布其、甘其毛道、策克、阿尔山、满都拉。

甘肃：马鬃山。

新疆：塔克什肯、老爷庙、乌拉斯台、红山嘴。

其中二连浩特是中蒙间最重要的边贸口岸。

4. 中越公路边境口岸

云南：山腰、麻栗坡。

广西：友谊关、水口、东兴。

5. 中缅公路边境口岸

主要有云南省的畹町、瑞丽、景洪、打洛、孟连、勐腊、陇川（章凤）等，目前有的已经成为重要的边境旅游风景区。

6. 中老公路边境口岸

云南西双版纳傣族自治州勐腊县的磨憨口岸是中老边境贸易的主要通道。

7. 中巴公路边境口岸

红其拉甫是中巴之间唯一的口岸，每年仅在 5 月 1 日至 10 月 30 日开放，是季节性口岸。

8. 中哈公路边境口岸

主要有新疆的霍尔果斯、阿拉山口、巴克图、吉木乃、木扎尔特、阿黑土别克等。其中，霍尔果斯是新疆最大的口岸，阿拉山口是我国西部唯一铁路、公路并用的口岸。

9. 中吉公路边境口岸

主要有新疆的吐尔孕特和伊尔克什坦口岸。

10. 中尼公路边境口岸

主要有西藏的樟木、普兰、吉隆、日屋等口岸。

11. 中国、不丹、印度公路边境口岸

位于西藏日喀则地区的亚东口岸是我国西藏同印度、不丹开展边境贸易的传统口岸。

12. 内地、港澳公路口岸

在内地与香港之间有广东深圳文锦渡、沙头角、皇岗等口岸，香港方面的口岸有罗湖、沙头角等。内地与澳门之间有珠海的拱北口岸。

四、公路运费

公路运费的计算办法按照交通部制定的《汽车运价规则》办理。

（一）公路运费的构成

公路运费包括运费和其他费用。运费是指公路承运人在运输货物时依照所运货物的种类、重量、距离而收取的费用，它是公路货物运输费用的重要组成部分。其他费用也称杂费，主要是指公路货物运输中产生的相关费用，如装卸费、调车费、延滞费、通行费等。

（二）公路运费计价标准

1. 计费重量

整批货物运输以吨为单位；零担货物运输以千克为单位；集装箱运输以箱为单位。

（1）一般货物。无论整批、零担货物，计费重量均按毛重计算。整批货物吨以下计至 100 千克，尾数不足 100 千克的，四舍五入。

零担货物起码计费重量为 1 千克。重量在 1 千克以上，尾数不足 1 千克的，四舍五入。

（2）轻泡货物。指每立方米重量不足 333 千克的货物。装运整批轻泡货物的高度、长度、宽度，以不超过有关道路交通安全规定为限度，按车辆标记吨位计算重量。零担运输轻泡货物以货物包装最长、最宽、最高部位尺寸计算体积，按每立方米折合 333 千克计算重量。

（3）包车运输按车辆的标记吨位计算。

（4）散装货物，如砖、瓦、砂、石、土、矿石、木材等，按体积由各省、自治区、直辖市统一规定重量换算标准计算重量。

2. 计费里程

货物运输计费里程以千米为单位，尾数不足 1 千米的，进整为 1 千米。出入境汽车货物运输的境内计费里程以交通主管部门核定的里程为准；境外里程按毗邻国（地区）交通主管部门或有权认定部门核定的里程为准。未核定里程的，由承、托双方协商或按车辆实际运行里程计算。货物运输的计费里程按装货地点至卸货地点的实际载货的营运里程计算。

3. 运价单位

（1）整批运输：元/吨千米。

（2）零担运输：元/千克千米。

（3）集装箱运输：元/箱千米。

（4）包车运输：元/吨小时。

（三）公路运输货物运价价目

1. 基本运价

（1）整批货物基本运价：指一等整批普通货物在等级公路上运输的每吨千米运价。

（2）零担货物基本运价：指零担普通货物在等级公路上运输的每千克千米运价。

（3）集装箱基本运价：指各类标准集装箱重箱在等级公路上运输的每箱千米运价。

2. 普通货物运价

普通货物分为一等货物、二等货物和三等货物三个等级，并实行分等计价。以一等货物为基础，二等货物加成 15%，三等货物加成 30%。

3．特种货物运价

1）长大笨重货物运价

(1) 一级长大笨重货物在整批货物基本运价的基础上加成40％～60％。

(2) 二级长大笨重货物在整批货物基本运价的基础上加成60％～80％。

2）危险货物运价

(1) 一级危险货物在整批（零担）货物基本运价的基础上加成60％～80％。

(2) 二级危险货物在整批（零担）货物基本运价的基础上加成40％～60％。

3）贵重、鲜活货物运价

贵重、鲜活货物在整批（零担）货物基本运价的基础上加成40％～60％。

4．特种车辆运价

按车辆的不同用途，在基本运价的基础上加成计算。但特种车辆运价和特种货物运价两个价目不准同时加成使用。

5．非等级公路货物运价

非等级公路货物运价在整批（零担）货物基本运价的基础上加成10％～20％。

6．快速货物运价

快速货物运价按计价类别在相应运价的基础上加成计算。

7．集装箱运价

标准集装箱重箱运价按照不同规格的箱型的基本运价执行，标准集装箱空箱运价在标准集装箱重箱运价的基础上减成计算；非标准箱重箱运价按照不同规格的箱型，在标准集装箱基本运价的基础上加成计算，非标准集装箱空箱运价在非标准集装箱重箱运价的基础上减成计算；特种箱运价在箱型基本运价的基础上按装载不同特种货物的加成幅度加成计算。

8．包车运价

包车运价按照不同的包用车辆分别制定。

9．出入境汽车货物运价

出入境汽车货物运价，按双边或多边出入境汽车运输协定，由两国或多国政府主管机关协商确定。

10．吨（箱）次费

1）吨次费

对整批货物运输在计算运费的同时，按货物重量加收吨次费。

2）箱次费

对汽车集装箱运输在计算运费的同时，加收箱次费。箱次费按不同箱型分别确定。

(四) 公路货物运输其他收费

公路货物运输其他费用包括装卸费、调车费、装货（箱）落空损失费、道路阻塞停运费、车辆处置费、运输变更手续费、车辆通行、货物检验费、报关手续费、集装箱租箱费及取箱、送箱费等。

(五) 公路运费的计算

1．计算方法

(1) 根据货物分类表和运价表确定货物的种类和基本运价；

（2）确定货物的计费重量；

（3）根据公路里程表确定货物的计费里程；

（4）确定货物运输的其他费用。

2. 计算公式

1）整批货物运费计算

整批货物运费(元)＝吨次费(元/t)×计费重量(t)＋整批货物运价(元/(t·km))×计费重量(t)×计费里程(km)＋货物运输其他费用(元)

其中，整批货物运价按货物运价价目计算。

2）零担货物运费计算

零担货物运费(元)＝计费重量(kg)×计费里程(km)×零担货物运价(元/(kg·km))＋货物运输其他费用(元)

其中，零担货物运价按货物运价价目计算。

3）集装箱运费计算

重(空)集装箱运费(元)＝重(空)箱运价(元/(箱·km))×计费箱数(箱)×计费里程(km)＋箱次费(元/箱)×计费箱数(箱)＋货物运输其他费用(元)

其中，集装箱运价按计价类别和货物运价价目计算。

4）计时包车运费计算

包车运费(元)＝包车运价(元/(t·h))×包用车辆吨位(t)×计费时间(h)＋货物运输其他费用(元)

其中，包车运价按照包用车辆的不同类别分别制定。

第二节　国际邮政运输、内河水运和管道运输

一、国际邮政运输（International Parcel Post Transport）

世界各国邮政之间订有协定和公约，使邮件包裹的传递四通八达、畅通无阻，形成全球性的邮政运输网。各国邮政均兼办邮包运输业务，适宜于体积小、重量轻的小商品运输，手续简单方便，费用不高，为国际贸易运输中普遍采用。

（一）国际邮政运输的特点

1. 广泛的国际性

世界各国邮政组成"万国邮政联盟"，签署了《万国邮政公约》，相互之间订有邮政协定，从而组织和改善国际邮政业务，方便相互交换邮件。各国邮政在平等互利、相互协作配合的基础上相互经转对方的国际邮件，使邮件包裹的传递具有广泛的国际性。

2. 具有国际多式联运的性质

国际邮政运输一般需要经过两个或两个以上国家的邮政局，通过水、陆、空多种运输方式的联合作业来完成。托运人只需照章向邮局办理一次托运、一次付清足额邮资、取得一张邮政包裹收据即可完成全部手续。邮件的运送、交接、保管、传递等事宜均由各国邮局负责办理。邮件运抵目的地，收件人凭邮局的到件通知和收据向邮局提取邮件。

3. 基本上实现"门到门"运输

世界各国邮局从城市到乡村，分布极为广泛，托运人可就近在当地邮局办理；邮件包裹到达目的地后，收件人可在当地邮局就近提取，基本上实现了"门到门"的运输，提供了极大的方便。

(二) 邮包的种类

国际邮件按运输方法分为水陆邮件和航空邮件。按内容性质和经营方式分为函件和包裹两大类。按我国邮政规定，邮包分为：

(1) 普通包裹：凡适于邮递的物品，除违反规定禁寄和限寄的以外，都可以作为包裹寄递；

(2) 脆弱包裹：指容易破损的和需要小心处理的包裹，如玻璃器皿、古玩等；

(3) 保价包裹：指邮局按寄件人申明价值承担补偿责任的包裹。一般适于邮递贵重物品，如金银首饰、珠宝、工艺品等。

此外，国际上还有快递包裹，代收货价包裹、收件人免付费用包裹等。

以上包裹如以航空方式邮递，即分别称为航空普通包裹、航空脆弱包裹和航空保价包裹。

(三) 邮资和单证

1. 邮资

邮资是邮政局为提供邮递服务而收取的费用，"万国邮政联盟"以金法郎为单位规定了基本邮资，各国按其本国政策与具体情况增减 50%～70%。国际邮资均按重量分级作为计算标准，由基本邮资和特别邮资组成。基本邮资是邮件运往寄达国应付的邮资，根据不同邮件种类和国家地区制定基本邮资费率。特别邮资是为某项附加手续或责任而在基本邮资上按每件加收的，如挂号费、回执费、保价费等。保价邮资须另按所保价值计收。

2. 邮政收据 (Post Receipt)

邮政收据是邮局收到寄件人的邮件后所给予的凭证，收件人凭以提取邮件，也是邮件灭失或损坏时向邮局索赔的凭证。

3. 回执

回执是收件人收到邮件的凭证。

(四) 邮政运输的有关规定

1. 禁寄限寄范围

邮政禁寄的物品：国际邮件内容，必须遵照国际间、本国、寄达国以及经转国禁止进出口与过境物品的规定。禁寄范围：①武器、弹药、爆炸品、受管制的无线电器材等；②中国与外国货币、票据、证券等；③黄金、白银、白金等；④珍贵文物古玩；⑤内容涉及国家机密及不准进出口的印刷品、手稿等。

邮政限寄的物品：①有规定数量的物品，如粮食、油料等每次每件以公斤为限；②商业性行为的邮件，按进出口贸易管理条律的规定，需要许可证邮递的物品，必须向有关管理机构申领，海关凭以放行；③肉类、种子、昆虫标本等须按规定附卫生检疫证书。

2. 邮包的封装

按照国际和我国邮政规定，每件邮包重量不得超过 20 公斤，长度不得超过 1 米。邮件封装视邮件内所装物品性质的不同，要求亦有所不同，对封装总的要求以符合邮递方便、安全，并保护邮件不受损坏丢失为原则。邮包封面书写则要求清楚、正确、完整，以利准确、迅速和安全地邮递。

（五）邮政运输的责任范围

1. 责任范围

邮政单位与寄件人之间是委托与被委托的关系。双方的权利义务和责任豁免是由国家法律和国家授权制定的邮政规章予以明确规定，并受其制约，与此同时，还要受到国际公约和协定的约束。这种关系自邮政部门接受寄件人的委托起建立，并一直至邮件部门交付邮件于收件人而告终止。

寄件人的责任是遵守邮政有关规定，办理邮件委托手续并照章交付邮资。邮政单位负有安全、准确、迅速完成接受委托的邮递责任并对邮件的灭失、短少或损坏负有补偿责任。但非由于邮政单位的过失所致的邮件灭失、短少或损坏，邮政单位可免于负责。

2. 损失补偿范围和补偿金额

根据规定，凡保价包裹和普通包裹，如属于邮政单位负责，邮政单位都负责予以补偿，对保价包裹的补偿金额，最多不超过货价金额。

普通包裹的补偿金额，每件不超过下列标准，如实际损失低于该标准，则按实际损失补偿。

包裹重量 5 公斤以下补偿 40 金法郎。

包裹重量 5 公斤至 10 公斤补偿 60 金法郎。

包裹重量 10 公斤至 15 公斤补偿 80 金法郎。

包裹重量 15 公斤至 20 公斤补偿 100 金法郎。

但如有双边协定，则按双边协定的补偿规定办理。

二、内河水运 （Inland Water Transportation）

在对外贸易中，内河水运可以弥补铁路等其他运输的不足，是沿江、河地区进出口货物集散的重要方式，世界各国都很重视内河运输系统的建设。我国山高水长、河湖密布，具有发展内河水运的优越条件。

（一）内河水运的特点

1. 优点

（1）水运方式利用天然航道，线路投资少，节省土地资源；

（2）运输能力大，运费低，适于载运体积大较笨重的货物；

（3）江、河、湖、海相互贯通，既可通达内陆，又可直抵沿海，可以实现长距离运输。

2. 缺点

（1）航行速度慢，机动性差。

（2）受自然条件影响较大，如河流走向、冬季结冰、枯水期水位降低等，难以保证全年通航。

（3）可达性较差。如果托运人或收货人不在水运航道上，就要依靠汽车或铁路运输进行转运。

（二）我国内河水运的发展概况

内河运输连接我国内陆腹地与沿海地区，是对外贸易综合运输体系和水资源综合利用的重要组成部分，内河水运具有运能大、占地少、能耗低、污染小、安全可靠等特点，是我国实现经济社会可持续发展的重要战略资源，对国民经济和工业布局起着重要作用，加快发展内河水运符合科学发展观和构建资源节约型、环境友好型社会的总体要求。

改革开放以来，我国内河航运事业取得了巨大的发展，水运基础设施明显改善，主要表现在以下方面。

1. 航道通航能力大大提高

交通部《2012 年公路水路交通运输行业发展统计公报》中数据显示，截至 2012 年，全国内河航道通航里程 12.5 万公里，占河流总长的 29%，主要分布在长江、珠江和淮河水系，其中等级航道 6.37 万公里，占总里程的 51.0%。目前，全国已形成以长江、珠江、淮河、黑龙江、黄河、闽江、京杭运河为主体的内河水运布局，长江干线已成为世界上水运最为繁忙和运量最大的河流，年运输量超过 11 亿吨，相当于 16 条京广铁路的运量。经过多年的建设与发展，内河水运的服务腹地有了较大的延伸和扩展，服务质量明显提高，为流域经济社会的持续、快速发展发挥了重要作用。

2. 港口建设取得显著进展

截至 2012 年，全国有内河港口 1 300 多个，生产用码头泊位 26 239 个，其中万吨级泊位 369 个，主要分布在长江、珠江、京杭运河与淮河水系。

3. 船舶数量和运输量持续增长

2012 年末，我国内河船舶保有量 16.52 万艘，净载重量 9 381.58 万吨，载客量 81.65 万客位，内河运输完成货运量 23.02 亿吨、货物周转量 7 638.42 亿吨公里，比上年分别增长 9.5% 和 16.4%，内河港口完成外贸货物吞吐量 2.71 亿吨，增长 12.0%。

根据规划，我国的内河水运将建成干支衔接、沟通海洋的高等级航道，为船舶标准化、规范化创造基础条件；与航道发展相适应，形成布局合理、功能完善、专业化和高效的港口体系。到 2020 年，航道通过能力可在目前基础上翻一番，船舶航行条件得到明显改善，单位运输成本明显降低，经济和社会效益显著提高。

我国长江、珠江等主要河流中的港口已对外开放，同俄罗斯等邻国有国际河流相通，这就为我国进出口货物通过水运集散提供了有利条件。

三、管道运输 (Pipeline Transportation)

管道运输是随着石油的生产而产生、发展的。它是一种特殊的运输方式，是借助高压气泵的压力将管道内的气体、液体和粉状固体输往目的地。管道运输在世界各国、各地区的油田、油港和炼油中心之间起着纽带作用，在原油和油品贸易中，是与油轮相辅相成的重要运输方式。

（一）管道运输的特点

（1）运输通道与运输工具合二为一。管道既是运输通道，又是运输工具。

（2）运量大，运输效率高。管道可全天候运转，运输效率极高。

（3）成本低，管道建成后运营能耗少，成本接近水运。

（4）运输漏损少，安全性好。

（5）受气候影响小，便于长期稳定运营。

（6）劳动生产率高。管道运输可实现远程控制，自动化程度高。

（7）土地占用少。运输管道可建于地下、河底、海底，其占用的土地很少。

管道运输的局限性在于，只能输送特定货物，运输方向单一，与铁路公路相比，灵活性较差。

（二）管道运输发展概况

现代管道运输出现于 19 世纪中叶，1861 年美国建成了第一条原油输送管道。随着第二次世界大战后石油工业的发展，管道的建设进入了一个新的阶段，各产油国竞相兴建大量石油及油气管道。20 世纪 60 年代开始，输油管道的发展趋于采用大管径、长距离，并逐渐建成成品油输送的管网系统。同时，开始了用管道输送煤浆的尝试。20 世纪 70 年代，管道运输技术又有较大提高，管道不仅能运输石油天然气这些流体，还能够通过特殊的方法运输煤等固体物料。

目前世界管道运输网分布很不均匀，美国、俄罗斯、中东、加拿大、西欧国家的管道运输最发达，且多为大石油公司占有控制。

我国管道运输起步较晚，最早的一条管道是 1942 年铺设的从云南昆明到印度边境的输油管道，当时主要是为战争服务，加之管道质量较差，效率较低，不久便弃之不用。新中国成立后，特别是改革开放以来，我国管道运输有了较大发展，截至 2006 年年末，全国输油（气）管道里程为 48 226 公里，除原有东北、华东等建成管网外，还相继建设了西气东输、陕京二线等天然气管道，中哈原油管道以及兰成渝等成品油管道，初步形成覆盖全国大部分地区的天然气、原油和成品油骨干网架。

管道运输费用的计算比较简单，按油类不同品种规格规定不同费率，其计算标准多数规定以桶（Barrel）为单位，有的以吨为单位。此外，一般均规定每批最低托运量。因为从经营和技术上考虑，必须达到此运量方够成本开支。

【案例导读】

货物迟交，责任应由谁来负

2000 年 8 月 4 日，山东某工贸公司与广州一进出口公司签订了买卖合同，出售一批价值 20 万元的瓷器。为了方便运输和交货，山东工贸公司与青岛某运输公司签订运输合约，其中规定，运输公司尽可能在 8 月 6 日前将货物送抵广州。装货完毕后，山东工贸公司将发货单一并交与运营司机，但是由于突遇暴风骤雨，3 天后，即 8 月 7 日才到达目的地，延误了装船，并且广州进出口公司在开箱验货时发现部分瓷器损毁，便拒付货款。在多次协调未果的情况下，山东工贸公司将广州的进出口公司告上法庭，要求其赔偿经济损失。

本案的焦点问题在于，交货日期的延误和瓷器损毁是否是运输公司应承担的责任。

货物是公路运输的对象，运输部门在承运责任期内，应将承运的物资完整无损地送达目的地。货物的交接就是责任的转移。案例中，山东工贸公司已将货物完整交与承运方，从而造成责任的转移。另外，车辆在行驶途中因震动和颠簸产生的各种作用力，会因驾驶操作不当，道路路面标准低劣、车辆技术状况不佳等因素而加剧。因而，车辆行驶时，应尽可能设法减少或避免货物与货物、货物与容器、货物与车厢之间发生的碰撞、摩擦或冲击。

一般来说，在承运责任期发生的货损运输部门应负有相应的责任，并应按有关规定赔偿托运单位的经济损失。但是有些事故的发生不完全是运输公司的过失，例如，由于人力不可抗拒的自然灾害，或货物本身性质发生变化以及货物在运送途中的自然损耗等。

本案例就属于人力不可抗拒因素而导致货物的交接迟延，所以运输部门不负全部的法律责任。但是在承运货物时，运输部门应及时通知买方或者卖方货物状况、交货日期可能出现延迟等一些必要的准确的信息。运输部门没有告知广州进出口公司瓷器可能延交，使进出口公司没有时间采取必要的补救措施，导致了出口业务的失败。就此一点运营公司也应承担一定的责任。

复习思考

1. 公路运输的特点及作用是什么？

2. 公路运输运价有哪些种类？

3. 简述邮政运输的特点和责任范围。

4. 管道运输的特点是什么？运输的货物有哪些类型？

5. 某棉织厂定期通过某公路运输经营人向俄罗斯发运棉织品，由于公路运输经营人的雇员罢工，该厂不得不通过另一货运代理人发运。虽然该厂与该货运代理人就运费率已经商妥，但并未与货运代理人订立详细的合同。部分货物在运输过程中发生货损，棉织厂向货运代理人提出损失赔偿，遭货运代理人拒绝。根据该案例，请回答：棉织厂能否索赔成功？为什么？

6. 某托运人向邮局托运一包药品往新加坡，邮局在收到药品后给发件人签发了邮政收据。当收件人收到该包药品时，发现药品的包装破裂，部分药品丢失。经查，该包药品所受损失系在飞机上受重压所致。根据该案例，请回答：托运人该向谁索赔？为什么？

第十章

【学习目标】

通过本章学习，可了解风险与风险管理的概念，海上保险的起源与发展，明白保险是一种风险管理的方法；熟悉并掌握保险的定义，保险的基本原则，保险的职能、作用与分类。

【学习要点】

1. 保险的职能与作用；
2. 保险的基本原则及其运用。

国际货物运输保险概述

第一节　风险管理与保险

一、风险的概念和特征

保险与"风险"一词紧密联系在一起，保险是最古老的风险管理方法之一，"风险"常常出现在保险单的"承保范围"条款中。一般认为，风险是损失发生的可能性以及人们对损失发生在认识上的不确定性。损失发生的可能性，是指不以人们意志为转移的客观存在的损失的发生或不发生。而人们对损失发生在认识上的不确定性，是指人们对客观存在的灾害事故可能发生的时间、地点、原因及造成的后果在主观认识上难以确定和预料。

风险具有以下特征。

（1）风险具有客观性。保险学所研究的风险，其存在和发生从总体上讲是不以人的主观意志为转移的客观存在，如恶劣的气候、地震、交通事故、战争等现象，其发生是具有一定概率，在主观上无法完全避免的。

（2）风险具有个体上的偶然性和总体上的必然性。从个体上来看，风险事故的发生具有偶然性和不确定性，即风险事故何时发生、何处发生、作用于哪个个体、事后的损失程度如何是偶然和不定的，但通过对大量风险事故的观察，人们发现风险呈现出明显的规律性，可以利用概率论和数理统计方法去计算损失发生的概率和损失幅度。这一特征是保险制度得以存在和正常运行的基础。

（3）风险具有损失性和普遍性。在保险中，损失是指非故意的、非预期的、非计划的经济价值的减少。通常将损失分为两种形态，即直接损失和间接损失。风险的存在总是伴随发生损失的可能性，并且是大多数人都面临的，如果风险发生之后不会有损失，那么风险研究和保险制度就失去了意义；而大多数人都普遍面临的风险，使得保险具有了广泛的投保人基础。

（4）风险具有可变性。我们所面临的风险并不是一成不变的，随着人类社会的发展和科学技术的不断进步，某些种类的风险会减少甚至消除，而新的风险会陆续产生。例如，随着卫生医疗事业的发展，一些传统的疾病致死的风险大大降低，而随着人类活动区域的增加和环境的变化，新的致死因素和疾病种类不断出现。这种风险的可变性要求保险产品随之更新和增加，或者调整原有险种的保险范围。

二、风险管理

（一）风险管理的概念

风险管理是指组织和个人对所面临的损失风险进行识别和评估，并选择和执行处理此风险的最合适的技术方法的一个系统过程，其目标是达到以最小的成本获得最大的安全保障。风险管理主要分为两类：一类是经营管理型风险管理，主要研究政治、经济、社会变革等所有企业经营过程中普遍面临的各种风险的管理；另外一类是保险型风险管理，主要以可保风险作为风险管理的对象，将保险管理放在核心地位，将安全管理作为补充手段。

（二）风险管理的步骤

（1）风险识别。

风险的识别是风险管理的首要环节。只有在全面了解各种风险的基础上，才能够预测风险可能造成的危害，从而选择处理风险的有效手段。潜在的损失风险包括财产损失、营业收入损失、责任损失、重要员工死亡或丧失工作能力、雇员的不忠诚、员工福利损失等。

（2）风险预测。

风险预测实际上就是估算、衡量风险，由风险管理人运用科学的方法，对其掌握的统计资料、风险信息及风险的性质进行系统分析和研究，进而确定各项风险的频度和强度，为选择适当的风险处理方法提供依据。

（3）选择风险管理方法。

风险处理常见的方法有以下几种。

规避风险：消极躲避风险。如货物运输为避免航空事故可改用陆路运输等。但这种方法的实施一方面可能会带来另外的风险，另一方面可能会影响企业经营目标的实现，所以一般不采用。

预防风险：采取措施消除或者减少风险发生的因素。如为了防止水灾导致仓库进水，采取增加防洪门、加高防洪堤等，可大大减少因水灾导致的损失。

自保风险：企业自己承担风险。小额损失纳入生产经营成本，损失发生时用企业的收益补偿。针对发生的频率和强度都大的风险建立意外损失基金，损失发生时用它补偿。这种方法带来的问题是会挤占企业的资金，降低资金使用的效率。

转移风险：在危险发生前，通过采取出售、转让、保险等方法，将风险转移出去。

（4）风险管理效果评价。

风险管理效果评价是对风险管理技术适应性及其收益情况的分析和评估。评估的标准有效果标准和作业标准。

（5）实施计划。

（6）检查和修正计划。

三、保险的定义

保险是一种经济补偿制度，以契约形式确立双方经济关系，以交纳保险费建立起来的保险基金，对保险合同规定范围内的灾害事故所造成的损失，进行经济补偿或给付。保险是最古老的风险管理方法之一，保险合约中，被保险人支付一个固定金额（保费）给保险人，从而从后者获得保证：在约定时期内，后者对特定事件或事件所造成的任何损失给予一定补偿。

从经济角度来看，保险是一种损失分摊方法，以多数单位和个人缴纳保费建立保险基金，使少数成员的损失由全体被保险人分担。从法律意义上说，保险是一种合同行为，即通过签订保险合同，明确双方当事人的权利与义务，被保险人以缴纳保费获取保险合同规定范围内的赔偿，保险人则有收受保费的权利和提供赔偿的义务。由此可见，保险乃是经济关系与法律关系的统一。

183

第二节　海上保险的起源与发展

人类在与自然界作斗争的过程中，总是希望以某种方式避免各种自然灾害和意外事故带来的损害。随着生产力的发展和人类认识水平的提高，人类逐步将寻求保障的途径由祈求神灵转向了主动规避风险，以期无法避免的危险发生之后，损失可以降到最低，由此产生了抵御灾害事故的保险思想并产生了原始形态的保险方法。

一、海上保险的起源

海上保险是一种最古老的保险，近代保险首先是从海上保险发展起来的，海上保险的发展带动了整个保险业的繁荣与发展。海上保险（Marine Insurance）是以海上财产，如船舶、货物以及与之有关的利益，如租金、运费等作为保险标的的保险，对自然灾害或其他意外事故造成海上运输损失的一种补偿方法。保险方与被保险方订立保险契约，根据契约被保险方应付一定费用给承保方，发生损失后则可得到承保方的补偿。海上保险主要有五种。①船舶保险。以船舶为保险标的，当船舶在航行或其他作业中受到损失时，予以补偿。②运费保险。以运费为保险标的，海损后船舶所有人无法收回的运费由保险人补偿。③保障赔偿责任保险。船舶所有人之间相互保障的一种保险形式。主要承保保险单不予承保的责任险，对船舶所有人在营运过程中因各种事故引起的损失、费用、罚款等均予保险。④海洋运输货物保险。以海运货物为保险标的。⑤石油开发保险。以承保海上石油开发全过程风险为保险标的。属于专业性的综合保险。此种保险的保险期很长，因开发周期的原因，可达十余年。

（一）共同海损分摊原则是海上保险的萌芽

共同海损的分摊原则（General Average Contribution）是海上保险的萌芽。公元前2000年，地中海东岸一带就有了广泛的海上贸易活动。当时的生产力水平和技术水平使得航海工具抵御风浪的能力很弱，出海风险很大。在航行中每当船舶遭遇到恶劣气候，发生航行危险的时候，为了保障船货及人员的共同安全，迅速脱离险境，往往需要抛弃船上货物，减轻船舶的载重量，这样一来，船货各方常常为抛弃谁的货物而争论不休。为了保持团结、保证及时有效弃货脱险，使被抛弃的货物能获得补偿，人们在实践中逐渐形成了由船长决定抛货，而弃货损失由受益的船货各方共同分摊的做法，而后即形成了当时为地中海航海商人所共同遵行的原则："一人为众，众为一人。"这个原则后来被吸收进公元前916年所制定的《罗地安海商法》中，明文规定为："凡因减轻船舶载重而投弃入海的货物，如果是为了全体利益而损失，须由全体来分摊。"由于该原则最早体现了海上保险的分摊损失、互助共济的要求，因而被视为海上保险的萌芽。直至今日，共同海损分摊原则仍为各国海商法所采用。

（二）船货抵押借款制度是海上保险的初级形式

船舶抵押借款是海上保险的低级形式，这一方式最早起源于公元前800—公元前700年的古希腊。当船舶航行在外急需用款时，船长以船舶和船上的货物作为抵押向当地商人借款。借款的办法是：如果船舶安全到达目的地，本利均需偿还；如果船舶中途沉没，"债权即告消灭"。由于当时航海风险很大，债主需承担船舶航行的安全风险，所以借款利息高于一般借款很多。

从以上借款办法可以看出，如果船舶中途沉没，意味着借款人所借款项无须偿还，此时该借款实际上等于海上保险中预先支付的损失赔款；船舶抵押借款利息高于一般借款利息，其高出部分实际上等于海上保险的保险费；此项借款中的借款人、贷款人以及用做抵押的船舶，实质上与海上保险中的被保险人、保险人以及保险标的物相同。可见，船舶抵押借款是海上保险的初级形式。所不同的是，如今的海上保险无论是否发生约定的保险事故，被保险人都必须按照约定交纳保险费，而船舶抵押贷款中，只有在船舶安全抵达目的地后船东才需要还本付息，当船舶中途遇险沉没，船东的债务（包括本息）则被免除，相当于免交了保险费又同时获得了损失赔偿。

二、现代海上保险的发展

（一）意大利是现代海上保险的发源地

11 世纪末，意大利商人控制了东方和西方的中介贸易，到 14 世纪中期，意大利北部经济非常繁荣，是国际贸易的中心，在比萨、热那亚和威尼斯等城市的商人中间，已经出现了类似现代形式的海上保险，这些商人将其贸易、汇兑票据和保险的习惯做法带到他们的所到之处。起初，人们只是口头上达成海上保险合同，后来出现了书面形式。1347 年，由热那亚商人乔治·勒克维伦签发的世界上第一张保险单诞生，承保"圣太·克拉拉"号船舶，当地人称之为 Polizza，传入英国后成为 Policy 并沿用至今。1384 年，在佛罗伦萨诞生了世界上第一份具有现代意义的保险单。这张保单承保四大包纺织品从法国南部阿尔兹安全运抵意大利的比萨。在这张保单中有明确的保险标的、明确的保险责任，如"海难事故，其中包括船舶破损、搁浅、火灾或沉没造成的损失或伤害事故"。在其他责任方面，也列明了"海盗、抛弃、捕捉、报复、突袭"等所带来的船舶及货物的损失，可以看作是具有典型意义的保险合同。

（二）现代海上保险发展于英国

美洲新大陆的发现，新航线的开辟使大部分西欧商品的运输不再经过地中海，而是取道大西洋，世界贸易中心由地中海一带转移到了大西洋沿岸，英国的对外贸易获得迅猛发展，保险重心随之转移到英国。

16 世纪时，英国商人从外国商人手里夺回了海外贸易权，积极发展贸易及保险业务。1568 年经伦敦市长批准开设了第一家皇家交易所，并经英国女王特许在伦敦皇家交易所内建立了保险商会，专门办理保险单的登记事宜。1601 年伊丽莎白女王制定第一部有关海上保险的成文法《涉及商人使用保险单的立法》，1720 年英国政府颁布《泡沫法案》（又称《反欺诈法案》），批准英国的"皇家交易"和"伦敦"两家保险公司正式成为享有经营海上保险独占权的专业公司，其他公司或合伙组织均不得经营办理海上保险业务，但法案并没有限制个人经营者办理海上保险业务，这使得劳合社——一家以个人名义办理海上保险业务的社团组织——日后的成立成为可能。1756 年曼斯菲尔德爵士受命出任首席法官，开始了对海上保险案件的专门研究，后为解决海上保险纠纷提供了第一部判决法案，为后来英国制定至今世界上最具权威的《1906 年海上保险法》奠定了基础，并对其他包括美国在内的国家的海上保险法规的制定产生了重要影响。随着海上保险法规的制定，海上保险的经营方式开始转变，原来以保险为副业的商人逐步被专业的保险商人取代。

（三）劳合社的成立与发展

劳合社又称劳埃德社，是当今世界上唯一允许个体保险人经营保险业务的保险市场。1871 年在英国成立的劳合社，是由 1688 年英国商人爱德华·劳埃德在伦敦泰晤士河畔塔街开设的咖啡馆演变发展而来的。17 世纪，英国航运业得到了迅速发展，当时伦敦的商人经常聚集在咖啡馆里，边喝咖啡边交换有关航运和贸易的消息。由于劳埃德咖啡馆邻近一些与航海有关的机构，如海关、海军部和港务局，所以这家咖啡馆就成为经营航运的船东、商人、经纪人、船长及银行高利贷者经常会晤交换信息的地方。保险商也常聚集于此，与投保人接洽保险业务。后来这些商人们联合起来，当某船出海时，投保人就在一张纸即承保条上注明投保的船舶或货物，以及投保金额，每个承保人都在承保条上注明自己承保的份额，并签上自己的名字，直至该承保条的金额被 100% 承保。

由于当时通信十分落后，准确可靠的消息对于商人们来说是无价之宝。店主劳埃德为了招揽更多的客人到其咖啡馆来，于 1696 年出版了一份小报——《劳埃德新闻》，着重报道海事航运消息，并登载了咖啡馆内进行拍卖船舶的广告。这张报纸每周出版三次，共发行了 76 期。后来，劳埃德的女婿出版了《劳合社动态》，后改名为《劳合社日报》，出版至今。后来，咖啡馆的 79 名商人每人出资 100 英镑，于 1774 年租赁皇家交易所的房屋，在劳埃德咖啡馆原业务的基础上成立了劳合社。随着海上保险的不断发展，劳埃德承保人的队伍日益壮大，影响不断扩大。19 世纪初，劳合社海上保险承保额已占伦敦海上保险市场的 90%。英国议会于 1871 年通过了一个法案，批准劳合社成为一个保险社团组织，从而打破了伦敦保险公司和皇家交易所专营海上保险的格局。劳合社通过向政府注册取得了法人资格，但劳合社的成员只能限于经营海上保险业务，直至 1911 年，英国议会取消了这个限制，批准劳合社成员可以经营包括水险在内的一切保险业务。

劳合社的承保人，又称名人（Names），或真正承保人（Actual Underwriter）。劳合社就其组织的性质而言不是一个保险公司，而是一个社团组织，它不直接接受保险业务或出具保险单，所有的保险业务都通过劳合社的会员，即劳合社承保人单独进行交易。劳合社只是为其成员提供交易场所，对会员进行管理和控制，并出版报刊，进行信息搜集、统计和研究工作。劳合社承保人以个人名义对劳合社保险单项下的承保责任单独负责，其责任绝对无限，会员之间没有相互牵连的关系。在 1994 年以前，劳合社的承保人都是自然人，即个人会员（Individual Member），1994 年以后，劳合社允许公司资本进入该市场，出现了公司会员（Corporate Member）。至 1996 年，劳合社约有 34 000 名社员，其中英国 26 500 名，美国 2 700 名，其他国家 4 000 多名，并组成了 200 多个承保组合。

在历史上，劳合社设计了第一张盗窃保险单，为第一辆汽车和第一架飞机出立保单，近年又是计算机、石油能源保险和卫星保险的先驱。劳合社设计的条款和报单格式在世界保险业中有广泛的影响，其制定的费率也是世界保险业的风向标。劳合社承保的业务包罗万象。劳合社对保险业的发展，特别是对海上保险和再保险作出的杰出贡献是世界公认的。

（四）我国海上保险的发展

我国的海洋货物运输保险是伴随着帝国主义的经济入侵而逐渐兴起的。1805年，英国保险商出于殖民目的向亚洲扩张，在广州开设了第一家保险机构，成立"广州保险会社"，主要经营海上保险业务，1841年总公司迁往中国香港。1835年，香港设立保安保险公司（即裕仁保险公司），并在广州设立了分支机构，专门经营当时广州中外贸易机构的海外贸易保险业务。其后，又不断有帝国主义国家的保险公司到上海设立分支机构，到20世纪前，旧中国已形成了以上海为中心，以英商为主的外商保险公司垄断中国保险市场的局面。

1865年5月25日，上海华商义和公司保险行成立，这是我国第一家民族保险企业，打破了外国保险公司对中国保险市场垄断的局面，标志着我国民族保险业的起步。1875年12月，李鸿章授意轮船招商局集资20万银两在上海创办了我国第一家规模较大的船舶保险公司——保险招商局，1876年在保险招商局开办一年业务的基础上，又集股本25万两设立了仁和保险公司。1885年保险招商局被改组为业务独立的仁和保险公司和济和保险公司，主要承办招商局所有的轮船和货物运输保险业务；1887年合并为仁济和保险公司，其业务范围也从上海转向内地，承办各种水险及火灾保险业务。此后，中国民族资本保险公司逐渐增加，到20世纪二三十年代，有30多家民资保险公司宣告成立，至1935年增至48家。据统计，到1949年5月，上海约有中外保险公司400家，其中华商保险公司126家。

1949年10月1日前，中国保险业的基本特征是保险市场基本被外国保险公司垄断，保险业起伏较大，未形成完整的市场体系和保险监管体系。外国保险公司通过组织洋商保险同业公会，垄断了保险规章、条款以及费率等制定，民族资本的保险公司虽然也组织了华商同业公会，但由于力量弱小，只能处于被支配地位。当时所采用的保险条款基本上都是英国市场上习惯采用的条款，到现在仍在使用的"平安险"、"水渍险"等用词，早在旧中国就出现了，就是从英国协会货物保险条款的"FPA"、"WPA"翻译过来的。

新中国成立后，翻开了新中国保险事业的新篇章。1949年10月20日经中央人民政府批准成立了中国人民保险公司，这是中华人民共和国成立后设立的第一家全国性国有保险公司。为了适应我国对外贸易不断发展的需要，中国人民保险公司根据我国保险工作的实际情况，并参照国际惯例，自1956年起陆续制定了各种涉外保险业务条款，总称为"中国保险条款"（China Insurance Clause，简称CIC条款），其中货物保险条款是其主要组成部分，涉及包括海运在内的多种运输方式下的货物保险条款。现行中国海运货物保险条款是在参照伦敦保险协会1963年货物保险条款的基础上，于1981年1月1日修订而成的。

第三节　保险的职能与分类

一、保险的职能

保险是一种经济补偿制度，它按照科学的方法计收保险费，集中多数单位和个人的保险费建立保险基金，利用"分散风险，分摊损失"的方法，对参加保险的少数被保险人因承保的灾害事故发生所造成的损害或责任给予经济补偿，或对人身伤亡给付保险金。

（一）保险的基本职能

保险的基本职能是分摊风险和补偿损失。

1. 分摊风险

保险组织通过向投保人收取保险费，建立保险基金，当少数被保险人遭受保险事故带来的损失时，用保险基金进行补偿，把少数被保险人的损失分摊给大多数被保险人来承担，体现互助共济的作用。

2. 补偿损失

把用被保险人交纳的保险费建立的保险基金用于补偿少数的被保险人因遭受自然灾害或意外事故所造成的损失。

分摊风险是补偿损失的前提和手段，补偿损失是分摊风险的目的。在人身保险中，这种职能体现为给付保险金。

（二）保险的派生职能

保险的派生职能包括投资职能和社会管理职能。

1. 投资职能

保险的投资职能是指将保险基金暂时闲置的部分加以运用，重新投入到社会再生产过程中以实现保险基金的保值增值。由于保险费是预付的，一方面，由于保费收入与赔付支出之间存在时间差；另一方面，保险事故的发生不都是同时的，保险人收取的保险费不可能一次全部赔付出去，也就是保险人收取的保险费与赔付支出之间存在数量差，这些都为保险基金用于投资提供了可能。投资能使保险基金保值增值，增强保险人的偿付能力，使得保险资金运用形成良性循环。

2. 社会管理职能

社会管理职能是指对整个社会及其各个环节进行调节和控制的过程。目的在于正常发挥各系统、各部门、各环节的功能，从而实现社会关系和谐、整个社会良性运行和有效管理。

首先，保险作为社会保障体系的有效组成部分，在完善社会保障体系方面发挥着重要作用，一方面，保险通过为没有参与社会保险的人群提供保险保障，扩大社会保障的覆盖面；另一方面，保险通过灵活多样的产品，为社会提供多层次的保障服务。

其次，保险公司具有风险管理的专业知识、大量的风险损失资料，为社会风险管理提供了有力的数据支持。同时，保险公司大力宣传培养投保人的风险防范意识，帮助投保人识别和控制风险，指导其加强风险管理，督促投保人及时采取措施消除隐患；提取防灾资金，资助防灾设施的添置和灾害防治的研究。

最后，通过保险应对灾害损失，不仅可以根据保险合同约定对损失进行合理补充，而且可以提高事故处理效率，减少当事人可能出现的事故纠纷。由于保险介入灾害处理的全过程，参与到社会关系的管理中，改变了社会主体的行为模式，为维护良好的社会关系创造了有利条件。

二、保险的分类

从不同的角度来看，保险有不同的分类。

（一）强制保险和自愿保险

按保险的实施方式不同，可以分为强制保险和自愿保险。

（1）强制保险，又称法定保险，是指通过国家立法规定必须参加的保险。强制保险是政府为了解决某些社会性的危险和某个特殊领域的特殊危险，维护公共利益和无辜受害者的利益，实现一定的政策目标而实施的，如我国实施的机动车第三者责任强制保险制度，再如我国规定用工单位必须为劳动者办理的失业保险、养老保险等社会保险。

（2）自愿保险，又称任意保险，是指保险人和被保险人双方在自愿的基础上签订保险合同而实施的一种保险。自愿保险的办法和形式都比较灵活，易于满足各方面对保险的不同需求，是一般商业保险的主要实施形式。

（二）财产保险和人身保险

按保险标的的不同可以分为财产保险和人身保险。

（1）财产保险。狭义的财产保险仅指对有形财产的保险，不包括与之相关的利益和责任，主要种类包括海上保险、火灾保险、工程保险、农业保险和海上石油勘探开发保险；广义的财产保险是指以各种有形的财产以及因财产而产生的利益作为保险标的的保险，除狭义财产保险外，还包括责任保险、信用保险与保证保险等。

（2）人身保险。是指以人的生命、身体和健康作为保险标的的保险。当被保险人的生命或身体因意外事故发生死亡、伤残或疾病等保险事故时，有保险人给付保险金或承担赔偿责任。人身保险包括人身意外伤害保险、健康保险和人寿保险。

（三）商业保险和社会保险

商业保险是指商业保险公司为了获取保险经营利润，按商业经营原则组织经营的保险业务，社会成员可以自愿选择是否参加。社会保险是一国政府通过立法并采取强制手段实施的社会保障制度。

商业保险和社会保险的不同之处表现在以下几个方面。

（1）经营依据不同。社会保险是依法实施的政府行为；商业保险是依据合同实施的契约行为。

（2）实施方式不同。社会保险具有强制实施的特点，法律规定范围内社会成员必须全部参加；而商业保险则强调自愿原则，是否投保、保什么、保多少均由投保人自行决定。

（3）被保险人的权利与义务不同。社会强调"社会公平"原则，故被保险人履行的义务和享有的权利是不对等的；商业保险则强调"契约公平"原则，被保险人履行的合同义务和享受的合同权利是对等的。被保险人交纳的保险费越多，获得的保障越多。

（4）保障目的不同。社会保险的目的是保障社会成员的基本生活需要；商业保险的目标是对保险事故进行经济补偿或对保险事件给付保险金。

（5）功能不同。社会保险只能满足社会成员的生老病死等较低层次方面的基本需求；商业保险遵循等价交换原则，所以保险水平较高，保障范围较广。

（6）经营方式不同。社会保险一般由政府指定的机构经营，具有行政性和垄断性的特点，保险费一般由国家、企业和个人按比例分担；社会保险经营一般无须纳税。商业保险由商业保险公司经营，保险费由被保险人全部承担，商业保险公司必须按照规定向国家纳税。

（四）直接保险和再保险

按保险业务发生的先后顺序，保险可以分为直接保险和再保险。

（1）直接保险。又称原保险，是指保险人直接应投保人的要求在平等自愿的基础上办理的保险业务，也就是我们通常所说的"保险"。

（2）再保险。又称分保，是保险人将自己所承保的业务中超过自己承保能力或不愿意承保的风险责任向其他保险人再进行投保的业务，即保险的保险。再保险业务以原保险业务的存在为前提，但再保险业务只是保险人与再保险人之间的业务，再保险人与原保险的被保险人之间没有直接的保险合同关系，双方都没有权利向另一方提出权利和义务的要求，也就是说原保险的被保险人无权在发生损失时向再保险人要求损害赔偿，再保险人也无权要求原保险的被保险人支付保险费。

第四节　保险的基本原则

一、最大诚信原则

《保险法》第四条规定："从事保险活动必须遵循法律、行政法规，遵循自愿和诚实信用原则。"保险活动中的最大诚信原则就是指保险双方当事人在签订和履行保险合同的过程中，都能够做到最大限度的诚实和守信，不隐瞒与保险相关的重要事实，不逃避或减少按合同规定对另一方应承担的责任。

（一）最大诚信原则的基本内容

1. 告知

告知是指保险合同双方当事人一方在签订合同前、签订时以及履行合同时将重要事实向对方作的口头或书面的陈述。告知对于保险合同双方当事人都有约束力。

投保人的告知主要内容有：

（1）保险合同订立时，投保人应将已知或应知的与保险标的及其危险有关的重要事实如实告知保险人；

（2）保险合同订立后，保险标的的风险情况发生变化应及时通知保险人；

（3）保险事故发生后，应及时通知保险人，并提供保险人所要求的各种真实证明；

（4）应将重复保险的状况通知保险人；

（5）保险标的的权益发生变化，放置地点发生转移，应及时通知保险人。

保险人告知的主要内容有：在保险合同订立时，要主动向投保人说明保险合同条款的内容即术语、目的等，对于责任免除情况也要进行明确说明。

告知的形式有两种：无限告知和询问告知。

无限告知即法律或保险人对告知的内容没有明确规定，投保人须主动地将保险标的的状况及有关重要事实如实告知保险人；询问告知指投保人只需对保险人询问的问题如实相告，对询问以外的问题无须告知。目前世界上大多数国家，包括我国在内的保险立法都采用询问告知形式。

根据我国海商法的有关规定，履行如实告知义务的时间为"合同订立前"，被保险人的告知义务截至海上保险合同成立，被保险人没有义务告知在合同订立后才知道的新情况或才发生变化的情况。在海上保险合同订立前就已存在的不重要的情况，即使在合同订立后成为保险标的发生损失的原因，也不是被保险人必须告知的重要情况。

2. 保证

保证是指被保险人对于某一项事项的作为或不作为、某种状态的存在或不存在作出的允诺。保证可以分为两种类型。

（1）明示保证，即在保险合同中以文字或者书面形式明确记载的直接保证，是保险合同条款的主要内容。

（2）默示保证，指并没有在合同中载明，而且习惯上或者社会公认的被保险人在保险合同签订和履行过程中应遵循的规则，是一种间接保证。如海上保险中，投保人默示保证适航能力、不改变航道、航行的合法性等。默示保证和明示保证具有同等的法律效力。

由于保证条款对被保险人限制十分严格，所以各国法律都限制保险人使用默示保证，只有一些约定俗成的事项成为默示保证。

3. 弃权和禁止反言

最大诚信原则中的告知义务和遵守保证的义务绝大部分是针对被保险人的，而合同的制定者是保险人，为了保持公平，平衡双方权利义务，对保险人适用弃权和禁止反言原则。

弃权是指保险人自愿或有意识地放弃在合同中可以主张的某种权利。禁止反言指保险人既然已经放弃某种权利，日后就不得再向被保险人主张该权利。

（二）违反最大诚信原则的法律后果

1. 告知的违反及其法律后果

根据我国保险法的规定，投保人违反告知义务的表现主要有四种：

（1）漏报，投保人一方由于疏忽对某些事项未予申报，或者对重要事实误认为不重要而遗漏申报；

（2）误报，投保人一方因过失而申报不实；

（3）隐瞒，投保人一方明知而有意不申报重要事实；

（4）欺诈，投保人一方有意捏造事实，弄虚作假，故意对重要事实不做正确申报并有欺诈意图。

我国保险法对违反告知义务的行为根据不同情况进行不同的处理：投保人故意不履行如实告知义务的，保险人对于保险合同解除前发生的保险事故，不承担赔偿或给付保险金的责任，并不退还保险费；投保人因过失未履行如实告知义务，对保险事故的发生有严重影响的，保险人对于保险合同解除前发生的保险事故，不承担赔付责任，但可以退还保险费。

2. 保证的违反及其法律后果

在保险活动中，无论是明示保证还是默示保证，保证的事项均为重要事项，因而被保险人一旦违反保证的事项，保险合同即告失效，或者保险人有权拒绝赔付，并且一般不退还保险费。

二、可保利益原则

(一) 可保利益的含义

可保利益 (Insurable Interest), 是指投保人或被保险人因对于保险标的具有利害关系而产生的为法律所承认的、可以投保的经济利益。保险合同中的标的, 是保险所要保障的对象, 但投保人或被保险人投保的并不是保险标的本身, 而其对保险标的所具有的可保利益。对这一点可以这样来理解, 投保人对其所拥有的货物办理运输保险, 那么保险事故发生后, 保险人无须赔偿给投保人等同于保险标的的实物, 而往往采用现金方式进行补偿, 目的是保障投保人对一定财产的所有权, 而不是保证投保人原封不动地拥有保险标的的实体形式。

由以上的含义可以得知, 可保利益具有以下三个特征。

(1) 是经济的利益或金钱上的利益。可保利益必须具有经济价值, 这种经济价值是可以用货币估算的, 否则发生损失时将难以确定补偿的标准。

(2) 是合法的利益。可保利益必须是法律上可以主张的利益, 而不应是违反法律规定, 通过不正当手段获得, 否则, 即便订立了保险合同, 也属无效。

(3) 是确定的利益。所谓确定的利益, 是指既得利益或预期利益, 是客观上可以实现的利益, 而不是单凭主观上的猜测、推断可能获得的利益。

(二) 可保利益原则及其作用

可保利益原则指只有投保人或被保险人对保险标的具有可保利益时, 他与保险人所签订的保险合同才可能是一份有效的合同。当被保险人向保险人提出索赔时, 他必须证实自己同保险标的具有明确的利害关系, 否则没有资格获得保险人的赔付。

各国保险法律都把被保险人对保险标的具有可保利益作为保险合同生效的重要条件, 是因为可保利益原则在保险的实际业务中起着重要的作用, 主要体现在以下几个方面。

(1) 可保利益原则可以防止把保险合同变成赌博性的合同。保险与赌博的根本区别之一就在于赌博是用确定的赌金来获得不确定的巨额报酬, 但保险是用确定的保费来避免不确定的损失。如果投保人或被保险人在没有可保利益的情况下与保险人订立保险合同, 就是以他人的生命或财产进行赌博, 如果对无经济损失的人进行赔偿, 就背离了保险的宗旨。

(2) 可保利益原则可以防止被保险人的道德风险。道德风险指投保人、被保险人或受益人为获得保险赔偿而违反法律或合同, 故意造成和扩大保险标的的损失的风险。有了可保利益原则的规定, 保险事故发生的时候, 保险人的赔款以被保险人的可保利益为前提, 因而保险标的的损失只能给被保险人带来损失, 不能带来好处, 从而可以有效地防止道德风险的发生。

(3) 可保利益可以限制赔偿程度。当保险标的发生损失时, 被保险人所获得的赔偿, 不得超过其对保险标的所具有的可保利益, 否则就违反了保险经济补偿的目的, 损害了保险人的合法利益, 更会引发投保人、被保险人或受益人的道德风险, 因此, 可保利益应该是保险保障的最高限度, 这一点对于财产保险更加重要。

(三) 海上保险中的可保利益

1. 海上保险中可保利益必须存在的时间

普通的财产保险一般要求被保险人在投保时以及损失发生时都要对保险标的具有可保利益，否则保险人可以拒赔。但海上保险有其独特之处，即在保险期间会出现船舶、货物或其他财产的产权转移，有时在海上货物运输开始时，买卖合同还未正式成立，但为了转移运输中的风险，被保险人（买方）又不得不向保险人投保的情况下，要求被保险人必须对货物具有可保利益就会造成很大不便。于是，英国 1906 年《海上保险法》中规定，被保险人在投保时对保险标的无须取得可保利益，但在损失发生时必须具有可保利益，这样，只要在货物发生损失时被保险人对货物具有可保利益，他就有资格向保险公司索赔。目前世界上大多数国家的海上保险法都采用这一原则。

2. 买卖双方对货物可保利益的划分标准

在国际贸易中，买卖双方对货物具有的可保利益是由买卖双方所承担的货物在运输途中的风险决定的。而国际贸易中采用的贸易术语又具体规定了买卖双方对运输途中的货物承担的责任、费用和风险。

(1) 工厂交货（EXW 术语）条件下。这一术语下，卖方在合同规定的时间在指定地点将货物置于卖方支配之下风险即发生转移，对货物的保险利益同时随之转移给买方。卖方一般不需办理货物的运输保险，而买方须办理将货物从指定地点运送到买方仓库的运输保险，对货物在运输中所受的保险损失，买方可以向保险人提出赔偿请求。

(2) 目的地交货（包括 DES、DEQ、DAF、DDU、DDP 术语）条件下。目的地交货术语属于到货合同，卖方须于规定时间在指定的目的地点将货物置于买方支配之下，在此之前的风险由卖方承担，因此卖方对货物享有可保利益；卖方对其所承担的风险可以向保险公司办理投保，风险转移前的运输途中发生的损失，只能由卖方向保险公司索赔。货物被置于买方支配之下后，风险随之转移给买方，买方对货物享有可保利益，买方可以向保险公司办理保险，此后期间发生的损失只有买方有权向保险公司要求赔偿。

(3) 装运港交货（FAS、FOB、CFR、CIF 术语）条件下。无论是装运港船边交货（FAS）还是装运港船上交货（FOB、CFR、CIF），货物自买方仓库到装运港交付第一承运人或越过船舷这一段时间，风险都由卖方承担，此后海上运输阶段的风险转由买方承担。因此无论是卖方还是买方办理海上运输保险，内陆运输阶段内发生的保险事故，买方均不具有可保利益而无权向保险公司索赔。在 FAS、FOB 和 CFR 术语下，买方办理海上运输保险，卖方为保障自己的利益，应为货物办理陆上运输保险；而在 CIF 术语下，卖方办理运输保险，交货前发生在内陆运输途中的保险损失由卖方向保险公司索赔，交货后发生在海上运输途中的保险损失由买方向保险公司索赔，为了使得任何一个阶段发生的损失都能获得赔偿，卖方投保时应以自己或将买方一同列为被保险人，如果单独将买方列为被保险人，那么内陆运输途中发生的损失将无法获得保险公司的赔偿。

3. 可保利益原则与仓至仓条款

一般在海运货物保险单中，保险人的责任起讫遵循"仓至仓"条款，即保险人对于运输货物的保险责任自货物运离保险单载明地点的仓库时起，至于货物运到保险单载明的目的地收货人的或最后的仓库。这一条款在实际运用中往往容易引起误解，让人以为只要采用了此条款，无论运输中的任何阶段发生的保险风险，损失都可以从保险公司处得到赔偿。这种认识上的错误往往导致出口企业的经济损失，使得运输货物在某阶段的损失得不到保险公司的赔偿，根本原因就在于这种看法忽视了因贸易风险的转移而引起的可保利益的变化。若结合可保利益原则再去理解"仓至仓"条款的规定，可以发现，不同的贸易术语下，该条款所表达的承保责任可以理解为三种不同的范畴：仓至仓、仓至船和船至仓。

在由卖方或买方独自负责整个运输途中的风险的情况下，仓至仓条款才是真正意义上覆盖从仓库到仓库的全部范畴。如买方办理海运保险的 EXW 术语，或者卖方办理海运保险的 DDU 或 DDP 术语；另外还有一种情况，即 CIF 术语条件下，卖方以自己的名义投保海运货物保险，然后按照约定将保险单背书转让给买方。否则，在某些贸易术语含义下保险人的责任范围只覆盖仓至船（如卖方投保时的 DES 和 DEQ 术语）或船至仓（如买方投保时的 FOB 或 CFR 术语）。

4. 海上保险中常见的可保利益

海上保险中的可保利益可以产生于所有权，也可以产生于基于合同或法律的权利或责任。如承运人对货物实行临时的监管和控制，他对货物负有一定时段的责任，这种责任就可以作为一种可保利益，由承运人为之投保。海上保险中可以具有以下可保利益的当事人。

（1）船舶所有人。船舶即使出租后，船东仍然是船舶所有人，对其所拥有的船舶及营运费用具有可保利益，可以向保险公司为之投保。

（2）货物所有人。货主对其所拥有的货物具有可保利益，一般来讲，被保险人会根据有关货物买卖法律或合同法来订立买卖合同，取得对货物的所有权。需要注意的是，对货物的可保利益，取决于对货物所有权和/或风险的转移。如果货物的所有权和风险没有分离，那么谁拥有货物的所有权谁就对货物具有可保利益。但是根据《国际贸易术语解释通则》和《联合国货物销售合同公约》，国际贸易中采用货物所有权和风险相分离的原则，那么货物可保利益的转移并不都取决于货物所有权的转移，而取决于货物风险的转移，也就是说，谁承担货物风险，谁就对货物具有可保利益。例如，在 CIF 术语下，货物在装运港越过船舷时起风险由买方承担，从此时起，买方即使没有获得货物所有权，也对货物具有可保利益。

（3）运费所有人。如果是到付运费，承运人将货物运到目的地，交货时向货主收取运费，那么承运人对运费具有可保利益。如果是预付运费，承运人对运费不具有可保利益，此时，货主已经支付了运费，对已付运费具有可保利益，可以向保险公司为之投保。

（4）保险人。保险人承保船舶、货物或其他海上财产，实际上是一种保险责任，他对自己承保的责任的风险有利害关系，可以把这种责任再向其他保险人投保，也就是再保险。

（5）其他与保险标的有利害关系的人。这些人主要包括为船东、货主提供抵押贷款的银行或金融机构、收取佣金的代理人、海上航行活动的侵权人（如船东对船员的伤亡负有责任，他就是侵权人，他可以为侵权责任投保）等。

三、近因原则

（一）近因原则的含义

近因原则是指在多个原因导致保险标的损失的情况下，只有导致保险标的损失的近因在保险责任范围之内，保险人才对保险标的的损失负责赔偿。所有在保险理赔中，确定造成保险事故的众多原因中哪一个是近因，然后判断损失的近因是否属于承保风险是首先要解决的问题。

所谓近因，是指导致保险标的损害发生的最直接、最有效、起决定性作用的原因，而并不是指时间上或空间上最近的原因。认定近因的关键在于确定风险因素和损失之间的因果关系。

近因原则的里程碑案例是英国 Leyland Shipping Co. Ltd. v. Norwich Union Fire Insurance Society Ltd. 一案。第一次世界大战期间，Leyland 公司一艘货船被德国潜艇的鱼雷击中后严重受损，被拖到法国勒哈佛尔港，港口当局担心该船沉没后会阻碍码头的使用，于是该船在港口当局的命令下停靠在港口防波堤外，在风浪的作用下该船最后沉没。Leyland 公司索赔遭拒后诉至法院，审理此案的英国上议院大法官 Lord Shaw 认为，导致船舶沉没的原因包括鱼雷击中和海浪冲击，但船舶在鱼雷击中后始终没有脱离危险，因此，船舶沉没的近因是鱼雷击中而不是海浪冲击。

(二) 近因原则的运用

按照损失原因的发生，可以分成三种情况。

1. 单一原因造成损失

若造成保险标的的损失的原因只有一个，那么情况非常简单，这唯一的原因就是近因。如果这个原因属于承保风险，保险人负保险责任，否则，保险人不承担保险责任。

2. 多种损失原因组成因果链

有时损失的发生是由于多种原因的共同作用，但这些原因之间存在着因果链，即在时间上的前因是后因的原因，而后因是前因的结果。这种情况下，最先发生的原因就是损失的近因，如果它属于承保责任，保险人就应对保险标的的损失进行赔偿，否则不赔。

当多个原因之间的因果链被一个新的独立的原因介入，这个新的独立原因在时间上与损失最接近，判断其是否为损失的近因，要看它对损失的影响是否是主要的、起支配作用的。

3. 多种独立的原因共同存在

这种情况是海上损失最常见的情况。这种情况下，多种原因都似乎对损失有作用，但它们之间又不存在明显的因果关系，这时寻找近因的关键仍然要从这些原因对损失在效果上的影响入手，那些在效果上对损失起主导支配作用的原因就是近因。

例如，美国内战期间，有一批货物 6 500 包咖啡从里约热内卢运到纽约，保险单不承保"敌对原因引起的损失"。当载货船舶行至 Hatteras 角时，灯塔因军事原因被南部的军队破坏，船长由于没有瞭望充分而发生了计算错误，结果船舶触礁。约有 120 包咖啡被救了上来，后被南方军队没收。另外还有 1 000 包本来可以救起，但由于军事干预没有实施。剩下的货物留在船中，后发生全损。法院认为 120 包的损失是"没收"造成的，1 000 包的损失是由于"敌对行为"引起的，因而这 1 120 包咖啡的损失保险人不必赔偿。而剩下的 5 380 包被判为承保风险造成。这个案例当中，船长的计算错误中断了"战争—灯塔熄灭—损失"的因果链，而法官认为船长计算错误才是导致 5 380 包咖啡损失的近因。

如果多个原因都作用于损失，其中有承保风险，又有保单没有明确承保的风险，甚至有除外风险的作用，而每种风险各自造成的损失不能分清，这将会是十分复杂的问题。按照之前的案例，一般遵循以下基本原则。

（1）如果各种致损原因中有除外风险的存在，而且与承保风险相互依存，共同作用，那么保险公司一般不负责赔偿。

（2）如果没有除外风险的存在，承保风险与不承保风险互相依存，共同作用于损失，则保险人需负全部责任。

（3）如果共同作用于损失的原因是相互独立的，并且每一个原因在没有其他原因的情况下都能造成损失，也就是说，每一个原因都可以视为损失的近因，那么只要其中有一个是承保风险，保险人就需对全部损失负责赔偿。

四、损失赔偿原则

损失赔偿原则是指保险标的发生保险事故，被保险人遭受损失时，保险人应根据保险责任的范围对其进行补偿。这个原则取决于保险的经济补偿职能，是委付制度和保险代位权制度的基础。损失赔偿原则有以下两个方面的含义。

（1）保险人只有在受到约定的保险事故造成的损失时才能够得到赔偿。在保险期间内如果发生了保险事故，但被保险人没有受到损失，就无权要求保险人赔偿。

（2）被保险人所得到的赔偿金额不能超过保险单上的保险金额或被保险人遭受的实际损失，被保险人不能因保险赔偿而获得额外利益。

（一）损失赔偿原则的运用

1. 损失赔偿的范围

损失赔偿的范围为被保险人遭受的实际损失，主要包括保险事故发生时保险标的的实际损失、合理费用和其他费用。保险标的的实际损失通常以损失发生时受损财产的实际价值计算，最高赔偿额则以保险金额为限。合理费用主要指施救费用和诉讼支出。其他费用主要是指为了确定保险责任范围内的损失所支付的受损保险标的的检验、估价、出售等费用。

2. 损失赔偿原则的补偿方式

（1）货币赔偿。这种赔偿方式是使用最为广泛和普遍的，是指保险人对于被保险人所遭受的损失支付相应的货币，以弥补其受损价值。

（2）恢复原状。当保险标的发生部分损失时，保险人委托有关维修部门，对保险标的的受损部分进行修复，使保险标的恢复到损失发生前的状态，维修费用由保险人承担。这种赔偿方式主要用于车辆保险、机器设备保险等。

（3）更换。更换是指保险人可以同等规格、型号、性能的财物替换被损坏标的，这种方式多用于易碎物品和耐用消费品。

（4）重置。重置指当保险标的损坏、灭失，保险人重新购置与原报标的等价的物品，这种方式适用于不动产和一般的财产保险，因费用较大，保险人一般极少采用。

3. 损失赔偿的限额规定

损失赔偿额由三个限额共同确定，以其中最低的限额为保险赔偿的最高额。它们是：

（1）以实际损失为限。损失赔偿原则目的是要防止被保险人因保险标的遭受损失而获利，所以保险赔偿的数额不能超过保险标的的实际损失。实际损失通常根据保险标的受损部分的市场价值确定。

（2）以保险金额为限。保险金额是保险人所承担的赔偿责任的最高限额，赔偿金额只能等于或低于保险金额。

（3）以可保利益为限。保险人对被保险人的赔偿以被保险人所具有的可保利益为前提条件和最高限额，被保险人从保险人处获得的赔偿不能超过其对受损标的的可保利益。

（二）保险人赔偿损失后的权利

根据保险赔偿原则，保险人在赔付后，往往能够取得一些权利：如果保险人赔付了全损，那么被保险人对保险标的的全部利益转为保险人所有，即保险人获得的对保险标的的权利；如果事故是由第三者责任引起，保险人赔偿全损后，将代替被保险人享有向责任方追偿损失的权利，即保险人的代位追偿权；如果同一被保险人对保险标的进行了重复投保，受损的保险标的的赔偿责任要在各保险人之间分摊，被保险人获得的赔偿金额之和不得超过保险标的的实际损失价值，即重复保险下保险人有要求分摊的权利。

1. 保险人对保险标的的权利

如果保险人对保险标的赔付了全损，那么保险人就有权取得保险标的的所有权，并有权处置保险标的，处置所得全部归保险人所有。在不足额保险单情况下，保险人按保险金额与保险价值的比例取得对保险标的的部分权利。在发生部分损失的情况下，保险人赔付后不得主张对保险标的的权利，只享有代位追偿权。

2. 代位追偿权

在补偿性保险中，保险标的发生了保险责任范围内的由第三方责任者造成的损失时被保险人有权向保险人要求赔偿，这种赔偿是建立在保险合同的基础之上的，根据合同产生的权利；同时，被保险人有权根据民法中有关侵权的规定，要求第三方责任人对损失进行赔偿，这种权利建立在民法基础之上。被保险人这两项权利均符合法律要求，受法律保护，在两种法律权益同时依法并存的情况下，被保险人可因此而获得双重赔偿。这种双重赔偿会使被保险人获得超过其实际损失的补偿，从而获得额外利益，这种获利不符合保险的赔偿原则。为解决这一矛盾，保险法律规定保险人向被保险人履行损失赔偿的责任后，有权取得被保险人在该项损失中向第三方索赔的权利，处在被保险人的地位上向责任方进行追偿，这样既可以使被保险人能及时取得保险赔偿，又可以避免产生双重赔偿，同时第三方也不能逃脱其应承担的法律责任。代位追偿权只适用于海上保险等补偿性保险合同，不适用于人寿保险等非补偿性保险合同。

行使代位追偿权需要具备以下条件：

首先，被保险人因保险事故对第三人有损害赔偿请求权，这是前提条件；其次，保险人对被保险人已经给付保险金，这是实质性条件；最后，行使金额以给付的保险金额为限，这是额度条件。

3. 重复保险下要求分摊的权利

所谓重复保险，是指被保险人或其代理人对同一保险标的或其中的一部分就同一风险订立了两张或多张保险单，而且总的保险金额超过了法律所允许的赔偿限额。在重复保险下，除非合同另有规定，被保险人可以向任何保险人提出赔偿的请求，可以根据自己认为合适的顺序依次向其保险人索赔，但是被保险人获得的赔偿总金额不得超过法律所允许的限度。保险人之间可以按照不同的方式对赔偿责任进行分摊。

（1）最大责任制。又称比例责任制，是按照各张保险单承保的保险金额作为分摊基础，各保险人按各自保险单中承保的保险金额与总保险金额的比例承担保险赔偿责任。计算公式为：

某保险人赔偿金额＝损失金额×（某保险人承保金额/各保险人承保金额总和）

例如，第一张保险单保险金额为 10 000 美元，第二张保险单的保险金额为 20 000 美元，发生损失 6 000 美元，根据最大责任制，两保险人应分别赔偿如下：

第一张保险单下应赔偿：

$$6\ 000×10\ 000/(10\ 000＋20\ 000)＝2\ 000\ 美元$$

第二张保险单下应赔偿：

$$6\ 000×20\ 000/(10\ 000＋20\ 000)＝4\ 000\ 美元$$

（2）独立责任制。各保险人的损失分摊额并不以其保险金额为基础，而是按照在没有其他保险人重复保险的情况下，每个保险人单独应承担的责任限额来分摊赔款。计算公式如下：

某保险人赔偿金额＝损失金额×（某保险人赔偿限额/各保险人赔偿限额总和）

同样还是上述例子，第一家保险人在独立承保的情况下，应赔偿 6 000 美元，第二家在独立承保时应赔偿 6 000 美元，那么按照独立责任制，各保险人应当赔偿：

第一张保单下赔偿：

$$6\ 000×6\ 000/(6\ 000＋6\ 000)＝3\ 000\ 美元$$

第二张保单下赔偿：

$$6\ 000×6\ 000/(6\ 000＋6\ 000)＝3\ 000\ 美元$$

（3）顺序责任制。又称主要责任制，是指各保险人按保险单签发日期的先后，由先签发保险单的保险人首先负责赔偿，后面的保险人只有在保险标的的损失金额超出前一家赔偿金额时才依次承担超出部分的赔偿责任。这种分摊方法在海上保险中较常使用。

例如，第一张保险单保险金额为 20 000 美元，签发日期为 5 月 15 日，第二张保单保险金额为 10 000 美元，签发日期为 5 月 16 日。发生的损失为 25 000 美元，那么根据主要责任制，第一张保险单应赔偿 20 000 美元，第二张负责赔偿尚未得到赔偿的 5 000 美元。

（4）共同责任制。这种方法常用于货物定值保险中，各家保险人对于有着较低保险金额的保险单项下的赔偿进行平摊，超出该赔偿限度的损失由保险金额较高的保险单负责赔偿。

例如，某批货物第一张保险单的保险金额为 10 000 美元，第二张保险单的保险金额为 20 000 美元，现发生 50%的损失，金额为 6 000 美元，那么对于第一张保险单下50%的损失，应由两个保险人均摊，也就是各自承担 2 500 美元，剩余的 1 000 美元由保险金额较高的第二张保险单承担，也就是说第一张保险单最终承担 25 00 美元，第二张保险单承担 3 500 美元。

【案例导读】

是否"不告知"

在 London General Insurance Co. Ltd 诉 General Marine Underwriters Assoncn Ltd. 一案中，原告保险人承保了由 Vigo 轮运的一批货物，并决定进行再保险。原告第二天上午 10 点通知了其经纪人，下午 4 点签订了再保险合同。然而，当天早晨劳合社的事故报告栏就张贴了该船已经出事的通知，并将此事故的有关情况登载到了劳合社的业务通讯上，像往常一样该通讯及时发到了其订阅者手中。由于业务繁忙，原告保险公司和被告保险公司及经纪人都没有注意到此事。被告再保险人以不告知为由拒绝赔偿。法官认为该事故报告应该足以让原告——再保险合同的被保险人知道了事故的情况，因而原告应被认为应该已经知道了情况，他应该有足够的时间将情况告诉经纪人，因此认定原告在订立再保险合同时有不告知行为。法官认为，在涉及告知原则时，不应考虑被保险人的业务量、个人的注意力程度、工作十分繁忙、人手是否短缺等。否则，同一获取消息的渠道就会导致不同的结果，而这是不公平的，会失去标准。

 复习思考

1. 什么是风险？风险有哪些特征？

2. 保险的职能是什么？

3. 保险有哪些基本原则和派生原则？

4. 可保利益原则的内容是什么？分析可保利益原则在国际贸易运输保险中的运用。

5. 什么是近因？近因原则在海上运输保险中如何运用？

6. 某保险经纪人受客户委托为一批进口化工产品购买了海运货物保险。在投保时，由于疏忽忘记将此批产品采用简陋包装这一情况告诉保险人。到货后发现包装破裂，货物大量渗漏。保险人能否以其未告知而主张合同无效？

第十一章

【学习目标】

通过学习，要求学生了解海上保险合同的概念与特点，保险合同的订立、变更、解除与终止等法律行为与程序；掌握海上保险合同的要素，保险的基本原则，保险单的种类，明白保险单与保险合同的关系。

【学习要点】

1. 海上保险合同的要素；
2. 保险单的分类；
3. 与保险合同有关的法律行为。

海上保险合同

第一节　海上保险合同的概念和特点

一、海上保险与海上保险合同

海上保险又称水险，是指以同海洋运输有关的财产（船舶或货物）、利益或责任作为保险标的的一种保险。海上保险在性质上属于财产保险的范畴，同其他保险一样，还是首先表现为一种经济补偿关系，通过集中众多面临遭受同样风险的经济组织或个人的资金，建立起海上保险基金，采用"分散风险，分摊损失"的办法，对少数被保险人因特定的海上灾害事故所造成的损害或责任给予经济补偿。其次，海上保险体现为一种法律关系，通过订立海上保险合同，一方面被保险人必须向保险人提供一定对价（保险费），另一方面保险人对被保险人将来可能遭受的特定风险、损失或责任给予赔偿。海上保险所体现出的这两种关系的互补统一，共同构成了海上保险的完整内容。

海上保险合同是指保险人和被保险人通过协商，对船舶、货物及其他海上标的所可能遭遇的风险进行约定，被保险人在交纳约定的保险费后，保险人承诺一旦上述风险在约定时间内发生并对被保险人造成损失，保险人将按约定给予被保险人经济补偿的合同。

二、海上保险合同的特点

海上保险合同作为一种经济合同，所发生的权利义务关系有其特殊性，因而除具有一般经济合同的共同属性外，还有其独特的特点。

（一）海上保险合同是有条件的双务合同

海上保险合同的双务性体现在投保人或被保险人是以支付保险费为义务而取得保险保障的权利；而保险人是以履行损失补偿责任为义务取得收取保险费的权利。双方的权利和义务是互相联系、互为条件的。但是，在海上保险合同中，被保险人交纳保险费的义务是确定的，而保险人承担的赔付义务是有条件的，这个条件就是承保的保险标的在海上运输途中遭遇保险事故，并造成损失和产生责任。

（二）海上保险合同是补偿合同

这种补偿体现在两个方面：

（1）如果标的物损坏或者灭失，保险人只会给予经济补偿，而不可能使标的复原；

（2）如果被保险人的损失大于保险金额，保险人的赔偿以保险金额为限，如果被保险人的损失小于保险金额，则保险人的补偿以实际损失额为限。

（三）海上保险合同是格式合同

海上保险合同一般是由保险人事先印制好的，被保险人只能被动接受保险合同及其条款。为保护处于相对弱势地位的被保险人的利益，我国《保险法》规定，如果保险人与投保人、被保险人或受益人之间对某项合同条款出现争议时，应向有利于被保险人和受益人的方向进行解释。

（四）海上保险合同是附合合同

海上保险合同不同于一般经济合同，不是议商合同，而是附合合同，也就是说合同的基本条件不是通过双方当事人协商后议定，而是由保险人根据过去承保、理赔的经验以及相关资料事先制定，并印成固定条款。被保险人投保时，只能以印就的基本条款为准，即使有特别情况需要扩大或限制基本条款规定的权利或义务，也只能加列保险人事先制定的附加条款，原定的基本条款原则上是不能改变的。

第二节　海上保险合同的要素

海上保险合同与其他保险合同一样，包括合同的主体、客体和内容三个要素。

一、海上保险合同的主体

海上保险合同的主体是指保险合同中所确定的享有权利和承担义务的人。按照与合同关系的密切程度，可以分为当事人、关系人和辅助人。

(一) 海上保险合同的当事人

海上保险合同的当事人是签订保险合同的双方，即保险人和投保人。

1. 投保人（Insurer）

保险人也叫作承保人，是经营保险业务的组织或个人。保险人与投保人签订保险合同，拥有向投保人收取保险费的权利，当保险事故发生或约定的保险期限届满时，有履行赔偿责任或给付保险金的义务。为了保障被保险人、受益人及社会公众的经济利益和维护社会安定，世界上几乎所有的国家都对保险人的从业资格进行了专门规定。大多数国家规定，只有符合国家规定的条件并经政府批准的法人才可以经营保险，只有极少数的情况允许自然人承保保险业务，如劳合社的自然人会员。我国的要求是，保险人必须是依法成立的保险公司。

2. 投保人（Applicant）

投保人也称要保人，是向保险人申请订立保险合同，并有义务交纳保险费的人。与保险人对应，投保人是保险合同当事人的另一方。投保人可以是法人，也可以是自然人，可以是单数，也可以是群体。投保人必须具有完全的行为能力。

(二) 海上保险合同的关系人

海上保险合同的关系人是指虽然不直接参与签订保险合同，但在合同中规定享有权利和承担义务的各方，也就是被保险人（Insured），是指受保险合同保障的、有权享受保险利益的人，是在保险事故或保险事件发生，使其财产、责任、利益或人身受到损失或约定事件出现时，按照保险合同的规定，有权向保险人请求赔偿或要求给付保险金的人。

被保险人可以与投保人是同一人。在海上保险中，如果投保人为自己的利益而订立合同，他就成为了被保险人。有些国家，如我国，投保人和被保险人统称"被保险人"，法律条文中不出现"投保人"的字样。

(三) 海上保险合同的辅助人

辅助人是指协助保险当事人办理保险合同有关事项，并且与保险合同有一定关系的人，主要包括保险代理人、保险经纪人和保险公估人。

203

1. 保险代理人

保险代理人（Insurance Agent）是接受保险人的委托，向保险人收取代理费，以保险人的名义办理保险业务的单位或个人。保险代理人是保险人的代理人，在授权的范围内代表保险人办理保险业务，帮助保险人招揽客户、接受保险业务、代收保险费、解决合同争议、勘察理赔等。由于保险行业的特殊性，对于保险代理人的越权行为，保险人要承担民事责任。

2. 保险经纪人

保险经纪人（Insurance Broker）是从投保人的利益出发，为投保人与保险人订立保险合同提供中介服务，并依法收取佣金的人。保险经纪人是投保人的代理人，在投保人授权的范围内同保险人订立保险合同，其行为或不行为不能约束保险人，其疏忽或过失而对被保险人造成的损失由自己负责赔偿。由于保险经纪人的中介作用为保险人招揽了业务，因此其佣金由保险人支付。但当保险经纪人代被保险人或受益人向保险人索赔时其佣金由被保险人或受益人支付。

3. 保险公估人

保险公估人（Insurance Surveyor）是指根据有关部门批准依法设立，专门从事保险标的评估、勘验、鉴定、估损、理算等业务，并据此向保险当事人收取合理费用的公司。海上保险中，保险公估人多由被保险人委托，代表被保险人对损害的原因和数额进行分析和评估，并做成公正报告书交给被保险人，作为向保险人请求赔偿的依据。

二、海上保险合同的客体

民事法律关系的客体是民事法律关系中主体的权利和义务所共同指向的事物。海上保险合同的客体不是保险标的本身，而是投保人或被保险人对保险标的所具有的可保利益。与一般保险合同不同的是，海上保险合同不要求被保险人在投保时对保险标的具有可保利益，但要求在保险标的发生损失时必须对其具有可保利益。

三、海上保险合同的内容

根据《中华人民共和国海商法》和《中华人民共和国保险法》的有关规定，海上保险合同至少应当包含以下内容：保险人名称和住所；投保人、被保险人名称和住所；保险标的；保险价值和保险金额；保险责任和除外责任；保险期间；保险费及支付办法；保险金赔偿或给付办法；违约责任和争议处理；合同订立的时间。投保人和保险人可以在上述内容的基础上，就与具体保险标的和保险风险有关的事项作出约定。

（一）保险标的（Subject‐matter Insured）

保险标的即投保的对象，是指保险合同双方当事人提供或要求保险保障的目标或对象。海上保险为综合性保险，因此所承保的保险标的范围也十分广泛，包括船舶、货物、船舶运营收入（运费、租金、客票款）、货物预期收入、船员工资和其他报酬、对第三人责任以及由于发生保险事故可能受到损失的其他财产和产生的责任费用。因此，海上保险合同的保险标的可以是船舶、货物等有形物体，也可以是租金、运费等无形财产。

（二）保险价值（Insured Value）

保险价值是指保险合同所指向的保险标的的价值。这一价值可以是保险合同订立当时保险标的的市场价值，也可以是保险标的的成本价值，还可以加上被保险人预期所得的利益。一般这一价值由保险人和被保险人在订立合同时商定，其基础是保险标的的市场价值，这种保险称为定值保险。如果在订立合同时保单上不确定保险标的的保险价值，而是留待日后另行确定，这种保险就称作不定值保险。保险价值是确定保险金额的依据，是衡量投保足额或不足额以及确定损失赔款的基础。

（三）保险金额（Insured Amount）

保险金额是投保人或被保险人对保险标的的实际投保金额，是保险人计算保险费的依据，也是保险人承担损失赔偿责任的最高限额。被保险人在可保利益的范围内可以有两种方式来确定其投保的金额：一是以保险标的的保险价值作为投保金额，二是以自行对保险标的的估价作为保险金额。无论是定值保险还是不定值保险，保险人的赔偿责任都不超过保险金额。根据保险金额与保险价值的关系，存在着足额保险、不足额保险和超额保险。

1. 足额保险（Full Insurance）

足额保险指保险金额等于保险价值的保险。足额保险下，被保险人可以获得充分保障，如果保险标的发生全损，保险人按照保险价值即保险金额赔偿，如果发生部分损失，按照实际损失计算赔偿。

2. 不足额保险（Under Insurance）

不足额保险即保险金额低于保险价值的保险。不足额保险的情况下，差额部分视作被保险人自保，保险人对此部分的损失不承担责任。如果保险标的发生全损，保险人最多按保险金额赔偿。对于部分损失，则按保险金额与保险价值的比例计算赔款。

3. 超额保险（Over Insurance）

超额保险即保险金额高于保险价值的保险。超额保险出现于不定值保险中，超过保险价值的那部分保险金额并无实际意义，按照保险法律是无效的。超额保险情况下，保险标的如果发生全部损失，保险人只能按照保险价值赔偿，而如果发生部分损失，则按照实际损失赔偿，最多不超过保险价值。

（四）保险期限（Period of Insurance）

保险期限也称保险期间（Duration of Insurance），是海上保险人承担保险责任的起讫规定。各国海上保险对保险期限的规定基本可以分为两大类：定期保险和航程保险。

定期保险是以时间作为保险人承担保险责任的起讫期限，主要适用于船舶保险，期限一般为12个月，也可以上下浮动。起讫日期以保险单上载明的日期为准，习惯上把起保日期和满日都包括在内。

航程保险是以规定的航程作为保险人承担保险责任的起讫期限，主要以运输货物保险为主。此外，一些不定期航行的船舶和作为贸易物品进出口的新船也采用航程保险。这种保险不规定起讫日期，不受时间限制，但在保险单上必须注明保险责任在起运港开始的情形或条件，以及保险责任在目的港终止的情形或条件，以免造成保险人在责任承担上的不明确。航程保险的保险期限有单次航程、往返航程和多次航程之分。

（五）装载运输工具的名称、开航日期以及起讫地和目的地

要求具体写明装载货物的船舶的名称（Vessel's Name）、装运港（Port of Load-ing）、卸货港（Port of Discharge）、最终目的地（Place of Destination）的名称和船舶开航的具体日期（Sailing Date）。

（六）保险责任

保险责任是指保险人按照保险合同的规定，在约定的海上保险事故发生时，应承担的赔偿保险金的责任。保险合同必须约定保险责任范围。我国实际中把海上保险承保的责任范围分为基本险和附加险。

（七）责任免除

责任免除是指保险合同中约定的保险人不负责赔偿责任的范围，如被保险人的故意行为、欺诈、保险标的的自然损耗等。在保险合同中列入责任免除主要是根据法律、社会公德或防止消极因素等需要，将道德风险、不可保风险明确列入责任除外中，从而进一步明确保险人的责任承担。

（八）保险费

保险费是保险人因承担特定的赔偿或给付责任而向投保人或被保险人收取的费用。根据我国《海商法》规定，被保险人应当在保险合同订立后立即支付保险费，在此之前，保险人可以拒绝签发保险单证。保险费的数目主要取决于投保的实际金额和保险费率。

（九）赔款偿付地点

赔款偿付地点一般由投保人提出，偿付机构应由保险人根据投保人提出的偿付地点指定。

第三节 海上保险合同与保险单

一、保险单的种类

（一）按照保险期间划分

1. 航程保险单（Voyage Policy）

航程保险单是保险人和投保人双方约定，由保险人承保一定航程内风险的保险单。这种保险下，保险人对保险标的所负责任的期限，不是以某一段时间而是以航程来限定。这种保险单被普遍用于海洋货物运输保险。

2. 定期保险单（Time Policy）

定期保险单是指保险人承保保险标的的责任起讫为某一个指定时期的保险单。这种保险单一般用作船舶保险，期限一般不超过一年。

（二）按是否注明保险价值划分

1. 定值保险单（Valued Policy）

定值保险单是指载明保险标的的约定价值的保险单。凡保险单上约定的价值，在没有欺诈行为的情况下，都能起到约束保险合同双方或保险单受让方的作用，这个约定的数额就成为处理保险损害赔偿的基础。

对于货物的定值保险来说，除预约保险单外，一定要在货物保险单上注明货物保险价值。一般货物的保险价值是货价、保险费和运费以及合理的期得利润的总和。

2. 不定值保险单（Unvalued Policy）

不定值保险单是指保险人与被保险人在保险单内不事先约定保险标的的价值，而留待以后再另行确定的保险单。当保险标的发生承保范围内的损失时，保险双方要按照法律的有关规定确定受损标的的可保价值，然后据以确定赔付的程度。我国《海商法》规定，货物的保险价值是保险责任开始时货物在起运地的发票价格或非贸易商品在起运地的实际价值以及运费和保险费的总和。因不定值保险单确定保险价值和计算赔款比较麻烦，因此在保险实务中使用较少，大多应用在海运货物保险及船舶以外的其他财产保险或责任保险。

（三）按保险单的形式划分

按照形式不同，保险单可以分为保险单、保险凭证、联合凭证和暂保单。

1. 保险单（Policy）

保险单俗称"大保单"，是投保人与保险人之间订立的正式保险合同的书面证明。世界各地保险人签发的海运货物保险单格式上存在差异，但内容基本相同。保险单的正面内容是保险合同的声明部分，包括证明双方当事人建立保险关系的文字、被保险货物的情况、承保险别、理赔地点以及关于被保险人义务的重要声明。保险单背面所列保险条款是保险人与被保险人之间权利与义务关系的依据，是保险单的重要内容。主要包括责任范围、除外责任、责任起讫、被保险人义务以及索赔时效等。

2. 保险凭证（Insurance Certificate）

保险凭证俗称"小保单"，是一种简化的保险单，同正式的保险单的区别在于背面不印保险条款，仅声明按照正式保险单上所载的保险条款办理，但其法律效力与正式的保险单相同。在我国以及伦敦海上保险市场上，保险凭证常在预约保单下使用。保险人将预约保单的详细条款印在已签署好的空白保险凭证上交给被保险人。被保险人于每批货物起运前自行在保险凭证上填写载货船舶名称、航程、开航日期、货物名称、标志和数量以及保险金额等项目并加副署，经副署后的一份副本须立即送交保险人，用以申报。

3. 联合凭证（Combined Certificate）

联合凭证也叫作联合发票，是一种发票和保险单相结合的简化的保险单证，实际上就是保险公司直接在出口公司的商业发票上加注承保险别、保险金额、检验和理赔代理人名称及地址等内容，并加盖印戳，其他内容以发票所列项目为准。这种单据目前仅适用于我国对港澳地区的出口业务。

4. 暂保单（Binder/Cover Note）

暂保单也叫作临时保单，是保险人签发正式保险单前所出具的临时证明。暂保单常常用在投保人与保险人订立保险合同时，还有一些条件尚未确定而投保人又急需保险凭证的情况下，由保险人先行开立的，待所有条件得以确定，再签发正式保险单，或者用批单形式加贴到暂保单上。暂保单的有效期一般为30天，如果30天内保险人出具保险单，暂保单即自动失效；在正式签发保险单之前，保险人可以在事先通知投保人的情况下取消暂保单。

（四）按船名是否确定划分

1. 船名已定保险单

指投保人投保时载货的船舶已经确定，并在保险单上注明船名及开航日期的保险单，一般保险单都属于这一类别。

2. 船名未定保险单

投保人办理投保时不能确定载货船舶的名字，须留待以后确定的，叫作船名未定保险单，主要包括以下类别：

（1）流动保险单（Floating Policy），是一种连续有效的保险单，适用于长期有相同类型货物需要陆续分批装运的场合。这种保险单一般只载明保险的一般条件，而将载货船只的名称及其他细节留待以后每次装运货物时由被保险人分批申报。流动保险单内有一个总保险金额，被保险人在每次装运货物之后，将投保金额通知保险人，保险人即从此总金额中予以扣除，直到总保险金额被扣尽，流动保险单的效力即告终止。因此，可以将流动保险单视作若干个航程保险单的总和，它所提供的保险期限不是一个固定时间，而是取决于总保险金额、货运次数以及各次货运价值。流动保险单一般都规定有注销条款（Cancellation Clause），在保险单自动失效之前，任何一方都可以按注销条款的规定通知对方注销保险单。

对于经常有货物需要分批装运的投保人来说，流动保险单比一般的船名已定保险单更加省时省力，避免重复办理投保带来的麻烦，但是由于其在总金额方面的限制和一次性预付保险费造成的资金占压等不便，近年来流动保险单的运用已经日益减少，并逐步被预约保险单代替。

（2）预约保险单（Open Policy），又叫作开口保险单，同流动保险单一样，是经常有相同类型货物需要陆续分批装运时所采用的一种保险单。严格来说，它是一种没有总保险金额限制的预约保险总合同，使保险人对被保险人将要装运的属于约定范围内的一切货物自动承保的总合同。经常有货物需要分批装运的投保人可以向保险人申请签订货物运输预约保险合同，由保险人签发预约保险单，明确规定：凡属于该投保人运输的货物，保险人对其自动承保。投保人对每批货物无须填制投保单，只需在获悉所投保的货物已经装运/到达时将装运情况通知保险人即可。通知的内容包括装运货物的船名、航线、货物价值和保险金额等。保险人对于被保险人所申报的货物必须负承保责任。被保险人的申报如有遗漏或差错，即使货物已经发生损失，只要不是出于恶意，事后仍然可以更正，保险人仍须按规定负责赔偿。如果被保险人在申报时，货物已经安全到达目的地，保险人仍须交纳保险费。

预约保险单可以是定期的，也可以是永久性的。在定期预约保险单下，如果一方打算终止合同，一般应该在合同到期前 30 天向另一方发出注销通知。在永久性的预约保险单下，一方如欲终止合同，应按注销条款的规定向对方发出注销通知。注销条款对注销通知发出日期的规定一般为：一般险别须在 30 天前发出；战争险和罢工险须于 7 天前发出；装往/自美国的货物罢工险须于 48 小时前发出。在合同注销生效前，被保险人对其所装运的货物仍应继续申报。

为了适应被保险人分批装运、分批结汇的需要，保险人在收到被保险人各批装运货物的申报之后，可分别签发保险单证。

无论是从使用的目的上或内容上看，预约保险单和流动保险单都极为相似。但从被保险人的角度来看，预约保险单有不同并优于流动保单之处。

第一，流动保险单规定有"总保险金额"，被保险人装运的货物如果超过这个金额，超过部分保险人不予承保；而预约保险单则没有这一限制。

第二，流动保险单的保险费是在签发保险单时根据"总保险金额"和"平均保险费率"计算，并由被保险人全部预付的；而预约保险单的保险费是在货物装运之后在约定的时间（如每月一次）按照已实际装运的货物计算收取，因而，预约保险单下保险人不会受到保险费资金占压的损失。

（3）总括保险单（Blanket Policy），又称"闭口保险单"（Closed Policy），是保险人在约定的保险期间内对一定保险标的的总承保单。在总括保险单中，被保险人与保险人就一定的保险货物商定一个总的保险金额、承保别、起运地点、费率水平等，由被保险人支付一笔总的保险费，在约定的保险期限内，保险人对于被保险人每批出运的货物全部承保，被保险人不需要逐批向保险人发出通知，当货物发生损失，保险人的赔款应从总的保险金额中扣除，总保险金额扣尽后保险人就不再承担保险责任。如果被保险人仍需要保持原有的保险金额，可以加贴"恢复条款"，按比例加付保险费后可恢复原定总保险金额的保险责任。

总括保险单不需要每次转运后都将载货船名、航线、货物价值、投保金额等相关信息通知保险人，因而相对于预约保险单来说更加省时省力，更加适用于需要多批装运，但价值不大，运输时间和距离比较短的货物。

二、保险单的性质

保险单本身不一定是保险合同，而是投保人与保险人之间订立的保险合同的书面证明文件。当保险双方就保险合同的内容达成意思上的一致后，双方实质上已经形成了有效的保险合同关系。保险合同可以是书面的，也可以是口头的。由于保险合同是一份长期的服务性合同，为了避免在将来就合同内容发生不必要的争议，保险公司往往会出立一份书面的合同形式，即保险单。保险单是保险合同的书面证明文件，而保险合同的存在并不一定以保险单存在为条件。

一般来说保险单就是保险合同，但有时例外，如预约保险合同下，保险合同是一份总的保险合同，每一批货物发运后并经被保险人通知后，保险人才为这批货物签发保险凭证，此时的保险单就不再是保险合同了。

保险单一般包括以下方面的内容：

（1）声明部分（Declaration）；

（2）定义部分（Definition）；

（3）承保约定（Risks Covered）；

（4）除外责任（Exclusions）；

（5）保险条件（Terms and Conditions）；

（6）其他（Others）。

第四节　海上保险合同的订立、变更、解除和终止

一、海上保险合同的订立

订立海上保险合同，须先由投保人提出书面申请，习惯做法是投保人或被保险人填写并向保险人提交投保单。投保单列明了保险合同所必需的内容和项目，投保单作为主要的附件，应视作保险合同的一部分，它也是签发保险单的前提和基础。如果保险人接受投保人的申请，双方就保险合同的内容达成了意思上的一致后，双方已经形成了有效的保险合同关系，保险合同即告订立。一般来说，保险人同意承保也会出具相应的书面文件即保险单证作为证明。保险人同意承保的书面形式包括：

（1）保险人出具暂保单、保险单、保险凭证等保险单证；

（2）保险人在投保单上签字；

（3）保险人接受保险费，出具保险费收据；

（4）其他书面形式。

需要说明的是，保险人对被保险人提交的投保单表示同意，即可认为合同宣告成立，但并非意味着合同同时生效。海上保险合同的生效是从投保人或被保险人履行交付保险费的义务后开始的。

二、海上保险合同的变更

海上保险合同成立后，即对合同双方当事人具有约束力，如果其中一方确实需要变更保险合同，必须经过双方同意。保险合同的变更是指在保险合同有效期限内，其主体和内容的变更。

（一）海上保险合同主体的变更

海上保险合同主体的变更主要指投保人或被保险人的变更，而非保险人的变更。由于海运货物保险的流动特性，保险标的的所有权经常发生转移，从而导致被保险人的变更，这就会引发海上保险单的转让。保险单的转让主要是指保险单权利的转让，也就是被保险人把保险合同所赋予的损失索赔权及相应的诉讼权转让给受让人。

由于保险单不是保险标的的附属物，因此海上保险标的所有权的变更不会引起保险单随之自动转让，也就是说保险单的转让需要被保险人通过一定方式来明确表示他转让保险单的意图，一般是背书手续。另外，在保险单转让时，转让人对保险标的必须具有可保利益，除非转让之前转让方和受让方已经明示或暗示地协议同意，转让人可以在可保利益转移之后转让保险单。对于 CIF 术语下货物完成装船，风险及可保利益转移给买方之后仍可以转让保险单的情况，其实就是将 CIF 术语的内容视为双方的这一"协议"。

保险单的转让应遵循以下规定。

（1）海上货物保险单可以不经过保险人的同意而自由转让，而船舶保险单则须获得保险人的同意才能转让。

产生上述不同规定的原因是，海运保险货物在运输过程中，始终是在承运人的控制

与保管之下，被保险人对被保险货物在运输中的安危不产生影响，因而保险单的自由转让不会给保险人增加风险和负担。同时，国际贸易海运货物在运输途中，常常通过单据的转让进行转卖，有时货物会几易其主，如果保险单的转让必须经过保险人的同意，将会影响交易的顺利进行。而船舶的保险则不同，被保险船舶在保险期间始终是在被保险人的控制与管理之下，船舶的所有权如果发生变化，往往会影响船舶的管理水平，从而影响保险人所承担的风险，因此为维护保险人的利益，规定船舶保险单的转让必须获得保险人的同意，否则保险合同自船舶转让之时解除。

（2）海上保险单的转让，必须在保险标的所有权转移之前或转移的同时进行。这是因为如果所有权已先行转移，被保险人对保险标的已经丧失了可保利益，保险单的转让也就失去了依据。

（3）海上保险单办理转让时，无论损失是否发生，只要被保险人对保险标的仍具有可保利益，保险单即可有效转让。

（4）保险单的受让人只能享有与原被保险人在保险单下相同的权利和义务。

（5）保险单转让之后，受让人有权以自己的名义向保险人进行诉讼，保险人也有权像对待原被保险人一样，对保险合同项下的责任进行辩护。

（6）保险单的转让，可以采取由被保险人在保险单上背书或其他习惯方式进行。

（二）海上保险合同内容的变更

海上保险合同内容的变更主要是指保险单签发以后，在保险期限内，被保险人如果发现投保时的申报有错误或遗漏，或由于新的或意外的情况发生，导致保险单所载内容与实际情况不符合时，被保险人必须以书面形式向保险人或保险人授权的代理人提出批改的申请，以使保险标的获得与实际情况相适合的保险保障。保险人批改保险单一般采用签发批单（Endorsement）的方式进行。保险人所签发的批单，一般应贴在原保险单上，构成原保险单的一个组成部分。批改的内容如果与保险合同有抵触的地方，应以批单为准。

被保险人申请批改的内容一般有商品名称、标记、包装及数量、被保险人姓名、保险险别、保险金额、保险期限、船名、航程、开航日期、赔付地点等。被保险人申请批改的内容如果涉及扩大保险责任或增加保险金额，必须在被保险人不知有损失事故发生的情况下，在货物到达目的地之前提出，并须加交一定的保险费。

三、海上保险合同的解除和终止

（一）海上保险合同的解除

同其他合同当事人一样，海上保险合同当事人也同样依法享有在一定情况下单方解除合同的权利。所谓海上保险合同的解除，是指海上保险合同成立后，对被保险人和保险人均有约束力，但是，被保险人和保险人可以依照法律规定或保险合同的约定解除保险合同。依照《海商法》的规定，海上保险合同的解除情形主要有以下几种。

1. 违反如实告知的义务引发的解除

按照保险法律规定被保险人有如实告知的义务，被保险人在订立合同前对保险标的的风险评估主要依赖于投保人或被保险人所告知的实施，在投保人或被保险人做虚假陈述时，保险合同将无法反映保险人的真实意图而存在瑕疵，而在这种情况下法律赋予保险人提前摆脱合同约束的权利。因此，当投保人或被保险人故意违反告知义务，未将有关影响保险人据以确定保险费率或者确定是否同意承担的重要情况如实告知保险人的，保险人有权解除保险合同，并不退还保险费。合同解除前发生保险事故造成损失的，保险人不负赔偿责任。不是由于投保人或被保险人的故意而未将有关影响保险人据以确定保险费率或者确定是否同意承担的重要情况告知保险人的，保险人有权解除合同或者要求相应增加保险费。保险人如果选择解除合同，对解除合同前发生保险事故造成的损失，保险人应负赔偿责任，但未告知或错误告知的重要情况对保险事故有影响的除外。

2. 保险责任开始前的解除

保险责任开始前，被保险人可以要求解除合同，但应当向保险人支付手续费，而保险人应当退还保险费。除非合同另有约定，在保险责任开始后，被保险人和保险人均不得解除合同。

3. 保险责任开始后的解除

根据合同约定保险责任开始后可以解除合同的，被保险人要求解除合同，保险人有权收取自保险责任开始之日起至保险合同解除之日止的保险费，剩余部分予以退还；保险人要求解除合同，应当自解除提出之日起至保险期间届满之日止的保险费退还被保险人。货物运输和船舶的航次保险，在保险责任开始后，被保险人不得要求解除合同。

4. 船舶转让时的解除

因船舶转让而转让船舶保险合同的，应取得保险人同意。未经保险人同意的，保险合同自船舶转让时起解除；船舶转让发生在航次之中的，船舶保险合同至航次终了时解除。合同解除后，保险人应当将自合同解除之日起至保险期间届满之日止的保险费退还被保险人。

5. 违反保证条款的解除

被保险人违反合同约定的保证条款时，应当立即书面通知保险人。保险人收到通知后可以解除合同，也可以要求修改承保条件、增加保险费。

（二）海上保险合同不得解除的情形

由于海上保险合同承保的风险通常发生在双方当事人都无法控制甚至无法迅速了解其真实损失情况的海上，为公平起见，我国海商法规定，除非合同另有约定，在保险责任开始后，被保险人和保险人均不得解除合同。但是为了保护保险人的利益，同时规定货物运输和船舶的航次保险，在保险责任开始后，被保险人不得要求解除合同。

（三）海上保险合同的终止

海上保险合同的终止是指在保险合同的有效期内，由于一定事由的发生，而使合同的效力终止。海上保险合同的终止可以分为以下几种情况。

1. 自然终止

这是海上保险合同效力终止最普遍、最基本的原因，一般有三种情况。

（1）保险期限届满。保险合同订立时，一般都订明合同的有效期限，保险期限届满后，保险人的责任即告消灭，合同因此终止。例如，货物航程保险单的责任自载货船舶安全航行到指定目的港后即告终止；再如船舶的定期保险，一般期限为 12 个月，12 个月届满时，基本船舶没有发生任何保险事故，保险人未作任何赔偿，保险合同的效力也会终止。

（2）非保险事故导致的保险标的的灭失或全损。保险标的因承保风险以外的原因而灭失或全损，保险合同便因失去保险标的而效力终止。例如，一批投保普通水险的货物因载货船舶被海盗劫持而无法收回，造成货物全损，保险人不必承担货物赔偿责任，水险合同也因保险标的的全损而失去效力。

2. 履约终止。保险标的因保险事故而发生损失，保险人按照保险合同履行赔付责任达到保险金额全数后，保险合同即告终止。在船舶保险中，若船舶发生全部损失，保险人赔偿保险金额后保险合同即告终止；若船舶发生数次部分损失，只要该部分损失属于承保范围，即使联系损失的总额超过保险金额，保险人也要负赔偿责任，直到保险单到期或承保航程完成。

3. 协议终止

海上保险合同经双方当事人协议定明，在合同有效期内，如遇有些特定情况可以随时注销保险合同。在协议终止保险合同时，保险人应将按日计算未到期保险费退还给被保险人。但航程保险中保险责任一旦开始即不可以协议终止。

【案例导读】

索赔的权利

在一笔按 CIF 术语成交的合同中，双方规定："由卖方按发票总值加成 15％向保险公司投保一切险。"卖方在货物装船后，凭提单、保险单、发票等单据向买方收取了货款。后来货物在海运中遇险而全部灭失。当得知买方凭保险单向保险公司索赔时，卖方以自己是该批货物的投保人和被保险人为由，提出超出发票金额的 15％应该归自己所有。

卖方所提要求无理之处在于凭单据收款后，保险单已经合法地转让给了买方所有，此时保险合同的权利、义务随之而转移，保险标的的可保利益也已经在货物越过装运港船舷的时候转移给了买方。货物在途中发生的损失，只有买方具有可保利益，而且买方合法持有保险单，因而凭保险单向保险人索赔全部保险金额的权利也仅归买方所有。

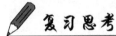 复习思考

1. 海上保险合同包括哪些要素？

2. 海上保险合同的客体是什么？

3. 海上保险合同有哪些特点？

4. 海上保险合同的解除有哪些情况？

5. 海上保险合同的终止有哪些情况？

6. 保险单按照形式可以分为哪些类别？

7. 船名未定保险单包括哪些种类？

8. 某进出口公司作为卖方，根据美国客户的订单于 2002 年 8 月委托某船公司作为承运人向美国发运一批货物。贸易合同规定的价格术语为 CIF 波士顿，付款条件是 T/T。2002 年 8 月 8 日，进出口公司向某保险公司投保海上运输险，投保一切险。同年 8 月 10 日，上述货物被装入集装箱运送到青岛港。装船时，集装箱底脱落，货物从集装

箱内落下掉到甲板上，发生全损。美国买方得到货物发生全损后，以货物不能满足合同要求，不能实现合同目的为由拒绝支付货款。进出口公司向保险公司索赔保险金，而保险公司认为，根据最新的《国际贸易术语解释通则》A5 关于风险转移的规定，在 CIF 术语下，美国买方承担货物越过船舷后的风险，卖方已无任何风险且保险单已经背书转让，进出口公司已不享有可保利益，因此不享有索赔权和诉讼权，不应当向其索赔。

试分析：卖方是否有权向保险公司提出索赔？保险公司对货物损失是否负有赔偿责任？

分析要点提示：

（1）货物所有权的转移：在双方没有约定的情况下，提单的转让视为所有权的转移标志。

（2）在 CIF 术语下风险的转移。

（3）可保利益与货物所有权及货物风险的关系。

（4）可保利益的回转：买方承担货物风险的时候，如果买方退单、拒收货物、拒付货款时，买方的行为将产生可保利益回转的法律后果，即买方的拒收导致货物风险重新转移到卖方，可保利益随之而发生回转。

第十二章

【学习目标】

通过本章学习，可了解海上风险的概念和分类，外来风险的含义以及施救费用和救助费用的概念；熟悉海上风险造成的各类损失的分类和性质；掌握共同海损的概念及构成条件，共同海损与单独海损的区别，施救费用与救助费用的区别。

【学习要点】

1. 推定全损的概念及其与实际全损的区别；
2. 共同海损的构成条件；
3. 共同海损与单独海损的区别；
4. 共同海损的分摊方法；
5. 施救费用与救助费用的区别。

海运货物保险承保的风险与损失

第一节　海运货物保险承保的风险

保险业把海上货物运输的风险分成海上风险和外来风险。

一、海上风险

海上风险（Perils of the Sea），是保险业的专门用语，一般指船舶或货物在海上航行途中或随附海上运输所发生的风险。现代海上保险业务中，保险人所承担的海上风险是有特定范围的，一方面，它包括海上发生的自然灾害和意外事故，但并不包括发生在海上的一切风险；另一方面它又不仅仅局限于航海途中发生的风险，还包括发生在与海上航运相关联的内陆、内河、内湖或海与驳船相连接的地方所发生的风险。海上风险分为自然灾害和意外事故。

（一）自然灾害（Natural Calamities）

自然灾害，一般意义上来说，是指不以人们意志为转移，由自然界的力量所引起的灾害，它是客观存在的、人力不可抗拒的灾害事故，是保险人承保的主要风险。

海运货物保险中的自然灾害不是泛指一切由自然力量引起的灾害，按我国现行海运货物保险条款的规定，自然灾害仅指恶劣气候、雷电、洪水、地震、海啸五种人力不可抗拒的灾害；协会货物条款中规定的自然灾害包括雷电、地震、火山爆发、浪击落海，以及海水、湖水、河水进入船舱、驳船、运输工具、集装箱、大型海运箱或储存处所等。上述各种自然灾害的含义如下。

（1）恶劣气候（Heavy Weather）。一般指海上的飓风、大浪引起的船体颠簸倾斜，并由此造成船体、船舶机器设备的损坏，或者因此而引起的船上所载货物的相互挤压、碰撞所导致的货物的破碎、渗漏、凹瘪等损失。

恶劣气候原本是英国劳合社 S. G. Policy 所承保的"海难"中的一项灾难，在 1982 年修订的协会货物条款中已经不再使用这一术语了，原因是"恶劣气候"所造成的船舶颠簸、晃动，以致货物位移受损，往往与船方理舱不当而造成的损失难以区分，而后者是保险人不承保的损失。

（2）雷电（Lightning）。指被保险货物在海上或路上运输过程中，由雷电所直接造成的或者由于雷电引起的火灾所造成的损害。

（3）海啸（Tsunami）。主要指由于地震或风暴而造成的海面的巨大涨落，致使被保险货物遭受损害或灭失。

（4）洪水（Flood）。指因江河泛滥、山洪暴发、湖水上岸及倒灌、暴雨积水导致保险货物遭受泡损、淹没、冲散等损失。

（5）地震（Earthquake）。由于地壳发生急剧的自然变化，使地面发生震动、坍塌、地陷、地裂等造成的货物的损失。

（6）火山爆发（Volcanic Eruption）。指由于火山爆发产生的地震及喷发出的火山岩灰造成的保险货物的损失。

（7）浪击落海（Washing Overboard）。通常指存在舱面上的货物在运输过程中受海浪冲击落海而造成的损失。我国现行保险条款基本险不保此项风险，而是在附加险的舱面险中承保。

（8）海水、湖水或河水进入船舶、驳船、运输工具、集装箱、大型海运箱或储存处所（Entry of Sea, Lake or River Water into Vessel Craft, Hold, Conveyance, Container, Liftvan or Place of Storage）。这种风险包括由于海水和湖水、河水进入船舶等运输工具或储存处所造成的保险货物的损失。这里对储存处所的范围未加限定，可以理解为包括陆上一切永久性的或临时性的有顶棚或露天的储存处所。

上述解释的自然灾害中，洪水、地震、火山爆发以及海水、湖水或河水进入船舶、驳船、运输工具等风险，实际上并非是真正发生在海上的风险，而是发生在内陆或内河或内湖的风险，但是对于海运货物保险来说，由于这些风险是随附海上航行而产生的，而且危害性往往很大，为了适应被保险人的实际需要，在海上货物运输保险的长期实践中，逐渐地把它们列入海上货运保险承保的风险范围之内。

（二）意外事故（Fortuitous Accidents）

意外事故是指人或物体遭受到外来的、突然的、由于偶然的难以预料的原因造成的事故，如船舶触礁、沉没、碰撞、飞机坠落、火灾、爆炸等类似事故。海运货物保险中，意外事故并不是指海上发生的所有意外事故。按照我国现行海运货物保险条款的规定，意外事故仅指运输工具遭受搁浅、触礁、沉没、互撞、与流冰或其他物体碰撞以及失火、爆炸等。根据英国伦敦保险协会的货物条款，意外事故除了包括以上情况外，还包括陆上运输工具的倾覆或出轨。具体含义如下。

1. 搁浅（Grounding）

搁浅是指船舶在航行中，由于意外或异常的原因，船底与水下障碍物紧密接触，牢牢地被搁住，并且持续一段时间，失去进退自由的状态。规律性的潮汐涨落所造成的搁浅则不属于保险搁浅的范畴。

2. 触礁（Stranding）

船舶在航行中触及水中岩礁或其他阻碍物，如木桩、渔栅、沉船残骸等。

3. 沉没（Sunk）

船舶因海水浸入，失去浮力，船体全部或大部分没入水面以下，并失去继续航行能力的状况。若船体部分进水，但仍具航行能力，则不视作沉没。

4. 碰撞（Collision）

碰撞是指船舶与水以外的外界物体，如船或冰山、桥梁、码头、灯标、流冰等发生的猛力接触，造成的船上货物的损失。如果发生碰撞的是两艘船舶，那么碰撞不仅会带来船体及货物的损失，还会产生碰撞的责任损失。碰撞是船舶在海上航行中的一项主要风险。

5. 火灾（Fire）

火灾是指由于意外、偶然发生的燃烧失去控制，蔓延扩大而造成的船、货的损失。海上货物运输保险不论是直接被火烧毁、烧焦、烧裂还是间接被火熏黑、灼热或为救火而导致损失，如搬移货物发生损失或消防灌水造成水渍，均属于火灾风险。海上货物运输中，火灾是最严重的风险之一。常见造成火灾的原因有：

（1）由于闪电、雷击引起船货火灾；

（2）货物由于受海水浸湿温热而引起火灾；

（3）船长、船员在航行中的过失引起火灾；

（4）船舶遇难进港修理，工作人员操作不当引起火灾等。

凡因上述原因以及其他不明原因所导致的火灾损失，保险人均负责赔偿。但是，由于货物固有瑕疵或不当情况下运送引起的货物自燃，不属于保险人的承保责任范围。

6. 爆炸（Explosion）

一般指物体内部发生剧烈的分解或燃烧，并发出大量的气体和热力，导致物体本身及其周围的其他物体遭受猛烈破坏的现象。货物在海上运输过程中，因爆炸而受损的情况较多，爆炸原因多见于船上锅炉或其他机器设备发生爆炸和船上货物因气候条件（如温度）影响产生化学反应引起爆炸。

7. 失踪（Missing）

失踪是指船舶在航行中失去联络，超过了一定期限后仍无下落和消息。对于构成失踪的时间，有的国家规定为 6 个月，有的国家规定为 12 个月，我国《海商法》规定为 2 个月。

8. 投弃（Jettison）

也称抛货，指船舶在海中航行遭遇危难时，为了减轻船舶的载重，以避免全部损失，而将船上的货物或部分船上用具有意地抛入海中。因投弃带来的货物损失，属于投弃责任。我国现行的海运货物保险条款承保的投弃仅指共同海损行为的投弃，不包括非共同海损行为的投弃；而伦敦协会货物条款规定的投弃则不包括这一限制。

9. 吊索损害（Sling Loss）

指货物在起运港、卸货港或转运港进行装卸时，从钓钩上摔下来而造成的损失。对于此种风险，我国保险条款的规定是："在装卸货转运时，由于一件或数件货物落海所造成的全部或部分损失。"而伦敦保险协会条款的规定是："货物在船舶或驳船装卸时落海或跌落造成任何整件的全损。"

10. 倾覆（Capsizal）

船舶在航行中遭受自然灾害或意外事故而导致船体翻倒或倾斜，失去正常状态，非救助不能继续航行，由此造成的货物损失，属于倾覆责任。

11. 船长、船员的恶意损害（Barratry）

恶意损害是指船长、船员的各项蓄意破坏的行为，损害船舶所有人或租船人的利益，是海上保险中一项传统的承保风险。常见的有丢弃船舶、纵火焚烧、凿船、违法走私、故意违反航行规则而遭受处罚等。构成恶意损害需要满足以下两个条件：

（1）该行为是恶意地故意实施的，损害了船东或租船人的利益，而船长船员的疏忽过失并不构成恶意损害；

（2）该行为事先并不为被保险人即船东或租船人所知悉或同意，否则就构成了被保险人的故意行为，属于保险法定除外责任。

二、外来风险

外来风险（Extraneous Risks）是指海上风险以外的其他外来原因所带来的风险。外来风险必须是意外的、事先难以预料的，而不是必然发生的外来因素。外来风险可以分为一般外来风险和特殊外来风险。

（一）一般外来风险

1. 偷窃（Theft or Pilferage）

指整件货物或包装中的一部分货物被人暗中窃取，不包括公开的攻击性劫夺。

2. 短交、提货不着（Short-delivery & Non-delivery）

指货物在运输途中由于不明原因被遗失，造成货物未能运抵目的地，或运抵目的地时发现整件短少，没能交付给收货人。

3. 渗漏（Leakage）

指流质或半流质的货物在运输途中因容器损害而引起的损失。

4. 短量（Shortage in Weight）

货物在运输途中或货物运抵目的地时发现包装内货物数量短少或散装或重量短缺。

5. 碰损破碎（Clashing and Breakage）

前者指金属或金属制品等货物在运输途中因受振动、颠簸、碰撞、受压等造成的凹瘪、变形，后者主要指易碎物品在运输途中因受振动、颠簸、碰撞、受压等而造成的破碎。

6. 钩损（Hook Damage）

主要指袋装、捆装货物在装卸、搬运过程中因使用手钩、钓钩操作而导致货物的损坏。

7. 淡水雨淋（Fresh and Rain Water Damage）

指直接由于淡水、雨水以及冰雪融化而造成的货物水渍。

8. 生锈（Rusting）

指金属或金属制品的一种氧化过程。海运货物保险中的生锈，是指货物在装运时无生锈现象，在保险期内发生锈损。

9. 沾污（Contamination）

指货物同其他物质接触而受到污染。

10. 受潮受热（Sweating & Heating）

指由于气温上的变化或船上通风设备失灵而使船舱内水蒸气凝结，造成舱内货物发潮、发热。

11. 串味（Taint of Odour）

指被保险货物受其他带有异味货物的影响，引起串味，失去了原味。

（二）特殊外来风险

特殊外来风险指军事、政治、国家政策法令以及行政措施等外来风险。

1. 战争风险（War Risks）

在18世纪海上保险人负责的风险中大约有12种风险属于战争风险，而且将战争风险和海上风险在同一张保险单中同时承保。后来人们认识到了武装冲突造成的大规模的经济破坏，承保人即在水险保险单中免除战争风险，被保险人须为此另行安排投保。

（1）战争（War）。指主权国家或事实上具有主权国家特征的政治实体之间发生武装冲突，不论是否正式宣战。

（2）内战（Civil War）。指一个国家内部或准国家内部，不同的政治团体、政治组织或军阀之间，为了争夺国家或地区的统治权或推行各自的政治主张，而使用武力发生

219

的政治和军事上的冲突。

（3）革命、造反和叛乱（Revolution，Rebellion and Insurrection）。从顺序上看，这三个概念所表示的内部混乱程度逐步减弱。它们的共同特征是国民有组织、有武装地通过武力或武力威胁来达到推翻政府的目的，明确以取代政府为目标，这一点有别于暴乱和民变。

（4）内乱（Civil Strife）。包含前述风险引起的任何内部混乱或不稳定。

（5）任何交战方之间的敌对行为（Hostile Act by or against a Belligerent Power）。这既是一种独立的承保风险，又是对战争、内战、革命、叛乱或造反和由此引起的内乱这些承保风险的限制，即将它们限于敌对政治力量之间的直接的武装冲突。

（6）捕获和扣押（Capture and Seizure）。捕获是指在战时被敌方作为战利品，或作为报复措施，将财产实际占有。捕获是一种政府行为或准政府行为，不包括恐怖分子、海盗或暴动者等进行的扣押。捕获意味着存在武力或武力威胁，但不要求实际使用或展示了武力。扣押是指他人强行占有和控制财产，与捕获相比，扣押的含义要广得多。扣押可以是任何人、任何组织和团体在任何时间、任何地点以任何武力或武力威胁合法或非法地强行占有保险财产。

（7）扣留、羁押和拘禁（Arrest，Detainment and Restrain）。这三种承保风险是第二次世界大战以后最常见的战争保险事故，其基本含义是通过法定程序或其他方式，阻止保险标的的正常使用或行动，如船舶被拒绝给予某种许可或被禁止离港。与扣押的区别是，这三种风险的发生不要求使用武力。

（8）水雷、鱼雷、炸弹和战争武器（Mines，Torpedoes，Bombs and Weapons of War）。在海上，保险标的可能遭遇的战争武器包括水雷、鱼雷和炸弹，但不限于这些，还包括从陆地或空中发射的武器。另外，战争武器不仅包括战时在战争区的武器，还包括被遗弃的战争武器在和平时期或非战区对保险标的的造成的损失、损害。

另外，我国的保险条款将海盗行为（Piracy）列入战争风险，伦敦协会货物条款则不将其视为战争风险，而在货物条款A中予以承保。

2. 罢工风险

罢工风险是工业革命以后才出现的新风险。现行协会货物条款中仍规定罢工险为除外责任，对罢工险有专门的罢工险条款，被保险人可另行安排投保。

（1）罢工（Strike）。指罢工工人或被迫停工的工人以及参加工潮的人采取行动，进而损害海上财产（船舶或货物），保险人对此种过激行为直接造成的保险标的的损失在被保险人附加投保了罢工风险的前提下负责赔偿。罢工工人是指对资方不满而一致拒绝工作的人，包括因同情其他工人而罢工的人；被迫停工的工人指资方因发生工潮时对工人施加压力而关闭工厂，因此无法上班的工人；参加工潮的人指工潮发生时参与骚动的人，可能是对工潮起因无切身利益者，如工人的同情者。

（2）暴动和民变（Riot and Civil Commotion）。根据1986年英国《公共秩序法》，暴动是指至少12人为了共同目的使用或威胁使用武力。民变是指全国性的内乱，规模比暴动要大。

需要注意的是，保险人只承保上述风险造成的保险标的的"实际损失或损害"，而对于上述风险引起的间接损失，如因罢工而造成劳动力短缺使得货物不能及时卸下等，保险人是不负责赔偿的。

（3）交货不到风险。指由于政治因素而非运输原因引起的运输货物在一定时期内无法运达原定目的地交货。如被保险货物由于禁运被迫在中途卸货造成损失。

（4）进口关税损失风险。有些国家在对进口货物征收关税时，无论货物是否完好，一律按货物完好时的价值征收进口关税，这样货主就会遭受关税损失。

（5）拒收风险。指货物在进口时，由于各种原因被进口国有关当局拒绝进口或没收所形成的风险。被拒收的货物主要是食品、饮料、药品等与人体健康有关的货物。

第二节　海运货物保险承保的损失

在海上保险中，保险标的遭受承保风险而造成损失，按照损失程度划分，可以分为全部损失和部分损失。

一、全部损失

全部损失（Total Loss）又称全损，是指被保险货物在运输途中因保险事故而造成全部灭失或视同全部灭失的损害。海上保险业务中全损又分为实际全损和推定全损两种。

（一）实际全损

实际全损（Actual Total Loss）又称"绝对全损"，是一种实质性或物质性的消失，是指保险标的的全部灭失。构成保险标的的实际全损通常有以下四种情况。

（1）被保险货物的实体已经完全灭失。如船只遭遇海难以后沉没，货物也同时沉入海底。

（2）被保险货物遭受严重损害，已丧失原有用途和价值，无法复原。如茶叶被海水浸泡，虽然茶叶本身并没有灭失，但已不能饮用，失去了其商业价值。

（3）被保险人对被保险货物的所有权已无可挽回地被完全剥夺。如船被海盗劫走或者货物被敌方扣押，虽然船和货本身并没有受到损害，但被保险人已经失去了这些财产。

（4）载货船舶失踪并达到一定期限。载货船舶失踪达到一定合理期限就被宣布为失踪，此时货主可以向货物保险人索取实际全损。如果保险人按实际全损赔付被保险人后，失踪的船舶又找到了，货物没有发生全损，被保险人应退还赔款。

（二）推定全损

推定全损（Constructive Total Loss），是指保险标的物在遭遇保险事故之后，尚未达到全部灭失、损毁或变质状态，但是由于某种原因被视作全部损失。具体来说，推定全损的发生有四种情况。

（1）保险货物在运输途中遭受保险事故以后，实际全损已经不可避免。例如，一艘载货船在一个偏僻的海域内搁浅，又正碰上台风来临，不便于其他船舶前来救助，虽然搁浅时船货并没有完全灭失，但如不及时对其进行救助，船货的完全灭失将是无法避免的。

（2）保险标的物遭受保险危险之后，使被保险人丧失了对保险标的物的所有权，而

221

收回这一所有权所花费用估计要超过收回后标的物的价值。如被劫持。

（3）保险货物受损以后，恢复、修复这个受损的货物并且把货物运送到原定目的地的费用，超过了这个货物到达目的地后的市场价值。

（4）为避免发生实际全损所需支付的施救费用与继续把货物运到目的地的费用之和超过了保险价值。

（三）委付与委付通知

在推定全损的情况下可以按照保险标的的实际损失索赔部分损失，也可以选择索赔全部损失。如果被保险人还想要保留对货物的所有权，他可按部分损失向保险人提出索赔要求。如果选择全损赔偿，必须向保险人对保险标的进行委付（Abandonment），即表明愿将对保险标的的一切权益，包括财产权以及一切由此而产生的权利与义务转让给保险人，而要求保险人以全部损失予以赔偿。如撞船后货物严重损毁，达到了推定全损的程度，如果货主要求保险人赔偿全部损失，就失去了回收货物残体的权利，这一利益已经归保险人所有。具体做法是被保险人应以书面或口头方式向保险人发出委付通知（Notice of Abandonment），如果被保险人不发出委付通知，损失就只能视作部分损失。

1. 有效委付通知的条件

（1）委付通知必须及时发出。被保险人在得知保险标的方式损失的情况后，如果决定索赔推定全损，他就应该在合理的时间内及时发出委付通知，否则有可能丧失发出委付通知的权利。

保险人要求被保险人及时发出委付通知，主要是为了使保险人能够有时间考虑并采取对自己最有利的措施。根据英国1906年《海上保险法》的规定，在委付通知发出以前所发生的拯救保险标的的费用不能够与其后发生的费用加总来衡量推定全损是否成立。例如，船舶遭遇海难，船东雇拖船将遇难船只拖到就近港口，花费50万美元的拖带费用。而后又发现修理费用太高而决定索赔推定全损，就发出了委付通知，此时衡量推定全损是否成立就必须将这50万美元的拖带费予以扣除，而不能计算到船舶的修理费用中去。

（2）委付通知形式上的要求。委付通知可以是书面的，也可以是口头的，但必须能清楚地表达出被保险人无条件地转让其在保险标的中所具有的可保利益的意思，即要有明确的委付或放弃的意图。

（3）委付通知应该是无条件的。委付通知不能带有任何附加条件，而且内容需真实，否则保险人有权拒绝按推定全损赔偿。

（4）委付通知应直接向保险人呈交。将委付通知交给未经保险人授权的代理人是无效的。

2. 保险人对待委付通知的态度

保险人接到委付通知后，可以接受，也可以拒绝接受，但都应在合理时间内通知被保险人。

1）保险人接受委付通知后产生的法律后果

保险人如果选择接受委付通知，就意味着他接受了被保险人转移过来的被保险财产的所有权，以及附属于保险标的的其他财产权。但保险人同时也因为享受权利而承担了相应的义务，大多是因取得所有权而产生的责任，如清除航道的责任（包括打捞船载货物的责任）、向救助人支付救助报酬的责任等。但保险人不因接受委付而承担本次保险事故发生前，或因非承保风险造成的基于船舶所有权的责任。

根据英国《海上保险法》的规定，委付通知一经接受便产生以下效果。

（1）被保险人将不能再撤销委付。被保险人可以在保险人表示接受以前撤销已经提交的委付通知，但委付通知经保险人接受以后就不可被撤销了。

（2）保险人认为委付通知是有效的通知，说明被保险人有权索赔推定全损。

（3）保险人承诺赔偿并认可损失是由承保风险造成的。

（4）保险人接受委付通知后便不可反悔。

基于以上原因，保险人一般不轻易接受委付，他要考虑标的的残值与因接受保险财产而产生的相关义务和责任所引起的经济支出的大小关系。

2）保险人拒绝委付通知

在大多数情况下，保险人都会拒绝委付，原因有二：一是如果保险人接受委付就不能再反悔，并产生了上述的法律后果；二是根据有关海上保险法律的规定，保险人赔付全损后，还可以再一次表示是否接受保险财产。

保险人拒绝委付要求，并不影响被保险人索赔全损的权利。如果保险人认同保险标的是推定全损，他可以拒绝委付而仍按照全损赔偿，在这种情况下，受损货物的一切权益仍归被保险人所有；如果保险人认为保险标的不是推定全损，他可以拒绝委付要求，并只同意按部分损失赔偿。保险人拒绝委付通知并不影响其在赔偿后取得和行使代位追偿权。

上述实际全损和推定全损虽然都名为"全损"，但两者有很大区别：实际全损时，保险标的由于已经在客观上完全丧失，被保险人就无须办理委付手续而向保险人要求全部赔偿；推定全损下，保险标的受损后并未完全丧失，还可以修复或者收回，只是支出的费用将超过保险标的物的保险价值或者回收的期望较小而已，因此被保险人可以向保险人办理委付，要求保险人按全损赔偿，也可以不办理委付而保留对残余货物的所有权，由保险人按部分损失赔偿。

但是，在推定全损和实际全损之间并没有绝对的界限，它们有类似的特征：一是货物"受损严重"，而是被保险人对货物"丧失自由使用"。推定全损并不是物质上的消失，而是不值得用超过价值的费用使其恢复原价值，所以现实状况中大部分全损都是推定全损。但是，如果保险标的损失被认定为推定全损，被保险人向保险人索赔的前提条件是被保险人已将保险标的委付给了保险人，如果没有这样做，被保险人就丧失了索赔全损的权利，特别是在平安险的情况下，就意味着被保险人将得不到任何保险赔偿。事实上，在海上保险实务中，几乎每一个全损案件中，被保险人都会向保险人发出委付通知，所以说，海上保险中，推定全损的概念及委付问题相当重要，比实际全损更加普遍，更有实践意义。

二、部分损失

部分损失（Partial Loss）简称"分损"，是指保险标的物的损失没有达到全部损失的程度的一种损失。任何损失，不是全损，便是分损。部分损失按其性质可以分为共同海损和单独海损。

（一）共同海损（General Average）

共同海损是指在海上航行的过程中，船舶、货物和其他财产遭遇到了共同危险，为了共同安全，船方有意识、合理地采取措施所造成的特殊牺牲和支付的特殊费用。共同海损行为保护了船、货各方的利益，因此应该由各受益方按受益财产的比例予以分摊。

1. 构成共同海损的条件

（1）导致共同海损的危险必须是实际存在的、危及船舶与货物共同安全的危险。

导致共同海损的危险必须是真实存在的或不可避免的，而不是臆测的；不可避免出现的危险指船舶发生事故或特殊情况时并未危及船货的共同安全，但如果不采取措施，最后将不可避免地会给船货带来共同灾难的危险。例如，船舶的载货舱起火，虽然开始火势不大，但如果不及时扑救，火势就会蔓延，波及全船，所以为救火而导致的船舶或货物的损失应为共同海损牺牲。再如，船舶因为潮汐涨落而搁浅，而船长由于对环境不够了解，错误地以为遭遇了危险，因而请求拖船前来救助，事后调查发现即使没有拖船的救助，涨潮时也能自动脱浅，这种情况下，拖船费用就不能列入共同海损。共同的安全是指危险为同一海上航程中船货所共同面临的，为了单一一方的利益而作出的牺牲不能视为共同海损。例如，某承载冷藏货物的船舶航行途中冷冻设备发生故障，就近到避难港进行维修所产生的费用不能视作共同海损。

（2）共同海损措施必须是为了解除船和货物的共同危险，人为地、有意识地采取的合理措施。

"有意识"是用以区别意外的损失，是指船方为了使船货摆脱共同危险的困境而采取的积极主动的措施。所谓"合理"，是指本着以最小牺牲换取船、货的最大安全为原则而采取的措施，措施是有成效而节约的，从而也是符合全体利害关系方的利益的。一项措施是否合理没有绝对标准，但概括起来，应该包括如下几项。第一，客观环境。有的措施看似合理，但没有可以实施的客观环境。如主机损坏，就地修理看似合理，花费较少，但当时、当地根本不具备这样的条件，这种情况下，雇拖船将船拖往目的港虽然花费较大，但也应该属于合理措施。第二，方案的可行性。衡量船长所采取的某项措施是否合理，还要看其措施对挽救船、货安全能起到的作用有多大。例如，对于一艘小型船舶，用抛货方式避免沉没能够取得一定效果，因而是合理的，但对于一艘大型船舶来说，抛弃货物可能于事无补，因此抛货造成的牺牲就不能作为共同海损，其不合理的部分应该由船方进行赔偿，而不是由各方分摊。第三，客观效果。要确定某项措施所导致的损失是否为共同海损，还要看作出的牺牲或支出的费用与所保全的财产是否成比例，换句话说，要看是否以最小的牺牲换取了船货的最大安全。例如，不该抛货时抛货，该抛重大物件时却抛弃轻泡货，该抛弃廉价货时却抛弃贵重货，此类措施虽然是为了共同安全，但却产生了无谓的牺牲，扩大损失范围，因此不能属于合理措施。共同海损的措施不合理，不意味着完全剥夺请求共同海损分摊的权利，只是要在分摊时扣除不合理成分。

（3）共同海损牺牲是特殊性质的，费用损失必须是额外支出的。

共同海损不是由海上危险直接导致的损失，而是为了解除这项危险而人为造成的另一种特殊性质的损失。因此判断一项损失是否属于共同海损，必须从造成损失的原因进行分析。所谓特殊牺牲，是指非正常情况下所造成的船舶或货物或其他财产的灭失或形态上的毁坏。例如，为了灭火而往货舱灌水导致货物湿损，就是典型的共同海损牺牲。

特殊费用是指如果没有共同海损的发生就不会支付的费用。由于这种费用是专门为了船货共同安全而支付的，所以应该列入共同海损。

（4）共同海损的损失必须是共同海损措施的直接合理后果。

例如，船舶航行中出现共同海损事故，船底受损需要修理，为此卸货时造成的货物损失是共同海损措施的直接后果，应列入共同海损。但如果货物在避难港存仓期间发生火灾，遭受的损失不是共同海损措施的直接后果，不能列入共同海损。

（5）造成公共海损损失的措施必须最终有效果。

所谓最终有效，是指采取措施以后，船舶或货物的全部或一部分安全抵达航程终点，避免了船货同归于尽的局面。

2. 共同海损的表现形式

共同海损有多种表现形式，但从性质划分，只有两大类：共同海损牺牲和共同海损费用。

（1）共同海损牺牲（Sacrifice of General Average）。共同海损牺牲是指由共同海损措施所直接造成的船舶或者货物或其他财产在形态上的灭失或损坏。主要有以下形式。

① 抛弃货物（Jettison of Cargo）。指在同一海上航程中的财产遭遇危险时，为了解除危险而将船上所载的部分货物抛弃入海的行为。共同海损制度的最初就是从抛弃货物发展起来的。抛货应包括两方面的内容：一是被抛弃的货物本身的损失，二是由于抛弃货物引起的财产的进一步损失。

② 扑灭船上火灾（Extinguishing Fire on Ship Board）。指在船上发生火灾的情况下，为灭火而采取的诸如灌水、注入蒸汽，或将船舶搁浅、凿沉等措施而导致的船货的进一步损失。由于实际情况中采取灭火措施时状况会比较混乱，尤其是灭火以后还会产生烟熏的情况，因此事后很难分辨出哪一部分是火灾本身造成的损失，哪一部分是灭火过程中烟熏导致的损失，因此，目前规定，不论何种原因所造成的烟熏和火烤，均不能视为共同海损而得到赔偿。

③ 割弃残损货物（Cutting away Wreck）所造成的损失。指为了维护船舶和货物的共同安全而拆除因事故而被毁灭或虽未毁灭但以失去使用价值的残留物体的行为。由于已经丧失了使用价值，因此割弃的残损货物本身的价值不能计入共同海损，但由此而带来的船、货的进一步损失应列入共同海损。

④ 有意搁浅所致的损害（Damage Done by Voluntary Stranding）。是指为了避免船舶的沉没而有意将船舶驶往浅滩或将其凿沉在浅水地带的行为。搁浅期间的船员工资、伙食费以及事后雇用他船脱浅的费用，均可列入共同海损。

⑤ 机器和锅炉的损害（Damage to Engines and Boilers）。是指对于搁浅并处在危险境地的船舶，为了使其重新浮起而采取非常措施，导致机器和锅炉超负荷运转而蒙受的损害。船舶在漂浮状态下因使用推进器或锅炉造成的损害不能视为共同海损。

⑥ 作为燃料而使用的货物、船用材料和物料（Cargo, Ship's Materials and Stores Used for Fuel）。是指船舶遭遇危险，所配备的燃料被耗尽时，将船上所载的部分货物、船用材料和物料当作燃料烧掉所导致的损失。但前提条件是船舶开航前确实备足了该次航行所必需的燃料，否则，不但被烧掉的货物、物料不能被当作共同海损，承运人还要承担船舶不适航的责任。

⑦ 卸货过程中造成的损害（Damage to Cargo in Discharge）。指船舶遭遇海难以后，在避难港为了检修船舶而对货物进行操作、卸载、存栈、重装和积载或移动货物或燃、物料时所造成的货物的进一步损失。

（2）共同海损费用（General Average Expenditure），是指由于采取共同海损措施而产生的金钱上的额外支出。

① 救助报酬。参与航海活动中的关系方，由于救助而发生的费用，不论这种救助是否根据合同进行，只要救助活动的目的是为了使同一海上航程中的财产得免于难，便应列入共同海损而得到赔偿。

② 搁浅船舶减载费用及由此而受到的损害。船舶发生搁浅或触礁等事故，为了减轻载重而将船上货物、物料等卸下，这种减载、租用驳船和事后将其重新装船发生的额外费用，以及在采取上述措施时所遭受的进一步灭失或损害，均应列入共同海损。

③ 避难港费用。指船舶在意外事故、牺牲或其他特殊情况下，为了共同安全而进入避难港口，或驶回原来的装货港所发生的费用。这种费用可以列入共同海损。避难港费用包括：进入避难港或事后驶离避难港所发生的港口费用；从出事地点驶入避难港到离开港口回归原航线所增加的绕航费用；为共同安全需要，或为安全完成航程而对船舶进行修理所发生的货物、燃料或物料的倒载、卸载费用；被卸下货物、燃料或物料的储存费。此外，货物操作过程中所受到的损害也可列入共同海损。

④ 驶往避难港和在避难港等地支付给船员的工资、伙食费及其他开支。

⑤ 修理费用。船舶因发生共同海损而进行修理，因此而支付的修理费可以列入共同海损。

⑥ 代替费用。指为了节省或代替本应列为共同海损的费用而支付的费用。例如，船舶发生共同海损事故驶入避难港，在修理期间要花费很多费用，船长安排工人加班加点工作，节省了港口费用而增加的加班费可以作为代替费用列入共同海损。

3. 共同海损的理算

共同海损的理算是一项复杂细致的调查研究和计算工作，习惯上由船东委托专业理算机构或人员进行理算。海洋运输契约中，一般都定有共同海损理算条款，载明按什么理算规则，在什么地方理算。国际上共同海损的理算一般按《约克－安特卫普规则》办理。我国于 1969 年，设立中国国际贸易促进委员会共同海损理算处，办理共同海损业务，并参照国际习惯做法，在总结实践经验的基础上，于 1975 年 1 月公布了《中国国际贸易促进委员会共同海损理算暂行规则》（简称《北京理算规则》）。

（1）参加共同海损分摊的财产。船舶和货物在共同海损行为中产生的牺牲和费用，应当有因采取共同海损措施而免遭损失的所有受益方按各自受益财产价值的比例分摊，参加共同海损分摊（俗称"摊水"）的财产，必须是在采取共同海损措施的当时在运载船舶上的财产（包括船舶本身），一般限于船舶、货物和运费三大项。

（2）共同海损的分摊价值。参加共同海损分摊的财产对共同海损损失进行分摊的基础，应该是各项财产在共同海损航程终止日和地点的实际净值，即财产的分摊价值。

船舶的分摊价值，按船舶在航程中终止时的当地完好价值减去不属于共同海损的损失金额计算；或者按船舶在航程终止时的当地实际价值加上共同海损补偿金额计算。

货物的分摊价值，按照货物在装船时的价值加保险费加运费，减除不属于共同海损的损失金额和承运人承担风险的运费计算。货物在抵达目的港以前售出的，按照出售净得金额，加上共同海损牺牲的金额计算。

运费的分摊价值，按照承运人承担风险并于航程终止时有权收取的运费，减除为取得该项运费而在共同海损事故发生后，为完成本航程所支付的营运费用，加上共同海损牺牲的金额计算。

（3）共同海损分摊金额的确定。共同海损的分摊金额，是指由于共同海损行为而受益的船、货和运费方对于总的共同海损应该分摊的金额，俗称摊水费。确定各方的分摊金额计算步骤和公式如下。

① 先计算共同海损的分摊率，公式为：

$$共同海损分摊率 = \frac{船、货和运费的共同海损损失总额（包括牺牲和费用）}{船、货和运费的共同海损分摊价值总额}$$

② 然后分别计算出各方的共同海损分摊金额：

$$船舶的分摊金额 = 船舶分摊价值 \times 分摊率$$
$$货物的分摊金额 = 货物分摊价值 \times 分摊率$$
$$运费的分摊金额 = 运费分摊价值 \times 分摊率$$

例如，一艘货船在海上航行时意外搁浅，当时天气预报说明有一股热带气旋逼近该海洋，如果不能尽快脱浅，船舶将面临倾覆的危险。为避免严重损失后果，船长下令展开自救。轮机长加大马力试图倒车脱险，但最终失败，轮机经超负荷运载严重受损。船长不得已发出求救信号，一艘拖轮闻讯赶到出事地点。为协助拖轮拖带作业，船长决定抛弃一部分载货，以减轻船舶载重。最终在拖轮的协助下，该轮到达附近避难港，船长宣布发生共同海损。事后清点发现该次事故带来的损失有：由于搁浅而导致船底划破，损失 20 万美元；船底划破时部分货物被海水浸泡，损失 10 万美元；船舶轮机修理费 25 万美元；拖轮费及避难港费用 5 万美元，被抛弃货物价值 20 万美元。已知船舶在目的地完好价值为 200 万美元，船上共载有甲、乙两家货物，其中甲方货物价值 50 万美元，在船底划破时被浸湿损失 10 万美元；乙方货物价值 30 万美元，被抛弃 20 万美元。试问该次共同海损事故中的共同海损该如何分摊？

解：事故中船底划破属于船方的单独海损，海水浸湿的货物属于甲方的单独海损，不能计入共同海损总额。

A. 船、货各方共同海损的损失总额为：

轮机修理费	25 万美元
拖轮费及避难港费	5 万美元
被抛弃货物	20 万美元
共计	50 万美元

B. 船、货各方的共同海损分摊价值总额为：

船舶分摊价值	180 万美元
甲方分摊价值	40 万美元
乙方分摊价值	30 万美元
共计	250 万美元

C. 共同海损分摊率 = 50/250 = 0.2

船方共同海损分摊金额为：180×0.2＝36 万美元

甲方共同海损分摊金额为：40×0.2＝8 万美元

乙方共同海损分摊金额为：30×0.2＝6 万美元

（4）货物保险人的共同海损责任。通常，船舶保险合同和海上运输货物保险合同中都设有共同海损条款，保险人在保险合同下承担共同海损责任，具体体现为负责对被保险人的共同海损牺牲和费用和/或共同海损分摊的赔偿。这意味着，发生了共同海损，各方遭受到共同海损损失和应支付给其他各方的分摊金额，可以从保险公司获得赔偿。但不是所有按照共同海损理算规则进行分摊的金额都可以不折不扣地从保险公司获得赔偿。保险人对共同海损的赔偿责任有以下几个方面需要注意。

① 保险人赔偿的共同海损必须是承保责任范围内的损失，如果引起共同海损事故的原因不属于保险人承保的风险，那么由此而产生的共同海损牺牲、费用和分摊都要由被保险人自己承担。

② 保险人对共同海损的赔偿是以保险价值作为计算基础的。当保险标的的共同海损分摊价值等于或低于被保险价值时，保险人可以全额赔偿；相反，如果共同海损分摊价值高于保险价值时，视同发生了不足额保险，保险人只按保险价值与共同海损分摊价值的比例赔偿，其差额由被保险人自行承担。

③ 保险人在赔偿共同海损损失和费用后可以取得代位追偿权。

④ 在保险合同下，对于保险标的所遭受的共同海损牺牲，被保险人可直接要求保险人全部赔偿，而不必先向有关受益方索取共同海损分摊。被保险人赔偿后取得向其他受益方要求分摊的追偿权利。

（二）单独海损

单独海损（Particular Average）是指除共同海损以外的部分损失，即海上运输中由于海上风险直接导致的船舶或货物的部分损失。单独海损是仅涉及船舶或货物所有人单方面利益的损失，有两种表现形式：一是部分货物的全损；二是全部或部分货物以受损状态运抵目的地，即货物遭受贬值损失。

单独海损与共同海损的主要区别表现在以下几个方面。

（1）造成海损的原因不同。单独海损是承保风险所直接导致的船舶或货物损失；而共同海损不是承保风险所直接导致，而是为了解除或减轻共同危险而人为地造成的一种损失。

（2）承担损失的责任不同。单独海损的损失一般由受损方自行承担，而共同海损的损失由受益人的各方按受益大小的比例共同分摊。

保险人对于单独海损的赔偿限度视情况不同而不同。

（1）对于货物的部分全损，被保险人的赔偿限度是受损部分货物的保险价值或可保价值。

（2）全部货物或部分货物以受损状态到达目的地，要做的第一件事是计算货物的贬值率，根据贬值率，乘以货物的保险价值或可保价值，得出保险人的赔偿限额。贬值率等于货物在目的地完好状态的价值与受损价值的差额除以货物在目的地的完好价值。即：

$$保险人的赔偿限额＝贬值货物的保险价值×\frac{货物完好到达价值－货物实际到达价值}{货物完好到达价值}$$

为确定损失而发生的检验费用的负担与损失的负担方相同，就是说如果损失可以得到保险人赔偿，则检验费用也可以获得赔偿；如果保险人对损失不负赔偿责任，那么检验费用需要被保险人自己承担。

第三节 海运货物保险承保的费用

保险货物在遭遇了保险责任范围内的事故以后，除了货物本身受到损毁会导致经济损失外，还会产生费用方面损失，这就是海上费用（Maritime Charges），这种费用保险人也予以赔偿。海上费用包括施救费用和救助费用。

一、施救费用

施救费用（Sue and Labour Charges）又称诉讼及营救费用，是指当被保险货物遭受保险责任范围内的灾害事故时，被保险人或其代理人或受被保险人雇佣的人为了避免或减少损失，采取各种抢救与防护措施所支出的合理费用。为鼓励被保险人对受损货物积极采取抢救措施，减少灾害事故对被保险货物的损坏和影响，防止损失进一步扩大，减少保险赔款的支出，世界各国的保险法规或条款一般都规定，保险人对被保险人所支付的施救费用负责赔偿。赔偿金额以不超过该批货物的保险金额为限。

但是，保险人对施救费用的赔偿是有条件的：

（1）施救费用必须是合理的和必要的；

（2）施救费用必须是为了防止或减少承保风险造成的损失所采取的措施而支出的费用；

（3）施救费用是由被保险人及其代理人、雇佣人所采取措施而支出的费用；

（4）施救费用的赔偿不考虑措施是否成功。

二、救助费用

救助费用（Salvage Charges）指当被保险财产遭受承保范围内的灾害事故时，除保险人和被保险人以外的无契约关系的第三者采取救助措施，获救成功以后，被救方向救助的第三者支付的报酬。

（一）救助合同与救助报酬

海上救助中，救助人与被救助人之间为明确双方的权利与义务，一般都在救助开始之前或在救助过程中订立救助合同（口头或书面）。救助合同有两种：一种是雇佣性救助合同；另一种是"无效果、无报酬"救助合同。

雇佣性救助合同的特点是，无论救助是否有效，均按约定的标准给付救助费用，同时救助工作在遇难船舶的指挥之下进行。雇佣性救助合同在实际中应用较少，一般只适用于遇险船舶距离港口不远，只需拖带作业的场合。"无效果、无报酬"救助合同的特点是，救助费用是在救助完成之后，根据救助的效果、获救财产的价值、救助工作的难度和危险程度，以及救助工作时间和耗费的费用等，通过协商或仲裁来确定，但最多不超过获救财产的价值。如果救助最终没有效果，便不给报酬。

（二）保险人对救助费用的责任

在各国的海商法或保险法规中，救助费用一般也由保险人负责赔偿。保险人对救助费用的赔偿限度标准如下：

（1）以获救财产的价值为限；

（2）对于救助财物的过程中又救助了人命，总的救助报酬会有所增加，保险人对这种费用给予赔偿，但是对于单纯救助人命的救助报酬，保险人不给予赔偿。

三、施救费用与救助费用的比较

1. 采取行为的主体不同

施救是由被保险人及其代理人等采取的行为，也就是自救行为；救助是保险人和被保险人以外的第三者采取的行为。

2. 保险人赔偿的条件不同

对于施救费用，无论行动是否取得效果，保险人对于合理支出的施救费用都会进行赔偿；而对救助费用是在救助行为取得效果的前提条件下，保险人才会赔偿被保险人支付的救助报酬。

3. 保险人的赔偿限度不同

保险人对施救费用可以在赔偿保险货物本身损失金额以外，最多再赔偿一个保险金额；而保险人对救助费用的赔偿责任是以不超过获救财产的价值为限，也就是说，救助费用与保险货物本身损失的赔偿金额两者相加，不超过货物的保险金额。

4. 在是否是共同海损费用方面不同

救助行为一般总是与共同海损相联系，因而救助费用往往是共同海损费用的一部分；而施救费用的支出往往只是为了被保险人一方的利益，这种情况下不能计入共同海损费用中去。

【案例导读】

亨利号货轮的遭遇

1999 年 10 月 20 日，我国 A 公司与国外 B 公司签订购买 52 500 吨饲料的 CFR 合同。A 公司开出信用证，装船日期为 2000 年 1 月 1 日至 10 日。由于 B 公司租来运货的"亨利号"在开往某外国港口运货途中遭遇飓风，结果 2000 年 1 月 20 日才完成装船。承运人在取得 B 公司出具的保函的情况下，签发了与信用证条款一致的提单。航行途中，"亨利"号起火，造成部分饲料烧毁。船长命令灌水救火的时候又造成部分饲料湿毁。由于船在装货港口的延迟，使得货物到港的时候遇到饲料价格下跌，A 公司出售余下的饲料时遭受了很大的损失。

上述案例是一个典型的共同海损案件，根据有关国际惯例和法规：

（1）途中烧毁的饲料不是共同海损，根据 CFR 术语，此时货物风险已转移到 A 公司，因此货物损失属于 A 公司的单独海损；

（2）船舶和货物遭受了共同危险，船长为共同安全，有意又合理地造成了部分饲料的湿毁，属于共同海损，由 A 公司和船方共同承担；

（3）因为承运人延迟装船又倒签提单，因此应对买方的损失负责；

（4）承运人可以根据 B 公司出具的保函向其追偿。

复习思考

1. 解释推定全损、共同海损、单独海损的概念。

2. 单独海损和共同海损有什么联系和区别？

3. 某载货船舶舱面上载有500台收割机。航行途中遭遇恶劣气候，其中200台被海浪打入海中，并导致船舶由于载重失衡而发生严重倾斜，为了避免倾覆的危险，船长下令将其余的300台收割机抛入海中，避免了翻船事故。分析前后两次的收割机损失各属于什么性质？

4. 一批出口货物投保海运货物保险，装载该批货物的货轮在航行途中发生了火灾，船长下令灌入海水灭火。事后查明该次事故的损失如下：（1）200箱货物被完全烧毁；（2）300箱货物有烟熏痕迹，还遭受水渍，但没有火烧痕迹；（3）100箱货物包装起火被扑灭，但有严重的水渍损失；（4）400箱被灌入的海水浸泡，遭受水渍损失。分析上述损失分别属于什么性质，原因是什么。

5. 有货轮装载的货物中包括一批活的牲畜，保险单承保由于任何原因导致的牲畜的死亡。航行途中载货船舶遭遇到罕见的暴风雨，由于能见度低，船身擦到礁石而产生严重裂缝，主机失去动力，情况危急。船长雇佣了一条拖船将船舶拖入避难港，为此支付了6 000美元的拖带费用。因航行时间延长，为维持牲畜的生命，必须购买饲料进行喂养，花费3 000美元。试分析这两笔费用分别属于单独海损还是共同海损，是施救费用还是救助费用，保险人对这两笔费用是否给予赔偿？

第十三章

【学习目标】

通过本章的学习，学生需理解并掌握我国海洋货物运输保险的承保责任范围、除外责任、责任起讫、被保险人义务及索赔期限等条款的内容及法律意义；熟悉伦敦保险协会海运货物保险险别与条款。

【学习要点】

1. 我国海运货物保险的基本险由平安险、水渍险和一切险组成，附加险包括一般附加险和特殊附加险。另外我国针对某些特殊货物制定了专门险，包括海洋运输冷藏货物保险和海洋运输散装桐油保险。

2. 附加险不能单独投保，可在投保一种基本险的基础上，根据货运需要加保其中的一种或若干种。一切险中已包括了所有一般附加险的责任范围，而特殊附加险需要单独加保。

3. 责任起讫亦称保险期间或保险期限，是指保险人承担责任的起讫时限。同国际保险市场习惯一样，我国海洋货物基本险的保险期限一般也采用"仓至仓"的原则。

4. 伦敦保险协会海运货物保险条款主要包括 ICC（A）、ICC（B）、ICC（C）、协会战争险条款、协会罢工险条款（货物）、恶意损害险条款。

海运货物保险险别与条款

在国际贸易中，货物一般都要经过长途运输、装卸和储存等环节，遇到各种风险而遭受损失的可能性较大。为了在货物遭受损失时能得到经济补偿，就需办理货物运输保险。中国人民保险公司为适应我国对外经济贸易发展需要，根据我国保险业务实际情况，参照国际保险市场做法，制定了"中国保险条款"（China Insurance Clauses，CIC），我国进出口货物一般都采用中国保险条款。不过在世界海上保险业务中，英国所制定的保险规章制度具有悠久历史，特别是保险单和保险条款对世界各国影响颇大。目前世界上大多数国家在海上保险业务中直接采用英国伦敦保险协会所制定的"协会货物条款"。

第一节 我国海运货物保险险别与条款

我国现行的海洋货物运输保险条款是在 1981 年 1 月 1 日修订的，由基本险、附加险和专门险构成。基本险又称主险，可以单独投保，被保险人必须投保基本险，才能获得保险保障。附加险则是不能单独投保的险别，它必须在投保基本险的基础上才可以投保。基本险所承保的主要是自然灾害和意外事故所造成的货物损失或费用，附加险承保的是外来风险所造成的货物损失或费用。基本险又由平安险、水渍险和一切险组成，附加险包括一般附加险和特殊附加险。另外我国针对某些特殊货物制定了专门险，包括海洋运输冷藏货物保险和海洋运输散装桐油保险。

一、基本险

海洋货物运输保险分为三个险别，即平安险、水渍险和一切险。投保人可以根据需要选择其中任何一个险别投保。当被保险货物遭受损失时，保险人按照保险单载明的投保人投保的险别所规定的责任范围，负赔偿责任。

（一）平安险（Free from Particular Average，简称 F. P. A.）

平安险原文含义为"单独海损不赔"，平安险承保以下八项责任。

（1）被保险货物在运输途中由于恶劣气候、雷电、海啸、地震、洪水等自然灾害造成整批货物的全部损失或推定全损。

本条中恶劣气候是一种自然灾害，它不是一般的、常见的、可预测的气候条件，而是船舶在海上偶然遭受的不常见的、未能预测不可抗拒的气候条件，它足以使船舶破裂、倾覆、浸水，使货物潮淋、倒垛、散包。另外，在不同时间、不同地点，恶劣气候的构成标准也有所不同。例如，在冬季的太平洋水域的航线上，气候条件一般均为风力 8 级以上，浪高 10 米，此时的气候条件虽然恶劣，但却是可以预防的，也即不是一种自然灾害，故不构成本条款中所指的恶劣气候。如果被保险货物因此受损，则保险人不负责赔偿。而在春季的太平洋水域航线上，气候条件一般均为风力 2～3 级，浪高 2～3 米，如果船舶在海上突然遭受风力 8 级，浪高 10 米的气候条件，则构成本条款所指的恶劣气候，因此造成被保险货物的损失，保险人负责赔偿。除此之外的其他自然灾害如霜冻等，造成被保险货物的损失，保险人概不负责赔偿。

本条款中的整批货物是指一张保单载明的货物全部损失或推定全损；或者一张保单项下分类保额的货物全部损失或推定全损；或者同一张保单承保了多张提单项下的货物则每一张提单项下的货物全部损失或推定全损视为一个整批；以及被保险货物用驳船运

往或运离海轮的，每一驳船所装的全部货物视为一个整批。

本条款保险人仅负责赔偿因上述自然灾害造成整批被保险货物的全部损失，即整批被保险货物全部毁损或永远失去有效的占有或无法回复原状或丧失原来的性质。而对整批被保险货物的部分损失，即整批被保险货物的一部分，而非全部发生损害，保险人不负赔偿责任。

（2）由于运输工具遭受搁浅、触礁、沉没、互撞、与流冰或其他物体碰撞以及失火、爆炸等意外事故造成货物的全部或部分损失。

（3）在运输工具已经发生搁浅、触礁、沉没、焚毁意外事故的情况下，货物在此前后又在海上遭受恶劣气候、雷电、海啸等自然灾害所造成的全部或部分损失。

本条是指在运输工具发生搁浅、触礁、沉没、焚毁这四种意外事故之际，随之又在海上遭受恶劣气候、雷电、海啸这三种自然灾害，造成被保险货物的部分损失，保险人也负赔偿责任。如果货物在上述意外事故发生之前或者虽在上述意外事故发生以后，但运输工具已完全脱险，在正常的海上运输过程中又遭受上述自然灾害所造成被保险货物的部分损失，保险人不负赔偿责任。

（4）在装卸或转运时由于一件或数件甚至整批货物落海造成的全部或部分损失。

本条是为了鼓励被保险人积极施救保险货物而规定保险人对一件或数件整件被保险货物全部落海以后施救被保险货物遭受的部分损失，也负赔偿责任。但是，如果由于一件或数件整件货物全部落海所致的被保险货物的全部损失或部分损失，保险人不负赔偿责任。

（5）被保险人对遭受承保责任范围内危险的货物采取抢救，防止或减少货损措施而支付的合理费用，但以不超过该批被救货物的保险金额为限。

为了避免或减少应由保险人赔偿的损失而由被保险人、其雇佣人员或代理人采取必要措施而合理支付的费用，保险人负责赔偿。但为了被保险人自己的方便或本身的利益，或为了避免或减少并非由保险人承保的风险所引起的被保险货物的损失所采取的措施而支出的费用，保险人不负赔偿责任。

本条款规定的费用的最高限额为被保险货物的保险金额，这是由保险人在被保险货物的保险金额之外另行支付的费用。如果保险金额低于保险价值，即在不足额保险的情况下，除保险合同另有规定外，本条规定的费用应按保险金额与保险价值的比例支付。

（6）运输工具遭遇海难后，在避难港由于卸货所引起的损失，以及在中途港、避难港，由于卸货、存仓以及运送货物所产生的特别费用。

本条中海难是海上风险的一种，它是海上固有的风险，但并非包括航海所发生的一切灾难或意外事故，海难仅是指海上意外事故，如沉没、碰撞、触礁、飓风及一般偶发的灾难，而火灾、爆炸、战争、海盗、抢劫、盗窃、抛弃船长和船员的不法行为等均不是海难。

（7）共同海损的牺牲、分摊和救助费用。

这一项责任是指保险人在平安险项下，不但承担遭受共同海损牺牲的货物损失的赔偿责任，还承担货主分担的共同海损分摊以及救助费用损失。本条款保险人只负责赔偿共同海损的牺牲和分摊部分，而不是全部。当共同海损经审核成立时，被保险货物本身因共损造成的损失，保险人可先行赔付而不由被保险人向其他共损利益方索取分摊。保险人赔付共同海损内的损失以后，有权从船方、运输方等其他利益方摊回共损理算数额，但仅以已经赔付的数额为限。

（8）运输契约订有"船舶互撞责任"条款，根据该条款的规定应由货方偿还船方的损失。

船舶互撞责任条款规定：如提单订有"船舶互撞责任条款"，则必须由被保险人付比例责任时，保险人可以赔偿。由于一般提单均订有承运人对船长、船员在航行或管理船舶上的行为或疏忽免责条款，货主不能向其承运人索赔，促使货主向对方船只索取百分之百的赔偿。对方船在赔付货主百分之百损失后，按《1910年同一船舶碰撞若干法律规定的国际公约》的规定：船舶碰撞互有责任时，两船上的货物损失由过失船舶各按过失程度比例赔偿，向承运船摊回一部分损失金额。承运人为了维持自身的利益，在提单中加进了船舶互撞责任条款，规定货主应向承运人退还其从对方船获得承运过失比例的赔款。平安险的这一条款规定对于货物所有人（被保险人）应该向承运人退回的损失，可由保险人负责赔偿。

（二）水渍险（With Particular Average，简称 W. A.）

水渍险的承保责任范围是：

（1）平安险承保的全部责任水渍险均给予承担；

（2）被保险货物由于恶劣气候、雷电、海啸、地震、洪水等自然灾害所造成的部分损失。

（三）一切险（All Risks）

一切险的承保责任范围是：

（1）水渍险承保的全部责任一切险均给予承保；

（2）一切险还负责被保险货物在运输途中由于外来风险所致的全部或部分损失。

外来风险并非一切风险。它不是必然发生的，而是被保险货物以外的外部因素导致其受损。如果被保险货物的自然属性、内在缺陷引起的自然损耗，就不是外来原因致损，而属于内在的必然损失。另外，外来风险也不是不问原因对一切外来因素引起的危险所致的损失，保险人都负责赔偿。因为，内因都是受到外因的影响才起变化的。如鱼粉、煤炭的自燃就是其本身的特性受到外界气候、温度等的影响后才发生的，本条款所指外来原因必须是意外的、事先难以预料的，不是必然出现的。

本条款中外来原因是指一般的外来风险，即仅仅包括下列11种附加险：偷窃、提货不着险，淡水雨淋险，短量险，混杂玷污险，渗漏险，碰损、破碎险，串味险，受潮受热险，钩损险，包装破裂险，锈损险。而特殊的外来风险，如与本条款互为补充的6种特殊附加险，即交货不到险、进口关税险、舱面货物险、拒收险、黄曲霉素险、出口货物到香港（包括九龙在内）或澳门存仓火险责任扩展风险，以及上述提及的自然风险等均不包括在一切险责任范围内，需要单项逐一加保。

（四）基本险除外责任

除外责任（Exclusion）是指保险公司明确规定不予赔偿的损失和费用范围，一般都有属非意外的、非偶然性的或须特约承保的风险。为了明确保险人承保海运保险的责任范围，中国人民保险公司《海洋运输货物保险条款》中对海运基本险别的除外责任有下列几项。

（1）被保险人的故意行为或过失所造成的损失。

本条的"被保险人的故意行为或过失"，在法律上的故意行为系指明知自己的行为可能造成损害结果，而仍希望其结果发生或放任这种结果的发生；过失系指应当预见自己的行为可能发生损害结果，却因为疏忽大意而没有预见或者已经预见但轻信能够避免，以致发生这种损害结果，如因被保险人的故意行为或过失造成以下情况：被保险人未能及时提货而造成的货物损坏或者货损后向承运人追偿成为不可能；被保险人没有及时申请检验而致使货损扩大；被保险人租用不适航船舶或是租用资信不良的承运人的船舶导致货物损坏或是货损后向承运人追偿成为不可能；被保险人没有及时申请检验而致使货损扩大；被保险人参与海运欺诈或对海运欺诈知情却未及时采取措施以避免或减少损失等保险公司均不负赔偿责任。

（2）属于发货人的责任引起的损失；保险责任开始前，保险货物已存在的品质不良或数量短差所造成的损失。

发货人责任系指由于发货人的故意行为或过失行为而引起的货损。例如，因发货人责任造成以下情况：发货人租用不适航船舶或是租用资信不良的承运人的船舶导致货物损坏或是货损后向承运人追偿成为不可能；发货人提供的货物品质不良、申报不实、包装不足、标志不清、货物原装短量以及发货人未履行售货合同的有关规定而引起的货损；集装箱运输下，整箱发运的集装箱按 CY/CY 运输方式；由发货人装箱所引起的短装、积载不当、错装及所选用的集装箱不适合所造成的损失；发货人凭保函向承运人换取清洁提单（该情况一经证实，保险人将免除一切责任）；发货人参与海运欺诈或对海运欺诈知情却未及时采取措施以避免或减少损失等保险公司均不负赔偿责任。

（3）被保险货物的自然损耗、本质缺陷、特性以及市价跌落、运输延迟所引起的损失和费用。

货物的自然损耗系指因货物自身特性而导致的在运输途中必然会发生的损失，如粮谷、豆类含水量蒸发而导致的自然短重，油脂类货物在油舱、油管四壁沾留一层油而造成的短量损失等。本质缺陷系指货物本身固有的缺陷，即指货物发运前已经存在的质量上的瑕疵。货物特性系指在没有外来原因或意外事故的情况下，在运输过程中，货物自身性能变化引起的损坏，如水果腐烂、面粉发热、发霉，砂糖发潮结块、煤炭自燃、氧化发白等。市价跌落系保险人无法控制的一种商业风险，是本保险的除外责任。运输延迟系指由于运输过程中的种种原因致使货物未能在明确约定的时间内，在约定的卸货港交付；由于运输延迟而导致的货损，保险公司一概不负赔偿责任，即使延迟是由保险风险所引起的。

（4）战争险和罢工险条款承保的责任范围和除外责任。

（五）责任起讫

1. **责任起讫——仓至仓条款**（Warehouse to Warehouse Clause，W/W Clause）

责任起讫亦称保险期间或保险期限，是指保险人承担责任的起讫时限。同国际保险市场习惯一样，我国海洋货物基本险的保险期限一般也采用仓至仓的原则。中国人民保险公司的仓至仓条款主要包括以下内容。

（1）本保险负"仓至仓"责任，自被保险货物运离保险单所载明的起运地仓库或储存处所开始运输时生效，包括正常运输过程中的海上、陆上、内河和驳船运输在内，直至该项货物到达保险单所载明目的地收货人的最后仓库或储存处所或被保险人用作分配、分派或非正常运输的其他储存处所为止。如未抵达上述仓库或储存处所，则以被保险货物在最后卸载港全部卸离海轮后满六十天为止。如在上述六十天内被保险货物需转运到非保险单所载明的目的地时，则以该项货物开始转运时终止。

（2）由于被保险人无法控制的运输延迟、绕道、被迫卸货、重行装载、转载或承运人运用运输契约赋予的权限所作的任何航海上的变更或终止运输契约，致使被保险货物运到非保险单所载明的目的地时，在被保险人及时将获知的情况通知保险人，并在必要时加缴保险费的情况下，本保险仍继续有效，保险责任按下列规定终止。

① 被保险货物如在非保险单所载明的目的地出售，保险责任至交货时为止，但不论任何情况，均以被保险货物在卸载港全部卸离海轮后满 60 天为止。

② 被保险货物如在上述 60 天期限内继续运往保险单所载原目的地或其他目的地时，保险责任仍按上述第①款的规定终止。

2. 对"仓至仓"责任的理解

1）保险责任的开始

（1）货物在保险单载明起运地发货人仓库尚未开始运输时所受的损失，保险公司不负责任。

（2）货物一经运离上述发货人仓库，保险责任即告开始，保险公司按照货物所保险别规定的责任范围予以负责。

（3）货物运离发货人仓库，不是直接装船，而是先放在承运人机构如外贸运输公司的仓库里等候装船，在这个期间，货物遭受到保险责任范围内的损失，保险公司予以负责。

（4）货物在装船前存放在港区码头仓库待运期间，如果发生损失，已出保险单或已办投保手续的，保险公司按保险单负责。

（5）有些外贸公司在港区码头设有专用仓库，货物从该外贸公司市内仓库等候装船，虽然同为发货人仓库，但后者并非"仓至仓"条款所指的起运仓库，应视作承运机构仓库性质，如发生保险责任的损失，也应负责。

（6）若发货人自己没有固定的仓库，而是临时租用承运机构仓库或是港区码头仓库，直接将货物集中储于上述仓库等候装船，则上述仓库应视为发货人仓库，货物储存期间发生损失，不属于保险责任。

2）保险责任的终止

（1）正常运输情况下。

被保险货物从海轮卸载完毕后满 60 天，或者发生下述情况时，保险责任即告终止，两者以先发生的为准。这里所指的 60 天，是按一张保单所保货物的最后一件卸下海轮的当天午夜 12 时起算。

① 保险单目的地为卸载港，被保险人提货后运到他自己位于卸载港的仓库，保险责任即告终止，如果被保险人将货物分散卖给其他几个商人，则一经提货保险责任即行终止；在提货后分运到其他几个商人的仓库的过程中发生损失，保险公司不再负责。

② 保险单目的地为卸载港，货物实际上是运到内陆的，收货人在该卸载港设有仓库，则货物一经进入其代理人或受托人的仓库，应视作被保险人的最后仓库，保险责任

即告终止；但货物存在港口、码头、海关等临时性运输仓库中，不能视作最后仓库，仍应负责，要等到货物进入前述的代理人、受托人仓库，保险责任才告终止；若货物从港口、码头、海关等临时性运输仓库直接起运到内陆目的地，则当货物进入这些仓库时，责任即行终止；若被保险人将港口、码头、海关等临时性运输仓库用作分配、分派货物的临时储存处所，在其中整理、分组发运货物，则货物一经进入此类仓库，保险责任即行终止；若被保险人在卸载港没有仓库，而是租用港口、码头、海关等临时性运输仓库储存货物，在此种情况下，上述仓库应视为被保险人的最后仓库，货物一经运入这些仓库，保险责任即告终止；以上多种情况，其保险期限，都不得超过从海轮卸货的60天。

③ 保险单目的地为内陆，则被保险货物一经运入被保险人内陆目的地仓库，保险责任即告终止；如被保险货物需转运到非保险单所载明的目的地时，则保险责任以该项货物开始运转时终止。

④ 保险单目的地为内陆，当货物运抵内陆目的地以前，被保险人在途中某个仓库将货物分运到内陆几个目的地或几个仓库，则该仓库应当作被保险人的最后仓库，保险责任以货物运抵该仓库时终止。

⑤ 货物运抵保险单载明目的地以后，又续运到其他地方发现损失，由于保险责任已经终止，保险公司不负责任。

（2）非正常运输情况下。

被保险货物在运输途中不再运往原卸载港，即在中途某个港卸下后，不再运往目的地，以被保险货物从海轮卸载完毕后满60天或者发生以下情况时终止，两者以先发生的为准。

① 被保险货物一经进入任何用于储存该批货物的仓库或是其他储存处所，保险责任即行终止。

② 被保险货物在运输途中，由于被保险人无法控制的情况，发生运输延迟、绕道、被迫卸货、重装、装载或承运人运用运输契约赋予的权限所作的任何航海上的变更或终止运输契约，致使被保险货物运到非保险单所载明目的地时，则被保险货物一经运入任何用于储存该批货物的仓库或是其他储存处所，保险责任即行终止；但被保险人获知上述情况后，经通知保险公司，由保险公司根据加收适当保险费后，原保险继续有效，保险责任按下述规定终止：

A. 被保险货物如在非保险单所载明的目的地出售，保险责任至交货时为止；

B. 被保险货物如在卸离海轮60天以内继续运往保险单所载原目的地或其他目的地时，保险责任仍按正常运输下的有关责任终止的规定终止。

3. 应注意的问题

值得注意的是，"仓至仓条款"具备如此性质，往往使一般人产生误解，认为只要采用了此条款，无论在任何阶段发生的保险风险，其损失都可由保险公司赔偿。这种认识的局限性往往导致进出口企业的经济损失，使得运输货物在某阶段的损失得不到保险公司的赔偿。究其原因，主要是人们忽视了因贸易风险的转移引起的保险利益的变化。其中的主要问题如下。

首先，进出口公司要得到运输货物的保险赔偿，必须同时具备四个条件：第一，所发生的风险是在保险责任范围之内；第二，所遭受的损失与发生的风险之间具有直接的因果关系；第三，在保险标的遭受风险时，索赔人对其具备保险利益，即货物损失与索赔人之间存在利害关系；第四，依照"仓至仓条款"，被保险货物遭损的时间和地点是在保险期间之内。这四个条件须同时具备，缺少其中任何一个，索赔人都不会得到赔偿。

其次，依照国际贸易习惯，买卖双方在海上运输中的风险，一般是以货过船舷为界限来划分的。即货物装船前的风险由卖方承担，装船后的风险由买方承担，所以货物在装船前对卖方具有保险利益，装船之后转移到对买方具有保险利益。如前所述，不具备保险利益则得不到保险赔偿，因此，尽管"仓至仓条款"涵盖全部运输过程，若损失在装船前发生则索赔权仅在卖方，若损失在装船后发生则索赔权大都转到了买方。

再次，依照国际贸易习惯，不同的贸易价格条件，买卖双方所承担的权利义务也不同。仅就办理保险而言，CIF 和 CFR 价格条件成交的业务，由卖方依照双方在合同中的约定办理保险。但如果保险公司出具的货物运输保险单是以买方为被保险人，尽管采用"仓至仓条款"，卖方在装船前的货物风险在此保单项下因不具备保险利益仍然得不到保障。

最后，根据我国习惯做法，进口公司往往采取与国内直接用户订立销售合同的方法将进口货物转卖并由直接用户到港口提货。若该购销合同规定为舱底或港口交货，如处理不当就会使得因货物所有权的及早转移，本来可以依照"仓至仓条款"一直使保险责任延续至内地仓库的海上货物运输保险单失去可靠的保障性。

那么，进出口企业应如何巧妙利用"仓至仓条款"才能做到既节省费用又使自己的利益得到充分保障呢？

第一，在出口公司投保海洋运输货物保险时，应将自己作为被保险人，然后将保险单背书转让给国外进口商。这样可以利用外商付来的保险费，充分运用"仓至仓条款"的承保范围，在不另付保险费、不需另办保险的情况下，使自己在装船前阶段的风险得到了保障。

第二，进出口公司在办理运输货物保险时，要将所托货物在装卸海港通过陆上、水上运输延到内地阶段的风险合并在一张远洋运输货物保险单中投保。对此，保险人一般都可按客户需求承保，而且保险价格也会得到优惠。这样，可避免对海运过程的两端延伸到内地阶段另外购买保险，费用可节省一半至三分之二。应当特别注意的是，保险单中从内地到港口，又从港口到内地，起讫地点一定要表述清楚准确，以免产生漏保或责任纠纷。

第三，若进口货物由国内用户或国内贸易公司接货并集中运往内地，进口公司除了应按前述将内地段的运输与远洋运输一并投保货物保险外，进口公司除了应按前述将内地段的运输与远洋运输一并投保货物保险外，进口公司还应注意将提单和保险单及时转让给国内直接用户或贸易公司，使得在"仓至仓"范围内应享受的保险保障得以继续。

第四，进出口公司应注意"仓至仓条款"的时间界限，尽量在条款规定的时间范围内完成运输任务，如货物在港口停留时间不能超过 60 天。另外，在中途要对货物出售或分配分派，货物抵达出售或分派地点之后，则超出了"仓至仓条款"的范围，需另行购买保险。

（六）被保险人的义务

被保险人应按照以下规定的应尽义务办理有关事项，如因未履行规定的义务而影响保险人利益时，保险公司对有关损失有权拒绝赔偿。

（1）当被保险货物运抵保险单所载明的目的港（地）以后被保险人应及时提货，当发现被保险货物遭受任何损失，应即向保险单上所载明的检验、理赔代理人申请检验，如发现被保险货物整件短少或有明显残损痕迹应立即向承运人、受托人或有关当局（海关、港务当局等）索取货损货差证明。如果货损货差是由于承运人、受托人或其他有关方面的责任所造成的，并应以书面方式向他们提出索赔，必要时还须取得延长时效的认证。

（2）对遭受承保责任内危险的货物。被保险人和保险公司都可迅速采取合理的抢救措施，防止或减少货物的损失，被保险人采取此项措施，不应视为放弃委付的表示，保险公司采取此项措施，也不得视为接受委付的表示。

（3）如遇航程变更或发现保险单所载明的货物、船名或航程有遗漏或错误时，被保险人应在获悉后立即通知保险人并在必要时加缴保险费，本保险才继续有效。

（4）在向保险人索赔时，必须提供下列单证：保险单正本、提单、发票、装箱单、磅码单、货损货差证明、检验报告及索赔清单。如涉及第三者责任，还须提供向责任方追偿的有关函电及其他必要单证或文件。

（5）在获悉有关运输契约中"船舶互撞责任"条款的实际责任后，应及时通知保险人。

（七）索赔期限

索赔期限亦称索赔时效，是被保险货物发生保险责任范围内的风险与损失时，被保险人向保险人提出索赔的有效期限。中国人民保险公司《海洋运输货物保险条款》规定索赔期限为2年、自被保险货物运抵目的港全都卸离海轮之日起计算。

依照以上条文规定，货物运输保险的请求赔偿期限在2年之内。但是在实际工作中，如货损事故的发生原因涉及第三者责任，该条规定就值得引起保险人与被保险人的重视。因为保险责任范围内的事故原因一旦涉及第三者责任，保险人赔付被保险人后必须向有关责任方进行追偿。对于海上货物运输保险来说，如货损原因涉及承运人和船方责任，根据《海牙规则》第3条第6款规定："除自货物交付之日或应交付之日起一年以内已经提起诉讼外，在任何情况下，承运人和船舶都被解除其对灭失或损害的一切责任。"该条明确规定了向承运人和船舶的索赔及诉讼期限为一年，否则追偿权失效。由此可见，如果发生了货损，被保险人如不及时通知保险公司并提出索赔，不但会影响保险人及时开展对损失的调查和了解事实真相，致使因调查的延迟而丧失更有利的证据，也不利于保险人及时协助被保险人抢救被保险财产，而且更会使追偿及诉讼权失效，从而有可能使被保险人的损失得不到任何赔偿。

二、附加险

附加险可分为一般附加险和特殊附加险，附加险不能单独投保，可在投保一种基本险的基础上，根据货运需要加保其中的一种或若干种。投保了一切险后，因一切险中已包括了所有一般附加险的责任范围，所以只需在特殊附加险中选择加保。

（一）一般附加险

现在主要包括 11 种。

（1）偷窃、提货不着险：本条款保险人对被保险货物在保险有效期内被偷窃，以及被保险货物在运抵目的地以后，整件未交给被保险人所致的损失负责赔偿。整件提货不着必须是没有原因、没有踪迹提货不着。被保险人有义务及时提货，如果发生被保险货物因偷窃致损，向保险人或保险单载明的检验理赔代理人申请检验（一般是提货后十天内）；如果因整件被保险货物提货不着，必须向责任方取得整件提货不着的书面证明，否则保险人不负赔偿责任。

（2）淡水雨淋险：被保险货物在保险有效期内，直接由于淡水、雨淋所造成的全部损失或部分损失，保险人负责赔偿。但包装外部应有淡水或雨水痕迹或其他适当证明，同时，被保险人必须及时提货，并在提货后十日内向保险人或保险单载明的检验理赔代理人申请检验，否则保险人不负赔偿。淡水是与咸水（即海水）相对而言的，淡水包括船上淡水舱、水管漏水及船汗等。由于平安险和水渍险只负责咸水不负责淡水所致的损失，因此，这一险种是在此基础上的扩大。

（3）短量险：本险种负责被保险货物在运输过程中发生的数量短少及重量的损失。对有包装货物的短少，必须有外包装发生异常的现象，如破口、裂袋、扯缝等。对散装的货物则往往以装船重量和卸船重量之间的差额作为计算短量的依据，但不包括正常的途耗。如提单载明的重量为发货人提供的重量，与船方水尺重量不一致时，则以船方水尺重量为装船重量。对某些大量的不合理的短少现象，被保险人必须提供被保险货物装船前的重量证明。

（4）混杂玷污险：被保险货物在运输途中，因混进了杂质致损，如矿砂、矿石等混进了泥土、草屑等因而使质量受到影响，以及被保险货物因为和其他物质接触而被玷污致损，如布匹、纸张、食物、服装等，被油类或带色的物质污染而引起的损失，保险人负责赔偿。

（5）渗漏险：本险中一般是指流质、半流质的液体物质和油类物质，在运输过程中因为容器损坏而引起的渗漏损失，以及用液体装存的物质，如湿肠衣、酱渍菜等因为液体渗漏而使肠衣、酱菜等发生腐烂、变质所致的损失，保险人负赔偿责任。

（6）碰损、破碎险：碰损主要是对金属、木质等货物来说的。例如，搪瓷、钢精器皿、大理石等在运输途中，因为受到震动、颠簸、挤压等造成货物本身的凹瘪、脱漆、划痕等损失。破碎则主要是对易碎物质来说的，例如，陶器、瓷器、玻璃器皿、大理石等在运输途中由于装卸粗鲁、运输工具的震颤等造成货物本身的破裂、断碎等损失。鉴于水渍险责任范围对自然灾害或运输工具遭遇意外事故所引起被保险货物的碰撞和破碎损失均已负责，故本保险系扩大承保一切外来原因所致的碰损、破碎损失。

（7）串味险：被保险货物，如食用物品、中药材、化妆品原料等在运输过程中，因为受到其他物品的气味影响而造成的串味损失，保险人负责赔偿。如茶叶、香料、药材在运输途中受到一起堆储的皮张、樟脑等异味的影响使品质受到损失，或因装载在未清洗干净的船舱里，受到船舱中遗留的异味的影响使品质受到损失。

（8）受潮受热险：被保险货物的损失必须是在运输过程中发生的，直接致损原因是船舱内水汽凝结、发潮、发热，而船舱内水汽凝结、发潮、发热必须是在运输过程中，因气温突然变化，或由于船上通风设备失灵导致的。如果不是因气温突然变化或船上通风设备失灵导致的船舶内水汽涨结、发潮、发热造成被保险货物的损失，保险人不负赔偿责任。

本条中气温突然变化是一种突发性的、不能预料的、无法抗拒的自然天气变化或意外事故。例如，船舶在航行途中，由于气温骤变，或者因为船上通风设备失灵使得舱内水汽凝结、发潮、发热引起所保可可白脱的溶化。

(9) 钩损险：被保险货物在装卸过程中因为使用手钩、吊钩等钩类工具造成的损失，以及对包装进行重新更换、修补所支付的合理费用，保险人负责赔偿。例如，捆装棉布因使用手钩钩破，包装粮食因吊钩钩坏麻袋而粮食外漏。

(10) 包装破裂险：本险种承保被保险货物在运输过程中因搬运或装卸不慎致包装破裂所造成的损失，以及为继续安全运输的需要，对包装进行修补或重新更换包装所支付的合理费用，保险人负责赔偿。如果是因包装不良等其他原因，致包装破裂所造成的被保险货物损失，保险人不负责赔偿。

(11) 锈损险：被保险货物在运输过程中因为生锈造成的损失，保险人负责赔偿，但这种生锈必须是在保险有效期内发生的。如果被保险货物在保险有效期发生以前就已存在，则保险人不负赔偿责任。一般来说，对裸装的金属板、块、条、管等是不保此险的，因为这些裸装货物几乎必然生锈。

(二) 特殊附加险

1. 交货不到险 (Failure to Delivery)

交货不到险的承保责任是：被保险货物从装上船时开始，如果在预定抵达日期起满六个月仍不能运到原定的目的地交货，则不论何种原因，保险公司均按全部损失赔偿。"交货不到"同一般附加险中的"提货不着"是有区别的。偷窃提货不着险承保整件货物短交的损失，其短交损失可能是由于承运人或者其他第三者责任方在运输过程中的疏忽所致，但按照运输契约等规定，可以享受豁免的部分。交货不到险承保的货物损失往往不是运输上的原因，而是由于政治上的原因造成的。例如，巴以武装冲突期间的禁运或者在中途港被另一国强迫卸货等，但对运输险和战争险项下的损失不予负责。

此外，交货不到险的投保人必须出示进口货物所需的所有许可证件，以免因无证不准进门而交货不到；但偷窃提货不着险的投保人则不需要出具上述证件，因为该险通常与政治风险无关。在偷窃提货不着险中，保险公司一般根据承运人的业务能力、管理水平、运输航线等因素厘定费率；而在交货不到险中，保险人考虑的主要因素是运输货物的目的地所在国家或地区政治形势及有关情况等。

另外，这个险别的承保责任范围在某些方面同提货不着险和战争险存在重复，凡提货不着险及战争险应负责的损失，本险不予负责。至于交货不到，很可能是被保险货物并未实际遭受损失，因此，保险人在按全损赔付时都特别要求被保险人将货物的全部权益转移给自己。

2. 拒收险 (Rejection Risk)

拒收险是指保险公司对被保险货物因在港被进口国有关当局拒绝进口或没收予以负责，并按照被拒绝进口或没收货物的保险价值赔偿。但投保这项保险时，投保人必须提供货物进口所需的进口许可证和限额等一切手续，这些手续都齐全，保险人才接受投保。假若被保险货物起运后，进口国宣布实行任何禁止或禁运，保险公司仅承担赔偿运回到出口国或转口到其他目的地所增加的运费，但最多不超过该批货物的保险价值。

243

应该注意的是，保险公司对下列原因造成的任何损失均不负赔偿责任：①违反上述条款中的任何一款；②市价跌落；③被保险货物记载的错误，商标或标记的错误，贸易合同或其他文件发生的错误或遗漏；④违反产地国有关当局关于出口货物的有关规定；⑤在被保险货物起运前，进口国已宣布实行禁运或禁止。

3. 舱面险（On Deck Risk）

舱面险承保装载在舱面上的货物由于保险事故而导致的损失和货物因被抛弃或因风浪冲击落水的损失。在海上运输的货物，无论是干货船、散装船，一般都是装在舱内的。在制定货物运输的责任范围和费率时，都是以舱内运输作为考虑基础的。如果货物是装在舱面的，保险公司对此不能负责。但是有些货物由于体积大、有毒性或者有污染性，根据航运习惯必须装载于舱面，为了解决这类货物的损失补偿，就产生了附加舱面险。由于货物装载在舱面风险很大，加保该附加险后，保险人除了按基本险责任范围承担保险责任外，还要依舱面货物险对舱面货物被抛弃或风浪冲击落水的损失予以赔偿，所以保险人一般只在平安险的基础上加保舱面险。此外，由于现在广泛应用的集装箱运输的船舶设备优良，抗风险能力强，所以虽然集装箱按习惯一般可以装载在舱面上，但保险业界一般也都将其视为装在舱内的货物，不需加保舱面险即可得到保障。

4. 进口关税险（Import Duty Risk）

进口关税险是一种特殊附加险。当进口货物因保险责任范围内的原因受损或短缺，在目的港被保险人仍需按完好价值十足交税时，保险人对该项货物损失部分的进口关税损失负责赔偿。其保险金额根据可能缴纳的税款确定。有些国家规定，不管货物在抵达目的港时是否完好，均需按发票上载明的货物价值征收关税。而在国际贸易中，货物在进口前运输途中很有可能会受到损坏，价值减少，如按完好价值纳税就会导致一定的损失，进口关税险就承保这类损失。但保险人赔付这类损失有一个前提条件：被保险货物在运输途中所受到的损失必须属于保险责任的范围之内。

5. 黄曲霉素险（Aflatoxin Risk）

黄曲霉素是一种带有毒性的物质，发霉的花生、大米经常含有这种毒素，如果这种毒素的含量超过进口国规定的限制标准时，就会被进口国拒绝进口、没收或强制改变用途。黄曲霉素险就是承保货物的这类损失。该险别实际上是一种具体针对黄曲霉素的拒收险。按该险条款规定，经保险人要求，被保险人有责任处理被拒绝进口或强制改变用途的货物或者申请仲裁。

6. 出口货物到香港（包括九龙在内）或澳门存仓火险责任扩展条款（Fire Risk Extension Clause For Storage of Cargo at Destination HongKong, Including Kowloon, or Macao，简称 F. R. E. C.）

这是一种扩展存仓火险责任的特别附加险。它对于被保险货物自内地出口运抵香港（包括九龙）或澳门，卸离运输工具，直接存放于保险单载明的过户银行所指定的仓库期间发生火灾所受的损失，承担赔偿责任。该附加险是一种保障过户银行权益的险种。因为，货物通过银行办理押汇，在货主未向银行归还贷款前，货物的权益属于银行，所以，在该保险单上必须注明过户给放款银行。

相应地，货物在此期间到达目的港的，收货人无法提货，必须存入过户银行指定的仓库。从而，保险单附加该险条款的，保险人承担火险责任。该附加险的保险期限，自被保险货物运入过户银行指定的仓库之时起，至过户银行解除货物权益之时，或者运输责任终止时起满 30 天时止。若被保险人在保险期限届满前向保险人书面申请延期的，在加缴所需保险费后可以继续延长。

7. 海上货物运输战争险（War Risk）

海上货物运输战争险是特殊附加险的主要险别之一，是保险人承保战争或类似战争行为导致的货物损失的特殊附加险。被保险人必须投保货运基本险之后，才能经特别约定投保战争险。战争险的承保责任范围包括：

(1) 直接由于战争、类似战争行为、敌对行为、武装冲突或海盗行为等所造成运输货物的损失；

(2) 由于上述原因所引起的捕获、拘留、扣留、禁制、扣押等所造成的运输货物的损失；

(3) 各种常规武器（水雷、炸弹等）所造成的运输货物的损失；

(4) 由本险责任范围所引起的共同海损牺牲、分摊和救助费用。但由于敌对行为使用原子或热核制造的武器导致被保险货物的损失和费用不负责赔偿；或根据执政者、当权者，或其他武装集团的扣押、拘留引起的承保航程的丧失和挫折而提出的任何索赔不负责赔偿。

战争险的责任起讫采用"水面"条款，以"水上危险"为限，是指保险人的承保责任自货物装上保险单所载明的起运港的海轮或驳船开始，到卸离保险单所载明的目的港的海轮或驳船为止。如果货物不卸离海轮或驳船，则从海轮到达目的港当日午夜起算满 15 日之后责任自行终止；如果中途转船，不论货物在当地卸货与否，保险责任以海轮到达该港可卸货地点的当日午夜起算满 15 天为止，等再装上续运海轮时，保险责任才继续有效。

8. 海上货物运输罢工险（Strikes Risk）

海上货物运输罢工险是保险人承保被保险货物因罢工等人为活动造成损失的特殊附加险。罢工险的保险责任范围包括：

(1) 罢工者、被迫停工工人或参加工潮暴动、民众斗争的人员的行动所造成的直接损失，恐怖主义者或处于政治目的而采取行动的人所造成的损失；

(2) 任何人的敌意行动所造成的直接损失；

(3) 因上述行动或行为引起的共同海损的牺牲、分摊和救助费用。海洋运输货物罢工险以罢工引起的间接损失为除外责任，即在罢工期间由于劳动力短缺或不能运输所致被保险货物的损失，或因罢工引起动力或燃料缺乏使冷藏机停止工作所致冷藏货物的损失。其责任起讫采取"仓至仓"条款。罢工险与战争险的关系密切，按国际海上保险市场的习惯，保了战争险，再加保罢工险时一般不再加收保险费；如仅要求加保罢工险，则按战争险费率收费。所以一般被保险人在投保战争险的同时加保罢工险。

三、海洋运输货物专门保险

(一) 海洋运输冷藏货物保险（Ocean Marine Insurance Frozen Products）

1. 责任范围

本保险分为冷藏险和冷藏一切险两种。

1) 冷藏险

冷藏险的承保责任范围是：

（1）被保险货物在运输途中由于恶劣气候、雷电、海啸、地震、洪水等自然灾害或由于运输工具遭受搁浅、触礁、沉没、互撞、与流冰或其他物体碰撞以及失火、爆炸意外事故或由于冷藏机器停止工作连续达二十四小时以上所造成的腐败或损失。

（2）在装卸或转运时由于一件或数件整件货物落海所造成的全部或部分损失。

（3）被保险人对遭受承保责任内危险的货物采取抢救、防止或减少货损的措施而支付的合理费用，但以不超过该批被救货物的保险金额为限。

（4）运输工具遭遇海难后，在避难港由于卸货所引起的损失以及在中途港、避难港由于卸货、存仓以及运送货物所产生的特别费用。

（5）共同海损的牺牲、分摊和救助费用。

（6）运输契约订有"船舶互撞责任"条款，根据该条款规定应由货方偿还船方的损失。

2) 冷藏一切险

除包括上列冷藏险的各项责任外，本保险还负责被保险货物在运输途中由于外来原因所致的腐败或损失。

2. 除外责任

除上述海洋运输险除外责任外，还包括：

（1）被保险货物在运输过程中的任何阶段，因未存放在有冷藏设备的仓库货运输工具中，或辅助运输工具没有隔温设备造成的货物腐败；

（2）被保险货物在保险责任开始时因未保持良好状态，包括整理加工和包扎不妥，冷冻上的不合规定及骨头变质所引起的货物腐败和损失。

3. 责任起讫

（1）本保险责任自被保险货物运离保险单所载起运地点的冷藏仓库装入运送工具开始运输时生效，包括正常运输过程中的海上、陆上、内河和驳船运输在内，直至该项货物到达保险单所载明的最后卸载港三十天内卸离海轮，并将货物存入岸上冷藏库后继续有效。但以货物全部卸离海轮时起算满十天为限。在上述期限内货物一经移出冷藏库，则责任即行终止，如卸离海轮后不存入冷藏库，则至卸离海轮时终止。

（2）由于被保险人无法控制的运输延迟、绕道、被迫卸货、重行装载、转载或承运人运用运输契约赋予的权限所作的任何航海上的变更或终止运输契约，致使被保险货物运到非保险单所载明目的地时，在被保险人及时将获知的情况通知保险人，并在必要时加缴保险费的情况下，本保险仍继续有效。保险责任按下列规定终止。

① 在货物到达卸载港三十天内卸离海轮并将货物存入岸上冷藏仓库后继续有效，但以货物全部卸离海轮后时起算满十天终止。在上述期限内，被保险货物如在非保险单所载明目的地出售，保险责任至交货时为止。

② 被保险货物如在上述十天期限内继续运往保险单所载原目的地或其他目的地时，保险责任仍按上述第①款的规定终止。

4. 赔款的处理

（1）本保险对同一标记和同一价值的或不同标记但是同一价值的各种包、件、扎、块，除非另有规定，均视作同一重量和同一保险价值计算处理赔偿。

（2）本保险的索赔时效，从被保险货物在最后卸载港全部卸离海轮后起计算，最多不超过两年。

（二）海洋运输散装桐油保险

1. 本保险赔偿责任

（1）不论任何原因所致被保险桐油短少、渗漏损失而超过本保险单规定的免赔率时（以每个油仓作为计算单位）。

（2）不论任何原因所致被保险桐油的玷污或变质损坏。

（3）被保险人对遭受承保险责任内危险的桐油采取抢救、防止或减少货损的措施而支付的合理费用，但以不超过该批被救桐油的保险额为限。

（4）共同海损的牺牲、分摊和救助费用。

（5）运输契约订有"船舶互撞责任"条款，根据该条款规定应由货方偿还船方的损失。

2. 除外责任

（1）被保险人的故意行为或过失所造成的损失。

（2）属于发货人责任所引起的损失。

（3）在保险责任开始前，被保险桐油已存在的品质不良或数量短差所造成的损失。

（4）被保险桐油的市价跌落或运输延迟所引起的损失或费用。

（5）本公司海洋运输货物战争险和货物运输罢工险条款规定的责任范围和除外责任。

3. 责任起讫

（1）本保险责任自被保险桐油运离保险单所载明的起运港的岸上油库或盛装容器开始运输时生效，在整个运输过程中，包括油管唧油，继续有效，直至安全交至保险单所载明的目的地的岸上油库时为止。但如桐油不及时卸离海轮或未交至岸上油库，则最长保险期限以海轮到达目的港后十五天为限。

（2）由于被保险人无法控制的运输延迟、绕道、被迫卸货、重行装载、转载或承运人运用运输契约赋予的权限所作的任何航海上的变更或终止运输契约，致使被保险桐油运到非保险单所载明目的港时，在被保险人及时将获知的情况通知保险人，并在必要时加缴保险费的情况下，本保险仍继续有效，保险责任按下列规定终止。

① 被保险桐油应在到达该港口十五天内卸离海轮，在卸离海轮后满十五天责任终止，如在前述期限内货物在该地出售，则在交货时终止。

② 被保险桐油如在上述十五天内继续运往保险单所载原目的地或其他目的地时，保险责任仍按上述第①款的规定终止。

4. 特别约定

（1）被保险人在起运港必须取得下列检验保证书，如不按照执行，则本保险不负桐油品质上的损失。

① 船上油仓在装油前必须清洁并经在场的商品检验局代表检验出具合格的证书。

② 桐油装船后的容量或重量和温度必须由商品检验局详细检验并出具证书，装船重量即作为本保险负责的装运量。

③ 装船桐油的品质还须由商品检验局抽样化验并出具合格证书，证明在装运时确无玷污、变质或"培他"（桐油损失专门名词）迹象。

（2）如遇本条款第3条（2）款必须卸货的情况时，在卸货前须进行品质鉴定并取得证书，对接受所卸桐油的油驳、岸上油库其他容器以及重新装载桐油的船舶油轮均须申请当地合格检验人进行检验，并取得证书。

（3）被保险桐油在运抵本保险单所载目的港后，被保险人必须在卸货前通知本保险单所指定的检验、理赔代理人，由他指定的检验人进行检验。确定卸货时油仓中的温度、容量、重量或量尺，并应由代理人指定的合格化验师一次或数次抽样化验，出具确定当时品质状况的证书。如到货后由油驳驳运，则油驳在装油前须经检验人检验出证。

5. 赔款的处理

（1）如被保险桐油经检验和化验证明已发生短少或损失时，必须同装船时的检验和化验报告相比较，估定损失数额。如发生全损，以上述第4条（1）款2项规定的装运量作为计算的标准。

（2）如根据化验报告中的鉴定被保险桐油品质上有变异时，本保险按实际所需的提炼费用（包括提炼后的短量、贬值、运输、人工、存仓、保险等各项费用）减去通常所需的提炼费用后差额赔付。

（3）一切检验和化验费用均由被保险人负担，但为了决定赔款数额而支付的必要检验和化验费用，可由保险人负担。

（4）本保险索赔时效，从被保险货物在最后卸载港全部卸离海轮后起计算，最多不超过两年。

第二节　伦敦保险协会海运货物保险险别与条款

在世界海运保险中，英国是一个历史悠久和业务比较发达的国家，长期以来，它所制定的各种保险规章制度，其中包括海运保险单格式和保险条款，对世界各国有着广泛的影响。目前，世界上有很多国家在海上保险业务中直接采用英国伦敦保险协会所制定的协会货物条款，简称ICC，或者在制定本国保险条款时参考或部分地采用上述条款。协会货物条款最早制定于1912年，为了适应不同时期法律、判例、商业、航运等方面的变化和发展，需要经常进行补充和修订，最后一次修订完成于1982年1月1日，并于1983年4月1日起正式使用，伦敦保险协会的海运货物保险条款主要有6种：

（1）协会货物条款（A）（Institute Cargo Clauses）（A），简称ICC（A）；

（2）协会货物条款（B）（Institute Cargo Clauses）（B），简称ICC（B）；

（3）协会货物条款（C）（Institute Cargo Clauses）（C），简称ICC（C）；

（4）协会战争险条款（Institute War Clauses Cargo）；

（5）协会罢工险条款（货物）（Institute Strikes Clauses Cargo）；

（6）恶意损害险条款（Malicious Damage Clauses）。

一、《协会货物条款》的承保风险与除外责任

（一）ICC（A）承保风险和除外责任

1. ICC（A）险的承保风险

本条款对承保风险的规定有一切风险减除外责任和列明承保险两种方法，ICC（A）

就是以一切风险减除外责任的形式出现，因为这一险别中承保的责任范围最大，采用除列明风险和损失之外，一切风险损失都予承保的规定，最为简单明了。

2. ICC（A）险的除外责任

（1）一般除外责任，如归因于被保险人故意的不法行为造成的损失或费用，自然渗漏、自然损耗、自然磨损、包装不当或准备不足造成的损失或保险标的内在缺陷或特性造成的损失或费用，直接由于延迟所引起的损失或费用，船舶所有人、经营人、租船人的经营破产或不履行债务造成的损失或费用，由于使用任何原子或热核武器所造成的损失或费用。

（2）不适航、不适货除外责任。所谓不适航、不适货除外责任，是指保险标的在装船时，如被保险人或其受雇人已经知道船舶不适航，以及船舶、装运工具、集装箱等不适货，保险人不负赔偿责任。

（3）战争除外责任，如由于战争、内战、敌对行为所造成的损失或费用，由于捕获、拘留、扣留等所造成的损失或费用，由于漂流水雷、鱼雷等武器所造成的损失或费用。

（4）罢工除外责任。由于罢工被迫停工所造成的损失或费用，由于任何恐怖主义者或任何出于政治目的所采取的行动。

通过分析一切险的承保范围和 ICC（A）所列的除外责任后，便会发现一切险与 ICC（A）的承保范围确实相似。但若仔细研究，两者仍然是有区别的。

一方面，CIC 一切险的责任范围总体上要大于 ICC（A）险。虽然 ICC（A）险条款承保保险标的损失和损害的一切风险，但其除外责任比 CIC 条款要宽得多。在 ICC 的除外责任中除了与 CIC 的相同之处外，还特别提到了因船舶所有人、经理人、承租人或经营人的破产或经济困境产生的损失、损害或费用；被保险人或者雇员有私谋时，船舶、驳船的不适航及船舶、驳船、运输工具、集装箱、托盘等不适运；任何人的错误行为对保险标的或其组成部分的蓄意损害或蓄意毁坏；恐怖分子或出于政治动机而行为的人员造损等。另外根据英国《海上保险法》（因为 ICC 受英国法律和惯例调整）55 条"……由于与鼠害与虫害最相近的原因造成的损失，保险人不负赔偿责任"的规定：ICC（A）险也不承保虫害和鼠害造成的损失。而我国的《海商法》和《保险法》并未有此规定，因此，一旦出现虫蚀鼠咬就有承担赔偿责任的可能，因为 CIC 一切险要负责赔偿运输过程中由于一般外来原因所致的除外责任以外的所有风险。

另一方面，ICC（A）险的责任范围在以下几点又要大于 CIC 一切险：①在 ICC（A）险的战争除外责任的规定中，将"海盗行为"排除在除外责任之外，说明 ICC（A）险对"海盗行为"的损失是负赔偿责任的，而 CIC 一切险只有加保战争险时才对"海盗行为"的损失予以负责，如未加保战争险是不予负责的；②在承保抛弃损失时，ICC（A）险承保的范围包括共同海损抛弃和非共同海损抛弃造成的损失，而 CIC 一切险只承保共同海损抛弃造成的损失。

（二）ICC（B）承保风险和除外责任

1. ICC（B）险的承保风险

本险别采用列明风险的形式，凡属列出的就是承保的，没有列出的，不论何种情况均不负责，这种方法明确、肯定，便于选择投保，便于处理索赔，凡归因于下列情况者均予承保：①火灾、爆炸；②船舶或驳船触礁、搁浅、沉没；③陆上运输工具碰撞出轨；④船舶、驳船或运输工具同水以外的外界物体碰撞；⑤在避难港卸货；⑥地震、火山爆发、雷电；⑦共同海损牺牲；⑧抛货或浪击落海；⑨海水、湖水或河水进入运输工具或储存处所；⑩货物在装卸时落海或跌落造成的整件全损。

2. ICC（B）险的除外责任

ICC（B）险的除外责任与 ICC（A）险的除外责任基本相同，只是对 ICC（A）险中的全部除外责任，因任何人故意损害或破坏、海盗等造成的损失或费用不负责。

从总体上来看，ICC（B）险承保的风险与 CIC 水渍险并无明显的差别，但就其列出的承保风险责任来说，以下三点是必须注意的。

（1）在 ICC（B）险承保范围中规定："货物在船舶或驳船装卸时落海或跌落造成任何整件的全损"，说明它对装卸时落海或跌落造成的整件全损负责赔偿，对部分损失是不予负责的。CIC 水渍险责任范围规定："在装卸或转运时由于一件或数件整件货物落海造成的全部或部分损失"，说明 CIC 水渍险对全损或部分损失都负赔偿责任，但对货物跌落岸上造成的损失不予负责。

（2）在 ICC（B）险的除外责任中，与 ICC（C）险规定相同，"由任何个人或数人非法行为故意损坏或故意破坏保险标的或其他任何部分"不负责赔偿。如要获得这些保障，同样需加保"恶意损害条款"。

（3）在自然灾害和意外事故的认定上两者不尽一致。自然灾害上，CIC 水渍险仅承保恶劣气候、雷电、海啸、地震和洪水造成的损失；ICC（B）险除了承保地震、闪电所造成的各种损失外，还对火山爆发、浪击落水和江、河、湖、海水浸染货物等造成的损失负责赔偿，但又不包括类似于海啸、恶劣气候和洪水等范畴。意外事故上，ICC（B）险除了包含 CIC 水渍险范围外，还新规定了一项内容，即陆上运输工具倾覆或出轨。

（三）ICC（C）的承保风险和除外责任

1. ICC（C）的承保风险

ICC（C）险的承保风险比 ICC（A）、ICC（B）险要小得多，它只承保重大意外事故，而不承保自然灾害及非重大意外事故，其具体承保风险是：①火灾、爆炸；②船舶或驳船触礁、搁浅、沉没；③陆上运输工具倾覆或出轨；④在避难港卸货；⑤共同海损牺牲；⑥抛货。

2. ICC（C）险的除外责任

ICC（C）险除外责任与 ICC（B）险的除外责任完全相同。

从以上来看，ICC（C）险的实际保障范围明显小于平安险，这可从以下三方面加以说明。

（1）CIC 平安险承保自然灾害所导致的货物的全部损失，虽已明确指出自然灾害造成的部分损失不赔，但对在运输工具已经发生意外事故的情况下，货物在此前后又在海上遭受自然灾害所造成的部分损失则赔。而 ICC（C）险中对自然灾害和一般性的意外事故均未列入责任范围，即对自然灾害如"地震、火山爆发、雷电"以及一般性的意外事故如"海水、湖水或河水进入船舶、驳船、运输工具、集装箱、大型海运箱或储存处所"所致的损失（无论是全部损失还是部分损失）都是不予赔偿的。

（2）CIC 平安险负责承保装卸时所造成的一件或数件或整件货物落海而致的全部或部分损失，而 ICC（C）险不承保货物装卸（避难港除外）时所造成的损失。

（3）在 ICC（C）险的除外责任中规定：对于由任何个人或数人非法行动故意损坏或故意破坏保险标的或其他任何部分不负赔偿责任。对"任何人"可以理解为包括被保险人及其他一切人的故意行为所造成的损失都是不负赔偿责任的，被保险人如要获得此保障，需加保新附加险"恶意损害条款"。而 CIC 的除外责任中规定对"被保险人的故意行为或过失所造成的损失"是不负赔偿责任的，说明我国条款仅限于被保险人（包括被保险人的代理人）的故意行为或过失造成的损失不予负责，而对其他人的故意行为造成的损失是负责赔偿的。

综上所述，ICC（A）条款的承保风险类似于我国的一切险，ICC（B）条款类似于水渍险，ICC（C）条款类似于平安险，但比平安险的责任范围要小一些。ICC 三种险别中保险人承保范围的差异可以参见表 13－1。

表 13－1　ICC 三种险别中保险人承保范围的比较

承　保　风　险	ICC（A）	ICC（B）	ICC（C）
（1）火灾、爆炸	√	√	√
（2）船舶、驳船的触礁、搁浅、沉没、倾覆	√	√	√
（3）陆上运输工具的倾覆或出轨	√	√	√
（4）船舶、驳船或运输工具同出水以外的任何外界物体碰撞	√	√	√
（5）在避难港卸货	√	√	√
（6）地震、火山爆发或雷电	√	√	√
（7）共同海损牺牲	√	√	√
（8）共同海损分摊和救助费用	√	√	√
（9）运输合同订有"船舶互撞责任"条款，根据该条款的规定应由货方偿还船方的损失	√	√	√
（10）投弃	√	√	√
（11）浪击落海	√	√	×
（12）海水、湖水或河水进入船舶、驳船、运输工具、集装箱、大型海运箱或储存处所	√	√	×
（13）货物在船舶或驳船装卸时落海或跌落，造成任何整体的全损	√	√	×
（14）由于被保险人以外的其他人（如船长、船员等）的故意违法行为所造成的损失或费用	√	×	×
（15）海盗行为	√	×	×
（16）由于一般外来原因造成的损失	√	×	×

说明：①"√"代表承保风险；"×"代表免责风险或不承保风险；
　　　②第 13 项即"吊索损害"，第 14 项即"恶意损害"。

（四）协会货物战争险的承保风险和除外责任

1. 承保范围（Risks Covered）

（1）战争、内战、革命、叛乱、颠覆，或由此引起的内乱，或交战国的或对抗交战国的敌对行为。

（2）上述第（1）条款引起的捕获、扣押、拘留、禁止或扣留及其后果，或这方面的任何企图造成的损失。

（3）遗弃的水雷、鱼雷、炸弹或遗弃的其他战争武器。

（4）由于承保的风险引起的共同海损牺牲、分摊和救助费用。

2. 除外责任（Risks Excluded）

协会货物战争险，其除外责任与协会条款（A）险一样，也包括（A）险所列的一般除外责任，即被保险人的故意行为、货物自然损耗、货物固有缺陷、延迟、船东破产和核武器等，以及不适航不适货除外责任。

战争险在除外责任中对敌对行为使用原子武器造成货物的损失有些变化。CIC和ICC都仅规定由于敌对行为使用原子武器等所致灭失或损害不负赔偿责任，但对由于非敌对行为使用原子武器等造成的灭失或损失必须负责。所谓"非敌对行为"主要指敌对双方以外的海轮遭受他们使用原子武器所造成的灭失或损害，保险人仍负赔偿责任。

（五）协会货物罢工险的承保风险和除外责任

1. 承保责任范围

（1）罢工者，被迫停工工人，参加工潮、暴动或民众骚乱人员造成的损失；

（2）恐怖主义者或出于政治目的采取行动的人造成的损失。

2. 除外责任

与战争险除外责任基本一样，也包括一般除外责任、船舶不适航不适货除外责任。在一般除外责任中，增加了两条：

（1）由于罢工、停工、工潮、暴动或民众骚乱造成劳动力缺乏、短少和扣押所引起的损失或费用；

（2）由于战争、内战、革命、叛乱或由此造成的内乱，或由交战力量引起的敌对行为所造成的损失。

协会货物的罢工险承保由于罢工引起的直接损失，对间接损失不承担责任。

（六）恶意损害险条款（Malicious Damage Clauses）

恶意损害险条款用于协会条款（B）险和（C）险的附加条款。因为协会货物（B）险和（C）险对于"由于任何个人或数人非法行动故意损坏或故意破坏保险标的或其任何部分"的损失或费用是不承担赔偿责任的，如果被保险人想获得这方面的保障，就可以附加这一条款。协会恶意损害险承保范围主要是对被保险人以外的其他人（如船长、船员等）的故意行为所致保险标的的灭失或损害负赔偿责任。但如果恶意损害是出于有政治动机的人的行为所致保险标的的损失，不属于本险别的保险责任。值得注意的是，协会货物（A）险中已经把恶意损害作为保险责任予以承保。

二、ICC的保险期限

（一）ICC（A）、（B）、（C）险条款的保险期限规定

协会货物（A）、（B）、（C）险保险期限的规定，主要反映在"运输条款"（Transit Clause）、"运输契约终止条款"（Termination of Contract of Carriage Clause）及"航程变更条款"（Change of Voyage Clause）之中。

（1）运输条款规定保险人对被保险货物应负"仓至仓"的责任，在被保险人无法控

制运输延迟、任何绕航、被迫卸货、重行装载、转运，以及船东或租船人行使运输契约赋予的权限所作的任何航海上的变更的情况下，保险仍继续有效。

（2）运输契约终止条款规定，如由于被保险人无法控制的情况，致使运输契约在非保险单载明的目的地或港或处所终止，或者运输按上述规定交货前终止，保险亦应终止，除非被保险人立即通知保险人并提出续保要求，并在必要时加缴保险费的情况下，保险继续有效，直到货物在这个卸载港口或处所出售和交货。但最长时间以不超过货物到达该港口或处所满 60 天为止。

（3）变更航程条款规定在保险责任开始后，如被保险人变更目的地，则在立即通知保险人并经另行商定保险费和保险条件的情况下，保险继续有效。

（二）ICC 战争险保险期限的规定

（1）在一般情况下，保险责任从货物装上起运港的船舶开始，到卸离目的港船舶至岸上为止，或者自船舶到达目的港当日午夜起算满 15 天为止。

（2）如果在中途港口转船，不论货物是否在当地卸载，保险责任以船舶抵达该港或卸货地点的当日午夜起算满 15 天为止，以后再装上船舶时恢复有效。

（3）在遭遇到由于浮在水面或沉在水下的遗弃水雷、鱼雷所造成的危险情况下，保险责任可延长到货物被装上驳船运往船舶或从船舶卸到驳船上为止，但最长不超过从船舶卸下后起算的 60 天。

（4）保险责任开始后，被保险人如果变更目的地，只要及时通知保险人，并另行商定保险费和保险条件。

（三）ICC 罢工险保险期限的规定

协会海运货物罢工险的保险期间同 ICC（A）、ICC（B）、ICC（C）险一样；采用"仓至仓"原则，保险人对货物从卖方仓库到买方仓库的整个运输期间负保险责任。

三、有关索赔和理赔条款

这一部分包括四个条款：可保利益条款、续运费条款、推定全损条款和增值条款。

（1）可保利益条款（Insurable Interest Clause）。该条款是根据原劳合社 S. G. 保险单格式中"无论灭失与否"条款的内容和英国 1906 年《海上保险法》的第 6 条规定而制定的：①在保险标的发生损失时，被保险人必须对保险标的具有可保利益；②即使保险标的在保险合同签订之前已经发生损失，但被保险人并不知道，他就有权要求保险人对发生的损失予以赔偿。

无论灭失与否条款（Lost or Not Lost Clause）。双方在签订保险合同时，一方面，保险标的实际上已经灭失，事后才被发现，保险人仍负责赔偿。另一方面，保险标的事实上已经安全到达目的港，事后才知道，保险人不退还已收取的保险费。无论灭失与否条款反映了过去海上交通运输缓慢，通信联络不便，船舶出海后，保险标的在途中是否发生灭失，船东货主不一定知道。在现代海上保险实务中，在信息高度发达的今天，这种情况不可能再次发生。因此，"无论灭失与否条款"的实际和实用意义不大。

（2）续运费条款（Forwarding Charge Clause）。该条款是对协会条款（A）险、（B）险和（C）险均适用的一个共同性条款。它规定在上述基本险的三种险别承保范围内，由于承保的风险造成运输航程在非保险单所载明的港口或处所终止，被保险人为将货物卸下、存仓和转运至保险单所载明的目的地所支出的运费及其他任何额外费用，均由保险人负责赔偿。不过，被保险人能否获得保险人的赔偿，取决于是否具备以下条件：

(1) 航程终止的原因必须属于承保风险；

(2) 发生的费用必须正当和合理；

(3) 这些费用必须不是由于被保险人及其雇佣人员的过失、疏忽、破产或不履行债务所引起的。

(4) 推定全损条款（Constructive Total Loss Clause）。该条款规定，只有保险标的物的委付是因为实际全损已不可避免，或因恢复、整理及运往保险单载明的目的地的费用必将超过其到达目的地的价值时，保险人才对推定全损给予赔付。

(5) 增值条款（Increased Value Clause）。该条款是根据货物贸易的特点，参照船舶保险中的增值条款而制定的。在叙述该条款的内容之前，有必要先解释一下增值的概念。一笔成交的货物，卖方按其保险价值投保的金额有可能低于买方期望在出售后得到的金额，二者之间的差额就叫作"增值"（Increased Value）。在这种情况下，买方往往希望将增值部分以与先前卖方投保时同样的条件加以投保。这种按保险标的物的保险价值投保后，再增加保险金额的保险，即为增值保险。

I. C. C. 为适应买方的上述需要列入这一增值条款，规定保险人可以同样条件对增值部分进行承保；在发生损失索赔时，以先前卖方投保的金额与买方就增值部分投保的金额相加作为计算赔款的基数，也就是说，保险人按增值保险的保险金额与两者相加的全部保险金额的比例来计算赔款。

四、其他条款

(一) 保险权益（Benefit of Insurance）

该部分只有"不得受益条款"（Not to Inure Clause）一条。它规定承运人或其他受托人不得享受本保险的权益，目的是为了不让承运人或其他受托人对其应负责的货物损失由于有本保险存在而享有权益，以免保险人在赔付被保险人的损失以后丧失代位求偿权。

(二) 减少损失（Minimizing Losses）

这一部分包括两个条款：被保险人义务条款和放弃条款。

(1) 被保险人义务条款（Duty of Insured Clause）。该条款规定被保险人及其雇员和代理人对保险项下的索赔承担如下义务：一是为避免或减少损失而应采取合理措施；二是保证保留和行使对承运人、受托人或其他第三者追偿的权利。保险人对被保险人因履行这些义务而支出的任何适当或合理费用给予补偿。

(2) 放弃条款（Waive Clause）。该条款规定：当保险标的发生损失时，被保险人或保险人为施救、保护或修复保险标的所采取的措施，不应视为放弃或接受委付，或影响任何一方的利益。

这一规定明确了保险双方中的任何一方对受损保险标的进行施救以后，另一方不能因此而认为对方已放弃了保险合同所规定的权利，也就是保险人不能把被保险人的施救行为看作是放弃委付权利，被保险人不能把保险人作出的减少保险标的的损失的措施看作为已接受委付，亦即放弃了以后拒绝接受委付的权利。

（三）防止延迟（Avoidance of Delay）

合理处置条款（Reasonable Dispatch Clause）规定：被保险人对其所投保的货物在发生事故后，必须在其力所能及的情况下，以合理的方式迅速处理。

【案例导读】

我某外贸公司与荷兰进口商签订一份皮手套合同，价格条件为 CIF 鹿特丹，向中国人民保险公司投保了一切险，生产厂家在生产的最后一道工序将经过高温处理的成品手套检验后，用牛皮纸包好装入双层瓦楞纸箱，再装入 20 尺的集装箱，货物到达鹿特丹后检验结果表明：全部货物湿、霉、变色、玷污，损失价值达 80 000 美元。据分析：该批货物的出口地不异常热，进口地鹿特丹不异常冷，运输途中无异常，完全属于正常运输，试问：（1）保险公司对该项损失是否赔偿，为什么？（2）进口商对受损货物是否支付货款，为什么？（3）你认为出口商应如何处理此事？

分析：

1. 保险公司对该批货物的损失不予赔偿。原因如下。根据中国人民保险公司《海洋货物运输保险条款》基本险的除外责任：在保险责任开始之前，被保险货物已存在品质不良或数量短少所造成的损失；被保险货物的自然损耗、本质缺陷、特性及市价跌落、运输延迟所引起的损失或费用保险公司不负责赔偿损失。在本案中，运输途中一切正常，货物发生质变不属于保险公司的责任范围，故保险公司对该批货物的损失不予赔偿。

2. 进口商应支付货款。因为本案中交货条件为 CIF，根据《2000 年国际贸易术语解释通则》中的解释，按 CIF 条件成交，买卖双方交货的风险界点在装运港的船舷，货物越过装运港船舷以前的风险由卖方承担，货物越过装运港船舷以后的风险由买方承担；另 CIF 是象征性交货，卖方凭单交货、买方凭单付款，即使货物在运输途中全部灭失，买方仍需付款，但如货物品质问题，可凭商检机构的检验证书向卖方索赔。

3. 出口商应对该批货物负赔偿责任，因为该批货物在运输途中并无任何风险导致损失，发生质变完全是因为生产工序问题，这属于货物的品质问题，故其应向买方负赔偿损失的责任。

复习思考

1. 我国海洋运输货物保险的三种基本险别范围有何区别？

2. 在国际保险业务中所使用的"仓至仓（W/W）条款"是什么意思？

3. 国际货物运输为什么要加保战争险？中国人民保险公司关于战争险的保险期限是如何规定的？

4. 请比较 CIC 和 ICC 保险条款。

5. 已投保海运险的出口货物，运出起运地仓库后存放在港口专用仓库里，这时发生火灾，保险公司是否赔偿损失？

6. 一批货物已投保了平安险，分装两艘货轮驶往目的港。一艘货轮在航行中遇暴风雨袭击，船身颠簸，货物相互碰撞而发生部分损失；另一艘货轮在航行中则与流冰碰撞，货物也发生了部分损失。请问：保险公司对于这两次的损失是否都应给予赔偿？

7. 上海某单位以 CIF 条件从国外进口某货物一批，卖方已代办了一切险。该批货物在上海卸货后，当晚在码头被偷窃。买方能否向保险公司要求赔偿？

8. 有一份 CIF 合同出售大米 50 吨，卖方在装船前投保了一切险加战争险，自南美内陆仓库起，直至英国伦敦买方仓库为止。货物从卖方仓库运往码头途中，发生了承保范围内的损失。问：当卖方凭保险单向保险公司提出索赔时，能否得到赔偿？若是买方向保险公司索赔，能否得到赔偿？若采用 FOB 或 CFR，卖方能否得到保险公司的赔偿？

9. 我国 A 公司按照 CIF 价格条件与某国 B 公司签订了一单 2 000 公吨食用糖的生意，投保一切险。由于货轮陈旧，速度慢，加上沿途尽量多装货物，停靠码头的次数和时间太多，而且要穿过赤道，结果航行了 3 个月才到达目的港。卸货后发现食用糖因为长时间受热，已经变质，根本无法出售。问这种情况保险公司是否应赔偿？为什么？

第十四章

【学习目标】

通过本章的学习，需掌握海运货物保险的投保与承保流程，险别的选择、保险费的计算以及投保单的填写；掌握索赔的方式以及索赔的主要流程；掌握保险单据的分类，熟悉保险单的填制。

【学习要点】

1. 选择投保险别一般要考虑货物的性质和特点、货物的包装、货物的用途与价值、运输方式、运输工具、运输路线等因素。

2. 保险金额（Insured Amount）是被保险人向保险公司申报的保险标的价额，是保险公司赔偿的最高限额，也是计算保险费的基础，而保险费＝保险金额×保险费率。

3. 索赔可以直接索赔，也可以间接索赔。一般要经过损失通知、查勘检验、收集各种资料，核实保险案情、分析理赔案情，确定责任、计算赔偿金额，支付保险赔偿等手续。

4. 按保险单的形式分，可分为保险单、保险凭证、联合凭证等，主要使用的是保险单。

5. 如果投保人需要更改保险合同的内容，须向保险人提出申请，经保险人同意后出具批单。保险单的转让需要背书。

海运货物保险实务

第一节　海运货物保险的投保与承保流程

国际货物运输保险的投保，是指投保人向保险人提出申请，将自己所面临的风险和投保的要求告知保险人，并表达订立保险合同的意愿。而保险的承保就是保险人根据投保人的请求，对符合条件的投保申请签发保险合同的过程。投保和承保是国际货物运输保险整个流程的基础，做好这项基础工作，对保护货物安全以及履行相关保险合同的义务和责任具有重要的意义。

一、海运货物保险的投保

国际货物运输保险应由卖方还是买方办理投保手续，主要取决于贸易合同中采用的贸易术语，如我国出口货物时，若采用 FOB、FCA 或 CFR、CFR 以及 EXW、FAS 术语时，投保手续由国外买方办理；若采用 CIF 或 CIP 术语时，则由我方办理投保手续。此外，采用 DES 等到达术语时，也应由我方自行办理投保手续。

（一）选择投保险别

保险公司承担的保险责任是以险别为依据的，不同的险别所承保的责任范围并不相同，其保险费率也不相同。例如，在我国海运货物保险条款的三种主险中，平安险的责任范围最小，水渍险次之，一切险最大，与此相对应，平安险的费率最低，水渍险次之，一切险最高。因此投保人在选择保险险别时，应该根据货物运输的实际情况予以全面衡量，既要考虑使货物得到充分保障，又要尽量节约保险费的支出，降低贸易成本，提高经济效益。

在国际货物运输保险业务中，选择何种险别，一般应考虑下列因素。

1. 货物的性质和特点

不同种类的货物，由于其性质和特点不同，在运输时即使遭遇同一风险事故，所致的损失后果往往并不相同。因此，投保人在投保时应充分考虑货物的性质和特点，选择适当的险别。例如，粮谷类商品（大米、豆类、玉米等）的特点是含有一定的水分，经过长途运输，可能会因水分蒸发而导致短量损失；如果途中被水浸湿，或是船上通风设备不良，船舱中湿气过大，则可能导致霉烂。因此，对于这类商品，海运时一般需投保一切险，或在水渍险的基础上加保受潮受热险及短量险，陆运时则需投保陆运一切险，或在陆运险的基础上加保短量险。又如服装等纺织品，容易受到水湿及玷污损失，所以海运需投保一切险，或在水渍险的基础上加保淡水雨淋险和混杂玷污险，陆运同样应投保与海运相当责任的险别。再如玻璃器皿、家具、大理石、水磨石的特点是比较容易碰损、破碎，因而可在投保平安险的基础上加保碰损破碎险。

2. 货物的包装

货物的包装方式会直接影响到货物的完好情况。散装货物，如大宗的矿石、矿砂，在装卸时容易发生短量损失，散装的豆类等还可能因混入杂质而受损；裸装货物，如卡车等，一般停放于甲板上并采取固定、防滑措施后进行运输，容易因碰撞或挤擦而出现表面凹瘪、油漆掉落等损失。因此，投保人应根据不同包装方式的特点选择适当的险别。

如果采用集装箱运输，货物在运输途中遭遇各类风险而导致损失的可能性就相对较低。但也可能因集装箱本身未清理干净而使货物玷污受损，或是因箱内货物堆放不妥而在运输途中出现碰损、混杂等损失，这就往往需要在平安险或水渍险的基础上加保碰损破碎险或混杂沾污险。另外对于特殊货物或者危险品要按照国际惯例包装，保险公司方同意承保；部分类型的货物，保险公司可能会提出监装监卸。

3. 货物的用途与价值

货物的用途各有不同。一般而言，食品、化妆品及药品等与人的身体、生命息息相关的商品，由于其用途的特殊性，一旦发生污染或变质损失，就会全部丧失使用价值，因此，在投保时应尽量考虑能得到充分全面的保障。例如，茶叶在运输途中一旦被海水浸湿或吸收异味即无法饮用，失去使用价值，故应投保一切险。

价值的高低对投保险别的选择也有影响。对于古玩、古画、金银、珠宝及贵重工艺品之类的商品，由于其价值昂贵，而且一旦损坏对其价值的影响会很大，所以应投保一切险，以获得全面保障。而对于矿石、矿砂等建材类商品，因其价值低廉，也不易受损，故海运一般仅需在平安险的基础上加保短量险即可，陆运则可投保陆运一切险加保短量险。

4. 运输方式、运输工具、运输路线

货物通过不同运输方式、采用不同的运输工具进行运输，途中可能遭遇的风险并不相同，可供选择的险别也因运输方式而各异。根据我国的货物运输保险条款，货物采用的运输方式不同，其适用的保险险别也不同。不同的运输工具将会影响保险的费率，如飞机运输的费率就低于汽车运输的费率，并且运输工具的状况及承运人的经验也会影响保险费率，需要特别指出的是：在船舶运输中，如果超过 15 年的船舶，要老船加费；承载危险品，需用专门运输危险品的船舶。所以应根据不同的运输方式和运输工具选择适用的保险险别。

运输路线的长短和货物的损失也有一定的关系，一般而言，运输路线越长，所需的运输时间越长，货物在运输途中可能遭遇到的风险越多；反之，运输路线越短，货物可能遭遇到的风险就越少。如从上海港海运一批大米到日本，由于只有 2～3 天的航程，大米在途中发霉的可能性很小。但如果目的地为法国马赛，由于航程为 1 个月左右，大米在运输途中就很可能因气候变化、船舱通风设备不畅等原因导致受潮受热而发霉。另外，运输过程中经过的区域的地理位置、气候状况及政治形势等也会对货物的安全运输产生影响。如船舶在经过赤道地带时，有些商品（如粮谷类）很可能因气候潮湿炎热而致发霉变质，而有些商品（如鱼粉），则可能因为燃点低而发生自燃。此外，货物如果不是直达运输而需在中途转道，由于增加了装卸、搬运等操作，也会使人为损坏的风险增加。因此，投保人应根据运输路线的不同选择合适的保险险别。

5. 运输季节和港口（车站）等其他因素

货物运输季节不同，也会对运输货物带来不同的风险和损失。如冬季运送橡胶制品，货物可能出现冻裂损坏；而夏季运送水果，则极易出现腐烂现象。投保人应根据不同季节的气候特点来选择险别。再者，装货港（车站）、卸货港（车站）及运输工具中途停靠的港口（车站）条件的不同，运送能力、装卸设备、安全设施、管理水平及治安状况等方面所存在的差异，也会影响货物在装卸及存放时发生货损、货差的可能性。例

如，有的港口由于设备陈旧、管理松懈，货物在装卸时包装破裂的可能性将大大增加。又如，有的港口、车站的治安情况不好，货物在港口、车站仓库暂时存放期间遭遇偷窃损失的可能性较大。又如经过的区域政局动荡，或是正发生内战，货物遭受意外损失的可能性自然也会增加。因此，投保人在投保时，应事先了解装卸地及中转地港口（车站）的情况，根据需要加保必要的险别。

（二）确定保险金额和保险费

1. 保险金额

保险金额（Insured Amount）是被保险人向保险公司申报的保险标的价额，是保险公司赔偿的最高限额，也是计算保险费的基础。在保险货物发生保险责任范围内的损失时，保险金额就是保险人赔偿的最高限额。因此，投保人投保运输货物保险时一般应向保险人申报保险金额。保险金额原则上应与保险价值相等，但实际上也常出现不一致的情况。保险金额同保险价值相等称为足额保险（Full Insurance）。被保险人申报的保险金额小于保险价值，就是不足额保险（Under Insurance）。在此情况下，保险货物发生损失时，保险人按保险金额与保险价值的比例承担补偿责任，对此，我国《海商法》在第二百三十八条中专门规定。被保险人申报的保险金额大于保险价值，就是超额保险（Over Insurance）。在不定值保险情况下，超额部分通常是无效的，保险人只按照保险价值赔付。

在出口业务中，海运保险的保险金额以 CIF 价为基础，并适当加成以补偿贸易过程中支付的各项费用（手续费、利息、往来函电费）及利润损失。故保险金额为 CIF×（1＋保险加成率）。由此可见，投保海运保险后，一旦货物遭遇保险事故损失，被保险人不但可以收回货款、运费、保险费及其他开支，还能获得正常的预期利润的补偿，得到较充分的保障。

在实际业务中，投保加成率通常为 CIF 价的 10％。但如果有的交易贸易利润比较高，进口商所提出的投保加成率大于 CIF 价的 10％，如为 CIF 价的 30％，经过保险双方的协商，保险人综合考虑货物在当地的价格、进口商的资信及其所在地区等情况后，如果认为风险较小，一般同意接受投保人提出的高于 10％ 的加成率。在具体业务中，为防止被动，如国外进口商要求较高的保险加成率，出口方应事先征求保险人意见，保险人表示同意后才能接受买方的保险条件。

保险金额的确定以 CIF 价或 CIP 价为基础。若进口方报的是 CFR 价或 CPT 价，却要求出口方代为办理货运保险，或是要求改报 CIF 价或 CIP 价，应先把 CFR 价或 CPT 价转化为 CIF 价或 CIP 价，然后再计算保险金额。

在进口业务中，按双方签订的预约保险合同承担，保险金额按进口货物的 CIF 货值计算，不另加减，保费率按"特约费率表"规定的平均费率计算；如果 FOB 进口货物，则按平均运费率换算为 CFR 货值后再计算保险金额，其计算公式如下：

FOB 进口货物：保险金额＝［FOB 价×（1＋平均运费率）］/（1－平均保险费率）

CFR 进口货物：保险金额＝CFR 价/（1－平均保险费率）

2. 保险费

投保人按约定方式缴纳保险费（Premium）是保险合同生效的条件。保险费率（Premium Rate）是由保险公司根据一定时期、不同种类的货物的赔付率，按不同险别和目的地确定的。保险费则根据保险费率表按保险金计算，其计算公式是：保险费＝保险金额×保险费率。

保险费率可以在保险公司制定的费率表中查到。保险公司制定的费率表一般包括普通货物费率表、指明货物费率表和进口特约费率表三种。

（1）普通货物费率表：包括出口普通货物费率表（见表14-1）和进口普通货物费率表（见表14-2）。所有自我国出口至世界各地货物或由世界各地进口到我国的货物的费率，均按本费率表计算，这是投保人缴付的基本保险费率标准。对于出口目的地除我国港澳台地区外均为国家名称，对内陆国家包括该国的任何一个城市，对有海岸的国家均指该国各港口，如需从港口转运到内陆还须按转运内陆加费的规定加费。

表 14-1　出口货运海运保险普通货物费率表示例

洲别	目 的 地	平安险	水渍险	一切险
亚洲	日本、韩国，以及内地出口至港、澳、台	0.08	0.12	0.25
	约旦、黎巴嫩、巴林、阿拉伯、阿拉伯联合酋长国、菲律宾	0.15	0.20	1.00
	尼泊尔、阿富汗、也门			1.50
	泰国、新加坡等其他国家			0.60
欧洲、美国、加拿大、大洋洲		0.15	0.20	1.50
中、南美洲		0.15	0.25	1.50
阿尔巴尼亚、罗马尼亚、波兰、保加利亚、匈牙利、捷克、斯洛伐克、独联体等国家		0.15	0.25	1.50
非洲	埃塞俄比亚、坦桑尼亚、赞比亚、毛里求斯、布隆迪、象牙海岸、贝宁、刚果、安哥达、佛得角群岛、卢旺达	0.20	0.30	2.50
	加拿利群岛、毛里塔尼亚、冈比亚、塞内加尔、尼日利亚、利比里亚几内亚、乌干达			3.50
	其他			1.00

表 14-2　进口货运海运保险普通货物费率表示例

地 区	平安险 F.P.A	水渍险 W.A	一切险 A.R.
韩国、日本，以及港、澳、台至内地	0.08	0.12	0.25
大洋洲及亚洲国家和地区	0.10	0.15	0.35
加拿大、美国、欧洲	0.15	0.20	0.45
非洲及中南美洲	0.20	0.25	0.50

（2）指明货物费率表：指明货物费率是针对某些易损货物加收的一种附加费率，如在指明货物费率表中列明的货物，承保一切险时还须加上指明货物费率计算保险费，有特殊规定的按特殊规定计收。指明货物按货物大类划分为粮油食品及土畜产类、轻工品类、纺织品类、五金矿产类、工艺品类、机械设备类、化工品类、危险品类等货物，同时在备注栏内注明免赔率、附加条款等有关规定。保险人在承保此类商品或与此同类的商品的一切险时，均应在一般货物费率的基础上再按该费率的规定加收保险费。需要说明的是出口货物和进口货物保险均有指明货物费率表，但内容和费率不一样（见表14-3、表14-4）。

表14-3　出口轻工品类指明货物费率表示例

货　物	加　费	备　注
洗衣机、空调器、录音机、收音机、扩音机、照相机、闪光灯、幻灯机、闹钟、钢琴、手风琴	0.50	
电冰箱、电视机、放映机	1.00	
电子管、各种灯具	2.00	
栀灯、汽灯、热水瓶	2.00	
纸张制品	0.50	扣破碎免赔率5％
玻璃器皿类、灯泡、陶瓷卫生洁具类	2.50	
瓷砖	4.00	扣破碎免赔率5％
窗玻璃	6.00	

表14-4　进口轻工品类指明货物费率表示例

货　物	加　费	备　注
机动车辆及拖车	0.15	
仪器、仪表、电子设备、集成电路、数字电压表	0.25	
彩色电子放大机、电子速焊机集成电路	0.20	
雷达设备、传感器、测定仪、X光机、医疗器械	0.20	
大型电子计算机设备、数显系统、测试系统、阴极射线管	0.25	
电缆、氟弧焊电源	0.10	
电器用品（电视、录音、录像、空调、冰箱、洗衣机等）、照相机、X光胶片	0.35	
玻璃器皿、显像管、显微镜镜头	0.40	

（3）进口特约费率表：特约费率表主要用在同保险公司签订有预约保险合同的各种进出口公司的保险业务中。它将货物分为机械类、成套设备类、精密仪器类、五金矿产类、化工类、土产畜产品类、轻工业品类、纺织品类、工艺品类、粮油食品类等大类。它不分国别和地区，对某一大类商品只规定一个费率，有的也不分货物和险别，实际上是一种优惠的平均费率（见表14-5）。

表14-5　进口特约费率表（成套设备类商品）示例

货物名称或种类	保险险别	平均保险费率
1. 有包装成套设备（包括有包装的五金钢材）	一切险、战争险	0.02％
2. 裸装成套设备（包括裸装五金钢材）	水渍险、战争险	0.02％
3. 旧成套设备	水险险、战争险、（不包括任何原因锈损）	0.20％
4. 装在舱面的超大件设备	平安险、战争险加舱面险	0.20％

需要说明的是，在实际业务中，保险人制定的保险费率并不是绝对的计费标准。随着国际保险市场供求关系和市场竞争的变化，实际费率也在经常变化。至于根据投保人的情况，承保数量的多少，给予不同的折扣则更是习惯做法。另外，在大多数国家，大

部分保险业务是通过经纪人或代理人办理的，保险人需支付一定的佣金或代理费，也是保险人实际确定费率时考虑的因素。所以，在实际业务中，保费的确定，要以保险公司的最后计算为准。

例如，一批货物由青岛港出口，商品总金额为 CIF 20 000 美元，保险金额按 CIF 总金额加 20%，投保一切险（保险费率为 1.5%）及战争险（保险费率为 0.05%），经查商品属于指明货物，加费费率为 1.0%。试计算投保人应付的保险费。

解：保险费＝20 000×(1＋20%)×(1.5%＋0.05%＋1.0%)

＝612(美元)

（三）办理具体投保手续

1. 出口货物填写投保单

如果是我方投保，则根据合同或信用证的规定，在备齐货物确定装船出运后，向保险公司填制一份"运输险投保申请单"，这是保险公司接受投保、出具保险单的依据。投保单是投保人在投保时对保险标的及有关事实的告知和陈述，也是保险人签发保险单和确定保险费的依据，因此投保单的填写必须准确、真实。如果投保人申报不实，会影响保险人对风险程度的预测以及作出正确的承保决策。根据最大诚信原则的规定，如果投保人故意隐瞒事实，保险人可以解除保险合同，拒付保险赔款且不必退还保险费；如果投保人因过失而未如实申报重要事实，保险人也可以酌情作出解除保险合同或加收保费的决定。

投保单的具体内容一般有以下几项：被保险人、发票号码和合同号码、包装数量、保险货物项目、保险金额、装载运输工具、航次、航班、开航日期、运输路线、承保险别、赔款地、投保人签章及企业名称、电话、地址、投保日期等。

应该注意的是，投保单的内容必须同买卖合同及信用证上的有关规定一致。如果投保人不按合同规定填写投保单，保险人据此出立的保险单就会与合同规定不行，收货人也就可以拒绝接受这种保险单。在信用证支付方式下，投保单的内容还应符合信用证的有关规定，否则保险单也会因"单证不符"遭到银行的拒收。

不同的保险公司投保单的格式和内容略有不同，但相差不大。投保单的缮制一般要求如下。

(1) 被保险人：除非信用证有特别规定，一般应为信用证的受益人或合同的卖方即发货人。

(2) 保单号（Policy No.）（如果有）：暂空。

(3) 发票号（Invoice No.）、合同号（Contract No.）、信用证号（L/C No.）。

(4) 唛头（Marks & Nos）：要求按信用证规定，或与发票等其他单据上的唛头一致。

(5) 数量和保险货物项目（Quantity & Description of Goods）：数量是出口货物的总数量，如总重量或总包装件数；保险货物项目是货物的品名或规格，一般按提单的填法，填大类名称或货物的统称，不必详细列明各种规格等细节。

(6) 发票金额（Invoice Amount）：依商业发票。

(7) 保险金额（Insured Amount）：填写计算投保加成后的总保险金额，或成交金额，但需标明成交价格条件。

(8) 运输相关项目：装于何种运输工具，开航日期，即为提单签发日期，运输路线即货物装运地和目的地。

（9）提单、通知单或邮局收据号次：根据不同的运输方式，填写运单号，如提单号、航空运单号或其他运输单据号。

（10）保费给付地点及赔款地点（Claims Payable At）：一般在CIF条件下，卖方支付保险费，保费给付地点为卖方所在地，赔款偿付地点一般为买方所在地。

（11）保险险别：按合同规定或信用证条款。

（12）加成（Value plus about）：按规定，保险公司一般能接受的最高加成是30％，超过此，保险公司一般不予承保。

（13）包装情况：集装箱或散货运输。

（14）费率（如果有）：由保险公司负责。

（15）投保日期：一般不能晚于提单日前。

（16）投保人签章：上述内容填完后投保人须签字盖章才能生效。

除上述投保单外，有时，出口企业也可用出口货物明细单或发票副本来代替投保单，但必须加注有关保险项目，如运输工具、开航日期、承保险别、投保金额或投保加成、赔款地、保单份数等要求。

附：货物运输保险投保单（样本）

货物运输保险投保单（样本）

APPLICATION FORM FOR CARGO TRANSPORTATION INSURANCE

被保险人

Insured：

发票号（INVOICE NO.）

合同号（CONTRACT NO.）

信用证号（L/C NO.）

发票金额（INVOICE AMOUNT） _____ 投保加成（PLUS） _____ ％

兹有下列物品向中国人民财产保险股份有限公司塘沽区公司投保。

（INSURANCE IS REQUIRED ON THE FOLLOWING COMMODITIES：）

标记 MARKS & NOS	包装及数量 QUANTITY	保险货物项目 DESCRIPTION OF GOODS	保险金额 AMOUNT INSURED

启运日期：_____ 装载运输工具：_____

DATE OF COMMENCEMENT：_____ PER CONVEYANCE：_____

自　　　　　　　　经　　　　　　　　至

FORM _____ TO _____

提单号：　　　　　　　　赔款偿付地点：_____

B/L NO.：_____ CLAIM PAYABLE AT _____

投保险别：（PLEASE INDICATE THE CONDITIONS &./OR SPECIAL COVERAGES：）

ALL RISKS

备注：被保险人确认本保险合同条款和内容已经完全了解。　　投保人（签名盖章）：

THE ASSURED CONFIRMS HEREWITH THE 　　APPLICAMTS SIGNATURE

TERMS AND CONDITIONS OF THESE

INSURANCE CONTRACT FULLY UNDERSTOOD. ＿＿＿＿＿＿＿＿＿＿

投保日期：（DATE）＿＿＿＿　　　　　　　　　电话：（TEL）＿＿＿＿＿＿＿

地址：（ADD）＿＿＿＿＿＿＿＿＿＿＿＿＿＿＿＿＿＿＿＿＿＿＿＿＿＿＿＿＿

本公司自用

费率：	保费：	备注：
RATE：＿＿＿＿＿＿	PREMIUM：＿＿＿＿＿＿	NOTE：＿＿＿＿＿＿
经办人：	核保人：	负责人：
BY：＿＿＿＿＿＿	UNDERWRITER：＿＿＿＿＿	MANAGER＿＿＿＿＿

2. 进口货物的投保

我国的进口货物，除 CIF 合同应由卖方办理保险外，FOB 和 CFR 合同项下的进口货物，均须由国内买方办理投保，投保的方式有两种。

（1）预约保险，又称统保。凡从事进口业务的外贸公司或长期进口货物的单位，可与保险总公司签订海运、空运、邮运保险进口货物预约保险合同。预约保险合同签订后，凡订货单位与外商成交并由买方保险的进口货物，保险公司就负有自动承担的责任。即属于承保合同范围内的货物一经装船，保险即开始生效。在预保合同中，明确规定商品名称、承保险别、保险费率、适用条款以及保险费和赔款支付办法。凡与保险公司签订预约保险合同的公司，一经获悉投保货物在国外港口起运后，将进口货物装船通知书、商品货款结算单或交货日报表等单证提供给保险公司，作为投保凭证，完成投保手续。

（2）逐笔投保。有些单位可能一次或断续几次从国外进口某种货物，可采取临时办理进口货物运输保险的办法，不必签订预约保险合同。在接到国外发货通知后，立即填具《进口运输预约保险起运通知书》交保险公司办理投保手续，亦即完成投保手续。

二、保险公司承保

承保是指保险人在投保人提出投保请求后，经审核认为符合承保条件并同意接受投保人申请，承担保单合同规定的保险责任的行为。承保工作中最主要的环节为核保，核保的目的是避免危险的逆选择，实现企业有效益的发展，核保活动包括选择被保险人、对危险活动进行分类、决定适当的承保范围、确定适当的费率或价格、为客户提供服务等几个方面。保险公司对投保人提供的上述投保单或预约保单等单证进行审核，并按以下规定办理承保。

（1）接受投保单。

（2）审核验险。审核是保险人收到投保单后，对其进行审定和核实。包括保险标的及其存放地址、运输工具行驶区域、保险期限等。验险时对保险标的风险进行查验，从而对风险进行分类。

（3）缮制单证。即接受业务后填制保险单或保险凭证的过程。

另外，对预约保险提供的进口货物装船通知书或其他具有保险要求的单证，经保险公司审核签章作为投保单，并凭此计算保费，一般按月或按约定时间向有关外贸公司收取。

附：进口货物运输预约保险合同（样本）

进口货物运输预约保险合同（样本）

合同号			年	月	日
甲方：					
乙方：中国人民保险公司			分公司		

双方就进口货物的运输预约保险拟订各条以资共同遵守：

一、保险范围

甲方从国外进口全部货物，不论运输方式，凡贸易条件规定由买方办理保险的，都属于本合同范围之内。甲方应根据本合同规定，向乙方办理投保手续并支付保险费。

乙方对上述保险范围内的货物，负有自动承保的责任，在发生本合同规定范围内的损失时，均按本合同的规定，负责赔偿。

二、保险金额

保险金额以货物的到岸价格（CIF）即货价加运费加保险费为准（运费可用实际运费，亦可由双方协定一个平均运费率计算）。

三、保险险别和费率

各种货物需要投保的险别由甲方选定并在投保单中填明。乙方根据不同的险别规定不同的费率。现暂定如下：

货物种类	运输方式	保险险别	保险费率	

四、保险责任

各种险别的责任范围，按照所属乙方制定的"海洋货物运输保险条款"、"海洋运输货物战争险条款"、"海运进口货物国内转运期间保险责任扩展条款"、"航空运输一切险条款"和其他有关条款的规定为准。

五、投保手续

甲方一经掌握货物发运情况，即应向乙方寄送起运通知书，办理投保。通知书一式五份，由保险公司签认后，退回一份。如不办理投保，货物发生损失，乙方不予理赔。

六、保险费

乙方按照甲方寄送的起运通知书照前列相应的费率逐笔计收保费，甲方应及时付费。

七、索赔手续和期限

本合同所保货物发生保险责任范围内的损失时，乙方应按制定的"关于海运进口保险货物残损检验的赔款给付方法"和"进口货物施救整理费用支付方法"迅速处理。甲方应尽力采取防止货物扩大受损的措施，对已遭受损失的货物必须积极抢救，尽量减少货物的损失。向乙方办理索赔的有效限期，以保险货物卸离海港之日起满一年终止。如有特殊需要可向乙方提出延长索赔期。

八、合同期限

本合同自		年	月		日起开始生效。
	甲方			乙方	

第二节　海运货物保险的索赔与理赔

索赔是被保险人依据海上保险合同所享有的重要权利，当保险标的发生海上保险合同项下的保险事故造成损失或对此损失负有责任时，被保险人有权向海上保险人要求赔偿或追偿。但被保险人在向海上保险人行使索赔权时应当履行相应的义务并遵守法定程序。理赔是保险人在知悉发生保险事故并调查确认法律责任归属后，审查索赔材料，作出赔付、部分赔付或拒赔等决定的法律行为。理赔是保险人应尽的保险义务，也是保险人完善经营管理的重要措施。

一、索赔方式

被保险人获悉被保险货物受损后，可以直接提出索赔或间接提出索赔。

（一）直接索赔

直接索赔是指被保险人直接以书面形式提出索赔，它包括以下两种。

1. 直接责任索赔

直接责任索赔是指被保险人直接向保险人或其代理人提出赔偿请求。按照这种方式，不论遭受损失的一方是谁，只要有保险损失发生，被保险人就可以向保险人提出索赔。例如，货物损失是船方责任造成的，收货人根据船方签证，申请商检部门出具证明，连同有关单证交卸货港的外运公司或保险公司分别向外运租船船东提出索赔。如果货物损失是国内装卸、运输部门责任造成的，收货人应立即向有关责任方取得货运记录，直接向保险公司索赔。如果货物损失在异地发生，被保险人应本着就近报损的原则，向该保险人设立的损失发生地最近的代理机构提出索赔。

2. 转位责任索赔

转位责任索赔是指被保险人先直接向负有责任的第三者提出索赔，然后就第三者赔偿后的不足部分向保险人或其代理人提出索赔。由于转位责任索赔强调第三者责任方的赔偿责任，所以，又可称"追偿索赔"。它与保险人的"代位追偿"是有区别的。如货物在运输途中发生残损，导致货物损失 60 万美元，其中 40 万美元的损失为船方责任所致，20 万美元为恶劣气候所致。假如货主先向船方索赔 40 万美元，再就剩下的 20 万美元向其保险人索赔，这就是转位责任索赔。如果货主就 60 万美元的损失向其保险人索赔，保险人赔偿后再向船东追偿 40 万美元，这种方式称之为"代位追偿"。

（二）间接索赔

这种方式是指被保险人委托其代理人或保险经纪人以书面形式向保险人或其代理人提出索赔请求。在这种方式下，被保险人代理人的行为视同为被保险人的行为，其行为结果由被保险人承担。被保险人向其代理人签发授权委托书，代理人在索赔时必须出示授权委托书，而保险人或其代理人不得无故拒绝被保险人的代理人提出的赔偿请求。

二、索赔与理赔的主要手续

（一）损失通知

又称提赔，当发生保险事故或保险责任范围内的损失时，被保险人应立即通知保险人，一般要发出索赔函（Statement of Claim）向保险人提出索赔请求。损失通知是保险理赔的第一项程序。

属于国际货运出口货物遭受损失，对方（进口方）向保险单所载明的国外理赔代理人提出索赔申请。中国人民保险公司在世界各主要港口和城市，均设有委托国外检验代理人和理赔代理人两种机构，前者负责检验货物损失；收货人取得检验报告后，附同其他单证，自行向出单公司索赔，后者可在授权的一定金额内，直接处理赔案，就地给付赔款。

属于国际货运进口货物遭受损失，我国进口方向保险公司提出进出口货运保险索赔申请。当进口货物运抵我国港口、机场或内地后发现有残损短缺时，应立即通知当地保险公司，会同当地国家商检部门联合进行检验。同时凡对于涉及国外发货人、承运人、港务局、铁路或其他第三者所造成的货损事故责任，只要由收货人办妥向上述责任方的追偿手续，保险公司即予赔款。

（二）查勘检验

保险人或其代理人获悉损失通知后应立即开展保险标的损失的查勘检验工作。海上保险事故或损失发生在国外，查勘检验常由保险的代理或委托人进行。查勘检验作为海上保险理赔的一项重要内容，主要包括事故原因、救助工作、第三者责任取证、勘察报告和检验报告制作等。

海上保险的检验是理赔实务中一项十分重要的工作，它确定保险标的损失的责任归属、施救措施的合理性等。在海上货物运输保险中，凡属保险责任的货损，收货人必须及时向承保的保险公司申请进行联合检验，有两个步骤。

（1）港口联合检验。货物抵达目的港后发现货损时，收货人应及时通知保险公司，向商检部门申请联检，共同查明致损原因、损坏数量和程度，并编制港口联检报告或情况记录。

（2）异地联合检验。当货物转运至内陆收货人时，无论货物在港口卸货是否发现损坏，只要货物运抵目的地，发现有保险责任范围内短缺残损时，收货人即可通过当地保险公司进行联合检验并编制联检报告。

通过货物检验后，理赔人员应据此确定货损责任的归属。货物"原残"是发货人的责任，属于保险条款的险外责任，保险人不负责赔偿。货物"船残"、"工残"或其他外来原因造成的损失，只要在承保期间内发生均属保险责任，保险人应予赔偿。

所谓"原残"，是指属发货人责任的货物残损，包括在生产、制造、加工、装配、整理和包装过程中的货损；发货港装船前堆存、转运过程中货损；装货港理货公司出具的单据上批明短少损失，货物品质、包装和标志不符合合同规定或国家惯例以及不适合远洋运输造成的残损。货物"船残"是指属船方责任的货物残损。货物"工残"是指属装卸公司或其他第三方责任的货物残损，包括装卸工人明显违章操作、粗暴搬运、不慎装卸、使用工具不当等造成货损或在码头、仓库、堆场等处，因运输、堆存和保管不善所造成的货损。

(三) 收集各种资料, 核实保险案情

索赔时, 一般应搜集并提供下列索赔单证。

(1) 保险单或保险凭证。是向保险公司索赔的基本证件, 可证明保险公司承担的保险责任及范围。

(2) 运输契约, 包括海运提单、陆空运运单等运输单证。这些单证证明保险货物承运的件数、运输的路线、交运时货物的状态, 以确定受损货物是否为保单所承保货物以及在保险责任开始前的货物情况。

(3) 发票。是计算保险赔款时的数额依据。

(4) 装箱单、磅码单。证明保险货物装运时件数和重量的细节, 是核对损失数量的依据。

(5) 检验报告。这是货物损失原因、损失程度、损失金额、残余物资的价值及受损货物处理经过的证明, 是确定保险责任和应赔金额的主要证明。对货物损失的检验报告, 国际上有统一的固定格式, 通常用劳合社的检验报告格式, 各国货物损失检验报告的内容基本相同。

(6) 航海日志摘录和海事报告。在遇到一些与海难有关的较大损失案件时, 要求索赔人提供此类证明, 此文件有助于保险公司确定保险责任。

(7) 货损、货差证明。当货物抵达目的地发现残损或短少时, 要由承运人或其代理人签发货损、货差证明, 既作为向保险公司索赔的有利证明, 又是日后向承运方追偿的根据。特别是整件短少的, 更应要求承运方签具短缺证明。

(8) 向承运人等第三者责任方请求赔偿的函电或其他单证和文件。这是证明被保险人已经履行了他应该办的追偿手续, 即维护了保险公司的追偿权利。

(9) 索赔清单。这是要求保险公司给付赔款的详细清单, 主要写明索取赔款数字的计算依据以及有关费用的项目和用途。

向保险公司提供索赔手续后, 在等待保险公司最后审定责任、领取赔款的过程中, 保险公司发现情况不清需要被保险人提供补充的, 被保险人应及时办理, 以免延迟审理的时间。

(四) 分析理赔案情, 确定责任

保险人应判断原因是否属保险责任, 是否发生在保险期限内, 索赔人是否具有可保利益, 审查的有关单证如保险单证、事故检验报告、保险事故证明、保险标的施救和修理等方面文件。

(五) 计算赔偿金额, 支付保险赔偿

保险赔偿的计算, 保险人通常依据索赔清单 (Statement of Claim)。保险赔偿的计算可以由保险人自身进行, 也可由其代理人计算或委托海损理赔人理算。

1. 对全损的赔偿计算

如果货物发生全损 (包括实际全损和推定全损), 保险人按保险金额给予全额赔偿, 而不管损失当时货物的完好市价如何。但是在推定全损时, 被保险人应首先进行委付, 才可获得全损赔偿。例如, 某工艺品进出口公司出口一批编织品, 向中国人民保险公司投保我国《海洋运输货物保险条款》海运一切险, 保险金额 10 万美元, 途中编织品遭意外受损，全部被焚毁，保险公司应按全损赔付 10 万美元，如果尚有残余编织品出售所得款项归保险公司所有。但应注意的是：①在发生部分全损的情况下，该损失的赔偿金额应是全损部分的保险金额，而不是全部的保险金额；②在货物尚未全部装运的情况下，其全损的赔偿金额不是全部保险金额，而是已装运部分的保险金额；③如果发生全损时，构成保险金额的部分费用尚未支出，以致无须支出时，其赔偿金额也非全部保险金额。在这种情况下，计算赔偿金额时应将无须支出的费用予以扣除。

2. 单独海损赔偿计算

（1）数量（重量）损失的计算。

保险货物中部分货物灭失或数量（重量）短少，以灭失或损失数量（重量）占保险货物总量之比，按保险金额计算赔款。计算公式如下：

$$赔款金额＝损失数量（重量）/保险货物总量×保险金额$$

例如，某保险货物的保险金额为 1 万美元，总数量 10 件，运输途中发生保险范围内责任事故致货物短少 2 件，则赔偿金额为：（2/10）×10 000＝2 000 美元。

（2）质量损失的计算。

保险货物遭受质量损失时，应先确定货物完好的价值和受损的价值，计算出贬值率，以此乘以保险金额，即可得出赔偿金额。完好价值和受损价值，一般以货物运抵目的地检验时的市场价格为准。如受损货物在中途处理不再运往目的地，则可按处理地市价为准。处理地或目的地市价，一般指当地批发价格。计算公式如下：

$$赔偿金额＝（货物完好价值－受损后价值）/货物完好价值×保险金额$$

例如，一批货物 500 箱，保险金额 5 万美元，货物受损后只能按八折出售，当地完好价值为 6 万美元，保险公司应赔款为：［（60 000－48 000）/60 000］×50 000＝10 000 美元。

如果 500 箱货物中只有 200 箱受损，按当地完好价值每箱 120 美元的八折出售，保险公司应赔款为：［（120×200－96×200）/（120×200）］×20 000＝4 000 美元

在实际业务中，往往由于一时难于确定当地市价，经协议也可按发票价值计算，其计算公式为：

$$赔偿金额＝按发票价值计算的损失额/发票金额×保险金额$$

（3）有关费用的损失，如受损货物在处理时支付的出售费用，一般只要在保险金额限度内，均可加入损失之内由保险公司补偿。其计算公式为：

$$赔偿金额＝（货物损失的价值＋出售费用）/货物完好价值×保险金额$$

至于被保险人或其受让人为防止或减少损失而支付的合理施救费用及为确定保险事故的性质及程度而出的合理费用等，均可在保险标的的损失赔偿之外另行支付，但赔偿金额最高不超过保险金额。

三、索赔和理赔中应注意的一些问题

为了较顺利地完成索赔和理赔工作，有些问题必须特别注意。

（1）保险货物受损后，作为货主的被保险人应该对受损货物采取合理的、及时的施救、整理措施，以防止损失的进一步扩大，被保险人不能因为有了保险就完全把责任转嫁给保险公司。特别是对受损货物，被保险人仍有处理的职责与义务。比如对受损货物

的转售、修理、改变用途等。这是因为被保险人对于货物的性能、用途比保险公司更为熟悉，能更好地利用物资。在我国，无论是进口货物或国内运输的货物受损后，原则上都应由货主自行处理。

（2）及时向承运人等有关方提出异议和索赔。被保险人或其代理人在提货时发现货物的包装有明显的受损痕迹，或者整件短少，或者散舱货物已经残损。除按上面所说的向保险公司报损外，还应该立即向承运方、受托人以及海关、港务当局等索取货损货差证明。特别是这些货损货差涉及承运方、受托人或其他有关方面如码头、装卸公司的责任，应该立即以书面形式向他们提出索赔要求，并保留追偿的权利，必要的时候还要申请延长索赔时效。因为按照运输契约的有关规定，如果不在当时提出索赔，承运人认为收货人承认货物完好无损，事后不能再提出索赔。保险公司对丧失第三者追偿权利所造成的损失，可以拒绝赔偿。这就要求被保险人包括收货人及其代表要掌握和了解承运方、港口、车站、航空港等有关货物提取和赔偿的有关规章，以免受到不应有的损失。

（3）以海上保险合同为依据的原则。海上事故发生后，是否属保险责任范围、是否在保险期限内、保险赔偿金额多少、免赔额的确定、被保险人自负责任等均依据保险合同确定责任。

（4）合理原则。海上保险人在处理保险赔偿时，要以保险合同为依据并注意合理原则，因为海上保险合同条款不能概括所有情况。

第三节　海运货物保险单据

一、海运货物保险单据的种类

保险单（Insurance Policy/Certificate）是保险人（承保人）与被保险人（投保人或要保人）之间订立的保险合同的凭证，它既反映保险人与被保险人之间的权利和义务关系，又是承保证明。海上保险单据可以从不同的角度进行分类。

（一）按照保险价值是否确定，可分为定值保险单和不定值保险单

定值保险合同和不定值保险合同是相对而言的。所谓定值保险合同，是指合同双方当事人在订立合同时即已确定保险标的的价值，并将其载于合同当中的保险合同。不定值保险合同是指双方当事人在订立合同时不预先确定保险标的的保险价值，仅载明至保险事故发生后，再行估计其价值而确定其损失的保险合同。

定值保险合同与不定值保险合同的最大区别就是在订立合同时前者预先确定保险价值，而后者并不确定保险价值，仅约定保险金额，而将保险标的的价值留待保险事故发生时再估算。由此决定了在保险事故发生后，确定赔偿金额时，定值保险合同只需确定损失比例，而不定值保险合同，不但要确定损失比例，而且要确定事故发生时保险标的的实际价值，以实际价值作为保险赔偿金额的计算依据。

（二）按保险期限，可分为航程保险单、定期保险单及混合保险单

（1）航程保险单，保险人的承保责任为某一航程，在这一航程内货物发生损失由保险人负责的保险单，航程结束则保险责任期限亦告结束。

（2）定期保险单，保险人的承保责任为某一时期，在这一时期内货物发生损失由保险人负责的保险单。

（3）混合保险单，兼有航程和定期两种性质的保险单，在这种保险单下，保险人仅对在保险期限内和规定的航程所发生的损失负赔偿责任。

（三）按船名是否确定，可分为定名保险单、流动保险单、预约保险单及总括保险单四种

（1）定名保险单，指投保人投保时载运船舶已经确定，并在保险单上注明船名及开航日期的保险单，通常使用的多是这种保险单。

（2）流动保险单，也称统保保险单，或报告式保险单，是一种连续有效的保险单。保险当事人预先规定一个总保险金额，每批货物装运后被保险人将投保金额通知保险人，保险人即从总保险金额中逐笔予以扣除，直到总金额用完，保险单自动注销。

（3）预约保险单，又称开口保险单，是办理预约保险的单据。在货物出运前，先签协议，规定保险范围、货物种类、保险费率等条件下，保险人一接到被保险人的装船通知，保险立即生效，即使在接到通知前货物受损，保险人仍负赔偿责任。

（4）总括保险单，又称闭口保险单，指保险人在约定的保险期间内承保存放在同一地点的多种货物或存放在一个以上地点的一种或多种货物的保险单，保险单内被保险人和保险人商定一个总保险金额、承保险别、起运地点费率水平等，被保险人支付一笔总的保险费，在约定的保险期间内，保险人对于被保险人每批出运的货物全部承保，被保险人不必逐笔向保险人发出装船通知，直到总保险金额扣净后，保险人不再承担保险责任。

（四）按保险单的形式分，可分为保险单、保险凭证、联合凭证等

（1）保险单（Insurance Policy）。这是一种正规的保险合同，是完整独立的保险文件。保单背面印有货物运输保险条款（一般表明承保的基本险别条款之内容），还列有保险人的责任范围及保险人与被保险人各自的权利、义务等方面的条款，俗称大保单。

（2）保险凭证（Insurance Certificate）。中国人民保险公司发出的保险凭证是表示保险公司已经接受保险的一种证明文件，这是一种比较简化的保险单据。它包括了保险单的基本内容，但不附有保险条款全文，这种保险凭证与保险单有同等的法律效力，俗称小保单。

（3）联合凭证（Combined Certificate），又称承保证明（Risk Note），是我国保险公司特别使用的，比保险凭证更简化的保险单据。保险公司仅将承保险别、保险金额及保险编号加注在我国进出口公司开具的出口货物发票上，并正式签章即作为已经保险的证据。仅用于我国对港澳等地区的贸易，是最简单的保险单据，现已较少使用。

（4）预约保险单（Open Policy）。是进口贸易中，被保险人（一般为进口人）与保险人之间订立的总合同。订立这种合同即可以简化保险手续，又可使货物一经装运即可取得保障。

（5）保险声明（Insurance Declaration）。预约保险单项下的货物一经确定装船，要求被保险人立即以保险声明书的形式，将该批货物的名称、数量、保险金额、船名、起讫港口、航次、开航日期等通知保险人，银行可将保险声明书当作一项单据予以接受。

（6）批单。保险单出立后，如需变更其内容，可由保险公司另出的凭证注明更改或补充的内容，称为批单。其须粘在保险单上并加盖骑缝章，作为保险单不可分割的一部分。

（7）暂保单（Cover Note）。暂保单是保险人在出立正式保险单之前签发的证明保险人已同意给予投保人以保险保障的一种临时凭证。保险人在同投保人商订保险合同中接受投保的原则意向已定，但还有一些条件尚未完全谈妥，一般就使用这种凭证。如果洽商不能达成协议，暂保单可以取消。达成协议，可签发正式保险单代替暂保单。有效期一般为1个月，正式出立保单后即自动失效。如保险人事前通知，也可提前终止效力。除非信用证特别要求，银行不接受暂保单。

二、保险单的缮制、批改和转让

（一）保险单的内容与缮制

不同保险公司出具保险单据内容大同小异，多以英国劳合社船货保险单（S. G. Policy）为蓝本。具体内容可参见本节中保险单样本。缮制一般要求如下。

（1）保险合同的当事人有保险人、被保险人、保险经纪人、保险代理人、勘验人、赔付代理人等。

被保险人（Insured）即保险单的抬头，正常情况下应是 L/C 的受益人，但如 L/C 规定保单为 To order of ××× bank 或 In favor of ××× bank，应填写"受益人名称 ＋ held to order of ××× bank 或 in favor of ××× bank"；如 L/C 要求所有单据以××为抬头人，保单中应照录；如 L/C 要求中性抬头（third party 或 in neutral form），填写"To whom it may concern"；如要求保单"made out to order and endorsed in blank"，填写"受益人名称＋to order"；L/C 对保单无特殊规定或只要求"endorsed in blank"或"in assignable/negotiable form"，填受益人名称。

中外保险公司都可以自己的名义签发保单并成为保险人，其代理人是保险经纪人；保险代理人代表货主；勘验人一般是进口地对货物损失进行查勘之人；赔付代理人指单据上载明的在目的地可以受理索赔的指定机构，应详细注明其地址和联系办法。与保险公司有关的上述相关人一般都由保险公司或与投保人协商后指定。

（2）保险货物项目（Description Of Goods）、唛头、包装及数量等货物规定应与提单保持一致。唛头（MARKS & NO. S）一般按信用证规定，应与发票、提单相一致，可单独填写，也可填"AS PER INV. NO. ***"。

（3）保险金额（Amount Insured）是所保险的货物发生损失时保险公司给予的最高赔偿限额，一般按 CIF/CIP 发票金额的 110%投保，加成如超出 10%，超过部分的保险费由买方承担可以办理，L/C 项下的保单必须符合 L/C 规定，如发票价包含佣金和折扣，应先扣除折扣再加成投保，被保险人不可能获得超过实际损失的赔付，保险金额的大小写应一致，保额尾数通常要"进位取整"或"进一取整"，即不管小数部分数字是多少，一律舍去并在整数部分加"1"。

（4）保费（Premium）和费率（Rate）通常事先印就"As Arranged"（按约定）字样，除非 L/C 另有规定，两者在保单上可以不具体显示。保险费通常由货物、包装、运输方式和目的地等因素来确定。

（5）运输方面的要求。开航日期（Date Of Commencement）通常填提单上的装运日，也可填"As Per B/L"或"As per Transportation Documents"；起运地、目的地、装载工具（Per Conveyance）的填写与提单上的操作相同。

（6）承保险别（Conditions）。是保险单的核心内容，填写时应与L/C规定的条款、险别等要求严格一致；在L/C无规定或只规定"Marine/Fire/Loss Risk"、"Usual Risk"或"Transport Risk"等，可根据所买卖货物、交易双方、运输路线等情况投保All Risks、WA或WPA、FPA三种基本险中的任何一种；如L/C中规定使用中国保险条款（CIC）、伦敦协会货物条款（ICC）或美国协会货物条款（AICC），应按L/C规定投保、填制，所投保的险别除明确险别名称外，还应注明险别适用的文本及日期；某些货物的保单上可能出现IOP（不考虑损失程度/无免赔率）的规定；目前许多合同或L/C都要求在基本险的基础上加保War Risks和SRCC（罢工、暴动、民变险）等附加险；集装箱或甲板货的保单上可能会显示JWOB（抛弃、浪击落海）险；货物运往偷盗现象严重的地区/港口的保单上频现TPND（偷窃、提货不着险）。

（7）赔付地点（Claim Payable At/In）。此栏按合同或L/C要求填制。如L/C中并未明确，一般将目的港/地作为赔付地点。

（8）日期（Date）。日期指保单的签发日期。由于保险公司提供仓至仓（W/W）服务，所以出口方应在货物离开本国仓库前办结手续，保单的出单时间应是货物离开出口方仓库前的日期或船舶开航前或运输工具开行前。除另有规定，保单的签发日期必须在运输单据的签发日期之前。

（9）签章（Authorized Signature）。由保险公司签字或盖章以示保险单正式生效。单据的签发人必须是保险公司/承保人或其代理人，在保险经纪人的信笺上出具的保险单据，只要该保险单据是由保险公司或其代理人，或由承保人或其代理人签署的可以接受；UCP规定除非L/C有特别授权，否则银行不接受由保险经纪人签发的暂保单。

（10）保单的背书。保单的背书分为空白背书（只注明被保险人名称）、记名背书（业务中使用较少）和记名指示背书（在保单背面打上"To Order Of ×××"和被保险人的名称）三种，保单做成空白背书意味着被保险人或任何保单持有人在被保货物出险后享有向保险公司或其代理人索赔的权利并得到合理的补偿，做成记名背书则意味着保单的受让人在被保货物出险后享有向保险公司或其代理人索赔的权利。在货物出险时，只有同时掌握提单和保单才能真正地掌握货权。

（11）保单的份数和"ORIGINAL"字样。当L/C没有特别说明保单份数时，出口公司一般提交一套完整的保险单（一般一套三份），如有具体份数要求，应按规定提交，注意提交单据的正本（Original）、副本（Copy）不同要求。

（12）保单的其他规定。号码（Policy Number）由保险公司编制，投保及索赔币种以L/C规定为准，投保地点一般为装运港/地的名称，如L/C或合同对保单有特殊要求也应在单据的适当位置加以明确。

（二）保险单的批改

保险合同订立后在有效期内双方当事人都有权通过协议更改和修正保险合同的内容。如果投保人需要更改保险合同的内容，须向保险人提出申请，经保险人同意后出具批单。批单可在原保险单或保险凭证上批注，也可另外出具一张变更合同内容的附贴便条。批单一经签发，保险批单要贴在原保险单上，作为保险单不可分割的一部分。若批改的内容涉及扩大保险责任或增加保险金额，必须在被保险人和保险人双方都不知有任何损失事故发生的情况下，在货物到达目的地或在货物发生损失以前申请批改。凡经批改过的内容，以批单为准；多次批改，应以最后批改为准。批改的内容与保险合同有抵触的地方，应以批单为准。

(三) 保险单的背书及转让

1. 保险单的背书形式

一般的背书形式有两种：空白背书和记名指示背书。空白背书的具体做法是在保险单据背面打上被保险人公司的名称或盖上公司图章，再加上背书人签字即可。如信用证规定 "ENDORSED IN BLANK" 或 "BLANK ENDORSED" 就需这样做。如果信用证对保险单据的背书无明确规定，也应做成空白背书。保险单据做成空白背书意味着被保险人或任何保单持有人在被保货物出险后享有向保险公司或其代理人索赔的权利并得到合理的补偿。

记名指示背书的具体做法除了在保险单据背面做成上述 "空白背书" 外，还应在被保险人的名称上面打印上 "DELIVERY TO (THE ORDER OF) ××BANK (Co. ,)"，即 "交由××银行（或公司）的（指示）"。记名背书必须以银行或公司为背书人，记名指示背书大都给开证行。保险单据做成记名指示背书意味着保险单据的受让人在被保货物出险后享有向保险公司或其代理人索赔的权利。

如果保险单据的被保险人不是我方出口公司，而是其他国家或地区的当事人，我方出口公司就不用背书。如被保险人需转让海运提单，保险单据上则由其他国家或地区的当事人背书。必须注意，如果保险单据的被保险人是托运人即我国外贸进出口公司或企业，根据信用证的不同规定，有时可做成空白背书，有时也可做成记名指示背书。

2. 保险单的转让应注意的问题

(1) 海上货物保险单可以不经过保险人的同意而自由转让，而船舶保险则须获得保险人的同意才能转让。

(2) 海上保险单的转让，必须在保险标的所有权转移之前或转移的同时进行：如果所有权已经转移，事后再办理保险单的转让，这种转让是无效的。

(3) 在海上保险单办理转让时，无论损失是否发生，只要被保险人对保险标的仍然具有可保利益，保险单均可有效转移。

(4) 保险单的受让人只能享有与原被保险人在保险单下相同的权利和义务。

(5) 保险单转让后，受让人有权以自己的名义向保险人进行诉讼，保险人也有权如同对待原被保险人一样对保险合同项下引起的责任进行辩护。

【案例导读】

北京某外贸公司按 CFR 马尼拉价格出口一批仪器，买方投保的险别为一切险 "仓至仓" 条款。我方将货物用卡车由北京运到天津港发货，但在运送途中，一辆货车翻车，致使车上所载部分仪表损坏。问：该项损失应由哪方负责，保险公司是否应给予赔偿？

分析：

1. 该项应由我方自己承担。

2. 在 CFR 条件下，按合同规定的装运港和装运期限，将货物装上船是卖方应负的责任，卖方应承担装船以前的一切风险和费用。在本案中虽然由买方投保了一切险，但卖方并不是保险单的合法受益人，不能向保险公司提出索赔。而根据 CFR 条件，买方在货物装船前不对货物享有所有权，对风险不承担责任，一般买方对标的物无保险，所以也不会获得保险公司的赔偿。

3. 本案中，如果我方事先投保了装运前内陆运输险，则可从保险公司获得赔偿，否则这部分损失只好由我方自己承担。

 复习思考

1. 保险单按形式分为哪几种？

2. 简述海运保险投保的基本流程。

3. 简述索赔的基本流程。

4. 合同规定由我方供应某商品 60 000 打，每打的 CIF 西欧某港价为 1.8 美元，自装运港至目的港的运费总计为 5 000 美元，投保金额为发票金额的 110%，保险险别为水渍险和战争险。该商品至该港口的水渍险费率为 0.3%，战争险费率为 0.4%，问我方净收入多少美元（FOB 价）？

5. 我出口公司对某客商发盘，供应某商品，价格条件为每公吨 2 000 美元 CIF 非洲某港口，按发票金额 110% 投保一切险和战争险，客商提出要求改报 CFR 非洲某港口价，保险费率共为 0.7%，问我出口公司在维持原收入不变时应如何报价？

6. 某公司出口货物一批，原报价 USD 2 000/mt CIFC3% Sydney，客户要求改报 CFR5% Sydney，按发票金额的 110% 投保一切险加保战争险。经查，一切险和战争险的保险费率分别为 0.8% 和 0.4%。试计算 CFR5% Sydney 的价格。

7. 国内某厂以 CIF 广州进口数批机械，在货物到达广州后，我方会同有关单位，预先检验，发现外形良好，无破损，但没有开箱检查（事实上在广州无法开箱），但当货物运到工厂时，箱子的外表仍然完好，开箱复检时，发现破损及短少。请问：

（1）我方应向谁索赔（外国出口公司附有出口独立公证报告）？

（2）如果船公司、保险公司以及外国出口商互相推脱，不予理睬，我方应采取何种措施挽回损失？

第十五章

【学习目标】

通过本章的学习，需熟悉陆上运输货物保险、航空运输货物保险、邮递货物保险的险别分类以及除外责任、责任起讫、赔偿期限等内容。

【学习要点】

1. 陆运货物保险的基本险有"陆运险"和"陆运一切险"两种，另外，还有专设的基本险"陆上运输冷藏货物保险"以及附加险"陆上运输货物战争险（火车）"。

2. 我国航空运输货物保险包括"航空运输货物险"和"航空运输一切险"两种基本险及"航空运输货物战争险"附加险条款。

3. 我国邮包保险条款包括"邮包险"、"邮包一切险"（两种基本险）及"邮包战争险"（一种附加险）。

其他运输方式的
货物保险简介

在国际贸易中，货物运输除了主要采用海洋运输方式之外，还有陆上运输、航空运输、邮政包裹运输以及由海运、陆运、空运等两种或两种以上运输方式衔接起来所组成的多式联运方式。随着国际贸易的发展，陆上、航空、邮政运输的保险，在整个保险业务中的重要性也日益显著。

现代的陆上、航空、邮包等运输保险业务均脱胎于海上运输保险，所以它们在很多地方都与海运货物保险有相同或近似之处。如在保险的基本原则方面，海上保险中的各项基本原则如最大诚信原则、可保利益原则、补偿原则及近因原则等，也同样选用于陆、空、邮运货物的保险；在基本险的条款方面，有关除外责任、被保险人义务、索赔期限等项的规定，也与海运货物保险的规定基本相同；在附加险方面，海运货物保险的一般附加险险别和条款也可适用于陆、空、邮运货物保险；在保险单格式方面，陆、空、邮运货物保险都没有自身的保险单格式，而以各自的保险条款附贴于海上保险单格式之上作为保险合同的证明。

不过，由于陆、空、邮等运输方式具有与海运不同的特点，货物在运输中可能遭遇的风险损失与海洋运输不同，因而保险人对陆、空、邮运货物的承保险别和责任范围等方面与海运货物保险也有不同之处。

第一节　陆上运输货物保险

陆上运输货物保险（Overland Transportation Cargo Insurance）承保以火车、汽车为主要交通工具货物运输的风险。中国人民保险公司于 1981 年 1 月 1 日修订的《陆上运输货物保险条款》（Overland Transportation Cargo Insurance Clauses）规定，陆运货物保险的基本险有"陆运险"（Overland Transportation Risks）和"陆运一切险"（Overland Transportation All Risks）两种，另外，还有专设的基本险"陆上运输冷藏货物保险"（Overland Transportation Insurance-Frozen Products）以及附加险"陆上运输货物战争险（火车）"（Overland Transportation Cargo War Risks "by Train"）。

一、陆运险和陆运一切险

中国人民保险公司 1981 年 1 月 1 日修订的《陆上运输货物保险条款》规定：陆上货物的运输险分为陆运险和陆运一切险两种基本险。

（一）陆运险与陆运一切险的责任范围

1. 陆运险的责任范围

（1）被保险货物在运输途中遭受暴风、雷电、洪水、地震自然灾害或由于运输工具遭受碰撞、倾覆、出轨或在驳运过程中因驳运工具遭受搁浅、触礁、沉没、碰撞；或由于遭受隧道坍塌，崖崩或失火、爆炸意外事故所造成的全部或部分损失。

（2）被保险人对遭受承保责任内危险的货物采取抢救，防止或减少货损的措施而支付的合理费用，但以不超过该批被救货物的保险金额为限。

2. 陆运一切险的责任范围

除包括上列陆运险的责任外，陆运一切险还负责被保险货物在运输途中由于外来原因所致的全部或部分损失。

外来原因造成的短少、偷窃、渗漏、碰损、破碎、钩损、雨淋、生锈、受潮、受热、发霉、串味、玷污等全部或部分损失，这与海洋运输货物保险条款中的"一切险"相似。

另外以上责任范围均适用于火车和汽车运输，并以此为限。

（二）责任起讫

陆运险和陆运一切险负"仓至仓"责任，自被保险货物运离保险单所载明的起运地仓库或储存处所开始运输时生效，包括正常运输过程中的陆上和与其有关的水上驳运在内，直至该项货物运达保险单所载目的地收货人的最后仓库或储存处所或被保险人用作分配、分派的其他储存处所为止，如未运抵上述仓库或储存处所，则以被保险货物运抵最后卸载的车站满 60 天为止。

（三）除外责任

陆运险和陆运一切险对下列损失不负赔偿责任：

（1）被保险人的故意行为或过失所造成的损失；

（2）属于发货人责任所引起的损失；

（3）在保险责任开始前，被保险货物已存在的品质不良或数量短差所造成的损失；

（4）被保险货物的自然损耗、本质缺陷、特性以及市价跌落、运输延迟所引起的损失或费用；

（5）陆上运输货物战争险条款和货物运输罢工险条款规定的责任范围和除外责任。

（四）索赔期限

保险索赔时效，从被保险货物在最后目的地车站全部卸离车辆后计算，最多不超过两年。

二、陆上运输冷藏货物险

（一）责任范围

（1）被保险货物在运输途中由于下列原因造成的全部或部分损失：

① 暴风、雷电、地震、洪水；

② 陆上运输工具遭受碰撞、倾覆或出轨；

③ 在驳运过程中驳运工具的搁浅、触礁、沉没、碰撞；

④ 隧道坍塌、崖崩、失火、爆炸。

（2）被保险货物在运输途中由于冷藏机器或隔温设备的损坏或者车厢内储存冰块的溶化所造成的解冻溶化而腐败的损失。

（3）被保险人对遭受承保责任内危险的货物采取抢救、防止或减少货损的措施而支付合理费用，但以不超过该批被救货物的保险金额为限。

（二）责任起讫

陆上运输冷藏货物险责任自被保险货物运离保险单所载起运地点的冷藏仓库装入运送工具开始运输时生效。包括正常运输和与其有关的水上驳运在内，直至该项货物到达保险单所载明的目的地收货入仓库时继续有效，但最长保险责任以被保险货物到达目的地车站后十天为限。

（三）除外责任

（1）被保险人的故意行为或过失所造成的损失。

（2）属于发货人责任所引起的损失。

（3）被保险货物在运输过程中的任何阶段，因未存放在有冷藏设备的仓库或运输工具中，或辅助运输工具没有隔温设备或没有在车厢内储存足够的冰块所致的货物腐败。

（4）被保险货物在保险责任开始时因未保持良好状态，包括整理加工和包扎不妥，冷冻上的不合规定及骨头变质所引起的货物腐败和损失。

（5）被保险货物的自然损耗、本质缺陷、特性及市价跌落、运输延迟所引起的损失和费用。

（6）陆上运输货物战争险条款和货物运输罢工险条款所规定的责任范围和除外责任。

（四）索赔期限

保险索赔时效，从被保险货物在最后目的地车站全部卸离车辆后计算，最多不超过两年。

三、陆上运输货物战争险

陆上运输货物战争险（火车）（Overland Transportation Cargo War Risks "by Train"）是陆上运输货物险的特殊附加险，只有在投保了陆运险或陆运一切险的基础上方可加保。加保陆上运输货物战争险后，保险公司负责赔偿在火车运输途中由于战争、类似战争行为和敌对行为、武装冲突所致的损失，以及各种常规武器包括地雷、炸弹所致的损失。但是，由于敌对行为使用原子或热核武器所致的损失和费用，以及根据执政者、当权者或其他武装集团的扣押、拘留引起的承保运程的丧失和挫折而造成的损失除外。

陆上运输货物战争险的责任起讫以货物置于运输工具时为限。即自被保险货物装上保险单所载起运地的火车时开始到保险单所载目的地卸离火车时为止。如果被保险货物不卸离火车，则以火车到达目的地的当日午夜起计算，满 48 小时为止；如在运输中途转车，不论货物在当地卸载与否，保险责任以火车到达该中途站的当日午夜起计算满 10 天为止。如货物在此期限内重新装车续运，仍恢复有效。但如运输契约在保险单所载目的地以外的地点终止时，该地即视作本保险单所载目的地，在货物卸离该地火车时为止，如不卸离火车，则保险责任以火车到达该地当日午夜起满 48 小时为止。

第二节　航空运输货物保险

航空运输货物保险（Air Transportation Cargo Insurance）承保以飞机装载的航空运输货物为保险标的的一种保险。中国人民保险公司于 1981 年 1 月 1 日修订的《航空运输货物保险条款》（Air Transportation Cargo Insurance Clauses）规定，我国航空运输货物保险包括"航空运输货物险"（Air Transportation Risks）和"航空运输一切险"（Air Transportation All Risks）两种基本险及"航空运输货物战争险"（Air Transportation Cargo War Risks）附加险条款。

一、航空运输险和航空运输一切险

(一) 责任范围

1. 航空运输险

(1) 被保险货物在运输途中遭受雷电、火灾或爆炸或由于飞机遭受恶劣气候或其他危难事故而被抛弃，或由于飞机遭受碰撞、倾覆、坠落或失踪意外事故所造成的全部或部分损失。

(2) 被保险人对遭受承保责任内危险的货物采取抢救，防止或减少货损的措施而支付的合理费用，但以不超过该批被救货物的保险金额为限。

2. 航空运输一切险

除包括上列航空运输险的责任外，航空运输一切险还负责被保险货物由于外来原因所致的全部或部分损失。

(二) 除外责任

(1) 被保险人的故意行为或过失所造成的损失。

(2) 属于发货人责任所引起的损失。

(3) 保险责任开始前，被保险货物已存在的品质不良或数量短差所造成的损失。

(4) 被保险货物的自然损耗、本质缺陷、特性以及市价跌落、运输延迟所引起的损失或费用。

(5) 航空运输货物战争险条款和货物运输罢工险条款规定的责任范围和除外责任。

(三) 责任起讫

(1) 本保险负"仓至仓"责任，自被保险货物运离保险单所载明的起运地仓库或储存处所开始运输时生效，包括正常运输过程中的运输工具在内，直到该项货物运达保险单所载明目的地收货人的最后仓库或储存处所或被保险人用作分配、分派或非正常运输的其他储存处所为止。如未运抵上述仓库或储存处所，则以被保险货物在最后卸载地卸离飞机后满三十天为止。如在上述三十天内被保险的货物需转送到非保险单所载明的目的地时，则以该项货物开始转运时终止。

(2) 由于被保险人无法控制的运输延迟、绕道、被迫卸货、重行装载、转载或承运人运用运输契约赋予的权限所作的任何航行上的变更或终止运输契约。致使被保险货物运到非保险单所载目的地时，在被保险人及时将获知的情况通知保险人，并在必要时加缴保险费的情况下，本保险仍继续有效，保险责任按下述规定终止。

① 被保险货物如在非保险单所载目的地出售，保险责任至交货时为止，但不论任何情况，均以被保险的货物在卸载地卸离飞机后满三十天为止。

② 被保险货物在上述三十天期限内继续运往保险单所载原目的地或其他目的地时，保险责任仍按上述第①款的规定终止。

(四) 索赔期限

保险索赔时效，从被保险货物在最后卸载地卸离飞机后起计算，最多不超过两年。

二、航空运输货物战争险

航空运输货物战争险（Air Transportation Cargo War Risks）是航空运输货物险的

一种附加险,只有在投保了航空运输险或航空运输一切险的基础上方可加保。加保航空运输货物战争险后,保险公司承担赔偿在航空运输途中由于战争、敌对行为或武装冲突以及各种常规武器和炸弹所造成的货物的损失,但不包括因使用原子或热核制造的武器以及根据执政者、当权者或其他武装集团的扣押、拘留引起的承保航程的丧失和挫折而提出的任何索赔所造成的损失。

航空运输货物战争险的保险责任是自被保险货物装上保险单所载明的起运地的飞机时开始,直到卸离保险单所载明的目的地的飞机时为止。如果被保险货物不卸离飞机,则以载货飞机到达目的地的当日午夜起计算满 15 天为止。如被保险货物在中途转运时,保险责任以飞机到达转运地的当日午夜起算满 15 天为止。俟装上续运的飞机,保险责任再恢复有效。

第三节 邮递货物保险

邮包运输保险(Parcel Post Insurance)主要承保通过邮局以邮包递运的货物因邮包在运输途中遭到自然灾害、意外事故或外来原因造成的货物损失。中国人民保险公司于 1981 年 1 月 1 日修订并公布了一套较为完备的《邮包保险条款》(Parcel Post Insurance Clauses),包括"邮包险"(Parcel Post Risks)、"邮包一切险"(Parcel Post All Risks)两种基本险及"邮包战争险"(Parcel Post War Risks)一种附加险。

一、邮包险和邮包一切险

(一)责任范围

1. 邮包险

(1)保险邮包在运输途中由于恶劣气候、雷电、海啸、地震、洪水、自然灾害或由于运输工具遭受搁浅、触礁、沉没、碰撞、倾覆、出轨、坠落、失踪,或由于失火、爆炸意外事故所造成的全部或部分损失。

(2)保险人对遭受承保责任内危险的货物采取抢救,防止或减少货损的措施而支付的合理费用,但以不超过该批被救货物的保险金额为限。

2. 邮包一切险

除包括上述邮包险的各项责任外,邮包一切险还负责被保险邮包在运输途中由于外来原因所致的全部或部分损失。

(二)除外责任

(1)被保险人的故意行为或过失所造成的损失。

(2)属于发货人责任所引起的损失。

(3)在保险责任开始前,被保险邮包已存在的品质不良或数量短差所造成的损失。

(4)被保险邮包的自然损耗、本质缺陷、特性以及市价跌落、运输延迟引起的损失或费用。

(5)本公司邮包战争险条款和货物运输罢工险条款规定的责任范围和除外责任。

(三)责任起讫

本保险责任,自被保险邮包离开保险单所载起运地点寄件人的处所运往邮局时开始生效，直至该项邮包运达本保险单所载目的地邮局，自邮局签发到货通知书当日午夜起算满十五天终止，但在此期限内邮包一经递交至收件人的处所时，保险责任即行终止。

二、邮包战争险

邮包战争险（Parcel Post War Risks）是邮政包裹保险的一种附加险，只有在投保了邮包险和邮包一切险的基础上方可加保。加保邮包战争险须另增加保险费。

加保邮包战争险后，保险公司负责赔偿在邮包运输过程中由于战争、敌对行为或武装冲突以及各种常规武器包括水雷、鱼雷、爆炸所造成的损失。此外，保险公司还负责被保险人对遭受以上承保责任内危险的物品采取抢救、防止或减少损失的措施而支付的合理费用。但保险公司不承担因使用原子或热核制造的武器所造成的损失的赔偿。

邮包战争险的保险责任是自被保险邮包经邮政机构收讫后自储存处所开始运送时生效，直至该项邮包运达本保险单所载目的地邮局送交收件人为止。

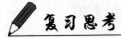
复习思考

1. 陆上运输保险有哪几种？它们的责任范围有什么区别？
2. 陆运险的责任起讫是什么？
3. 航空运输保险有哪几种？它们的责任范围有什么区别？
4. 航空险的责任起讫是什么？
5. 陆运险、航空险的除外责任分别是什么？
6. 邮包运输保险有哪几种？它们的责任范围有什么区别？
7. 邮包险的责任起讫是什么？

参考文献

[1] 余世明. 国际货运代理资格考试辅导. 广州：暨南大学出版社，2005.

[2] 李元旭，吴国新. 国际贸易单证实务. 北京：清华大学出版社，2005.

[3] 栗丽. 国际货物运输与保险. 北京：中国人民大学出版社，2007.

[4] 孟恬. 国际货物运输与保险. 北京：对外经济贸易大学出版社，2008.

[5] 许明月，王晓东，胡瑞娟. 国际货物运输. 北京：对外经济贸易大学出版社，2007.

[6] 李秀华. 国际货物运输实训. 北京：对外经济贸易大学出版社，2003.

[7] 曾凡华. 集装箱运输业务. 北京：机械工业出版社，2005.

[8] 王晓东. 国际运输与物流. 北京：高等教育出版社，2006.

[9] 王韶㷫. 国际货物运输与保险. 北京：对外经济贸易大学出版社，2003.

[10] 竺仙如. 国际贸易地理. 北京：中国商务出版社，2006.

[11] 交通运输部 http://www.moc.gov.cn.

[12] 铁道部 http://www.china-mor.gov.cn.

[13] 中国民用航空局 http://www.caac.gov.cn.

[14] 中远集团 http://www.cosco.com.

[15] 中国涉外商事海事审判网 http://www.ccmt.org.cn.

[16] 法律快车 http://www.lawtime.cn.